匡亚明 主编 中国思想家评传丛书

郭象评传

附 向秀评传

王晓毅 著

南京大学中国思想家研究中心

南京大学出版社

中国思想家评传丛书

《中国思想家评传丛书》序

匡 亚 明

伟大的中华民族在长达五千年连绵不断的曲折发展过程中，像滚滚东流的长江那样，以磅礴之势，冲破了重重险阻，奔腾向前，现在更以崭新面貌，雄姿英发，屹立于世界民族之林。这是人类历史上的一个奇迹。产生这一奇迹有诸多原因，其中十分重要的一点，就是我们勤劳、勇敢、智慧的各族人民，在长期的生产活动、社会活动、思维活动和对外交往以及抗击外来侵略过程中，逐渐创造、积累、发展了具有以生生不息的内在思想活力为核心的优秀传统思想文化。这是一种伟大、坚强的精神支柱，是我们民族凝聚力和生命力之所在，是历史留给我们所有海内外炎黄子孙引以自豪的无价之宝。

当然，和各国各种不同传统思想文化一样，在中华民族的思想文化传统中,也是既有精华,又有糟粕,因而全盘肯定或全盘否定,不对;一知半解、信口开河或裹足不前、漠然置之,也不对。郑重而严肃的态度应该是对它进行实事求是的科学的研究和分析,取其精华,弃其糟粕,继承和弘扬这份瑰宝,振兴中华,造福人类。人类历史发展的连续性,就是在不断去粗取精、继往开来和改革创新过程中实现的。继往是为了开来,开来不能离开继往。民族虚无主义和复古主义,都是违背历史发展的辩证规律的。

现在我们国家正处在一个新的继往开来迈向四化的关键时刻。继往就是继民族优秀传统之往,开来就是开社会主义现代化建设之来。对中国传统思想文化从广度和深度上进行系统研究,实现去粗取精的要求,正是继往开来必须完成的紧迫任务。我认为这是中国各族人民,首先是文化界、学术界、理论界义不容辞的光荣职责。但面对这一时间上长达五千年,内容上涉及人文科学、自然科学等各个领域的传统思想文化,将从何着手呢?毛泽东同志早在 1938 年就说过:"从孔夫子到孙中山,我们应当给以总结,承继这一份珍贵的遗产。"①这是很有远见而又切合实际的英明建议。从孔子到孙中山这两千余年是中国历史上思想文化最丰富的时期,如果总结了这段历史,也就基本上总结了五千年传统思想文化的主要内容。当然,基本上不等于全部。孔子以前和孙中山以后的情况,可以另行研究。因此,我认为首先最好是在时间上从孔子开始到孙中山为止,方法上采取

① 毛泽东《中国共产党在民族战争中的地位》,《毛泽东选集》第 2 卷,人民出版社 1952 年版,第 522 页。

《中国思想家评传丛书》的形式作为实现这一任务的开端。这就是从这段历史的各个时期、各个领域和各个学科(包括文、史、哲、经、教、农、工、医、政治等等)有杰出成就的人物中,遴选二百余人作为传主(一般为一人一传,少数为二人或二人以上合传),通过对每个传主的评述,从各个侧面展现那些在不同时期、不同领域中有代表性人物的思想活力和业绩,从而以微见著、由具体到一般地勾勒出这段历史中中国传统思想文化的总体面貌,揭示其积极因素和消极因素的主要内涵,以利于开门见山、引人入胜地批判继承、古为今用,也为进一步全面系统地总结中国传统思想文化打下基础。自从毛泽东同志提出上引建议后,半个世纪以来,不少专家学者已从各个方面做了许多工作,但对全面完成这个任务来说还远远不够,还要在深度和广度上继续努力。作为“抛砖引玉”,本《丛书》只是这个继续努力所应完成的工作的一部分。《丛书》凡二百部,约四千万言,自1990年开始陆续出版,争取十到十五年全部出齐。

《丛书》所以用“中国思想家评传”命名,主要是考虑到中国传统思想文化中的核心是生生不息的内在思想活力,而历史事实也反复证明,凡是在各个不同时代不同领域和学科中取得成就者,大多是那些在当时历史条件下自觉或不自觉地认识和掌握了该领域事物发展规律的具有敏锐思想的人。他们取得成就的大小,取决于思想上认识和反映这些规律的程度如何。思想并非先验之物,它所以能反映和掌握这些规律,主要是通过社会实践和对前人思想成果的借鉴和继承。思想一旦形成,反过来在一定程度上又对实践起决定性指导作用。

韩愈说的"行成于思,毁于随"[①],列宁说的"没有革命的理论就不会有革命的运动"[②],这些话,虽所处时代和所持立场不同,所要解决的问题的性质也不同,但就认识论中思与行、理论(思想的高度概括)与实践的关系而言,确有相通之处,即都强调思想对实践的指导意义和作用。因此我们以"中国思想家评传"命名,就是力图抓住问题的核心,高屋建瓴地从思想角度去评述历史人物,以便对每个传主在他所处时代的具体情况下,如何在他所从事的领域中,克服困难,施展才华,取得成功,做出贡献,从思想深处洞察其底蕴。历史上各个时代富有思想因而能在有关方面取得成就的人,直接阐述自己思想观点的论著虽亦不少,但大量的则是其思想既来自实践(包括对前人、他人实践经验的吸取)、又渗透在自己创造性实践之中,集中凝聚在他自己的业绩和事功上,而没有留下论著。另一些人却只留下著作而无其他功绩,对这些人来说,他那些有价值的著作就理所当然地是他的伟大业绩和事功。如果论述一个人的思想而不联系他的业绩(包括著作),必将流于空洞的抽象;同样,如果只讲一个人的具体业绩而不结合他的思想活动,又必将成为现象的罗列。评价思想和评价业绩,两者不应偏废。而不断在实践中丰富和深化的思想活力则是经常起主导作用的因素,强调这个因素,引起人们的正视和反思,正是我们的主旨和目的。当然,思想和思想家,思想家和实践家,都是既有区别又有联系的不同概念,忽视这一点是不对

① 韩愈《进学解》,中华书局《四部备要》东雅堂本《韩昌黎全集》卷十二,第3页。

② 列宁《怎么办》,《列宁选集》第1卷,人民出版社1976年版,第241页。

的。《丛书》的重点则是放在两者的联系和结合上。至于如何使两者很好联系和结合而又着意于剖析其思想活力，各占多少篇幅或以何种方式表达，则自当由作者根据传主的具体情况创造性地作出妥善安排。

自从人类历史上产生了马克思主义，不仅全人类解放和发展有了划时代的明确方向，学术研究也有了更严密的科学方法，即辩证唯物主义和历史唯物主义的世界观和方法论。根据这一科学方法，在研究和总结中国传统思想文化，特别是联系到《丛书》的撰著时，我认为下列几点应特别引起重视。

一、坚持实事求是的原则。实事求是是贯串在马克思实际活动和理论研究中的主线，离开了它也就离开了马克思主义。只有切实掌握了客观情况，才能得出正确的认识和判断。前者为“实事”，后者为“求是”，二者相结合，就叫实事求是。事不实则非夸即诬。为了弄清情况，就必须对情况的本质与现象、整体与局部、真与伪、精与粗，作出区别、梳理和取舍，这样才能掌握情况的实质，达到“实事”的要求；然后进一步加以分析研究，找出事物本身固有的真相而非主观臆测的假象，并验证其是否符合人民利益和人类历史前进方向，是否反映科学、技术、文化、艺术的发展规律，这样才能得出正确的认识和判断，达到“求是”的要求。实事求是是治学的基本功夫，是对每个传主的功、过、是、非作出公正评价的必要前提。不论古今中外，对历史人物过高或过低的不公正评价，大都由于未能认真坚持实事求是原则的缘故。

二、坚持批判继承的原则。马克思主义学说就是批判的学说，而批判是为了继承、发展和创新。这就需要我们在实事求是的基础上，既要继承发扬传主业绩和思想中的积极因素，又要批判清除其消极因素。凡传主业绩和思想中体现了诸如爱国主义、民主意识、科学见解、艺术创造和艰苦奋斗、克己奉公、追求真理的精神,即在符合历史前进要求的“立德”、“立功”、“立言”诸方面有显著成就等积极因素者,必须满腔热情地加以继承和弘扬,并紧密结合当前社会主义建设实际,使之深入人心,蔚然成风;凡反映有诸如封建迷信、专制独裁、愚昧落后、丧失民族尊严和违背科学进步等消极因素者,必须以历史唯物主义的观点加以批判,清除其一定程度上至今尚起作用的消极影响,而消极因素经过彻底批判后可转化为有益的教训;凡积极因素和消极因素相混者,更当加以认真清理和扬弃,既发扬其积极因素又摒弃其消极因素。我们力求一点一滴、切实认真地探索各个传主思想和业绩中珍贵的积极因素,使之成为全国各族人民正在从事的继往开来伟大历史工程的组成部分。

三、坚持“百花齐放”、“百家争鸣”的原则。“百花齐放”和“百家争鸣”,是发扬学术民主、促进学术繁荣的正确原则和巨大动力。前者强调一个“齐”字,后者强调一个“争”字,是表示学术上平等、民主和自由的两种不同状态;前者突出的是统一与和谐,后者突出的是区别与争论;两种状态又统一于不断地相互促进和相互补充、转化的持续发展提高过程之中。“百花齐放”、“百家争鸣”的原则体现在撰著评传时,应从“齐放”和“争鸣”出发,综合中外各个时期对有关传主的不同评价,吸取符合客观存在的对的东西,摒弃其违反客观存在的不实的东西,然后创造性地提出经过自己独立思考的、赶前人或超前人的一家之言。同时,对整个《丛书》而言,也有个共性、个性又统一又区别的问题。这就是一方面作者应把“实事求是”、

"批判继承"和"百花齐放"、"百家争鸣"这几点作为大家的共性(统一与共识);另一方面,对每部评传的立意、结构和行文(文体、文风和文采等),则主要是作者的创造性思维劳动和雅俗共赏的文字表达艺术的成果,是彼此的个性(区别),不宜也不应强求一律。评传作者都有充分自由去发扬这一个性,力求在对每一传主的评述中探索和展示其积极因素,使之和正在变革中国面貌的伟大社会主义建设实践融为一体,丰富其内容,促进其发展,而不是仅仅停留在对传主思想业绩的一般性诠释上。

我认为,以上三点大体上可以表达《丛书》所遵循的主要指导思想,但也不排除用其他思想和方法得出的有价值的研究成果。

感谢所有关心和支持《丛书》工作的单位和个人,特别感谢《丛书》的名誉顾问和学术顾问。他们的热情关心、支持和指教,使《丛书》工作得以顺利进行。更要感谢所有承担评传撰著任务的老中青学者,他们都以严谨的治学态度,作出了或正在作出对学术、对民族、对历史负责的研究成果。没有他们的积极合作,《丛书》工作的开展是不可能的。《丛书》副主编和中国思想家研究中心、南京大学出版社,在制定《丛书》规划,约请和联系国内外学者,审定书稿以及筹划编辑出版等方面,克服重重困难,做了大量工作,他们的辛勤劳动是《丛书》能按预定计划出版的必要前提。

现在《丛书》开始出版了,我作为年逾八旬的老人,看到自己迫于使命感而酝酿已久的设想终于在大家支持合作下实现,心情怡然感奋,好像回到了青年时代一样,体会到"不知老之将至"的愉悦,并以这种愉悦心情等待着《丛书》最后一部的问世;特别盼望看到它在继承中华民族传统思想文化的珍贵遗产方面,在激励人心、提高民族自尊心和爱国主义思想方面,在促进当前建设有中国特色的继往开来的社会主义现代化物质文明和精神文明的历史性伟大事业中,能起到应有的作用。我以一颗耄耋童心,默默地祝愿这一由一批老中青优秀学者经长年累月紧张思维劳动而作出的集体性学术成果能发出无私的熠熠之光,紧紧伴照着全民族、全人类排除前进道路上的各种障碍,走向和平、发展、繁荣、幸福的明天!

热诚欢迎国内外同仁和各界人士不吝赐教,以匡不逮。是为序。

1990 年 10 月 7 日

内容简介

本书从社会政治与思想文化结合的视角，探讨了向秀、郭象的生平事迹及其学术建树，展现了魏晋之际玄学思潮六十多年发展变化的历史画面。向秀是魏末“竹林七贤”之一，被迫从山林步入朝廷，首创“性分”学说，开辟了以入世精神诠释《庄子》的新思路。郭象是西晋“元康名士”，以太傅主簿身份控制朝政，其《庄子注》堪称玄学理论的巅峰之作。其学术创见为：彻底消除宇宙本原论，破“君权神授”说，确立了个性的本体地位；人性由圣人与凡人两大类型构成，圣人之性以“因循”凡人之性为特征，而凡人则以实现个性为最佳境界；圣人治国的本质，是凡人（臣民）的“自治”。

A Brief Introduction

From the synthesis viewpoint of the politics and the thoughts, this book discussed the lifes and theory contributions of Xiang xiu and Guo xiang, to unfold the tapestry of the Neo-Taoist philosophy history of more than 60 years in Wei-Jin Dynasties. Xiang xiu was a member of the Seven Sages of Bamboo Grove in the later stage of Wei Dynasty, obliged to come out to be an official of royal government, fabricated new theory "Xingfen" (individual nature) which bring out a new method to interpret the Book of Zhuang Tzu by inspirit of going into the society. Guo-xiang, a personage of Yuan Kang period, controlled royal government under the name of Taifu Zhubo. The Note Book of Zhuang Tzu is the zenith works of the Neo-Taoist philosophy, to eliminate the universe noumenon theory and the divine right of king theory, setting individual nature as and the Mortal, the Saint nature is obedient to the Mortal, however, the self-expression of the Mortal nature is a full development of personality; the essence of the Saint policy is the autonomy of the Mortal.

目次

正篇 郭象评传

A CRITICAL BIOGRAPHY OF GUO XIANG AND XIANG XIU

CONTENTS

前　言

庄子以其深刻洞察力，看到了无法解决的人生悖论，尽管他没有明确提出“名教与自然”这一对立范畴，但如何在现存社会体制中获得个性自由，却是他关心的课题。然而，庄子并没有找到一条达到自由之境的路径：有时他力图超越社会体制的局限，通过“游心”，追求绝对的精神自由；有时他则试图通过“游世”，在与世沉浮中获得相对的自由。庄子在两者之间徘徊，不知所终。在思想探索的路上，他走得最远，经常孤身一人，面对永恒。他只是希望，万世之后，有一个大圣，能理解他的“吊诡”之言。

庄子逝世后，他的学说沉寂了数百年，复活在血腥的魏晋之际，竹林七贤的心中。嵇康、阮籍沿着《庄子》的游心之路，激烈反对社会体制，打出了“越名教任自然”的旗帜：嵇康愤起反抗，白白送掉了性命；阮籍借助虚幻的神仙境界，企图抓着自己的头发离开地球，在朝中抑郁而终。面对淋漓的鲜血，向秀“觉悟”了，他清醒地看到，在社会体制的铜墙铁壁面前，个人的反抗是没有任何意义的,脱离社会的自由逍遥只能是幻想,沿着《庄子》指出"游世"方向前行,恐怕是惟一的出路。他不愿步嵇康后尘,到洛阳东市喋血,在朝廷与山林之间,无奈地选择了前者。

在混迹于西晋宫廷的日子里,向秀对《庄子·逍遥游》关于大鹏与小鸟的描述,有了超越前人的感悟。在这两个反差巨大的意象中,竟然发现了本质的平等:"逍遥"是生命存在的最佳境界,而逍遥仅是本性的满足,如果满足了自己的本性,那么逍遥本身是没有任何差异的,犹如在金床上或木床上,睡着后的感觉是一样。从这个角度看,只要适合自己的本性而自我满足,那么不仅小人物与大人物,即使圣人与凡人,其逍遥也是没有差别的。向秀将这一发现上升为"性分"学说,刷新了思想界对"逍遥"的理解,融铸在其《庄子注》中。

向秀大约逝世于咸宁元年前后,此时郭象只有十岁左右,40 多岁的年龄差距和社会地位悬殊,使两人无缘相识。如果扩大学术视野,从两人所分属的竹林名士与元康名士群体的历史发展看,其内在联系显而易见:向秀逝世后,山涛、王戎等竹林名士作为西晋政治当权派,一手扶植元康名士走上了历史舞台。郭象则是在元康名士主流派——贵"无"派的支持下,破土而出的。

传世的郭象《庄子注》是一部不可多得的杰作。它不仅集魏晋玄学之大成,而且在魏晋南北朝思想史上,没有一本著作能从整体上超越它的份量。但这部巨著的真正的作者?却是个持续了一千多年的公案。《世说新语》说是郭象抄袭向秀,而《晋书·向秀传》则说是郭象发展了向秀。近代以来,学者们以向秀《庄子注》佚文对照现存郭象《庄子注》,基本上形成了郭象发展向秀《庄子注》的共识，但由于向秀《庄子注》久佚，郭象究竟“借鉴”了多少向秀的成果，也许是一个永远解不开的谜。如果忽略向秀、郭象在传世《庄子注》中的著作权份额，从其它散见的佚文——向秀的《难养生论》与郭象的《论语体略》看，两人都是一流的大手笔。从积极的角度看，他们是魏晋解放运动中，《庄》学复兴接力赛的两位重量级选手。一部学术名著《庄子注》，将他们的名字永远连在了一起。

向秀与郭象都出身于平民，在门阀士族社会兴起的西晋时期，以个人杰出的才干与学术名声位居高官，并且都通过作《庄子注》，成为西晋时期两位最重要的玄学家。但是他们性格与处世方式不同，政治命运各异：向秀性格平和，习惯于低调处世，走向朝廷之路，实属不得已；郭象则性格外向，有强烈的入世情结，最终作为司马越亲信幕僚控制朝政。无论被迫还是自愿，他们都卷入了那个时代的政治漩涡中：向秀“隐居”的河内郡山阳县，是洛阳之外的第二个文化中心，后来则“容迹”于西晋王朝的中枢机构任散骑常侍，参与国家重要决策；而郭象寄身的司马越的太傅府，则是永嘉时期真正的朝廷，他以太傅主簿身份控制朝政，“熏灼内外”。向秀、郭象与政治的密切关系，使他们的思想脉搏，必然随主流社会的变化跳动，因此在他们思想演变的背后，是实实在在的魏晋社会的发展史。

向秀与郭象年龄相距 40 岁左右，时代不同，面临的生存困境和亟待解答的理论课题存在差异：向秀生活在从动荡走向太平的魏晋之际，需要论证如何将自由适合社会体制；郭象则生活在从太平走向动乱的元康～永嘉之际，亟需解决的时代课题是如何拨乱反正、重建社会秩序，这注定了他必定能在

《庄子》中发现向秀无法读到的“新意”：彻底消除了玄学前辈理论体系中“君权神授”的尾巴，解构了“圣人”和其背后的宇宙支撑点——“无”，否定一切宇宙本根和所有外在的决定者，确立了个性的本体地位，肯定了每个生命存在不可替代的价值和其生存的独特方式。圣人不是超人，也不是哲学家，而是操持政务并获得实际成功的务实君主；圣人所拥有无限的智慧，仅仅表现在以无心态度顺应社会时势。由于社会时势的本质不过是臣民的共同意志，因此真正的社会主体是臣民自己，而不是圣人。圣人治国的本质，是臣民的“自治”。

无论多么深奥的学问，都可以用简单的话语表达，可将向秀、郭象哲学创见概括为：向秀发现草民的快乐与圣人的快乐，没有质量差异；郭象则进一步看到，圣人背后即无神力，也不作为，天下大治的关键，竟然是让臣民各行其是。

不要小看向秀、郭象的简单发现，他们的学说可谓石破天惊。汉唐之际中国个性解放运动过程不是上升直线，而是一个“抛物线”，郭象玄学则是这个抛物线的顶端。西晋元康～永嘉之际，在元康名士的推动下，新兴士族社会自由放达之风走向了极致，并为此付出了国破家亡的惨重代价。渡江南下创建了东晋王朝的元康名士吸取教训，一变为儒道双修的“中兴名士”，保持儒家伦理的社会规范功能，因此从东晋开始，儒家思想开始呈上升趋势，而玄学个性自由开始受到抑制，这种态势在南朝时期则因寒族上升与皇权复兴而继续强化。由此可见，郭象《庄子注》的创作时间，正处于传统儒教跌至低谷而玄学个性自由达到顶点的时代，故出现如此大胆怪论。前无古人，后不见来者。

遗憾的是，惜墨如金的古代史家，仅用寥寥数语概括向秀、郭象的生平，以致他们生活的细节无处寻觅，只能试图通过考证，在历史地理、社会政治与学术思想史交织而成的历史背景中，将所有散在的资料碎片整合起来，再现这两位哲人的行迹；至于思想情感的理解，有千古不变的中国文化心灵，“万代同一时”。但愿他们能通过这部评传，分别从魏末政治严寒中的山阳竹林，从元康时代激烈清谈的洛水河边，向我们走来。

王晓毅

2005 年 7 月于清华大学荷清苑

前篇

向秀评传

向秀是嵇康挚友，竹林七贤之一，但其声望却不能与嵇康同日而语。他平平淡淡地活着，无声无息地死去，甚至没有完整的文集传世。尤其是《世说新语》关于嵇康打铁时向秀烧火的描写，绘声绘色，使他以“小伙计”形象留在历史的记忆中。这无疑是个误会。无论从思想史还是文学史上看，向秀绝不亚于家喻户晓的嵇康，是少有的大哲人、大文豪。所著一赋、一论、一书三种作品，均是问鼎之作：其《思旧赋》堪称千古绝唱，魏晋时期无赋与之比肩；《难〈养生论〉》匠心独运，与嵇康难分高下；而更重要的，是其《庄子注》，开创玄学注《庄》新思路。在魏晋之际玄学思潮发展史上，向秀经历了正始、魏末和晋初三个文化时代。确切地说，在玄学思潮从正始之音高峰跌入魏末“礼教”低谷，再由西晋前期复苏上升的过程中，他一直处于政治、文化剧变的思想前沿。因此，为向秀作思想评传，只能按上述三个文化时代展开。

第一章　正始之音的参加者

一、家世故里及历史文化背景

向秀的生年不详。从他与嵇康的密切交游看，年龄不会相差太大。共同的政治观点、价值理想或现实利益会使不同年龄的人聚集在一起，但是那种长期亲昵相伴的密友，一般同一年龄时段的居多。如果以嵇康的生年(223)为参照，可将向秀生年暂系于黄初四年(223)前后。这是正始玄学第二代青年思想家集中出生的时间，[①]除嵇康、向秀外，还有钟会(225)、王弼(226)等。

关于向秀的家世，六朝史籍与唐修《晋书》均未作记载，惟《元和姓纂》卷九的一段文字，将向秀与汉魏河内向氏的名人联成了一系："后汉侍中向栩五代孙秀，黄门侍郎。后汉又有

---

① 正始名士与竹林名士为同时代人，均由中年与青年两代人组成。

韶生雄、琰;雄,晋河南尹;琰生秀,黄门侍郎。"对照正史本传,上述说法多有疑点:《后汉书》称向栩为向长的后代,是河内朝歌人;《晋书·向雄传》称向雄是河内山阳人,其父向韶官至彭城太守,其弟向匡于惠帝末任护军将军,未提及还有一弟"向琰"。向秀是著名文人,如果其父为向琰,系向雄之弟,《晋书》必有记载。朝歌、山阳和怀县虽同在河内郡,但毕竟不是一县。《元和姓纂》撰于唐宪宗元和(806~820)年间,作者林宝能见到许多后来失传的史料,不可断然否定其价值。也许,河内向姓人物之间存在着某种家族联系。但是魏晋南北朝文献中涉及向秀本人出身时,没有作任何交代,这在极重家世的时代,只能说明其父祖辈,不属于官宦,换句话说,向秀出身于平民阶层。

汉魏时期河内向氏,是一个明显具有道家思想传统的家族。东汉初期大隐士向长"好通《老》、《易》"①,东汉末年行为怪异的狂夫向栩,更是如此。

> 向栩字甫兴,河内朝歌人,向长之后也。少为书生,性卓诡不伦。恒读《老子》,状如学道。又似狂生,好被发,著绛绡头。常于灶北坐板床上,如是积久,板乃有膝踝足指之处。不好语言而喜长啸。宾客从就,辄伏而不视。有弟子,名为"颜渊"、"子贡"、"季路"、"冉有"之辈。或骑驴入市,乞匄于人。或悉要诸乞儿俱归止宿,为设酒食。时人莫能测之。郡

① 范晔:《后汉书》卷八十三《向长传》,中华书局,1965年版,第2758页。以下所引《后汉书》均为该版本。

> 礼请辟，举孝廉、贤良方正、有道，公府辟，皆不到。又与彭城姜肱、京兆韦著并征，栩不应。后特征，到，拜赵相。及之官，时人谓其必当脱素从俭，而栩更乘鲜车，御良马，世疑其始伪。及到官，略不视文书，舍中生蒿莱。征拜侍中，每朝廷大事，侃然正色，百官惮之。会张角作乱，栩上便宜，颇讥刺左右，不欲国家兴兵，但遣将于河上北向读《孝经》，贼自当消灭。中常侍张让谗栩不欲令国家命将出师，疑与角同心，欲为内应。收送黄门北寺狱，杀之。①

值得注意的是，这位行为明显背离儒家名教、"恒读《老子》，状如学道"的狂士，同时表现出对儒家思想的认同，竟然以孔门弟子的名字称呼自己的学生，以示自己的行为与圣人在民间办私学收弟子的事迹不二。这一现象并非偶然，儒道融合是汉魏之际的时代潮流。在时代精神的影响下，向栩身后的向氏家族儒、道融合的思想倾向更为明显。有资料记载，该家族有位无名之辈写了一篇宣扬儒、道合一的论文，准备借用向秀的名字发表。② 这些迹象表明，河内向氏属于汉晋之际儒、道融合的家族。这种思想传统对向秀产生了直接影响，

---

① 《后汉书》卷八十一《向栩传》，第 2693 页。

② 《世说新语·言语》注引《向秀别传》："弱冠著《儒道论》，弃而不录，好事者或存之。或云是其族人所作，困于不行，乃告秀，欲假其名。"（见余嘉锡《世说新语笺疏》，中华书局，1984 年版，第 79 页。以下所引《世说新语》均为该版本。）这两种说法，前者较为可信，但后者亦不可能凭空生造，可能是对其族人一篇思想内容相近文章的讹传，在文化史上仍有意义，不妨两存。

历史记载中的向秀，不求仕途，“向秀甘淡薄，深心托毫素”，[①]行为旷达不羁，“酒酣起舞”[②]。其道家倾向和隐士情结的形成，可能与家族文化传统有关。

关于向秀的籍贯，各种史书的记载没有疑义，“向秀字子期，河内怀人也”。[③] 河内怀县，即现在的河南省武陟县，与另一位竹林名士山涛同县，与发生“竹林之游”的山阳县相邻。曹魏时期的河内山阳及其附近地区（如怀县）不是穷乡僻壤，而是继首都洛阳之外的第二个文化中心。

作为著名的“竹林七贤”之一，[④]向秀生命轨迹自始至终离不开竹林名士群体的活动，其首先载入史册的，便是参加“竹林之游”。所谓“竹林之游”，指在曹魏正始～景元之际以嵇康河内山阳竹林园宅为中心，以河内士人为主体的玄学名士群体的学术清谈。

由于竹林七贤中有些人物的原籍距离山阳较远，故有些学者怀疑关于“七贤”同游竹林历史记载的可靠性。其实“七贤”故里之间的距离，不能成为他们聚会“竹林”的障碍，因为曹魏前期，士人多离本土，集中到首都洛阳和京畿地区居住，

---

① 萧统编，李善注：《文选》卷二十一颜延年《五君咏》，中华书局，1977 年版，第 304 页。以下所引《文选》均为该版本。

② 《世说新语·品藻》：“刘尹、王长史同坐，长史酒酣起舞。刘尹曰：‘阿奴今日不复减向子期。’”刘孝标注：“类秀之任率也。”（第 525 页）

③ 房玄龄等：《晋书》卷四十九《向秀传》，中华书局，1974 年版，第 1374 页。以下所引《晋书》均为该版本。

④ 竹林七贤为：嵇康、阮籍、山涛、向秀、刘伶、阮咸、王戎。《世说新语·任诞》：“陈留阮籍，谯国嵇康、河内山涛，三人相比，康年少亚之。预此契者：沛国刘伶、陈留阮咸、河内向秀、琅邪王戎。七人常集于竹林之下，肆意酣畅，故世谓之‘竹林七贤。’”（第 727 页）

以至选官制度改变了传统的乡里选举，改用九品中正制。竹林七贤的实际居地与籍贯并无关系，他们多数居河内郡，少数居洛阳，相距不太远。[①]

汉末的长期战乱造成了北中国人口锐减，出现了大量的无主荒田，这种现象在主战场首都洛阳附近的河南、河内郡更为明显，故曹操迁汉都于许昌，而定魏都为邺。在黄初元年(220)迁都洛阳所引起的移民浪潮中，曹魏中央政府官员从原居住地邺，携家带口迁往洛阳。当时地广人稀，官员们在京畿地区占田建宅。由于对南方孙吴用兵，从皖北寿春到洛水以南被划为屯田区，故官员占田主要在洛水以北。因此位于洛阳北部的河内郡成了战略后方，地位相当于东晋的会稽。河内郡位于太行山南麓，土地肥沃，多泉水瀑布河流，遍布达官贵人的庄园水碓，其中“有公主水碓三十余区”[②]。

嵇康原籍为谯郡铚人，其父为曹魏督军粮侍御史，他本人则与长乐亭公主结婚。山阳的庄园，既可能由其父所建，也可能来自其妻的陪嫁。竹林七贤之一的王戎，原籍琅琊，可能也是在魏初的移民浪潮中，由其父王浑在山阳置下园宅，成为嵇康长期的邻居，“戎自言与康居山阳二十年”[③]。山涛与向秀原籍分别为河内郡怀县(山阳南邻，今武陟县)的小虹桥村和尚村。即使山涛、向秀仍住在故里，与嵇康园宅相距亦不过七

① 关于竹林之游学术地理方面的考证，详见王晓毅《“竹林七贤”考》，《历史研究》2001年第5期。收入本书附录三“背景考辨文字”。

② 《太平御览》卷七百六十二《器物部七·碓》引王隐《晋书》，中华书局据上海涵芬楼影印宋本复制重印本，1960年版，第3384页。以下所引《太平御览》均为该版本。

③ 《晋书》卷四十九《嵇康传》，第1370页。

十多里①,在"自由"占田的时代,可能住地更近。向秀《思旧赋》说:"余与嵇康、吕安居止接近。""居止"不是指性行,而是指居住。沛人刘伶同样不在原籍居住,史书所见其活动范围不出洛阳与河内一带。此人行踪不定,"常乘鹿车,揣一壶酒,使人荷锸随之,云:'死便掘地以埋。'"②与山阳、怀县相邻的河内获嘉县有刘伶墓,③距嵇康竹林园几十里,比山涛、向秀故里更近。

当时长住洛阳的达官贵人,最喜欢的旅游休假活动,便是北上河内山阳,到太行山南麓的青山绿水间渔猎,在山墅中饮酒清谈。应璩的《与从弟君苗、君胄书》透露了有关曹魏士大夫"山阳情结"宝贵的信息。应璩是建安七子应场之弟,在洛阳上层交际甚广,历任散骑常侍、侍中、大将军长史等要职,嘉平四年逝世。从信的内容看,原籍汝南的应氏家族如今已在河内山阳落户,拥有了土地园宅。应璩在信中,劝在山阳务农的两位从弟不要入仕,应当继续经营在山阳的庄园:"追踪丈人,畜鸡种黍。潜精坟典,立身扬名,斯为可矣……郊牧之田,宜以为意,广开土宇。"他说,在宦海中沉浮,是不得已而为之

---

① 各种史书仅称山涛、向秀为"河内怀人",未明村里。雍正《河南通志》卷四十九《陵墓·怀庆府》:"晋山涛墓,在武陟县城西虹桥村。"1931年《武陟县志》载向秀墓:"在尚村,相传尚村原名向村,即向秀故里。"两村与辉县鲁庄的直线距离,据地图比例尺推算出。本文其它不注明出处的距离,方法同此。

② 《世说新语·文学》注引《名士传》,第250页。

③ 1935年《河南获嘉县志》卷四《冢墓》:"刘伶墓,在县南三十五里郭堤东北二里许。东西十三步,南北十步,高约四尺,传为刘伶葬于此村。村之刘姓十余户,皆其后也,但中间世次已不可考。"另,《大清一统志》卷一百三十《兖州府》和清《山东通志》卷三十二《墓·峄县》又载刘伶墓在山东峄县东北二十里刘曜村。但是沛国地区未见刘伶墓的文字记载。

的事。最高兴的活动,是越芒山、渡黄河,北上河内山阳,回到大自然中:“闲者北游,喜欢无量。登芒济河,旷若发曚。风伯扫途,雨师洒道。按辔清路,周望山野。亦既至止,酌彼春酒。接武茅茨,凉过大夏;扶寸肴修,味逾方丈。逍遥陂塘之上,吟咏菀柳之下。结春芳以崇佩,折若华以翳日。弋下高云之鸟,饵出深渊之鱼……何其乐哉!”理想的生活,是退出政界,归隐山阳。“吾方欲秉耒耜于山阳,沉钩缗于丹水”①。这不是文学意象,而有确切的地理位置的庄园。丹水出太行山东南流,经山阳境内的邓城,后与沁水汇合。

能满足魏晋士族“隐居”享乐的河内山阳,不是经济落后的穷乡僻壤,也不是简单的旅游胜地,软禁汉献帝的浊鹿城就在此地。曹魏在浊鹿城驻重兵,设特别军区“督军”,到西晋泰始二年(266)才撤销。② 大量军人的消费,有利于该城的经济繁荣。另外,曹魏后期邺城是个大城市,软禁着大量的曹魏王公,而山阳恰恰位于洛阳与邺中间。这些因素,使浊鹿城成为从洛阳至邺交通要道上的重镇,嵇康的园宅位于浊鹿城东北郊,相距数里。③ 如向秀《思旧赋》描述他从洛阳出发北上赴嵇康故居的路线为:“济黄河以泛舟兮,经山阳之旧居。瞻旷野之萧条兮,息余驾乎城隅。”④文中所言停放马车的“城隅”,便是浊鹿城。从该城到洛阳的路上,有宣阳城,是古代的驿

---

① 萧统:《文选》卷四十二应休琏《与从弟君苗、君胄书》,第599～600页。

② 《晋书》卷三《武帝纪》:“罢山阳公国督军,除其禁制。”第55页。

③ 浊鹿城的位置,历代史籍均有明确记载,道光《修武县志》卷二《舆地·故城考》对浊鹿城考证甚详。该城遗址位于现在的修武县城东北五里源乡李固村南。

④ 《晋书》卷四十九《向秀传》,第1375页。

站，称为“宣阳驿”[①]。可见，从洛阳到山阳，有便利的交通和居住的传舍，对名士的游乐、狩猎和学术交流提供了条件。这里既无物质匮乏，又无文化寂寞，因此也就成了名士“隐居”胜地，魏晋之际的“箕山”，[②]在洛阳名士心中，是他们暂时获得精神超越的理想乐土。

竹林七贤的形成过程中，山涛起了重要作用。《晋书·山涛传》说山涛“与嵇康、吕安善，后遇阮籍，便为竹林之契”。所谓“竹林之契”，是指约定时间游于竹林。这条史料透露的信息是：正始五年(244)39岁的山涛出任河内郡功曹，作为负责选拔人才的官员，结交了寓居本郡的才子嵇康，后将新识的阮籍介绍给嵇康，前期竹林之游的核心由此形成。据《世说新语·贤媛》记载：“山公与嵇、阮一面，契若金兰。山妻韩氏，觉公与二人异于常交。”应韩氏要求，山涛邀请二子来家中作客并留宿，韩氏夜晚从窗洞中窥视山、嵇、阮三人清谈“达旦忘返”。山涛家的这次小聚会，实际上是竹林之游的序曲。他们介绍各自的好友加入，是顺理成章的事。向秀与山涛故里相近，“少为山涛所知”[③]，自然由山涛介绍；阮咸、王戎是通过阮籍；刘伶则因同气相求，“与阮籍、嵇康相遇，欣然神解，携手入林”[④]。当时山涛“家贫”，嵇康与公主结婚，家境可能比较富

① 戴明扬：《嵇康集校注》卷一《阮德如答二首》：“早发温泉庐，夕宿宣阳城。”人民文学出版社，1962年版，第68页。以下引用《嵇康集》均为该版本。道光《修武县志》卷二《舆地·故城考》：“今县东南十八里宣阳驿，尚有废城址。”

② 《晋书》卷四十九《向秀传》：“康既被诛，秀应本郡计入洛。文帝问曰：‘闻有箕山之志，何以在此？’”(第1374～1375页)

③ 《晋书》卷四十九《向秀传》，第1374页。

④ 《晋书》卷四十九《刘伶传》，第1376页。

裕，其竹林园宅后来成为名士清谈活动的中心。[1] 正始五年山、嵇、阮三人的会面，可视为竹林之游的序幕。

值得注意的是，汉魏之际庄学成为显学，与竹林名士的推动有直接关系。他们似乎对《庄子》的兴趣更为浓厚：山涛“少有器量，介然不群，性好《庄》《老》”[2]。向秀“雅好老庄之学”[3]。阮籍“博览群籍，尤好《庄》、《老》”[4]。嵇康“学不师受，博览无不该通，长好《老》、《庄》”[5]。从嵇康与其兄嵇喜、二郭、阮侃之间的互赠诗文中，《庄子》中的话语处处可见，与他们的思想情感融为一体。早在正始前期，这个名士群体中已经出现了对《庄子》中入世与出世、名教与自然关系上的不同理解，可视为魏晋玄学“越名教任自然”与“名教即自然”两大流派的萌芽。嵇康与其兄嵇喜互赠的诗，便是明证。正始前

① 长乐亭公主与穆王曹林的关系，历史记载有两种说法，一说为曹林的孙女，一说为曹林的女儿，近代学者亦持两种说法。目前学术界多持前一种观点，而我认为后一种观点更合理。第一，从年龄上看，假设曹操纳杜夫人十个月后即生曹林，曹林也应在生于建安四年(199)。再按曹林及长子曹纬18岁生子，长乐亭公主为长女，并16岁与嵇康结婚生女计算，嵇康的第一个孩子不能早于嘉平三年(251)，而嵇康的长女却明白无误的出生于公元249年。因为嵇康景元二年作《与山巨源绝交书》一文中说：“女年十三。”如果将曹林、曹纬到长乐亭公主的生育第一胎时年龄均定为16岁，亦可解释，但比较勉强。第二，嵇康与公主结婚而任中散大夫，可见，结婚时对方已具公主身份。众所周知，公主身份必须其父继承王位才有资格，而曹纬获得其父的王位，则于甘露元年(256)曹林逝世后才有可能。汉魏之际，皇帝之女与诸王之女才可获公主(郡主)称号，诸王孙女是不可能被封为公主的。嵇康既然与长乐亭公主至少在249年之前就已完婚，而此时其妻已具公主身份。所以应为曹林之女无疑。

② 《晋书》卷四十三《山涛传》，第1223页。

③ 《晋书》卷四十九《向秀传》，第1374页。

④ 《晋书》卷四十九《阮籍传》，第1359页。

⑤ 《晋书》卷四十九《嵇康传》，第1369页。

期，其兄嵇喜以秀才身份从军，嵇康写了《兄秀才公穆入军赠诗十九首》，对其入仕感到惋惜，认为从此将失去自由："流俗难悟，逐物不还。至人远鉴，归之自然。……生若浮寄，暂见忽终。世故纷纭，弃之八戎。泽雉虽饥，不愿园林。安能服御，劳形苦心。"[①]而其兄在回赠嵇康的诗文中，对自己入仕作了如下解释：在功名利禄中，同样获得精神的自由快乐。嵇喜以老子任周朝史官、庄子任漆园吏为依据，认为应当随时势变化而选择处世方式，既可隐于山林，也可隐于朝廷，"李叟寄周朝，庄生游漆园。时至忽蝉蜕，变化无常端"[②]。在朝廷照样可以精神逍遥，未必一定躲进深山。"至人"无心于是非得失，生活在物我两忘之境界中，不受环境影响。"达人与物化，世俗安可论。都邑可优游，何必栖山原。孔父策良驷，不云世路难。出处因时资，潜跃无常端"[③]。

庄子思想在河内竹林名士中兴起，并非偶然，从上文可见，河内郡是魏晋之际庄园经济发展的主要地区，而庄园经济的发展，是玄学思潮赖以生存的经济基础。笔者在以往的作品中曾多次论及作为生活方式的庄园经济与魏晋玄学"自然"思想的关系。认为自给自足的庄园经济是士族人格独立的物质基础。早在东汉末年，仲长统在憧憬其人生理想时，生动地揭示了庄园与人格独立之间的内在联系。他说，之所以希望有个大庄园，是为了不必为了生计而混迹于官场，能在酒足饭

① 戴明扬：《嵇康集校注》卷一《兄秀才公穆入军赠诗十九首》，第 19—20 页。

② 戴明扬：《嵇康集校注》卷一《秀才答四首》，第 22 页。

③ 戴明扬：《嵇康集校注》卷一《秀才答四首》，第 23 页。

饱之后，与朋友们一起享受清谈哲理的乐趣。“与达者数子，论道讲书，俯仰二仪，错综人物……消摇一世之上，睥睨天地之间。不受当时之责，永保性命之期。如是，则可以陵霄汉，出宇宙之外矣。岂羡夫入帝王之门哉！”①仲长统的心理在当时具有普遍意义。石崇建立金谷园亦是如此，他说：“余少有大志，夸迈流俗，弱冠登朝。历位二十五年，五十以事去官。晚节更乐放逸，笃好林薮，遂肥遁于河阳别业，……出则以游目弋钓为事，入则有琴书之娱，又好服食咽气，志在不朽，傲然有凌云之操。”②

庄园经济的特征决定了士族人格的独立性，而个体的独立往往是个性自由思想产生的基础。因此，在以庄园经济为背景的人格独立的士族知识分子之间，一种相对平等的社会关系开始形成，在传统的以纵向人身依附联系为特征的社会金字塔内部，产生了一个相对独立的士族社会“平面”。这个“平面”，要求在学术上平等交谈，自由聚会；在思维方法上要尊重理性；在人性论上要求“自然”；在政治上要求君主“无为”。这些变化都是玄学产生的广阔的思想背景。从总体上看，庄园比中国古代其它封建经济形态更能产生独立自由精神，尽管这种自由有着极大的局限性。

庄园生活方式是士族所信奉的人格独立和人性自然思想赖以生存的条件，他们带有老庄印记的人生理想，可以在庄园逸乐中部分地实现。他们在傍山临水、自给自足、风光秀丽的庄园中，弹琴赋诗、对酒弦歌、清谈哲理，充分享受人性自然之

---

① 《后汉书》卷四十九《仲长统传》，第1644页。

② 萧统：《文选》卷四十五石季伦《思归引序》，第642页。

乐。同时,士族知识分子崇尚自然的玄学思想又积极地反作用于庄园经济的发展,即按照他们的生活理想能动地建立庄园。两晋南朝时期士族所掀起的占山固水营造庄园的狂潮,固然以经济目的为主,但是玄学生活理想的影响也是极重要的动力。士族庄园经济从它诞生之日起,就不断地从它所创造的“自然”精神中吸取能量而逐渐壮大,亦不断巩固士族的个体独立意识和人性自然(自由)思想,成为魏晋思想解放运动的原动力。值得注意的是,那些早期的玄学流派人物,大都与庄园有着不解之缘。正始名士中的何晏,“共分割洛阳野王典农部桑田数百顷……以为产业”。[①] 曹爽的长史应璩说:“欲求远田,在关之西,南临洛水,北据邙山,托崇岫以为宅,因茂树以为荫。”[②]竹林名士中的山涛,“占官三更稻田”。[③] 王戎“园田周遍天下”,[④]修建田庄不遗余力,以至于“坐遣吏修园宅,应免官,诏以赎论”。[⑤] 当然,山涛、王戎的这类活动发生在竹林之游之后,他们身为朝廷重臣的西晋前期。

从目前有限的史料中,可以看到,河内山阳一带是曹魏前期洛阳官员占田经营庄园的最重要地区。太行山南麓秀丽的自然山水、自给自足的庄园生活与自由的清谈论辩,共同形成了生命的自然之境,老庄的“自然”已不再是一个抽象枯燥的哲学范畴,而是种实实在在的鲜活的生命体验。

---

① 《三国志》卷九《魏书·曹爽传》,中华书局,1982年版,第284页。

② 《宋书》卷六十六《谢灵运传》注引应璩《与程文信书》,第1755页。

③ 《晋书》卷四十一《李熹传》,第1189页。

④ 《世说新语·俭啬》注引王隐《晋书》,第874页。

⑤ 《晋书》卷四十三《王戎传》,第1232页。

二、养生之辩

正始时期，以何晏、夏侯玄为首的名士团体成为政治当权派，在意识形态领域发起了一场超越汉儒魏法的玄学革命。士人聚会清谈之风与儒、道融合的新思潮，在首都洛阳兴起。

何晏是汉末大将军何进的孙子，父亲何咸早亡，其母尹氏于建安时代步杜夫人后尘，带着六七岁的儿子何晏进入曹操的后宫，被封为尹夫人，何晏也随之成为曹操的养子。由于曹操过分喜欢聪明伶俐的何晏，引起了曹丕的嫉恨，于是在曹丕、曹睿父子相继执政的黄初——景初时代，何晏在政治上一直不得发迹。魏明帝曹睿太和年间，何晏与夏侯玄等青年贵族子弟组织了一个名为“四聪八达”的知识精英团体，聚众清谈，品评人物，宣扬玄学新思想，最后于太和六年以“浮华交会”的罪名遭到了政府的镇压，被免官罢职禁锢数年。曹睿死后，八岁的小皇帝上台，顾命大臣曹爽与何晏等“浮华案”分子关系密切，于是这些被压抑的精英人物得到了重用，控制了中央的各个重要部门，何晏当上了吏部尚书，负责官员的任免，权力极大，是朝中当权派集团的核心人物。他融洽了儒、道学说，初步创建了玄学理论，发起了对汉儒魏法的思想革命运动。

何晏领导的玄学革命是在清谈这种集辩论与娱乐于一体的新的学术交流形式下进行的。清谈一般在学者的客厅中举行。有甲乙两个主辩人和四座听客。甲乙双方就某个理论展开论战，以理屈词穷者为败方，或由听客的普遍倾向决定胜负。何晏是正始时期的著名大清谈家，经常举办大型清谈会，探讨汉魏之际一些重大的理论课题，社会名流纷纷云集于其清谈场中，形成了正始时期思想界的中心论坛。

正始五年前后，一大批年龄在20岁左右的青少年思想家登上了思想舞台。这些人物大都是著名的世家大族子弟，受到过良好的文化教育，倜傥少年，风华正茂。他们的出现，给正在兴起的玄学思想注入了新鲜血液。如正始五年在何晏举办的某次清谈会上，一场辩论刚刚决出胜负，年仅18岁的少年王弼姗姗来迟，何晏已闻王弼大名，就对王弼说："刚才胜方的论点已无懈可击了，你能难倒他吗?"不想王弼立刻驳倒了这个论点。当听众还深为王弼的辩才所惊服，赞叹不已之时，没料到王弼又将自己的论点再次驳倒，并自设矛盾双方互相诘难，奇峰突起，论战的气氛达到妙不可言的境界，四坐听客无不感到"闻道"的莫大精神快乐。

从年龄上看，正始玄学名士实际上由两代人组成，一是以何晏、夏侯玄为代表的朝中政治当权派，二是以王弼、钟会为代表的少年思想家。这些少年才子大都是家居洛阳的著名世家大族的子弟，一直生活在上层文化中心，进入仕途多任黄门侍郎和尚书郎等显要职务，正始玄学的理论创建，主要由第二代正始名士的杰出代表——王弼完成的。

正始名士出身曹魏王室或为重臣子弟，位于政治中心，故关心的是政治哲学问题，重点解释的道家经典是《老子》而非《庄子》。但是，《庄子》的思想在其玄学理论建构中发挥了十分重要的作用，尤其是在学术方法层面。例如，王弼成功地融庄子的"得意忘言"学说与《周易·系辞》的"言不尽意"、"立象以尽意"说于一炉，把几个看起来似乎矛盾的命题有机地结合在一起，构成了新的玄学言意观，为自由解释儒道经典，提供了新方法，使其在经学领域势如破竹地发起了一场玄学革命，创立了贵“无”论哲学体系，在正始之音中演奏了主旋律。

从年龄上看，竹林名士与正始名士为同时代人，同样由两代人组成：山涛、阮籍与何晏、夏侯玄同辈，向秀、嵇康等与王弼、钟会同辈。总体上看，竹林名士的家庭背景不如洛阳的正始名士显赫，他们正始时期寓居河内山阳，未能真正进入洛阳政治中心。此时，他们关心的学术问题，多在人生哲学与艺术哲学方面。正始时期是正始名士哲学创作的黄金时代，也是竹林七贤创作的高峰期。现存的阮籍、嵇康论文，大部分作品是正始时期所作。从嵇康《养生论》、《声无哀乐》、《明胆论》、《释私论》和《难〈宅无吉凶摄生论〉》，阮籍的《乐论》、《通老论》、《通易论》和《达庄论》等文章中，可以强烈地感受到正始之音那种力图调和儒道积极进取的时代气息。这一时期竹林名士的思想基调，与正始名士相同。不同点是，竹林名士对《庄子》的兴趣大于《老子》，关注的问题不是政治谋略而是音乐美学和生命哲学，其哲学思维方法，也不是“有无之辩”，而是传统的元气论。总之，竹林名士们在这一时期以他们独特的人生感悟，创造性地发挥了老庄思想，尤其是将庄学引入儒道融合的学术创建中，在正始之音论“道”的宏伟交响乐中，出色地演奏了人生哲学第二主题。

自正始年初起，何晏等正始名士发动的思想革命浪潮已在政治文化中心首都洛阳形成，逐渐波及到全国各地。青年知识分子纷纷被这种时髦的文化风尚所裹挟，例如远离洛阳千里之外的琅邪郡、清河郡、馆陶县等地方郡县已出现相当典型的清谈活动。[①] 位于洛阳附近的山阳县士人大概是不会甘于寂寞的。他们既在本地清谈名理，也到洛阳参加高层次的思想论战。

各种迹象表明，向秀可能在正始时期与嵇康去了洛阳，就“养生”问题展开了论战。嵇康与长乐亭公主结婚的时间，正始中后期（正始五年～八年）的可能性最大。[②] 按照当时的惯例，与公主结婚都要被朝廷加官晋爵。嵇康也不例外，他因此而被授予郎中职务，不久晋升为七品中散大夫一职。这时，他理应去了首都洛阳。当时的洛阳正在进行一场具有历史意义的玄学思想革命，嵇康妻子长乐亭公主的姑夫便是何晏（其妻金乡公主为沛王曹林之女），正是这场运动中叱咤风云的人物。嵇康作为公主的丈夫去洛阳接受官爵，自然进入了清谈玄理的文化氛围中。据《文选》卷二十一颜延年《五君咏》李善注引孙绰《嵇中散传》载：“嵇康作《养生论》，入洛，京师谓之神人，向子期难之，不得屈。”是说嵇康在山阳已受玄学影响，著《养生论》一文，携带去了洛阳，与向秀就如何养生问题展开了激烈的论战。由于嵇康重要哲学论文多是与密友之间的辩论，如与吕安辩论的《释私论》、与阮德如辩论的《难〈宅无吉凶摄生论〉》

① 据《三国志》卷二十九《魏书·管辂传》注引《辂别传》载，管辂于正始时期在上述地区参加学术清谈活动。资料分析见拙作《王弼评传》，南京大学出版社，1996年版，第104～105、108～109页。

② 嵇康：《与山巨源绝交书》：“吾新失母兄之欢，意常凄切。女年十三，男年八岁。”（戴明扬：《嵇康集校注》，第126页）该文作于景元二年(261)，此时其长女年龄12周岁，上推13年，为正始九年(248)可见嵇康与长乐亭公主结婚的时间在正始九年之前，正始五年～八年可能性最大。《晋书》卷八十九《嵇绍传》：“嵇绍，字延祖，魏中散大夫康之子也。十岁而孤。”（第2298页）

等，故史家认为，向秀挑战嵇康的《养生论》，是为了激发嵇康写出更高水平的文章。“又与康论养生，辞难往复，盖欲发康高致也”。[①] 其实问题并没有如此简单。从思想水平看，向秀与嵇康属于同一量级的大哲学家，分别代表了道家养生哲学的两大流派在新时期的发展。

道家关于生命的基本观点是：有生便有死，人的寿命有其极限，不可能延长，更不可能永恒。但是，人类可以顺应生命的自然规律，达到寿命的极限，得其天年。因此，可以用“养生”来概括道家的自然生命学说，它包括气化、形神、情欲等问题。

在养生问题上，老子没有提出系统的理论，只是留下了一些精彩的格言。而这些格言，却影响了道家生命哲学的发展方向。例如，老子认为生命的存在胜过一切外在的荣誉和财富，过分追求财富功名，是对生命最大的伤害，“名与身孰亲？身与货孰多”？[②] 纵情于声色狗马，会使生理器官功能紊乱，神智狂迷，对生命的伤害最严重。“五色令人目盲；五音令人耳聋；五味令人口爽；驰骋畋猎，令人心发狂”，[③]因此，应当坚决摈弃奢侈纵欲，“去甚去奢去泰”，[④]过平淡朴素、清心寡欲的生活，老子称这种生存方式为“啬”，意思是收敛不放纵，积蓄生命的能量和道德，既可以治国，又可以养生，“是谓深根固柢，长生久视之道”。[⑤] 这些养生方法的基本原则是一致的，

---

① 《晋书》卷四十九《向秀传》，第 1374 页。

② 《老子·第 44 章》，见楼宇烈：《王弼集校释》，中华书局，1980 年版，第 121 页。以下所引《周易》、《老子》，王弼《周易注》、《老子注》、《论语释疑》均为该版本。

③ 《老子·第 12 章》，第 28 页。

④ 《老子·第 29 章》，第 77 页。

⑤ 《老子·第 59 章》，第 156 页。

那就是以“无为”回归生命本初的自然状态。在老子笔下，生命的纯粹形态是无知无欲的赤子。他说，别看婴儿筋骨柔弱，小拳头却握得紧紧；不知性交为何物，小鸡巴却时常翘起；纯真无邪，禽兽也不会伤害。“含德之厚，比于赤子。蜂虺虿蛇不螫，猛兽不据，攫鸟不搏。骨弱筋柔而握固。未知牝牡之合而全作，精之至也”。① 婴儿刚刚从无形宇宙母体“道”中生出，身上凝集着淳厚的元气，“载营魄抱一，能无离乎？专气致柔，能婴儿乎”？②

在道家养生学说史上，庄子作出了重大理论贡献，他将生命过程视为“气”的聚散，将生命活动分为形（形骸）与神（神气）两个方面，均由“气”的不同形态构成。因此，养生首先要“练气”。《庄子》一书中，多处可见此类描述，如《达生篇》中的关尹，认为至人的特异功能，“是纯气之守也”。《人间世》中的“心斋”，《大宗师》中的“坐忘”，则类似练气功时通过静坐以净化心灵的过程。值得注意的是，庄子养生学的重心在于“养神”，而不是“养形”。

庄子认为，精神是形体的主宰，因此养生的关键，是精神的休养。他提出了“神全”这个概念，指“忘我”境界。他说，醉汉神智不清，暂时处于忘我状态，在车祸中受伤害比常人轻，因为“其神全也”。③ 圣人永远生活在忘我境界中，是真正的“神全”者。“执道者德全，德全者形全，形全者神全。神全者，

① 《老子·第55章》，第145页。

② 《老子·第10章》，第22～23页。

③ 《庄子·达生》，见郭庆藩《庄子集释》，中华书局，1961年版，第636页。以下所引《庄子》、郭象注或成玄英疏，以及《经典释文》所引文字，均为该版本，仅标出书名、篇名与页码。

圣人之道也”。[1] 所谓“心斋”“坐忘”，不是修炼形体的方法，而是通过凝神，使精神达到与大“道”合一的境界。达到了“道”的高度，便能真正顺应生命之自然，犹如庖丁解牛，游刃有余，“以神遇而不以目视……以无厚入有间，恢恢乎其于游刃必有余地矣”。[2] 可见，养生的最高境界，不过是顺应生命的自然规律，满足生命的本能欲望，而不人为加减。《庄子·至乐》记载，鲁侯捉到一只海鸟，将它置于太庙以美酒佳肴隆重款待，还奏九韶音乐助兴，结果海鸟惊恐不安，不吃不喝，三日而死。庄子嘲笑鲁侯是以养人的方法养鸟，而不是以养鸟的方法养鸟。“此以己养养鸟也，非以鸟养养鸟也。夫以鸟养养鸟者，宜栖之深林，游之坛陆，浮之江湖，食之鳅鲦”。

黄老派思想家在元气论与宇宙结构论基础上，发展了老庄学派的生命哲学，其中《淮南子》堪称代表作。该书继承了《庄子》的气化说和《管子》精气说，认为生命的形体禀受大地之气，精神则来源于天上的精气，“夫精神者，所受于天；而形体者，所禀于地也”。[3] 人死后，形体回归大地化为泥土，精神则化为精气，回归上天永存。形、神、气，是构成人类生命的三大要素：“形”指躯体，犹如生命居住的房子；“神 ”指精神，是生命的主宰；“气”指维系生命活动的基本物质。因此，在养生问题上，主张形、神、气三者均应调养，“故圣人将养其神，和弱其气，平夷其形”。[4] 由于形与气的运动，都受精神的制约，故

① 《庄子·天地》，第436页。

② 《庄子·养生主》，第119页。

③ 《淮南子·精神训》，张雙棣：《淮南子校释·氾论训》，北京大学出版社，1997年版，第722页。以下所引《淮南子》均为该版本。

④ 《淮南子·原道训》，第125页。

养生之道的关键，是以养神为主，“治身，太上养神，其次养形”。[①] 而养神的要点在于保持心灵的宁静，精神内守，充盈旺盛，控制内气不外散，“精神盛而气不散则理，理则均，均则通，通则神，神则以视无不见，以听无不闻也，以为无不成也。是故忧患不能入也，而邪气不能袭”。[②]

《淮南子》属于黄老派的精英文化，受《庄子》影响较大，在养生问题上重视精神生活，故倡导“养神”。同时，黄老派还有世俗文化层面，多与神仙方术结合，重视实际操作性强的服食导引房中之术，此类书籍多挂靠在黄老学名下。《汉书·艺文志》中托名黄帝君、臣之书有 27 种，其中医经类、经方类、房中类和神仙类共 9 种 166 卷。从篇目看，大都与养生术有关。其中有《黄帝内经》这样高水平的生理学医学专著，奠定了中国医学的理论基础，至今仍在指导中医临床。但是更多的则是服食导引房中类养生技术方面书籍，类似马王堆帛书中的《去(却)谷食篇》。东汉时期，黄老哲学与养生方术进一步结合，成为早期道教的主要思想来源。这是早期道教被称之为黄老道的重要原因。

由于黄老养生方术与神仙方术有着不解之缘，具有明显的神秘主义色彩，在实践中容易流于迷信荒诞，加上一些术士利用它来欺惑百姓，往往引起一部分具有理性主义倾向的士大夫的反感和抵制。所以，随着魏晋玄学的兴起，在对待养生方术问题上，形成了支持与反对两种对立观点，嵇康与向秀关于养生问题的论战就是典型的一例，以往返论文形式保留在

① 《淮南子·泰族训》，第 2074 页。
② 《淮南子·精神训》，第 731 页。

《嵇康集》中。由嵇康的《养生论》、向秀的《难〈养生论〉》和嵇康《答〈难养生论〉》三篇组成。向秀继承了老庄派顺应生命自然本能的理性主义养生观点;嵇康则极力证明方术有益于养生,明显受黄老方术的影响。

首先,嵇康发表了《养生论》一文,系统地阐述了他在这个问题上的基本观点。大意如下:

在养生问题上,一直存在两种对立观点:一是认为通过学习养生可以长生不老成为神仙。二是认为人类寿命以120岁为极限,古往今来未有超越此数者,长生神仙之说纯系虚构。这两种看法都是片面的,未得真谛。常人虽然不能目睹神仙,但是历史文献多有确凿记载。从理论上推理,神仙也是应当存在的。所谓神仙,是怀胎时禀受特质元气自然生成的,是人类后天努力学习与修炼所无法达到的。虽然神仙不可人为,但如果养生方法得当,却可以极大地延长生命,从几百年到一千多年。人们之所以不能如此高寿,是因为不懂正确的养生之道。

人类生命由精神与形体(肉体)两个方面构成,正确的养生之道应当同时予以调养,使精神与形体健康和谐。

首先,关于养神。在精神与肉体之间,精神的作用是决定性的。比如服用发汗药物未必一定出汗,而万分羞愧之时,会立刻汗流浃背;一日不餐会饥不择食,而曾子发丧悲哀,七天不饿;夜半静坐会瞌睡难忍,而心怀忧愁,通宵不眠;梳子理直鬓发,饮酒脸色变红,尚有一个过程,而壮士大怒,则立刻面红耳赤,怒发冲冠。可见精神因素是何等重要!精神活动一旦陷入紊乱,形体的生理机能必然失去平衡,犹如昏君执政国家必乱一样。精神修养至关重要,必须从小处做起。连年大旱,浇过一次水的庄稼，虽然也不免旱死，但必然迟后枯萎。可见，灌溉一次的作用也不容抹杀。世人往往认为偶尔一次愤怒或一次悲伤不足以损害身心健康，因而掉以轻心，犹如忽视浇水一次的作用却期望久旱的禾苗大获丰收一样荒谬。君子“知一过之害生，故修性以保神，安心以全身；爱憎不栖于情，忧喜不留于意，泊然无感，而体气平和”。[①]

再者，关于养形。呼吸吐纳和服用营养药物，可以健壮体魄。在众多的健身之术中，服食上等营养药物最为重要，而一般人受常识局限却难以理解。例如通常耕作方法，一亩可收十余斛粮食，而采用先进的“区种法”技术，一亩可收百余斛。又如同一品种果树，种植和护养方法不同，收获悬殊甚大，人们通常所说的“商无百倍之利，农无百斛之望”，是受常识的局限。在服食养生问题上亦然。人们相信粮食蔬菜瓜果等食品的营养作用，却怀疑上等药物的神奇功能。众所周知，特定食物会对人体产生特殊作用。多食大豆身体会发胖，多食榆叶眼睛昏花。合欢树使人消除忿怒，萱草使人忘掉忧愁，葱蒜辛辣伤害眼睛，河豚有毒伤害性命，居住高山地区颈部粗肿，居晋国牙齿变黄。上述现象之所以发生，是因为食物含气不同，在人体中必将发挥不同作用，将它们的性质(气质)转化到人体中，改变人体素质。食品既然可以影响和改变人的生理素质，可以使人牙齿变黄，为什么药物不能改变人的素质，使人延年益寿呢？《神农本草》指出了服药对养生的重要意义：“上药养命，中药养性者，诚知性命之理，因辅养以通也。”[②]

① 戴明扬：《嵇康集校注》卷三《养生论》，第146页。

② 戴明扬：《嵇康集校注》卷三《养生论》，第150页。

普通人因循守旧，沉溺于美味声色所带来的肉体感官快乐之中，却不知它们对生命的危害性。美味煎烧其五脏六腑，美酒煮熬其肠胃，香气腐蚀其骨髓，喜怒悖乱其正气，思虑伤其精神，哀乐破坏其平衡……如此众多的伤害从四面八方进攻如此脆弱的身躯，使之内外受敌。血肉之躯，"身非木石，其能久乎"?[①] 嗜欲过甚，饮食不节，性生活放纵，于是各种疾病纷沓而来，使生命夭折。一般人也承认纵欲对健康的危害，但对潜在的损害健康之行为，却视之不见，不懂积劳成疾的道理，往往疾病发作后才后悔，而不知应防患于未然。扁鹊向貌似健康的蔡桓公指出其已经患病时，竟被蔡桓公指责为故弄玄虚，直到病入膏肓才相信，但已经不可救药。这说明健康的损害与疾病的萌生，是一个长期的难以察觉的过程。

对待养生之术，人们常有以下几种错误态度：其一，在有限的视野中，未见养生极寿者，于是以为几十年间生老病死是不可抗拒的生命规律，视养生术为虚妄。其二，虽相信养生的意义，并希望学习养生术，因不知从何做起而犹豫不决，没有付诸行动。其三，实践养生术，并勉强服药，一年半载后未见效果，便失去兴趣，半途而废。究其原因，或保养少而损伤多，入不敷出；或压抑欲望去学习养生，面对眼前声色美味的诱惑和几十年后才能验证的长寿之果，担心鸡飞蛋打，得不偿失。养生之道，非急功近利之事，其效益在短期内难以觉察，犹如樟树生长七年才可见其变化。操之过急，会欲速而不达。总之，在学习养生的过程中，有人因成功遥远而放弃，有人因三

① 戴明扬：《嵇康集校注》卷三《养生论》，第152页。

心二意而荒废，有人因方法片面而无效，有人因误入邪道而自损，多以失败告终。

养生的要义在于精神与形体的和谐，首先是健康的精神生活。清心寡欲，心胸坦荡。知道功名利禄有损于德性，故淡漠处之，并非自我克制；明白美味声色伤害身心，故坚决弃之，并非自我压抑。不为外物所惑，不为情欲所累。彻底摈弃了各种不健康的心理活动，使精神处于平静、纯洁、中和的状态，"守之以一，养之以和"，[①]与宇宙大道融为一体。然后，再服食灵芝，饮用甘泉，沐浴朝阳，弹拨五弦，益寿延年，近似神仙。"无为自得，体妙心玄……庶可与羡门比寿，王乔争年"。[②]

针对嵇康《养生论》的观点，向秀发表了《难〈养生论〉》一文，对嵇康的学说逐条进行了诘难。他指出：节制喜怒哀乐，注意起居饮食，是自古以来的养生传统，毋庸置疑，但是对于不食五谷、摈弃美味、抑制欲望、不求富贵的高论，却不敢苟同。

> 若夫节哀乐，和喜怒，适饮食，调寒暑，亦古人之所修也。至于绝五谷，去滋味，寡情欲，抑富贵，则未之敢许也。何以言之？夫人受形于造化，与万物并存，有生之最灵者也。异于草木，草木不能避风雨，辞斤斧；殊于鸟兽，鸟兽不能远网罗，而逃寒暑。有动以接物，有智以自辅，此有心之益，有智之功也。若闭而默之，则与无智同，何贵于有智哉？有生则有

---

① 戴明扬：《嵇康集校注》卷三《养生论》，第156页。

② 戴明扬：《嵇康集校注》卷三《养生论》，第157页。

> 情，称情则自然，若绝而外之，则与无生同，何贵于有生哉？[①]

向秀认为，人类是天地间生物中最有灵性者，与其它生物相比，有着根本的不同。植物无法逃避风雨的袭击与砍伐者的伤害，动物不知远离罗网陷阱与如何应付严寒酷暑。人类的特点在于能够运用智慧，能动地改造自然，使之适合自己的生存。如果人类去掉了智慧，那么与其它生物的区别何在呢？“何贵于有智哉？”欲望是生命的本能，如果摈弃欲望，那么就与无生命的事物相同，生命的珍贵之处何在呢？“何贵于有生哉”？

> 且夫嗜欲，好荣恶辱、好逸恶劳，皆生于自然。夫天地之大德曰生，圣人之大宝曰位，崇高莫大于富贵。然富贵，天地之情也。贵则人顺已以行义于天下，富则所欲得以有财聚人，此皆先王所重，关之自然，不得相外也。又曰：富与贵，是人之所欲也，但当求之以道义。在上以不骄无患，持满以损俭不溢，若此何为其伤德耶？或睹富贵之过，因惧而背之，是犹见食之有噎，因终身不餐耳。[②]

与嵇康对人性的看法不同，向秀认为好高骛远、好逸恶劳、好荣恶辱，是人类生来具有的自然本性。故圣人重视尊位

① 戴明扬：《嵇康集校注》卷四黄门郎向子期《难〈养生论〉》，第161～162页。
② 戴明扬：《嵇康集校注》卷四黄门郎向子期《难〈养生论〉》，第162～163页。

和富贵，说："天地之大德曰'生'，圣人之大宝曰'位'。"又说："崇高莫大于富贵。"由此可见，追求尊位富贵是天下正道。地位尊贵，人们才会顺从，理想政治才能得以推行；财物丰富，能满足人们的欲望，才能产生凝聚力。圣人又指出，追求富贵虽是人类的正常欲望，但应当以正道获得，不得为此损害正义。处于高位而能谦逊待人，腰缠万贯而能节制聚敛，富贵也就无损于道德。如果因为看到富贵能引起罪恶而全盘否定其功德，则像因噎废食一样迂腐。

> 神农唱粒食之始，后稷纂播植之业。鸟兽以之飞走，生民以之视息。周孔以之穷神，颜冉以之树德。贤圣珍其业，历百代而不废。今一旦云：五谷非养生之宜，肴醴非便性之物，则亦有和羹，黄耇无疆，为此春酒，以介眉寿，皆虚言也。博硕肥腯，上帝是飨；黍稷惟馨，实降神祇。神祇且犹重之，而况于人乎？肴粮入体，不逾旬而充，此自然之符，宜生之验也。①

谷物使鸟兽得以飞翔奔跑，人民得以呼吸视听，圣人得以深谋远虑，贤士得以建立功德。故历代圣贤十分重视谷物的营养价值，神农首倡食用五谷杂粮，后稷推广农业种植，从古至今，一直作为主食。如果五谷杂粮、美酒佳肴不利于身体健康，那么圣典中关于美酒与肉汤延年益寿的记载，岂不是虚妄之言？祭祀神灵时，用肥大的牲畜和芬芳的谷物，可见神灵也重视这

① 戴明扬：《嵇康集校注》卷四黄门郎向子期《难〈养生论〉》，第163～164页。

些祭品。毫无疑问，美酒佳肴有益健康，符合人类的生理需要。

> 夫人含五行而生，口思五味，目思五色，感而思室，饥而求食，自然之理也，但当节之以礼耳。今五色虽陈，目不敢视；五味虽存，口不得尝。以言争而获胜则可，焉有勺药为荼蓼，西施为嫫母，忽而不欲哉？苟心识可欲而不得从，性气困于防闲，情志郁而不通，而言养之以和，未之闻也。[①]

人类禀五行之气而成，所以天生喜欢品尝五味、欣赏五色，充满了欲望。性欲萌发，思求房事；饥肠辘辘，思求饮食。合情合理，属自然本能，但是要以礼教加以节制，防止纵欲倾向。面对美色而不想注视、美味佳肴而不欲品尝的养生方法，只能是理论上的假设，在实践中，谁会将香花芍药看作苦菜杂草，将美人西施视为丑女嫫母，以至失去占有欲呢？心中欲火燃烧，而人为地加以阻塞，心情必然郁闷不畅，以此调养和气，“未之闻也”。

> 又云导养得理，以尽性命，上获千余岁，下可数百年。未尽善也。若信可然，当有得者，此人何在，目未之见。此殆影响之论，可言而不可得。纵时有耆寿耇老，此自特受一气，犹木之有松柏，非导养之

① 戴明扬：《嵇康集校注》卷四黄门郎向子期《难〈养生论〉》，第164～165页。

> 所致。若性命以巧拙为长短，则圣人穷理尽性，宜享遐期；而尧舜禹汤文武周孔，上获百年，下者七十，岂复疏于导养耶？顾天命有限，非物所加耳。①

如果养生得法，真能将寿命延长到几百岁到千余岁吗？如果此说可信，应当有如此长寿者，但是此人何在呢？谁也没有见到过，大概是捕风捉影。即使有长寿者，可能也是受胎时禀受元气的质量不同，就像松柏长青，非保养所致。如果生命长短取决于生存技巧，那么，圣人最通生命之理，理应长寿，而尧、舜、禹、汤、文、武、周公、孔子，长命者百岁，短命者 70 岁。这难道是忽视养生术所致吗，可见，寿命自有定数，非人力所能增加。

> 且生之为乐，以恩爱相接。天理人伦，燕婉娱心，荣华悦志。服飨滋味，以宣五情；纳御声色，以达性气。此天理自然，人之所宜，三王所不易也。今若舍圣轨而恃区种，离亲弃欢，约己苦心，欲积尘露以望山海，恐此功在身后，实不可冀也。纵令勤求，少有所获。则顾影尸居，与木石为邻，所谓不病而自灸，无忧而自默，无丧而蔬食，无罪而自幽。追虚徼幸，功不答劳。以此养生，未闻其宜。故相如曰："必若长生而不死，虽济万世犹不足以喜。"言背情失性，而不本天理也。长生且犹无欢，况以短生守之耶？

---

① 戴明扬：《嵇康集校注》卷四黄门郎向子期《难〈养生论〉》，第 165～166 页。

若有显验，且更论之。[1]

人生之乐趣，在于满足爱欲。国色天香，使人心花怒放；荣华富贵，使人心满意足。这是人性法则，天经地义，理智无法遏制，古代圣王无法改变。如果背离这些法则去学抑制情欲的养生术，只能会远离亲朋好友，失去一切欢乐而默默忍受精神痛苦。以此希冀长寿，犹如积累尘埃露水，期望化为高山大海那样不切实际，劳而无功。即使有所收益也得不偿失：孑然一身，索然无味地活着，如行尸走肉，等于无病找病，无忧找忧，无丧素食，无罪监禁，这种长寿有什么意义呢？司马相如说得好：违背自然本性活着，即使万寿无疆也不值得高兴。怎能以短暂而宝贵的生命作此毫无乐趣的人生实验呢？"言背情失性，而不本天理，长生且犹无欢，况以短生守之邪"？

三、"竹林七贤"的历史传说

向秀与其他竹林名士没有在洛阳长期住下去，像大多数头脑清醒的知识分子那样，他们已看到了洛阳上层清谈沙龙中令人振奋的思想解放浪潮，正在演变成一个可怕的政治漩涡。

正始时期，何晏、夏侯玄集团的活动并非仅仅限于理论探讨。他们像大多数中国知识分子一样，不仅仅甘心于立言，而是准备立功立德。正始玄学以建立一个自然无为的理想社会

① 戴明扬：《嵇康集校注》卷四黄门郎向子期《难〈养生论〉》，第166～167页。

为政治目的，所以随着正始名士大权在握，逐步实施政治理想，也就势在必行了。事实上亦是如此，自正始中期开始，出台了一场政治改革运动，史称“正始改制”。从夏侯玄向太傅司马懿的建议看，改制的要点有三项：改革九品中正制，削弱中正权力，扩大吏部职能；改革行政机构，将州、郡、县三级并为二级；服饰车舆各按等级，禁止奢侈逾制，转变社会风气。司马懿对夏侯玄的建议作了冷处理，认为建议虽好，但难以推行。改制派决心已定，对司马懿的阻挠没有理睬，将计划付诸实施，有些内容已贯彻到基层，比如合并郡县，裁减官吏等等。

正始改制带有不少理想主义成分，恐怕很难行得通。例如合并郡县一项，据夏侯玄粗略推算，可裁减一万名官吏，这就必然与封建官僚政治所固有的官僚膨胀规律相矛盾。其结果只能是，不仅被裁者将拼命反对改制，而且会引起整个官僚阶层的不稳定感和抵触情绪。事实正是如此。随着改制的进行，在正始中期之后，一些受到改制派打击而心怀不满的老资格官僚聚集在司马懿周围，形成了强有力的政治反对派，骨干分子为卢毓、王肃、孙礼、王观、高柔、蒋济、钟毓、刘放、孙资、傅嘏等。其中，除傅嘏年龄较轻，资历较浅外，大都是曹操建安时期入仕的重臣元老。众所周知，正始名士大都是年轻贵族子弟，属于曹魏官僚系列中的第二三代，当他们掌握中央权力后，任用资历较浅的年轻人，是他们政令通达的组织保证，人事上的大换班将不可避免，老官僚无疑成了这场权力再分配过程的牺牲品。司马氏集团的骨干分子，由建安老臣组成，在改制中受到了不同程度的损害，后来都积极地参与了高平陵政变。例如建安时期入仕的人物品评专家卢毓，自魏明帝后期起，任吏部尚书，正始年间，遭到免官报复。又如王观，建安时期入仕，正始时期曾任少府一职，后来因为反对曹爽被贬。在这一大批不得志的老官僚中，孙礼的行为最有代表性。这位建安时期入仕的老资格官员，在正始时期任冀州牧期间，因划分清河、平原两郡的边界得罪了曹爽而被打击，又出任并州刺史，临行前去看望司马懿时涕泣横流，两人暗示了推翻曹爽集团的决心。

与曹爽集团相比，司马氏集团实力上具有潜在的优势。从表面上看，曹爽集团占据了中央政府的要害部门，但是他们大都是没有政治根基的年轻贵族子弟，与国家机器没有根深蒂固的联系。相反，司马氏集团的成员基本上是曹魏政权的创建者。几十年的南征北战，使他们在军队和官僚机构中拥有雄厚的势力，门生故吏遍天下。这在封建人身依附关系严重的中古时期，是一笔相当可观的政治财富，因为根据封建道德，门生故吏在任何情况下背叛其恩师，都是天理难容。因此，当这些老官僚老军官团结起来，并且拥有了强有力的领袖人物时，青年改制派的失败就是时间问题了。当时，反改制势力有了自己的铁腕领袖，那便是足智多谋、刚毅果断、“有大志而甚得民心”的司马懿。

司马懿与曹爽受遗诏共同辅佐幼主。大将军曹爽为辅佐之首，地位在司马懿之上。正始初期，两人尚无矛盾，后来正始名士集团将司马懿尊为太傅，权力中心移向曹爽集团，双方矛盾开始产生，自正始五年之后逐步明朗化。

正始后期，随着改制的进行，形势日益恶化，向着对曹爽、何晏极为不利的方向迅速发展。一方面与改制活动触及了官僚阶层的利益，打破了社会因循守旧的习惯有关系，如王广当时所总结：经常改变典章制度，朝令夕改，与实际情况差距太大，无法执行。人民群众习惯于旧法，难以遵从。另一方面，正始名士集团上台的作为，也没有实施自己提出的“素朴”学说，奢侈腐败有过之而无不及。比如曹爽吃穿住用以及车队仪仗，像皇帝一样，而且将宫中珍玩、美女收为己有，“妻妾盈后庭”，[①]还修筑了豪华的地下室，与何晏等人举行酒会作乐。何晏本人也抵不住财富的诱惑，窃取公田几百顷，并窃取国家财产为己有。这些行为，使正始名士的威信一落千丈。

正始八年，司马懿托病不上朝，双方斗争达到了白热化程度，京师的官僚阶层几乎都站到了司马懿一边。谣言、谣书纷纷出现，矛头直指正始名士集团的核心人物何晏、邓飏、丁谧等人，将他们比喻为曹爽的“三狗”，民谣传唱：“何、邓、丁乱京城。”[②]童谣、谣书是中国古代极重要的舆论形式，反映了民心所向。连一些聪明的妇女已觉察到政变的必然发生，严宪说“司马太傅兽睡耳”，[③]钟会那位聪睿的母亲张夫人也断言曹爽的快乐已经到了尽头，“乐则乐矣，然难久也”。[④] 何晏是位敏感而且有头脑的文人，他也预感到了自己的可悲下场，在接受术士管辂的政治算命之后，内心十分恐惧，写了一首五言诗表达了自己的感受：“鸿鹄比翼游，群飞戏太清，常畏大网罗，忧祸一旦并，岂若集五湖，从流唼浮萍，承宁旷中怀，何为怵惕惊。”[⑤]显然，他已预感到了政变的大罗网即将撒下，而自己是骑虎难下，欲罢不能，所以诗中充满了悲凉惶恐的情绪。

---

① 《三国志》卷九《魏书·曹爽传》，第284页。
② 《晋书》卷一《宣帝纪》，第16页。
③ 《晋书》卷九十六《列女传》，第2509页。
④ 《三国志》卷二十八《魏书·钟会传》注引钟会《张夫人传》，第786页。
⑤ 《世说新语·规箴》注引《名士传》，第553页。

在这种形势下那些位于两大政治集团的圈外士人，纷纷采取了回避态度，或托病不理政务，或干脆退出政界，以免在这场冲突中莫名其妙地受到牵连而成为冤死鬼。山涛与阮籍从官场中退出、回乡隐居的过程，史书有明确记载。正始八年，任河南从事一职的山涛因洛阳的政治形势而焦虑得夜不能寐，半夜起来叫醒了在一旁熟睡的同事石鉴：

> 与石鉴共宿，涛夜起蹴鉴曰："今为何等时而眠邪。知太傅卧何意？"鉴曰："宰相三日不朝，与尺一令归第，卿何虑也！"涛曰："咄！石生无事马蹄间邪！"投传而去。未二年，果有曹爽之事，遂隐身不交世务。①

阮籍的情况与此大同小异。正始九年(248)，太尉蒋济(司马懿党羽)和曹爽先后辟阮籍为幕僚，阮籍均采取了敷衍态度，先上任，然后托病辞职，既不得罪双方，又避开了政治陷阱。"及曹爽辅政，召为参军。籍因以疾辞，屏于田里。岁余而爽诛，时人服其远识"②。

总之，到正始八年之后，嵇康的一些对政局采取观望态度的好朋友，经常聚集在河内山阳嵇康园宅附近的竹林中饮酒清谈，于是，历史上出现了关于竹林七贤的传说。他们是：嵇康、山涛、阮籍、阮咸、刘伶、向秀、王戎。

有些学者，对竹林之游的可信性表示怀疑，认为上述七人

---

① 《晋书》卷四十三《山涛传》，第1223页。

② 《晋书》卷四十九《阮籍传》，第1360页。

没有共同聚集山阳的时间，更有甚者，竟认为连“竹林”也属虚构，是以佛教的竹林讲经附会而成。上述看法大概是近代学者的疑古病所致。古籍自然不可全信，但也不可全不信。高平陵政变之后，竹林七贤中的阮籍自嘉平元年即被司马懿辟召，七贤自然不可能全部相聚于竹林。但是，如果将竹林之游的时间置于高平陵政变前的正始八年至十年之间，上述七人完全有可能会聚于山阳。再者，山阳地处太行山南麓，气候温和，颇有江南风光，生长着大片竹林，虽不是江南的毛竹，而是矮小的丛竹，七贤于竹林下饮酒自然不可能，但是在园林一丛丛竹林之间畅饮，还是完全有可能的。南北朝隋唐时期，山阳嵇康旧居的遗址附近，一直生长着翠竹。

从正始八年前后山涛逃出洛阳回到河内，到景元三年(262 年)嵇康被杀，竹林之游持续了 15 年左右。以嵇康甘露元年～四年(256～259)离家赴河东学道三年为界，竹林之游可划为前期(247～256)和后期(259～262)。前期的核心人物是嵇康、阮籍、山涛，特点是避开洛阳的政治漩涡；后期的核心人物是嵇康、吕安、向秀，特点是消极抵制司马氏的“名教之治”。这个问题笔者在拙作《嵇康评传》中作了分析，[①]故不赘述。需要论证的是，无论前期还是后期，参加竹林之游的名士都不存在严密的组织，仅是个松散的文人群体。参加者也不局限于七人，史册留名的还有吕安、阮侃、赵至、郭遐周、郭遐叔等。但是“竹林七贤”的传说，可能以某次七人的竹林聚会为原型。时间发生在前期正始九年(248)的可能性最大，因为该年七贤均无官职，有可能同在山阳。而高平陵政变之后，

① 王晓毅：《嵇康评传》，广西教育出版社，1994 年版。

阮籍自嘉平元年即被司马懿辟为从事中郎，此后，七贤很难全部相聚于竹林。

不能否认，竹林七贤的年龄存在着巨大的差异。正始九年，山涛43岁，阮籍38岁，嵇康25岁，而王戎仅14岁，年龄太小，似乎不可能参加成人的清谈。然而，那是一个学者早熟的时代，王弼17岁时已成为崭露头角的玄学少年，出色地回答了裴徽提出的关于“儒道异同”的重大哲学问题；18岁时已在何晏主办的清谈会上脱颖而出，成为学术明星。没有年龄与资格限制的学术平等，恰恰是正始清谈特点。王戎的年龄和水平虽不能和王弼相比，但是他从6岁开始就以超常的聪明机智名扬天下，“戎幼而颖悟，神彩秀彻。视日不眩，裴楷见而目之曰：‘戎眼烂烂，如岩下电。’年六七岁，于宣武场观戏，猛兽在槛中虓吼震地，众皆奔走，戎独立不动，神色自若。魏明帝于阁上见而奇之”。① 王戎14岁时，以思想深刻得到阮籍的赏识。年长王戎20多岁的阮籍，与王戎的清谈的兴趣远远大于其父王浑，“阮籍与浑为友。戎年十五岁，随浑在郎舍。戎少籍二十岁，而籍与之交。籍每适浑，俄顷辄去，过视戎，良久然后出。谓浑曰：‘俊冲清赏，非卿伦也。共卿言，不如共阿戎谈’”②。同时，王戎又家住山阳，故作为特殊情况，阮籍携“神童”王戎参加竹林之游是完全可能的。

据史料记载和笔者实地考察，“竹林之游”有两处遗址——即嵇康的两个故居：其一、山阳园宅，位于今河南辉县鲁庄与山阳村之间，即《水经注》卷九《清水》所言嵇康山阳旧

① 《晋书》卷四十三《王戎传》，第1231页。

② 《晋书》卷四十三《王戎传》，第1231页。

居，旁有竹林泉。南朝刘宋郭缘生《述征记》是记载山阳嵇康园宅遗址的最早文献资料："山阳县城东北二十里，魏中散大夫嵇康园宅，今悉为田墟。而父老犹谓嵇公竹林地，以时有遗竹也。"[①]其二、嵇山别墅。魏晋士人除了经常性居住和经营的园宅，还在依山傍水处修建游乐性的别墅，史书中称为"山墅"。嵇康也不例外，他在距竹林庄园西北二十五里左右的嵇山便拥有别墅，也是竹林七贤游宴清谈之地，《元和郡县志》、《太平寰宇记》等历史文献，作了详细的记载。[②]

物以类聚，人以群分。竹林名士都以庄子的学生自居，称作"好老庄"。庄子在他们的心目中，地位已超过了老子。正始后期，当何晏、王弼以《老子》为旗帜的玄学在实践中陷入危机时刻，竹林名士在庄子的旗帜下聚集在河内山阳，昭示着中国文化思想正处在一个重要的历史转折关口，即玄学思潮热点将由老学转向庄学，玄学家们关心的主题亦将由国家的无为政治向个体生命的"自由"转变。以重新解释《庄子》为特征的未来玄学思潮两大流派的领袖已神差鬼使般地聚会于山阳竹林：以嵇康、阮籍、刘伶、阮咸为代表的"越名教任自然"派，将发挥庄子人生哲学中一个侧面，高举元气自然论生命哲学大旗冲击名教之治；以山涛、向秀、王戎为代表的"名教即自然"派将发挥庄子人生哲学的另一侧面，从本末体用关系证明名教与自然一致，企图在名教中获得精神的自由。

然而，当时间的指针还未走到正始十年之前，竹林名士内

① 《太平御览》卷一百八十《居处部八·宅》引郭缘生《述征记》，第877页。

② 本章关于竹林之游学术地理方面考证，详见王晓毅《"竹林七贤"考》(《历史研究》2001年第5期)。收入本书附录三"背景考辨文字"。

部的矛盾还在孕育中,思想差异也没有显现出来,而是在庄子的共同旗帜下,不远千里,从五湖四海聚合在嵇康家乡的竹林,饮酒清谈,似乎已进入庄子的逍遥之境。其实,他们此时虽在山阳,却密切注视着洛阳政局的变化。正始末年的竹林之游不同于东晋的兰亭之会,他们活得远没有王羲之、谢安那样风流潇洒,这是暴风雨来临之前的平静,这是一个短暂的避风港。逍遥的表象后面,是一颗颗惶恐不安的心灵,焦急地等待着注定要发生的重大事变。

第二章　最后“出山”的竹林名士

一、魏末政局与“七贤”分化

正始十年正月初六，司马懿趁曹爽等人陪同皇帝曹芳离开洛阳去祭扫魏明帝高平陵之机，以迅雷不及掩耳之势发动了政变，以“阴谋反逆”为罪名，将曹爽、曹羲、曹训兄弟及何晏、丁谧、毕轨、李胜等同日斩首，诛及三族。正始名士集团在政变中土崩瓦解，曹魏军政大权全部落入司马氏集团手中。

积极追随司马懿参加政变的建安老臣，并不想借机消灭曹氏皇帝另建新王朝。他们是曹魏政权的缔造者，许多人自建安时期就追随曹操南征北战，这个王朝的历史，是他们生命的一部分。如高平陵政变的第二号领袖人物、70 多岁的太尉蒋济，因不满司马懿背弃了不杀曹爽的承诺，于政变不久便抑郁而死。但他们也不希望司马氏交出兵权，这会危及其自身的利益，故希望维持现状：保持曹魏王朝名义，拥护司马氏执政。

对政变的领导者司马氏父子来说，继续充当曹魏皇帝的忠实臣民已是不可能的了，且不说政变本身已经侮辱了皇太后和皇帝本人，并屠杀了皇族成员曹爽等人，重要的是，通过政变，国家的中央军权已转入司马氏私门。是否拥有忠于自己的军队，是皇权是否存在的根据，谁掌握着军队，谁就是事实上的皇帝。一旦成为事实上的“皇帝”了，再将军队交出，等于授人以柄，只有死路一条。当年曹操之所以不肯把兵权交给汉献帝，其原因就在于他不愿“慕虚名而处实祸”。司马懿的处境类似当年的曹操，殷鉴不远。曹魏的灭亡需要一个过程：一方面司马氏要扩大自己的实力和影响，另一方面，社会也需要时间增加改朝换代的心理承受力。

高平陵政变之后，亲曹政治力量由三种人组成，一是曹魏老一代官僚中的“忠臣”，二是正始名士的漏网分子，三是皇亲国戚中的干才。他们在重振曹魏王室的旗帜下走到了一起。这些魏王朝的支持者，一次又一次地组织兵变、政变，企图扭转局面。结果恰恰相反，他们每一次削弱司马氏力量的行动，都遭到了惨败；每次失败后，司马氏的力量都得到进一步的加强，而曹魏的实力则一步步削弱。这种消长运动，构成了曹魏后期历史的基本内容。表现为朝中的两次未遂政变和淮南地区的三次大规模兵变“淮南三叛”。下面，按时间顺序简介。

嘉平三年(251)年近 80 岁的王凌在淮南密谋进攻洛阳。王凌在建安时期，就曾任曹操丞相掾，是老资格的官员。自魏文帝时起，就一直在扬州长期负责对孙吴的军事行动。兵变之前，任太尉并兼管淮南地区的军事，掌握曹魏东南部的兵权。他认为齐王曹芳昏聩无能，受制于司马懿，为了重振曹氏王朝，准备拥立曹操的儿子、年长而有才华的楚王曹彪为帝。因军机泄露，司马懿率水军迅速秘密前往镇压，王凌还未来得及发兵，便被平定并赐死。

平息了王凌未遂兵变后不到三个月，司马懿也寿终正寝了，军政大权移交给他的儿子司马师，官职为抚军大将军，录尚书事。司马氏权势日益膨胀，大将军府成了真正的朝廷，大将军府的属员才是真正的政府官员，而曹魏朝廷形同虚设，魏帝身边的大臣高官，地位已实际降为藩王陪臣，处境狼狈。这样的政治格局使人联想到当年曹操丞相府与汉献帝朝廷的关系。

嘉平六年(254)，一场反对司马师的政变活动在曹魏的皇亲国戚中酝酿密谋，核心人物是中书令李丰、大鸿胪夏侯玄和皇后的父亲张缉。李丰曾是正始清谈的活跃人物，在才性四本论中持才性异观点，高平陵政变前，游离于曹爽和司马懿两大集团之间，脚踏两只船。政变发生时吓得喘不上气，不能站立，“足委地不能起”。[①] 李丰的儿子与魏公主通婚，与皇室的关系更密切，于是李丰找到了被束之高阁的国丈张缉，两人一拍即合，决定于嘉平六年二月举行拜贵人仪式，司马师晋见时，以伏兵诛之，并推举夏侯玄为大将军，夺回失去的权力。

夏侯玄是正始名士集团中最有影响的人物之一，地位与何晏不相上下，由于他正始中后期作为征西将军一直在西北前线负责对蜀国的军事活动，离开了洛阳政治争斗的漩涡，所

① 《三国志》卷九《魏书·夏侯玄传》注引《魏略》，第301页。

以高平陵政变时免于一难。为了安抚人心，司马懿父子并没有杀夏侯玄，而是将其改任大鸿胪，实际上被软禁，其政治生命已经死亡。除夏侯玄本人的利益外，他的家族与曹氏历代联姻，共掌军权，荣辱与共，与司马氏集团的矛盾很难调和。

司马师并非等闲之辈，他在曹魏朝廷中布置了大量坐探。李丰、张缉的一举一动都在他的视野中，由于事先获得情报，司马师先下手为强，毫不留情地平息了这场未遂政变。李丰、夏侯玄死得很英勇。李丰被捕后，当面大骂司马师“父子怀奸，将倾社稷，惜吾力劣，不能相禽灭耳”，[①]被就地处决。夏侯玄被押赴刑场，“临斩东市，颜色不变，举动自若”。[②]

夏侯玄在士人中有着相当高的威望，他的死引起了不小的心理震动，许多与夏侯玄有来往者感到失去了安全感，人人自危，惊惶失措。司马师故作惊讶：“我自收丰等，不知士大夫何为匆匆乎?”[③]司马师并没有就此罢休，因为案情明显有更深层的背景，各种迹象表明，年龄 23 岁的皇帝曹芳已经很难控制政局。他经常单独召李丰密谋，已经卷入了李丰、夏侯玄的夺权阴谋。甚至有情报说，曹芳在李丰阴谋破灭后仍不死心，另与许允结谋，准备利用这一年秋天司马昭率军队路过洛阳，接受皇帝检阅时，谋杀司马昭，然后率其部队进攻司马师。司马师下决心清除这个隐患，废除了齐王曹芳，另立高贵乡公曹髦为帝。

正元二年(255)，镇东将军毌丘俭和扬州刺史文钦联合发

---

① 《三国志》卷九《魏书·夏侯玄传》注引《魏氏春秋》，第 300 页。

② 《三国志》卷九《魏书·夏侯玄传》，第 299 页。

③ 《三国志》卷九《魏书·夏侯玄传》注引《魏略》，第 303 页。

动兵变，武装反抗司马师，使政局再度动荡起来。毌丘俭与夏侯玄、李丰关系非同一般。文钦是曹爽的同乡亲信。高平陵政变后，他们虽未受到迫害，但内心惶恐不安。夏侯玄、李丰被杀，皇帝曹芳被逐后，两人感到处境更为不妙，于是联合发动了兵变。此时司马师刚刚作完切除眼睛肿瘤的手术，疼痛难忍。在傅嘏、钟会的劝说下，带病亲征，平息了兵变。毌丘俭被杀，文钦逃亡吴国政治避难。曹魏王朝系统的又一次反抗以失败告终。

平毌丘俭兵变不出一个月，司马师在许昌病逝。临终前，将军权移交给从京师来许昌"省疾"的弟弟司马昭。魏王朝企图趁机夺回权力，下令司马昭任卫将军，留守许昌，由尚书傅嘏统帅讨伐毌丘俭的"六军"主力部队回京师。显然，一旦部队回京，军权必然重新回归皇室手中，形势将发生决定性逆转，这对司马氏来说，无疑是一个生死攸关的时刻，钟会与傅嘏密谋后决定不执行朝廷的指令，与司马昭一起率军回洛阳。当部队再次驻扎在洛水南岸时，朝廷不得不承认司马氏权力交接的完成和自己的失败，将已故司马师的所有官衔再次加封于司马昭头上。兵变激起的涟漪很快消失的无影无踪，政局再次归于平静。

毌丘俭兵变失败与齐王曹芳被废，司马氏兄弟权力的顺利交接，意味着曹魏王朝的大势已去。但斗争并未结束，残余的亲曹势力在惊魂稍定之后，进行了最后的挣扎。

甘露二年(257)五月，东南前线的最高军事统帅——镇东大将军诸葛诞，继王凌、毌丘俭之后，在淮南地区发动了兵变，这是所谓"淮南三叛"的最后一次，也是亲曹力量武装反抗司马氏的最后一次大规模军事行动。

与王凌、毌丘俭相比，诸葛诞与当年的曹爽、何晏、夏侯玄集团有更深的联系。早在魏明帝太和年间他就是何晏、夏侯玄“四聪八达”团体的骨干分子，是“浮华案”被免官禁锢的“要犯”之一。正始时期，何晏、夏侯玄执政后，诸葛诞亦官复原职，不久任扬州刺史。司马氏之所以迟迟不对他下手，大概是出于稳定人心、各个击破的战略目的。所以当各地的曹氏余党基本上被铲除后，下一个开刀的对象，自然要落到他的头上了。对这一点，诸葛诞本人也不抱任何幻想，他利用远在淮南前线的条件，招兵买马，屯集粮草，甚至破散家财，在正规部队编制外，又私养了几千名亲兵死士，以防不测。靠坐探的情报，远在洛阳的司马昭对诸葛诞的活动亦有所闻，于是派亲信贾充前往“慰问”，伺察动向。“贾充与诞相见，谈说时事，因谓诞曰：‘洛中诸贤，皆愿禅代，君所知也。君以为云何？’诞厉色曰：‘卿非贾豫州子？世受魏恩，如何负国，欲以魏室输人乎？非吾所忍闻。若洛中有难，吾当死之。’”[①]贾充回到洛阳向司马昭汇报：与淮南战争不可避免，宜早不宜迟。于是朝廷下令“高升”诸葛诞为“司空”，进京任职，富有政治经验的诸葛诞当然不愿束手就擒，于是，杀了司马昭在淮南的坐探扬州刺史乐綝，发动了兵变。司马昭调集了全国各地的几十万部队前往平叛。这是一场相当残酷的恶战，在寿春城下，守城的叛军与四面合围的“政府军”展开持续8个月的攻坚战，尸骨遍地，血流成河。最后，城内粮绝，守城的部队自行瓦解，寿春陷落，诸葛诞在突围时阵亡，追随他的几百名亲兵被俘后以拒不投降罪被斩，亲兵们死得十分壮烈，几百人依次砍头，神色不变，

① 《三国志》卷二十八《魏书·诸葛诞传》注引《魏末传》，第771页。

直至最后一人，“数百人拱手为列，每斩一人，辄降之，竟不变，至尽”。[①] 临刑前皆呼：“为诸葛公死，不恨！”[②]

诸葛诞兵败之后，亲曹武装力量已不复存在，司马昭对皇权的威胁日益明显。“禅代”已成定局，而年已19岁的小皇帝曹髦不甘心其傀儡命运，决定以卵击石。嘉平六年曹芳被废后，年仅13岁的曹髦即位，实际上是司马氏手中的盖印机器。曹髦思想活跃，谈锋机捷，喜欢与臣下展开学术辩论，甚至到太学去与博士论战。在他唇枪舌剑的步步紧逼下，一些硕儒也往往败下阵来。据《本纪》及注引《魏氏春秋》资料分析，曹髦的学术辩论内容具有十分明确的现实政治目的。比如，他在太学讨论《尚书》时，集中批判了王肃的解释。王肃是司马昭的岳父、政治上的死党和意识形态方面的理论家，曹髦企图动摇王肃的儒学权威地位，用心十分明显。又如，甘露元年与群臣在太极东堂讨论创业之主与中兴之主哪个更伟大，汉朝开国皇帝刘邦与夏朝中兴皇帝少康孰优孰劣，许多大臣以刘邦为优，而曹髦旁征博引，认为少康更强。显然，曹髦希望自己能成为重振魏王朝的中兴之主。从个人素质看，曹髦是个杰出人才，但时势造英雄，他生不逢时，对手的才智和实力远远超过当年少康的敌人。魏王朝的灭亡是人力所无法逆转的，曹髦清醒地看到了这一点。面对自己的悲剧命运，这位年轻的皇帝表现得十分勇敢，在尊严与生命之间毅然选择了前者，决心孤注一掷，组织武装政变，进攻司马昭大将军府，企图侥幸取胜。

---

① 《三国志》卷二十八《魏书·诸葛诞传》注引干宝《晋纪》，第773页。

② 《三国志》卷二十八《魏书·诸葛诞传》，第773页。

甘露四年(259)五月,曹髦召集他信赖的几位大臣王沈、王业和王经,宣布了政变决定:“司马昭之心,路人皆知,吾不能坐受废辱,今日当与卿等出讨之。”王经立刻指出,如今官员们早已视司马昭为真皇帝,一定会为其效忠。双方力量悬殊,仅以曹髦身边的少数警卫与僮仆发难,几乎等于自杀。曹髦断然否决了王经的意见,“帝乃出怀中版令投地,曰:‘行之决矣。正使死,何所惧?况不必死邪。’”[①]充当司马昭坐探的王沈、王业慌忙“奔走”,向司马昭告密,大将军立刻作好了应变准备。一无所知的曹髦率领几百名警卫、仪仗和仆人拼凑起来的乌合之众,向大将军府进发了。“帝遂帅僮仆数百,鼓噪而出。文王弟屯骑校尉伷入,遇帝于东止车门,左右呵之,伷众奔走。中护军贾充又逆帝战于南阙下,帝自用剑。众欲退,太子舍人成济问充曰:‘事急矣。当云何?’充曰:‘畜养汝等,正谓今日。今日之事,无所问也。’济即前刺帝,刃出于背”。[②]皇帝虽然是个摆设,但惨遭杀害仍是士大夫难以接受的事实。面对曹髦的死,一些重臣元老纷纷要求惩办凶手,司马昭只得处死成济以息众怒。士大夫们对此事的反应,使司马昭意识到禅代的时机还未成熟,于是立燕王曹宇14岁平庸的儿子曹奂为新皇帝,作为禅代的最后缓冲物。

自正始十年(249)高平陵政变到甘露五年(260)曹髦被害的11年中,在魏晋禅代的道路上,洒满了亲曹势力的鲜血,史家以沉重的笔调写道:“属魏晋之际,天下多故,名士少有全

---

① 《三国志》卷四《魏书·三少帝纪》注引《汉晋春秋》,第144页。
② 《三国志》卷四《魏书·三少帝纪》注引《汉晋春秋》,第144页。

者。”[1]寥寥几笔，勾出了那个血腥的时代。

高平陵政变后，司马氏祭起儒家名教治国的大旗，官方意识形态表现出保守色彩，但保守力量不可能将已发展了的社会拉回去。正始玄学思想影响了新一代士人的文化心态，而他们是建安老臣的子孙和事业接班人，全部消灭是根本不可能的，相反，只能依靠他们统治国家。因此，两代人的妥协，才是惟一的出路。在历史视野中，高平陵政变后一度罢免了曹爽集团征辟的青年官员，但这只不过是按当时的行政法规走了一下过场，这些人物后来再次身居要职，成为新政权的支柱，如裴秀、钟会、卫瓘 、王沈、荀勖、卢钦等等。

从意识形态方面看，司马氏并没有将玄学理论视为一种必须镇压的思想流派。司马懿的政治哲学并非儒家的道德理想主义，而是黄老的“因循”学说，儒教与法术不过是获得成功的手段。司马懿死后，相继执政的司马氏兄弟，与何晏、夏侯玄在思想上并无本质区别。早在魏明帝太和年间，何晏、夏侯玄聚众清谈，掀起“浮华交会”风潮时，年轻的司马师就是一个积极的参加者，与何晏等人打得火热。即使在与何晏集团冲突时，司马师亦从未仇视过玄学理论。正始十年(嘉平元年)，玄学大师王弼因病去世，司马师为之伤心叹息数日。司马氏执政时期，尽管儒家“名教”仍被奉为治国之本，其实只不过是个打击反对派的狼牙棒。只要敢于反对他们，都会在不忠不孝、不仁不义的罪名丧身于棒下。打击的对象以是否反对司马氏政权为标准，棒下毙命者是异端思想家还是真正的名教模范，已无关紧要。广大中青年士人已看到了这一点，纷纷向

① 《晋书》卷四十九《阮籍传》，第1360页。

司马氏靠拢，而司马氏则为扩大自己的实力，网罗人才，对前来攀附的名士，大为优待。因为他们明白，无法依靠父辈老臣治理国家，故与其同辈或者晚辈的士人，最受欢迎。高平陵政变后，许多一度采取回避态度的知识分子，先后投入了司马氏的怀抱，钟会是一个典型。①

高平陵政变后，七贤共聚山阳竹林已不再可能。司马懿上台后不久，便辟阮籍为其幕僚，任大将军从事中郎一职，负责起草重要文书。阮籍在高平陵政变前辞去曹爽参军一事，可以作多种解释：在社会眼里，属于有政治远见；在司马懿眼中，可视为与曹爽划清了界线。阮籍的父亲是建安七子之一的阮瑀，曾在曹操丞相府中与司马懿共事，而阮籍又是知名才子，司马懿辟其为幕僚，是顺理成章的事。对阮籍来说，可能有苦说不出，对蒋济、曹爽的辟召，他敢拒绝或辞官，但对这位有“狼顾相”、一次能下令杀死七千名俘虏的“太傅”，他是不敢违命的。汉魏时期，拒绝辟召是对恩主的大不敬，当年司马懿就曾因拒绝曹操的召辟而差点被杀。在政变后杀机四伏的形势下，阮籍不敢轻易冒犯，于是首先出山了。

与阮籍被迫就范不同，司马师与司马昭时代的隐士出山

---

① 钟会曾是何晏思想的追随者，在正始玄学理论家中，他的地位仅次于何晏、王弼、夏侯玄。由于不是何晏政治集团的重要人物，故高平陵政变时未被触及。其政治上的大发迹，则是从司马师时代开始的。《三国志》卷二十八《魏书·钟会传》注引《世语》曰：“司马景王命中书令虞松作表，再呈辄不可意，命松更定。以经时，松思竭不能改，心苦之，形于颜色。会察其有忧，问松，松以实答。会取视，为定五字。松悦服，以呈景王，王曰：‘不当尔邪，谁所定也？’松曰：‘钟会。向亦欲启之，会公见问，不敢饕其能。’王曰：‘如此可大用，可令来。’会问松王所能，松曰：‘博学明识，无所不贯。’会乃绝宾客，精思十日，平旦入见，至鼓二乃出。出后，王独拊手叹息曰：‘此真王佐材也。’”（第784～785页）

却是甘心情愿的。明眼人都会看到，新旧政权正在更替，各种力量处于新的组合中，这无疑是一个大有可为的动荡年代，不失时机地选择正确的智力投资，可以获得丰厚回报。山涛感到不能再观望下去了，错过机会将意味着潦倒一生，于是，在嘉平四年之后投到了司马师门下。山涛与司马懿的妻子是中表亲，直接拜见了司马师，司马师对这位著名的大隐士亲戚的到来非常高兴，半开玩笑地说，垂钓的姜子牙也准备步入仕途了。“与宣穆后有中表亲，是以见景帝。帝曰：‘吕望欲仕邪？’命司隶校尉举秀才，除郎中”。[①] 王戎何时以何种途径步入官场，无法详考，似乎与钟会“王戎简要”的品题推荐有关，知道他在23岁时当上了吏部郎要职，时间应当是正元三年(256)。“王戎名位清贵，二十四为吏部郎”。[②] 尽管阮咸、刘伶的入仕时间晚一些，在曹魏后期均离开了山阳。

二、后期“竹林之游”与《思旧赋》

在司马氏集团屠刀加乌纱帽的威逼利诱下，士大夫阶层已经向新的皇权屈服了，山涛、阮籍是竹林七贤的中心人物，他们的先后出山，宣告了“前期竹林之游”瓦解。魏末继续竹林之游的“七贤”，仅剩嵇康、向秀二人，还有那位未被史家列入“七贤”的吕安。

嵇康对司马氏集团的态度，在高平陵政变前后经历了一

① 《晋书》卷四十三《山涛传》，第1223页。

② [清]汤球辑，杨朝明校补：《九家旧晋书》载王隐《晋书》卷六，中州古籍出版社，1991年版，第234页。

个复杂的变化过程，嵇康虽然与魏王室有姻亲关系，何晏还是他妻子的姑夫，但是嵇康没有借此而飞黄腾达，也未投靠曹爽、何晏集团，所以在高平陵政变之前，对两大政治集团的斗争采取了回避方针，回到家乡山阳观望。因为这时的斗争，还属于曹魏王朝内部不同派系之间的摩擦。随着事态的进一步发展，司马氏“禅代”目的逐渐浮出水面，嵇康也由观望发展到对抗。

当毌丘俭兵变的消息传到河内山阳时，嵇康一度为之振奋，一说他企图在当地组织暴动，与毌丘俭遥相呼应，当征求山涛意见时，被山涛及时劝阻，“丘俭反，康有力，且欲起兵应之，以问山涛，涛曰：‘不可。’俭亦已败”。[①] 司马昭上台后，传来一个令人难堪的消息，大将军准备选嵇康为僚属。“大将军尝欲辟康。康既有绝世之言，又从子不善，避之河东，或云避世”。[②] 于是嵇康选择了遁迹山林的避世之路，历史记载中出现了一个关于嵇康“避地河东”的传说。从各种迹象看，嵇康在离家后三年多时间里，多在家乡山阳县东北方向一百多里外的太行山南麓一带活动，与道士孙登、王烈等人关系密切。

嵇康在太行山南麓山林中“学道”的日子里，并没有因空间的距离真正隔绝他的政治视线，洛阳发生的一切，每时每刻都牵动着他的神经。当士大夫阶级已经匍匐在司马氏脚下的时候，嵇康站了起来；当整个北中国一片沉寂时，嵇康结束了三年的山林生活，于甘露四年(259)，回到了山阳，开始了与司马氏公开对抗的后期“竹林之游”。他一改自己正始时期儒道

① 《三国志》卷二十一《魏书·王粲传》注引《世语》，第607页。
② 《三国志》卷二十一《魏书·王粲传》注引《魏氏春秋》，第606页。

合一的立场，通过“学术讨论”，激烈攻击儒家名教，其《太师箴》、《难自然好学论》和《与山巨源绝交书》等便是这一时期的代表作。

《太师箴》系统地表达了嵇康经过校正后的社会历史观点和政治理想。认为儒家的政治理论，使社会道德日益沦丧：智慧的产生，使人类变得狡诈；仁义道德美名的确立，使人类变得争名夺利；繁琐的礼仪教育，使人类的真情丧失殆尽。随着历史的发展，世道变得更罪恶，君主将天下视为私人财产，依靠尊位权势鱼肉人民，穷奢极欲，作威作福。刑罚本来是惩罚罪犯的，而今天成了威胁贤士的工具。“刑本惩暴，今已胁贤”。因此全盘否定当代君主专制的合理性，“故居帝王者，无曰我尊，慢尔德音；无曰我强，肆于骄淫”。他以无道之国迅速灭亡的历史，警告那些坐在火山口上的作威作福的暴君恶臣，小心有朝一日山崩地陷，死无葬身之地。“初安若山，后败如崩，临刃振锋，悔何所增”！

曹魏后期，有个叫张邈的文人，为配合司马氏以名教治国的方针，写了《自然好学论》一文。张邈字叔辽，钜鹿人，生卒年及生平事迹不详。从其父张泰魏初任大鸿胪，其子张貌西晋元康时任城阳太守推算，张邈当属于曹魏第二代官员，年龄略长于嵇康的同辈人。从《自然好学论》的基本观点看，张叔辽应当是个玄学人物。他立论的基本观点是“名教本于自然”，与王弼一脉相承。张叔辽将这个命题延伸到读经的动机这一具体问题，认为儒家六经犹如光芒四射的太阳照亮了万物，使人类走出了蒙昧状态，真正看清了世界。学习虽然表现为后天人为活动，却是人性中先天具有的本能。即使人们学习六经是有目的而为之，掺杂着功名利禄的动机，也不能因此否定人类自然好学的本性。“即使六艺纷华，名利杂诡，计而后学，亦无损于有自然之好也”。①

不能不承认，张叔辽的《自然好学论》是一篇颇有玄学水平的文章，但是在当时的历史条件下，却具有更强的欺骗性，对那些低俗的官样文章，嵇康不会理睬，但对张叔辽的“力作”，则不可等闲视之，必须予以还击，以正视听。既然“名教同于自然”的正统玄学理论已被利用为拍马溜须的工具，嵇康只能以极端的面貌出现，以“自然与名教对立”的观点立论了。事实上，在司马氏名教高压下的嵇康，的确感到了人性自然与名教的对立。因此从他所著《难自然好学论》这篇战斗檄文的字里行间，我们看到的是一个与其早期思想不同的嵇康。他站在自然立场上，以凌厉峻峭的言词激烈地抨击名教，甚至极端地全盘否定了儒家文化的价值。

嵇康批驳道：人类的自然本性是趋利避害、好逸恶劳，不受外物的骚扰逼迫，才能怡然自得。在原始混沌时代，君主无礼法之文，人民无竞争之心。万物按其自然本能生存，莫不自得。饥饿了吃饭，吃饱了睡觉，拍着肚子游玩，不知这就是太平盛世。如此美好的社会，还需要知道仁义道德概念以及礼仪法律条例吗？当上古体道的“圣人”不复存在、纯朴的社会遭到破坏之后，发明了文字，传达思想观点；区别万物差异，使之分门别类；创造仁义道德，控制人民的思想；建立等级名分，约束人们的行为；勉励学习研究，全面推行教化。因此儒家六经相继问世，诸子百家众说纷纭。读书可获得荣华富贵，故人人趋之若鹜。犹如嘴馋的飞禽，偷吃果园的果实那样，贪心的

① 戴明扬：《嵇康集校注》卷七《自然好学论》(附)，第259页。

俗士，违背自己的本性去皓首群经，企图以六经为敲门砖，打开富贵之门，舞文弄墨，代替耕稼的艰辛。由此可见，人们都是因为生活所迫才去学习，学习的目的是荣华富贵。为了功利目的，逐渐培养出读书习惯。习惯又生出了爱好，看上去似乎是发于自然本性，所以得出“自然好学”的错误结论。归根到底，六经旨在限制人的欲望，而人性却以欲望满足为乐。学习限制人的六经，遵循束缚人的礼仪法律，不符合人的自然本性。仁义道德是为了纠正不良品质而创立，不是恢复人类真性的途径；廉洁谦让是为了抑制竞争风气而提倡，不是人的自然本能。鸟兽不会自动离群要求人类的驯养，人类不会有天生愿意学习礼教的癖好。不错，口舌对甘苦味，皮肤对痛痒，都会迅速作出生理反应，无须学习，生来俱有，不能怀疑它们的存在。然而，借先天具有的生理反应证明非生理反应的学习精神亦天然存在，恐怕属似是而非之论了。针对张邈关于“六经像太阳，不学如长夜”的说法，嵇康以最激烈的言词予以痛击：“今若以明堂为丙舍，以诵讽为鬼语，以六经为芜秽，以仁义为臭腐。睹文籍则目瞧，修揖让则变伛，袭章服则转筋，谭礼典则齿龋，于是兼而弃之，……向之不学未必为长夜，六经未必为太阳。”①

向秀的思想并没有嵇康那样激烈，他流连于家乡山水中，是出于自己的隐士情结而非故意与政府对抗。但是作为嵇康的朋友，无论形势多么险恶，他一直与嵇康、吕安同游，始终不渝。《向秀别传》称向秀：“又与谯国嵇康、东平吕安友善，并有拔俗之韵，其进止无不同，而造事营生业亦不异。常与嵇康偶

---

① 戴明扬：《嵇康集校注》卷七《难〈自然好学论〉》，第263页。

锻于洛邑，与吕安灌园于山阳，不虑家之有无，外物不足佛其心”。[①]“或率尔相携，观原野，极游浪之势，亦不计远近，或经日乃归”。[②]

在洛阳当局眼里，发生“竹林之游”的山阳不是“山林”，而是一个政治敏感的地区，嵇康、向秀、吕安等持不同政见“隐士”攻击儒教的言论，引起了大将军的关注。于是，司马氏集团的核心人物钟会，专程赴山阳“拜访”。钟会权力极大，是司马昭最信赖的谋士之一，拜访的政治背景，不言而喻。此时的钟会，可谓春风得意，踌躇满志，与正始年间遥掷《四本论》时不可同日而语。[③] 史家称他带大批随行，“乘肥衣轻，宾从如云”[④]，浩浩荡荡赴嵇康园宅。[⑤]

嵇康酷爱锻铁工艺，向秀是他的帮手。竹林园中有棵茂盛的大柳树，引泉水环绕大树，夏天便成一清凉世界。打铁的炉台，就设在树下。打铁并非出于经济目的，所成器具馈赠邻居朋友，概不收费，但送来的酒菜，则来者不拒，一起在树下痛饮清谈，尽欢尽乐。“康性绝巧，能锻铁。家有盛柳树，乃激水以圜之，夏天甚清凉，恒居其下傲戏，乃身自锻。家虽贫，有人说锻者，康不受直。唯亲旧以鸡酒往与共饮啖，清言而已。”[⑥]

---

① 《世说新语·言语》注引《向秀别传》，第 79 页。

② 《太平御览》卷四百九《人事部五十·交友四》引《向秀别传》，第 1888 页。

③ 《世说新语·文学》：“钟会撰《四本论》，始毕，甚欲使嵇公一见。置怀中，既定，畏其难，怀不敢出，于户外遥掷，便回急走。”（第 195 页）

④ 《三国志》卷二十一《魏书·王粲传》注引《魏氏春秋》，第 606 页。

⑤ 钟会“拜访”嵇康的时间无法详考，但应在司马昭开始执政的正元二年（255）～嵇康著《与山巨源绝交书》景元二年（261）之间。

⑥ 《世说新语·简傲》注引《文士传》，第 766～767 页。

钟会驾到时，嵇康正在树下趁热打铁，向秀在一边烧火。面对这位显赫的不速之客，嵇康采取了不予理睬的冷处理态度，继续打铁不止。

> 钟士季精才理，先不识嵇康。钟要于时贤俊之士，俱往寻康。康方大树下锻，向子期为佐鼓排。康扬槌不辍，傍若无人，移时不交一言。钟起去，康曰："何所闻而来？何所见而去？"钟曰："闻所闻而来，见所见而去。"①

钟会讨了个没趣，被冷落在一边，带着刻骨铭心的愤恨悻悻地走了，留下了一句耐人寻味的回答："有所闻而来，有所见而去。"其实，嵇康、向秀并非与钟会过不去，而是对司马氏集团以及投靠这个集团的士大夫帮凶，表示不妥协的态度。

对嵇康近乎挑衅性的放肆言行，司马氏集团采取了克制以致拉拢的态度，决定以高官厚禄诱之。景元二年，山涛由吏部郎改任大将军从事中郎，"朝廷"推荐嵇康继任该职。对于山涛提供的这个使世人趋之若鹜的官职，大名士予以谢绝亦是情理之中的事，然而，嵇康却有惊人之举：他不但拒绝了山涛的邀请，而且写了一封长信，与山涛绝交。别人请他做官，却与人断绝朋友关系，似乎有些不近人情。其实，嵇康是想借题发挥，向天下表达自己的立场，发泄对司马氏的不满。多年的郁闷像火山一样爆发了，一发而不可收，倾泻在《与山巨源绝交书》中。这是他匠心独运、饱蘸人

---

① 《世说新语·简傲》，第766页。

生甜酸苦辣而成的不朽之作。读其文，犹见嵇康其人。时间已过千年，嵇康的神情风采，跃然纸上。他冷嘲热讽，将山涛的“推荐”比作厨师递过来的屠刀，矛头直指司马昭的“禅代”。

在这篇文章中，嵇康借题发挥，冷嘲热讽，进攻的锋芒直指以名教原则建立起来的封建国家机器。他将山涛推荐自己任吏部郎一事，比作宰杀生灵的厨师，硬找个祭师当助手一样，递过了一把被鱼肉膻腥污染的屠刀，自己是绝不会接过的。他自称幼年丧父，母亲兄长百依百顺，故不读经书，加上生性粗疏懒惰，筋肉松弛懈怠，以至四体不勤。经常半月不洗脸，不痒闷得难受，不肯洗澡。喜欢赖床，经常憋着小便躺在床上不起，除非尿液在膀胱中胀动难忍才肯起来。总之，放纵已久，散漫已成习惯，与礼教的规定相矛盾而为同类所宽容，未被指责。又读老子、庄子的著作，更加放达不羁，使进取功名之心日益衰退，而自由放任之情更加强烈。这犹如捕获的野鹿，自幼被驯养会服从管束，而长大才会被驯化，则会狂蹦乱跳，挣断绳索。即使给它带上金质的笼头，喂美味佳肴，也无济于事，只能使它更加思恋茂密的森林，更加向往无边的草原。总而言之，嵇康认为，自己的性格与朝廷的礼仪规范、法律制度、官场的人情世故是格格不入的，并归纳为“七不堪”（我不堪忍受官场者有七）与“二不可”（官场不能容忍我者有二），详列如下：

一不堪：喜欢睡懒觉晚起床，而当官必被差役传呼上朝。

二不堪：喜欢弹琴唱歌，打猎钓鱼，而当官有吏卒在旁守候,无法随意行动。

三不堪:头戴官帽,身穿官服,拜见上司,需长时间正襟危坐,腿脚麻痹也不得乱动;而我身上虱子很多,必须不停地搔痒。

四不堪:一直不善于写信,又不喜欢写信,而人际交往少不了此事,往往书信堆满几案,如果不予以回复,则违背了道义;如果勉强酬答,又是本性难以为之的。

五不堪:人们非常重视吊丧,而我不喜欢参加这类活动,容易被那些不能谅解的人所怨恨,以至想中伤我,虽然在恐惧的迫使下,我也感到自己不对,但是本性无法改变,即使违心地顺从世俗习惯,也难以彻底伪装掩饰,会露出马脚,最终不会平安无事。

六不堪:不喜欢俗气之人,而当官必然要与这类人共事。在官场上,宾客满座,寒暄问候、阿谀奉承声,不绝于耳:"鸣声聒耳,嚣尘臭处";低眉顺眼、点头哈腰处处可见,"千变百伎,在人目前"。

七不堪:性情急躁怕麻烦,而当官偏偏要处理繁忙杂乱之公务。行政杂务,劳其心志;人情世故,穷于应付。

一不可:我否定商汤王与周武王,看不起周公与孔子。入仕后也不会改变观点,无法被当局所容忍。

二不可:性格刚烈,疾恶如仇,"轻肆直言,遇事便发"。必犯官场大忌。

嵇康称,以上九种麻烦,必定使自己内外交困,怎能在官场上长期干下去呢？他奚落山涛道：人们之间的相互理解,贵在识别对方的天性,使其天性得以实现,"各以得志为乐"。不能自己喜欢礼帽,就强迫习惯断发纹身的越人也戴上彩色帽子;不能自己喜欢腐臭食品,就用死老鼠喂高贵的雏鸟。有位衣不遮体的农夫,感到春天太阳晒脊背舒适无比,准备将其经验献给皇帝以获重赏,遭到了妻子的讪笑;有位食不果腹的贫民,感到野芹菜美味无比,献给乡里富人品尝,结果却遭到抱怨。这些人虽然用心良苦,但毕竟离谱太远。我倾心于养生之术,已决心摈弃荣华富贵、美味佳肴,清心寡欲,"游心于寂寞,以无为为贵"。即使没有"七不堪"与"二不可"这九种麻烦,也对当官不感兴趣。即使一生穷困潦倒、无路可走,也绝不后悔。因为自己天生就不是做官的材料,不是自命清高,犹如宦官的生理缺陷使其不好女色而不能称之为贞洁一样。我最大的心愿是"顾守陋巷,教养子孙。时与亲旧叙阔,陈说平生。浊酒一杯,弹琴一曲,志愿毕矣"。

紧锣密鼓演奏"禅代"序曲的司马昭,政治神经无疑处于高度敏感状态,嵇康指桑骂槐的《绝交书》恰恰触动了他的痛处,使这位力图保持宽容形象的"大将军"震怒,暗暗动了杀机。关于司马昭的心理变化,鲁迅的剖析最为深刻:"于生命有危险的,是《与山巨源绝交书》中的'非汤武而薄周孔'。司马懿(应为司马昭)因这篇文章,就将嵇康杀了。非薄了汤武周孔,在现时代是不要紧的,但在当时却关系非小。汤武是以武定天下的;周公是辅成王的;孔子是祖述尧舜;而尧舜是禅让天下的。嵇康都说不好,那么,教司马懿篡位的时候,怎么办才是好呢？没有办法。在这一点上,嵇康与司马氏的办事上有了直接的影响,因此就非死不可了。”一年以后,动手的借口找到了,这就是千古奇冤的“吕安不孝案”。

吕安,字仲悌,小名阿都,东平人,是曹魏二品镇北将军兼冀州刺史吕昭的二公子。天性不羁,“有拔俗风气”,与嵇康情投意合,成为挚友。吕安之兄吕巽(字长悌),是司马昭的掾属,品行恶劣,奸污了吕安的妻子,为了消灭隐患,他恶人先告状,诬告吕安有殴打母亲的不孝行为。这个罪名,在当时是重罪。况且他是嵇康的同伙,于是被立刻逮捕,生命危在旦夕。

嵇康得到吕安被捕的消息,十分震惊,作为朋友和证人,赴洛阳向司法当局揭露事实真相。得到嵇康向当局申诉的消息后,司马昭集团举行紧急会议讨论对策。在最高当局的“庭议”会上,司隶校尉钟会做了恶毒的发言,认为“今不诛康,无以清洁王道”。另外,钟会曾私下对司马昭说:嵇康是当年诸葛亮式的“卧龙”人物,当年曾准备支援毌丘俭兵变,如不及时除掉,后患无穷。[①] 在钟会的劝说下,司马昭同意将为吕安申冤的嵇康一并收监。理由很简单:吕安是不孝的罪犯,替罪犯作伪证,与该犯同罪。

嵇康被捕入狱的消息传开后,在洛阳社会各界引起了不小的震动。三千太学生集体向政府上书请愿,要求释放嵇康,让他到太学任博士,另有许多知名人士自动陪嵇康入狱,向当局施加压力。在政府承诺释放的恶意哄骗下,太学生与知名

---

① 《晋书》卷四十九《嵇康传》:“及是,言于文帝曰:‘嵇康,卧龙也,不可起。公无忧天下,顾以康为虑耳。’因谮‘康欲助毌丘俭,赖山涛不听。……康、安等言论放荡,非毁典谟,帝王者所不宜容。宜因衅除之,以淳风俗。’帝既昵听信会,遂并害之。”(第1373页)

人士们纷纷离去了。[①] 太学生与名流的举动表明嵇康在社会上有强大的政治影响，已成为反对派精神上的一面旗帜。因此，司马昭决心斩断这面旗帜，给心怀二意的士大夫留下一个血的教训。景元三年（262），嵇康在洛阳东市被害，年仅39岁。

嵇康和吕安被害数月后，由最高当局授意，向秀被地方政府“推荐”入仕。为了免遭不测，在强大的政治暴力面前，向秀不得不低头，结束了“隐士”生活，作为最后一位出山的竹林名士，以本郡计吏身份来到京师洛阳，时间应是景元四年（263）正月。[②] 司马昭接见了他，挑逗性地发问：“闻有箕山之志，何以在此？（听说您像隐居箕山的许由一样清高，怎么到这里来了？）”向秀不想步嵇康的后尘，到洛阳东市喋血，于是卑言相答：“以为巢、许狷介之士，未达尧心，岂足多慕。（我认为巢父、许由清高得迂腐，不理解尧的用心，岂能仰慕他们呢？）”司马昭很开心，向秀自此步入仕途。当时所授官职不详，按“计吏”的录用惯例，大概留洛阳任一般京官。

向秀与司马昭的对话，表达了他经过“修正”的新价值观，完成了从山林到朝廷、在高官厚禄中自由“逍遥”的历史性转变。因为他已清醒地看到：个人无法与社会对抗，在士人社会妥协投降的时代潮流面前，即使拼到最后，像嵇康那样流尽最后一滴血，无异于螳臂当车。

---

① 《世说新语·雅量》注引王隐《晋书》：“康之下狱，太学生数千人请之，于时豪俊皆随康入狱，悉解喻，一时遣散。康竟与安同诛。”（第344页）

② 《世说新语·言语》：“嵇中散既被诛，向子期举郡计入洛……”注引《向秀别传》：“后康被诛，秀遂失图。乃应岁举，到京师，诣大将军司马文王。”（第79页）按当时的制度，朝廷于正旦（正月初一）会见各郡上计吏。

先秦的道家与儒家，虽有不同的哲学理论和政治主张，但是有一个共同点——以自己的文化理想，批判非正义的社会现实。即使《庄子》的“游心”与“游世”说，仍是对罪恶政治的悲愤抗议。秦汉时期，儒家与道家的这种文化性格，并未发生根本变化。例如，面对汉末的黑暗政治，儒士与太学生拍案而起，激烈反抗；黄老道士遁入山林，消极反抗；方式不同，但殊途同归：不承认政治现实的合理性。这是儒、道的真精神。遗憾的是，这种精神在汉魏之际血腥的历史运动中消亡殆尽。社会的奴性和士人的妥协，使政治暴力横行无阻，不肯放弃文化理想的硬骨头士大夫，虽然前赴后继，却无济于事，像秋风扫落叶一样被扫出了历史舞台：汉末名士的陈蕃、李膺，建安名士的孔融、边让，正始名士的何晏、夏侯玄，竹林名士的嵇康、吕安……。一部汉魏之际的历史，堪称名士的杀头史。在这个过程中，士大夫的文化基因发生了可怕的奴性突变。为了中国的出路，思想界经过一百多年的不懈努力，儒、道的融合完成了，而儒道社会批判的真精神湮灭了，变成了对一切不合理现实的认同，一场买椟还珠的历史悲剧。从道家思想史看，向秀在回答司马昭提问时对“许由”的批评意义重大，标志着一个新的思想时代的开始，若干年后，这些感受熔铸在其里程碑之作《庄子注》中。

尽管向秀已经向当局投降了，但内心仍在痛苦挣扎。面对生者，向秀不会感到任何道义上的沉重，他已抵抗到最后。但是扪心自问，对死难的朋友，那“契若金兰”的诺言，难道没有丝毫的愧疚？然而他又能做什么呢，只有“忘却”。不能不佩服鲁迅分析的深刻，因为“同情”，他在《为了忘却的纪念》中理解了向秀的《思旧赋》，“年青时读向子期《思旧赋》，很怪他为什么只有寥寥的几行，刚开头却又煞了尾。”后来，“民国”的子弹使他读懂了。细读《思旧赋》，在那躲躲闪闪的文字后面，可以感到一种近乎心死的悲哀。它比哭泣更强烈，更震撼。

受司马昭接见后，正式上任前，向秀去了山阳嵇康的竹林故居，写下了千古绝唱《思旧赋》。下面，通过该赋提供的信息，可以部分还原当时的历史情境与向秀的心境。

《思旧赋》开篇云：“将命适于远京兮，遂旋反以北徂。济黄河以泛舟兮，经山阳之旧居。”（以下引文未注明出处者均为该赋文字）山阳位于洛阳东北方向。从文中提供的路线看，作者离开洛阳北上，越邙山，渡黄河，然后东行至山阳。向秀这次返回河内的目的地，无论是回郡府交差，还是回归故里，都不可能经过嵇康的山阳故居。相反，从洛阳出发到山阳，必然经过怀县，郡府和向秀故里均在该县境内。显然，向秀是绕道先去了山阳。

渡过黄河，便进入河内郡境内，还有二百里左右的驿道才能到达山阳。山阳是河内郡之一县，位于太行山南麓，土地肥沃，有泉水瀑布河流，曹魏名士多侨居于此，遍布庄园别墅，其中包括嵇康的竹林园。对向秀来说，这是一个梦牵魂绕的地方。“余与嵇康、吕安居止接近，其人并有不羁之才。嵇意远而疏，吕心旷而放”。当年，他与嵇康就是沿着这条路，往返于山阳与洛阳。寒风凛冽，往事如烟……。

山阳县的浊鹿城到了，这个当年软禁汉献帝的城池，也是从洛阳到邺城交通要道上的军事重镇，嵇康的竹林园就在城东北郊数里处。向秀将马车停在城角，沿着当年与嵇康散步的小路向旧居走去。这是一个冬季的黄昏，太阳就要落山了，水面已结起了一层薄冰。荒野上枯草在寒风中摇曳，满目萧条。“瞻旷野之萧条兮，息余驾乎城隅。践二子之遗迹兮，历穷巷之空庐”。自嵇康死后，他的妻儿已迁居他乡，此处只留下了一座空宅。虽然栋宇还没有毁坏，而主人已经形神俱逝。远远望去，犹如荒冢一样凄凉。“惟追昔以怀今兮，心徘徊以踌躇。栋宇在而弗毁兮，形神逝其焉如”。忽然，远处传来了嘹亮的笛声，某位陌生的邻人吹起了一首伤感的曲子，在这寒冷的黄昏，更是沁人肺腑的凄凉。“追想曩昔游宴之好，感音而叹，逝将西迈，经其旧庐。于时日薄虞泉，寒冰凄然。邻人有吹笛者，发声寥亮”。

“听鸣笛之慷慨兮，妙声绝而复寻”。嵇康的身影总是和音乐在一起。他不仅是大哲学家大诗人，还是大音乐家，对音乐理论和器乐都有独到研究，尤其古琴演技，给向秀留下了深刻印象。“嵇博综伎艺，于丝竹特妙”。嵇康曾著《琴赋》一文，称人生可以放弃一切享受，唯独不能没有音乐。的确，琴声伴随他直至生命最后一刻，在洛阳刑场，“临当就命，顾视日影，索琴而弹之……”

景元三年(262)某天，嵇康与吕安被押到洛阳东市准备执行死刑。大概是对名士优待，嵇康似乎没有被捆绑，行动比较自由，其兄嵇喜已将琴带到现场。阳光下，嵇康回头注视日晷(古代测时仪)的影子，行刑的时刻临近，时间不多了。他席地而坐，弹起了《广陵散》。“悼嵇生之永辞兮，顾日影而弹琴。”日影在移动，嵇康的生命开始了倒计时，“托运遇于领会兮，寄余命于寸阴”。嵇康旁若无人，弹得非常投入。技巧炉火纯青，感情淋漓尽致。他将自己生命的最后的活力融入了琴声中，那一生的悲哀与欢乐、成功与失败，永远无法实现的理想，都随琴声迸发、荡漾、消散。一切情感都宣泄了，仅仅剩下了唯一的遗憾：“过去袁孝尼要求跟我学《广陵散》，我没有教他，从今以后《广陵散》恐怕要失传了，可惜。”这是嵇康留给世界的最后一句话。竟然，他此刻关心的是音乐，已经忘了自己。在场的活人都会变老，而嵇康却永远不会——在千秋万代的历史记忆中，永远是39岁。

笛声停止，万籁俱寂。北方三十里外天门山的黑影依稀可见，嵇康的坟就在那儿。这位孤独的凭吊者虽然活着，即将西行洛阳，步入高官厚禄的康庄大道，但他的生命中最美丽的时光，青春友谊和理想，已在这里永远埋葬……向秀久久伫立在寒风中。千古绝唱《思旧赋》诞生了，将这一历史瞬间化为永恒：

> 余与嵇康、吕安居止接近，其人并有不羁之才。嵇意远而疏，吕心旷而放，其后并以事见法。嵇博综伎艺，于丝竹特妙，临当就命，顾视日影，索琴而弹之。逝将西迈，经其旧庐。于时日薄虞泉，寒冰凄然。邻人有吹笛者，发声寥亮。追想曩昔游宴之好，感音而叹，故作赋曰：
>
> 将命适于远京兮，遂旋反以北徂。济黄河以泛舟兮，经山阳之旧居。瞻旷野之萧条兮，息余驾乎城隅。践二子之遗迹兮，历穷巷之空庐。叹《黍离》之愍周兮，悲《麦秀》于殷墟。惟追昔以怀今兮，心徘徊以踌躇。栋宇在而弗毁兮，形神逝其焉如。昔李斯之受罪兮，叹黄犬而长吟。悼嵇生之永辞兮，顾日影而弹琴。托运遇于领会兮，寄余命于寸阴。听鸣笛之慷慨兮，妙声绝而复寻。伫驾言其将迈兮，故援翰以写心。

第三章 西晋前期的玄学大师

一、玄学思潮的复苏

在血泊中登上帝位的司马炎，似乎想洗掉父辈溅在自己身上的血污。泰始元年(265)十二月丙寅，他在洛阳南郊“燎告”天帝的禅让仪式上发表的诏书中，就明确宣布“大赦天下”，具体内容为：“除旧嫌，解禁锢，亡官失爵者悉复之。”[①]从尔后的史实看，这道诏书并非登基的官样文章，而是的确认真地实施了。尤其对那些葬身于禅代之路上的玄学名流的后代，司马炎可谓关怀备至。

在泰始元年登基后不足一个月的时间里，他先后变相地

---

① 《晋书》卷三《武帝纪》，第51页。

为许允、王凌、王经三位因参与反司马氏政变而被杀的名士“恢复”了名誉，并妥善安排了他们的子孙。例如提拔许允的儿子许奇为尚书祠部郎，王经的孙子作郎中。又如，李丰的女儿李婉结束了十一年的流放生活，从辽东回到洛阳时，她的丈夫贾充早已与郭配之女郭槐结婚。为了解决这个婚姻矛盾，司马炎破例特批贾充可以有地位相等的二位正妻。“帝特诏充置左右夫人。”[①]虽然郭槐与李婉互不妥协，使诏书无法落实，但司马炎对李丰后代的特殊关照却是有目共睹。自“大赦”高潮之后，司马炎仍继续解决此类历史遗留问题，善待玄学名士的亲属。夏侯玄的妹妹——司马师的前妻夏侯徽，年仅23岁被夫家以鸩酒毒杀，一直没有得到正式名分，泰始二年十一月己丑诏书追封她为“景怀皇后”。

随着西晋王朝的建立，一个思想环境相对宽松的文化时代开始了。司马炎认真地解决历史遗留问题以取悦于玄学名士的做法并不是偶然的，其中的缘由是复杂的，除了司马炎本人的思想倾向之外，问题的关键在于，西晋王朝的政治基础发生了变化。高平陵政变曾使正始名士的领袖们在冲突中遭到重创，但是经过长达十六年的时间之后，司马氏集团的构成已发生了重大改变：当年追随司马懿发动政变的建安老人（即老一代礼法之士）大都逝世，剩下的已不构成完整的政治力量。到西晋初期，军政大权已落在当年正始名士的追随者手中。泰始元年加封的十一位公爵中，有七位曾与正始名士有着密切关系，并且居实权位置。例如，西晋第一任尚书令钜鹿公裴秀，因积极参加正始清谈，被誉为“后进领袖”。毌丘俭将

① 《晋书》卷四十《贾充传》，第1171页。

他推荐给曹爽，评语为："长蹈自然；玄静守真，性入道奥。"①菑阳公卫瓘曾"逮与魏正始中诸名士谈论"，②属于玄学中人。乐陵公石苞在贩铁为生的潦倒日子里，靠许充的提携才走出困境。寿光公郑冲、博陵公王沈、济北公荀勖、鲁公贾充等都是曹爽的故吏，高平陵政变后，曾一度被免职，后又复出。上述"诸公"由于政治上及时转变了立场，较早地投入到司马氏的怀抱中，积极参加了镇压亲曹势力的活动，成为魏晋禅代之际司马氏集团的当权派、西晋王朝的开国元勋。入仕较迟的竹林名士山涛、王戎等人，地位迅速上升，西晋时成为长期控制选举的重臣。在他们背后，则是裴楷、王浑、和峤、庾纯、何劭、王济、羊琇等广大名士官员。西晋王朝的政治基础发生了换血。

这时的正始名士与竹林名士，已不是当年追求真理的热血青年了，经过长达十六年的魏晋禅代之路，变成了注重现实利益的中年官僚。他们在"思想史上失踪"③、政治史上成功的过程中，文化性格亦发生了重大变异：早期玄学的文化理想，经过官场的"四则运算"之后，有些人已被"整除"无余——变成了新的礼法之士，贾充、荀勖是代表；有些人却保留着除不尽的思想"余数"——道家的"自然"情结，形成了西晋前期的玄学名士群体，裴秀、山涛是代表。显然，这些"玄学史上的失踪者"在西晋前期重新分化组合，形成了新礼法之士与

① 《晋书》卷三十五《裴秀传》，第 1038 页。

② 《晋书》卷四十三《乐广传》，第 1243 页。

③ 朱学勤在《思想史上的失踪者》(《读书》1995 年第 10 期)一文中，对"六八年人"精神变异的论述震聋发聩，其意义不限于当代，古今同。故借用朱君术语，以解魏晋。"四则运算"之喻，亦得益于此文。

玄学名士两大集团，他们之间的矛盾冲突，构成了晋初政治史的基本内容。除已逝的嵇康、阮籍外，竹林七贤健在的五位都属晋初玄学名士群体。从这个角度看，可将这一群体，视为竹林七贤在西晋前期的延续。当然，它与魏末相比，已发生了质变。

西晋玄学名士中，同样分新老两代人。老玄学名士指正始名士的追随者和竹林名士，如山涛、羊祜、裴秀、向秀、王戎、裴楷、王浑等，他们与新礼法之士为同一时代人。新玄学名士是指魏后期成长起来的西晋新一代士族青年，和峤、庾纯、何劭、王济、羊琇是代表人物，从政治立场上看，玄学名士与礼法之士并无根本差异，他们同样在司马氏兄弟执政时期参加了晋王朝的创建活动。但是，从思想信仰看，两派仍有一定差异，玄学名士派保留着道家的“自然”情结。

虽然晋初的礼法之士与玄学名士已不是为了某个主义走到一起的理想主义者，而是因利益驱动结党的官僚，但是，玄学与礼法思潮形成了两大政治集团却是无法否认的事实。原因很简单，具有共同文化价值观的人容易成为朋友，日后官场上则成为互相提携的朋党。从人生的整个过程看，文化倾向与政治立场往往有着内在联系。

晋武帝司马炎生于青龙四年(236)，登基时二十几岁，与西晋年轻一代士族子弟是同辈人。司马炎的朋友圈子，由这类年龄相近、趣味相投并有亲戚关系的士族子弟组成。如羊琇 、何劭、王济等，生活在这种这种环境中，司马炎本人的文化性格，与诸名士相去不远，但是，并不意味着他完全向玄学名士一边倒，去重振玄风。如果将屠杀玄学名士的历史冤案全部翻过来，等于否定了自己上台的合理性。其政治决策的最终依据，不是个人情感，而是现实的利益。问题的关键是如何巩固政权，在各派之间寻找平衡，借八面来风吹动自己的政治风帆。司马炎是在礼法之士与玄学名士共同拥戴下立为世子并顺利禅代登上帝位的。对他来说，上台后面临的最重要问题是如何巩固政权，不再重蹈“禅代”的覆辙。历史经验已经表明，防止政治强人出现是至关重要的，而这类人物往往是某种政治力量的代表，因此，必须防止任何一个政治集团力量膨胀。为避免此类情况发生，司马炎除了加强诸王的权力外，对士族官僚阶层礼、玄两派采取了利用矛盾、互相抵消的方针，使多种政治力量最终形成一个合力，推出一个高高在上的皇极。

魏晋禅代的前夕，统治阶层内部的政治格局为：礼法之士居政治当权派地位，却在青年一代中无深厚基础，后继乏人；玄学名士的阵营不断扩大，却未形成统一政治力量。由于魏末以来礼教治天下的基本国策影响，礼法派明显占主导地位，过于强大。为了政治平衡的需要，必须扭转这种局面，因此，司马炎一上台，使采取了使玄学名士“合法化”的大赦措施。它是司马炎导演的政治平衡历史活剧的前奏。尔后，玄学名士与礼法之士两大集团的矛盾冲突和权势的升降，构成了晋前期政治史的基本内容。需要指出的是，在这个过程中，名士派的力量在不断壮大，玄学思潮开始复苏。入晋的正始、竹林名士，如山涛、向秀、王戎、卫瓘 、裴楷等起了重要作用。

晋初“大赦”中，虽然政府没有为那些葬身于魏晋禅代之路的玄学名士公开平反，但在士族社会的心中，已经翻了案。一些当年迫害亲曹名士的人，名声狼藉。例如，要求流放阮籍的太宰何曾死后，在讨论其谥号（据死者生前事迹由朝廷赐予的褒贬称号)时,博士秦秀发言指责其“坏人伦之教,生天下之丑”,竟公开要求予以谥号为“丑公”。[①] 贾充杀害高贵乡公曹髦的行为,已为士人所不齿,属公认的劣迹。泰始七年,玄学名士发动了一场“倒贾”运动,结果被挫败。河南尹庾纯按捺不住了,在泰始八年的一次酒会上,与贾充发生了口角,竟然公开大骂贾充是杀害高贵乡公的凶手,“纯因发怒曰:‘贾充!天下凶凶,由尔一人。’充曰:‘充辅佐二世,荡平巴蜀,有何罪而天下为之凶凶?’纯曰:‘高贵乡公何在!’”[②]一时酒会大乱,贾充的侍从企图扣押庾纯,被中护军羊琇、侍中王济拦下,谁也不敢对这两位晋武帝的密友动武。庾纯的言论过于大胆,不仅揭了贾充的伤疤,而且对晋王朝不敬,为此,贾充以辞职要挟司马炎严惩庾纯。在这个问题上,朝臣分为针锋相对的两大派,斗争已公开化、白热化。晋武帝下诏免庾纯的官职,并交司法部门论处,不料引起一片抗议声浪,迫使这位皇帝收回成命最后不得不再次下诏妥协处理,诏书大意是:贾、庾双方都喝醉了酒,说了过头话,不必小题大作。庾纯改任国子祭酒,加散骑常侍。

晋武帝虽然希望朝臣各派存在矛盾,但是其追求的是矛盾的平衡,而不是激烈的冲突以至朝政紊乱。欲在双方间达成稳定的平衡,必须在玄学名士中寻找既德高望重,又平和稳健,能够协调与礼法派之间的关系的人物居要职,使双方的利益都能满足而不发生激烈冲突。这个人物在当时,非竹林七贤之一的山涛莫属。他处世方针中庸平和,并善于和各种人

---

① 《晋书》卷五十《秦秀传》,第1410页。

② 《晋书》卷五十《庾纯传》,第1397～1398页。

物周旋，对礼法之士来说，是能够接受的反对派领袖。于是，晋武帝泰始八年下诏，起用山涛为吏部尚书，但是直到泰始十年，才接受了这个职位。自山涛该年出任吏部尚书直到逝世，再也没有退下，即使升迁成仆射甚至司徒，也要“领吏部”，主管选举。①

吏部尚书的品级不高，但负责县级以上官员的任免，权力极大。山涛任吏部尚书的八年时间里，与负责尚书台的贾充之间，形成了相对稳定的局面。表面上看，山涛对礼法之士采取了妥协态度：每次选用官员，首先征求尚书令（后为录尚书事）贾充的意见，然后将候选人名单密报司马炎审核，最后再公开提名。而实际上，山涛的意志最重要，尤其对要害部门官员的任免，山涛决不向礼法派让步。例如某次吏部郎出现空缺，山涛推荐竹林七贤之一阮咸，而晋武帝决定增补贾充的亲信陆亮。于是，山涛以托病辞职抗议司马炎的用人不公。托病辞职是山涛在任职期间对付司马炎的杀手锏，曾多次使用，效果极佳。对山涛的这一用意，司马炎当然十分明白，他不愿失去这个难以替代的政治砝码，因此，不论山涛以什么理由辞职，司马炎只有一个决定——不予批准。在晋武帝写给大臣的诏书中，以山涛的数量最多，仅据《全晋文》收录的佚文，即达十七次之多，内容多为挽留其继续管理吏部。

山涛代表玄学名士派利益与礼法派周旋，尽力保护那些

① 徐高阮《山涛论》一文，通过西晋前期的党争，展现了竹林名士在这个时期的活动及文化性格，发前人所未发，是西晋玄学政治史方面最有分量的论文。本书关于山涛与晋武帝关系的论述，得益于徐氏创见。（徐高阮：《山涛论》，台湾《中央研究院史语所集刊》，第四十一本，第一分册）

受到礼法派贬抑的名士。例如，任恺因得罪贾充而被免官，山涛推荐他为河南尹。在其任职期间，名士派的力量得到了壮大发展。这位表面上中庸平和的竹林老人，一手扶植了西晋玄学青年上台。从《山公启事》佚文看，这一时期的许多玄学名士得到了他的选拔或引荐，如和峤、裴楷、石崇、许奇、王济、郭奕、和峤、乐广等。太康二年(281)，秘书郎(六品)出现空缺，山涛向晋武帝推荐嵇绍，晋武帝的反应更积极，破格选拔嵇绍为五品秘书丞。父亲被政府无端杀害，儿子道义上不应接受官职，山涛为其寻找入仕的理论根据费了不少心思。他开导嵇绍说：整个宇宙都在变化，人也要随机应变，不可迂腐。“为君思之久矣！天地四时，犹有消息，而况人乎！”[①]嵇绍来到洛阳上任，引起巨大轰动，舆论界誉之为“昂昂然如野鹤之在鸡群”。[②] 至此，玄学名士心中的最后一个历史包袱终于扔掉了。

西晋官方意识形态的主体，由儒、法思想结合而成，但道家哲学亦渗入其中。在汉魏之际儒道法融合的时代潮流影响下，完全摈弃道家哲学的儒法理论是不存在的。比如，西晋经学权威注释以司马炎的外公王肃为准，而号称大儒的王肃，其理论建构中同样吸收了大量的道家思想。[③] 西晋王朝的创始人司马懿，便以道家哲学作为安身立命的处事方针，经常告诫子弟说：“盛满者道家之所忌，四时犹有推移，吾何德以堪之。

---

① 《世说新语·政事》，第 171 页。

② 《晋书》卷八十九《嵇绍传》，第 2298 页。

③ 那薇：《〈孔子家语〉中儒道兼综的倾向》，《孔子研究》1987 年第 2 期，第 65～69 页。

损之又损之，庶可以免乎！”[①]魏晋之际礼法之士的中坚人物，亦多受道家熏陶，如荀勖某次针对官制改革发表议论时说：“省吏不如省官，省官不如省事，省事不如清心。”[②]晋武帝司马炎同样推崇道家学说，他在泰始元年十二月颁布的反淫祀的诏书中，便引用《老子》语录为立论根据“以道莅天下者，其鬼不神，其神不伤人”。[③] 当时的官方政治思想虽坚持礼法并用，但仍视为是不得已而为之，治国的最高理想则是“无为而治”，“皆反太素，同规上古也”。[④] 司马炎在泰始中下诏指出：“太上以德抚时，易简无文。至于三代，礼乐大备制度弥繁。”[⑤]正是由于西晋官方哲学中的上述道家因素，所以儒道融合的玄学思想未被视为异端，而是作为官方哲学的补充发挥作用，同样可以论证封建统治的合理性。

在这种历史背景中，玄学思潮开始复苏。早在泰始元年十二月，新王朝刚刚建立时，玄学名士便顽强地表现自己的学术主张。如武帝登基时，曾用“抽签”方法占卜晋王朝的延续时间。“探策以卜世数多少，而得一，帝不悦，群臣失色，莫有言者”。还是名士裴楷以《老子》的理论作了成功的解释，他从容回答：“臣闻天得一以清，地得一以宁，王侯得一以为天下贞。”结果是“武帝大悦，群臣皆称万岁”。[⑥] 竹林七贤之一，放达不羁的名士刘伶参加了朝廷主办的策问，激进地要求政府

---

① 《晋书》卷一《宣帝纪》，第 14 页。
② 《晋书》卷三十九《荀勖传》，第 1154 页。
③ 《晋书》卷十九《礼志上》，第 600 页。
④ 《晋书》卷十九《礼志中》，第 611 页。
⑤ 《晋书》卷五十一《 郤诜传》，第 1439 页。
⑥ 《晋书》卷三十五《裴楷传》，第 1048 页。

实施自然无为的玄学主张“盛言无为之化”。[1] 西晋咸宁～太康之际，玄学清谈的新秀出现了。《晋书·乐广传》载：

> 裴楷引广共谈，自夕申旦，雅相钦挹，叹曰：“我所不如也。”王戎为荆州刺史，闻广为夏侯玄所赏，乃举为秀才……尚书令卫瓘，朝之耆旧，逮与正始诸名士谈论，见广而奇之，曰：“自诸贤没，常恐微言将绝，而今乃复闻斯于君矣。”命诸子造焉，曰：“此人之水镜，见之莹然，若披云雾而睹青天。”

以王戎任荆州刺史和卫瓘任尚书令时间推算，乐广在清谈中崭露头角，应发生在咸宁～太康之际。这时王衍同样以清谈扬名，由王戎等捧出，推上了历史舞台。司马炎听到王衍的大名，问其堂兄王戎：“夷甫当世谁比？”王戎回答：“未见其比，当从古人中求。”[2]王衍与乐广是西晋后期元康玄学最著名的清谈大家，他们的出现表明，高平陵政变后冷寂了近二十年的思想论坛已再次活跃，清谈之风再次复苏，魏晋玄学的第二次浪潮已经开始起动，发展到元康时代，则变成无法遏制的狂澜。

关于向秀在西晋前期的活动，《晋书》中有两种说法：其一，《晋书·向秀传》称其在朝中混日子，无所作为，“后为散骑侍郎，转黄门侍郎、散骑常侍，在朝不任职，容迹而已。卒于位”。散骑侍郎与黄门侍郎官阶不高，仅为五品，但是平尚书

---

① 《晋书》卷四十九《刘伶传》，第 1376 页。

② 《晋书》卷四十三《王衍传》，第 1236 页。

奏事,为重要官职,尤其黄门侍郎,是门下省副长官,位于禁中皇帝身边处理机要,无法“不任职”。本传称向秀“容迹”于朝廷,可能是指其最后任散骑常侍职务时。散骑常侍官阶三品,却较为清闲,“掌规谏,不典事”。[①] 其二,向秀作为玄学名士派的骨干,积极地参加了与礼法之士的斗争,“充既为帝所遇,欲专名势,而庾纯、张华、温颙、向秀、和峤之徒皆与恺善,杨珧、王恂、华廙等充所亲敬,于是朋党纷然”。[②] 文中所谓“朋党纷然”,是指泰始七年～八年玄学派名士企图将新礼法派领袖贾充赶出朝廷的活动:侍中裴楷在晋武帝面前公开指责贾充是天下大治的障碍,侍中任恺蒙骗司马炎任命了贾充出镇西北,河南尹庾纯在酒会上竟当众揭贾充杀害高贵乡公的历史伤疤等等。朝臣分为针锋相对的两大派,斗争十分激烈,史书有详细记载。向秀虽然处世平和,但也不可能游离于斗争之外。他很珍视与嵇康、吕安的那段时光:魏末被迫入仕前,绕道赴山阳凭吊嵇康竹林故居,写下了千古绝唱《思旧赋》;西晋初任散骑侍郎时又去了山阳,旧地重游,慷慨伤怀。[③] 理智上,向秀已向礼法势力妥协。而在感情上,则无法原谅杀害嵇康的新礼法之士,参加玄学名士斗争的

① 《晋书》卷二十四《职官志》,第 733 页。

② 《晋书》卷四十五《任恺传》,第 1286 页。

③ 戴明扬:《嵇康集校注·附录·事迹》:“向秀为散骑侍郎,公使乘轺车,经昔与嵇、阮共游酒垆前过,乃叹曰:‘吾昔与嵇康、阮籍屡游此垆,自嵇生及阮公没,吾便为时所羁绁,今日视此虽近,邈若山河也。’(《职官分纪》卷六引臧荣绪《晋书》)戴明扬案:“萧统《咏王戎诗》曰:‘留连追宴绪,垆下独徘徊。’以此事属王戎。《世说新语·伤逝篇》载此,亦以为王戎之语。刘孝标注引《竹林七贤论》以驳之。窃谓向秀与嵇、阮为密,其应举入京,亦在嵇、阮死后,此语似当属秀为是。《晋书》袭《世说》,以此语入《王戎传》。”(第 358 页)

行列，是题中应有之意。他是西晋前期玄学名士群体的思想家，西晋前期泰始～咸宁之际玄学的理论成就，表现为向秀的《庄子注》一书。

二、向秀《庄子注》研究

学术界一般认为，向秀《庄子注》是魏末“竹林之游”时期的作品，这是一个误解。虽然注释《庄子》的工作亦完全可能开始于魏末，但是作为一部未竟的遗著，其最终“成书”，是作者的逝世时间——西晋咸宁元年(275)前后。他的《庄子注》，开辟了以“入世”精神诠释《庄子》的新思路，反映了西晋前期玄学思潮的时代精神，即正始、竹林名士经过魏晋禅代的思想变异之后，在西晋前期的文化心态，是西晋前期玄学思潮的代表作。传统观点之所以将向秀《庄子注》视为魏末“竹林之游”时期的作品，起源于《世说新语·文学》注引《向秀别传》的以下记载：

> 秀与嵇康、吕安为友，趣舍不同。嵇康傲世不羁，安放逸迈俗，而秀雅好读书。二子颇以此嗤之。后秀将注《庄子》，先以告康、安，康、安咸曰：“此书讵复须注？徒弃人作乐事耳！”及成，以示二子。康曰：“尔胡复胜不？”安乃惊曰：“庄周不死矣！”

从上述文字看，此事应发生在高平陵政变之后，嵇康、吕安被杀之前的嘉平元年～景元三年(249～262)，即向秀与嵇康、吕安密切交往的“竹林之游”时期——这是学者们立论的依据。

其实,即使这个传说是事实,向秀拿给嵇康、吕安看的《庄子注》也非最后定稿。因为,从向秀《庄子注》的思想基调看,该注不可能完成于曹魏时期。对向秀生平及思想经历稍加研究,洞若观火。理由如下:

其一,魏末"竹林之游"时期的嵇康、吕安,正处于司马氏的政治高压下,他们以不妥协的态度激烈抨击礼法制度和纲常名教,而向秀《庄子注》的思想主调恰恰是以妥协态度论证现存一切礼法制度和纲常名教的合理性。以刚直不阿而闻名的嵇康、吕安,竟极口称赞这部与己主张格格不入的书,是不可思议的。

其二,《世说新语·文学》与《晋书·郭象传》均记载,向秀还未来得及注完《庄子》便逝世了:"唯《秋水》、《至乐》二篇未竟而秀卒"。[①] 向秀的死年不详,但西晋泰始八年(272)仍健在,参加了名士派攻击贾充的活动,此后不见踪影,史籍无载。他逝世的大致时间,由其它资料推算,大约在咸宁元年(275)前后。因为自泰始十年(274)起,山涛作为玄学名士的政治代表出任吏部尚书,基本上控制了选官权,与新礼法派的尚书令贾充形成了相对稳定的政治平衡,故咸宁时期,玄学名士纷纷被重用,玄学思潮开始复苏。在这种形势下,向秀不会无所事事。他没有参加政治活动,在历史舞台上消失,可能与其生命的结束有关,故西晋前期潜心创作的《庄子注》,可能中止于此前,留下了一部未定稿。

其三,据《世说新语·文学》记载,向秀《庄子注》成书后立刻震动了思想界,使一度沉寂的玄学思潮再起波澜,"向秀于

---

① 《晋书》卷五十《郭象传》,第1397页。

旧注外为解义,妙析奇致,大畅玄风”。向秀《庄子注》重振玄风的时间,不可能发生在血腥镇压的魏末,那时的学术界已经吓破了胆,历史视野中玄谈之风销声匿迹了,决不会出现“振起玄风,读之者超然心悟,莫不自足一时”的盛况。① 在向秀逝世后不久,即西晋咸宁后期～太康初期,的确出现过小范围的玄学清谈热潮。在老一代玄学名士的扶持下,以王衍、乐广为代表的新一代玄学青年崭露头角,沉寂了二十多年的清谈场,再次活跃起来,②与我们推算的向秀逝世及其《庄子注》问世时间相近。

显然,向秀在曹魏后期没有完成《庄子注》。作为一部未竟的遗著,认定《庄子注》最终“成书”于作者向秀的逝世时间——西晋咸宁元年前后,是可以成立的。从该书中所表现出的时代精神看,应当是西晋前期的作品。这并非仅仅依据著作的思想内证,同样有史书的明确记载,只是由于习惯作祟,忽略了它的存在。

> 《世说新语·文学》刘孝标注:“秀本传或言,秀游托数贤,萧屑卒岁,都无注述,唯好《庄子》,聊应崔譔所注,以备遗忘云。”

这段史料非常重要,它已提供了关于西晋前期向秀创作

---

① 《晋书》卷四十九《向秀传》,第1374页。

② 《晋书》卷四十三《乐广传》载:“尚书令卫瓘,朝之耆旧,逮与正始诸名士谈论,见广而奇之,曰:‘自诸贤没,常恐微言将绝,而今乃复闻斯于君矣。’命诸子造焉,曰:‘此人之水镜,见之莹然,若披云雾而睹青天。”(第1243页)卫瓘任尚书令时间是咸宁四年——太康七年之间,可见咸宁后期清谈复苏。

《庄子注》的基本信息：其一，刘孝标所说《秀本传》描述的"秀游托数贤，萧屑卒岁"，与唐修《晋书·向秀传》关于向秀西晋时"在朝不任职，容迹而已"的记载十分近似。其二，向秀注《庄子注》的动机，是为了回应西晋议郎崔譔的《庄子注》，即向秀对崔譔的《庄子注》不满意，为此而注释了该书。

陆德明《经典释文·序录》列出的西晋前期《庄子注》共三部，其作者依次为：崔譔、向秀、司马彪。[①] 崔譔生平事迹，除陆德明《经典释文序录》称其为"清河人，晋议郎"外，历史文献不见任何记载。清河崔氏是魏晋时期北方著名世家大族，该家族的文化思想较为保守，属于传统儒学范畴。这说明，当时传统的礼法派儒士，也在注释《庄子》。《经典释文·庄子音义》收录了崔譔注文二百八十多条。尽管《经典释文》重在音韵训诂，故所引注文极简略，但是仍可通过这些文字看到，崔譔的哲学思想与向秀存在不小的差异。主要表现在崔譔、司马彪将《庄子》视为"方外"之书，运用传统的元气论和神仙说解释《庄子》。例如在崔譔注"大宗师第六"篇主旨为："遗形忘生，当大宗此法也"；[②]"县解"注为"以生为县，以死为解"；[③]"黄帝"注为"得道而上天也"；[④]"彭祖"注为"寿七百岁，或以

---

① 《经典释文·序录》："崔譔注十卷二十七篇。清河人，晋议郎，内篇七，外篇二十。向秀注二十卷二十六篇。一作二十七篇一作二十八篇亦无杂篇为音三卷。司马彪注二十一卷五十二篇。字绍统，河内人、晋秘书监。内篇七，外篇二十八，杂篇十四，解说三，为音三卷。"见郭庆藩《庄子集释》，中华书局，1961年版，第28～29页。下引《经典释文》均为该版本，仅标明页码。

② 《经典释文》引崔譔《庄子注》，第224页。

③ 《经典释文》引崔譔《庄子注》，第129页。

④ 《经典释文》引崔譔《庄子注》，第250页。

为仙，不死”；[1]“以袭气母”注为“取元气之本”。[2] 显然这些思想与玄学家对《庄子》的理解大相径庭。当时，到西晋前期为止，注释《庄子》的著作已有几十部，却唯独没有玄学家注本问世。为了解决这个问题，以正视听，向秀进行了这一在学术史上具有划时代意义的创作工作。“先是注《庄子》者数十家，莫能究其旨统。向秀于旧注外而为解义，妙演奇致，大畅玄风”。[3]

确认向秀《庄子注》形成于西晋前期，并不意味着否定《向秀别传》关于其竹林之游时注《庄子》的记载。相反，完全可能发生。对《庄子》的研究，伴随了向秀的一生，在不同的文化时代，会有不同的理解。正始时期向秀以自己对《庄子・养生主》的理解，撰写了《难〈养生论〉》。魏末竹林之游中向秀拿给嵇康、吕安看的《庄子注》，可能是初注《庄子》的某些篇章，反映了那个时期的思想倾向。而最后成书并流行的，是西晋前期的未竟之作。

魏晋之际，天下多故，学术思潮亦多变，一般二十年左右即出现较大变化，各个文化时期都留下了反映其时代精神的代表性哲学作品：曹魏，有反映建安时期名法精神的仲长统《昌言》；太和——青龙时期，有儒道法结合的刘邵著《人物志》；正始时期，有在“无为”旗帜下积极有为的王弼著《老子注》与《周易注》；魏末，激烈攻击“名教”的嵇康写下了《与山巨源绝交书》，阮籍著有《大人先生传》；西晋后期，有裴頠

① 《经典释文》引崔譔《庄子注》，第 251 页。
② 《经典释文》引崔譔《庄子注》，第 249 页。
③ 《晋书》卷五十《郭象传》，第 1397 页。

《崇有论》与郭象《庄子注》。奇怪的是，惟独西晋前期的玄学发展出现了空白，无反映时代精神的代表作品。其实，这是后人研究的粗疏，向秀《庄子注》恰好填补了这个"空白"。

这本成书于西晋泰始——咸宁之际的杰作，表达了"正始之音"寂灭之后，玄学思潮经历了魏末低谷之后，于西晋前期复苏时的哲学倾向。哲学家向秀随玄学思潮走了一个S形的波浪式发展过程。从儒、道合一的正始之音高潮，经过儒、道对立的魏末竹林之游低潮，再于晋前期开始涨潮中回归儒、道合一。

由于向秀《庄子注》久佚，再现向秀的思想全貌是不可能的。虽然现存郭象《庄子注》的著作权应为向秀和郭象共同所有，其中许多见解是向秀首创。然而，思想史研究却只能作为最终完成者郭象的思想资料使用。这对向秀是不公平的，但别无选择。对向秀《庄子注》的研究，只能依据张湛《列子注》、《经典释文》等书收录的佚文进行。这些佚文，多为简单的字义解释，支离破碎，哲学思想的信息含量有限。通过分析这些有限资料，可归纳出以下四个主要观点：

第一，等同"有待"与"无待"的逍遥论。庄子反对文明的异化，寻找人类解放的自由(逍遥)之路，在《庄子·逍遥游》中塑造了斥鴳与大鹏，恪守功名者与超越功名的宋荣子，乘风飞行的列子与游心宇宙的神人三组形象，旨在说明人类生命境界存在高低之分。向秀以晋初的时代精神，通过诠释《庄子》的"逍遥"学说，表达了自己对人类自由的独特理解。他将逍遥分为"有待逍遥"与"无待逍遥"：斥鴳、大鹏、恪守功名者、宋荣子、列子，划归"有待逍遥"范围，其共同特点是，都"有待"外在条件，如斥鴳有待食粮、大鹏有待高空、列子有待轻风，故不是真正的自由(逍遥)。只有最后一种顺应自然规律、"无待"具体条件、"乘天地之正,而御六气之辩"的至人,才达到了自由(逍遥)之境。

> 夫大鹏之上九万,尺鷃之起榆枋,小大之差,各任其性。苟当其分,逍遥一也。然物之芸芸,同资有待,得其所待,然后逍遥耳。唯圣人与物冥而循大变,为能无待而常通,岂独自通而已。又从有待者不失其所待;不失,则同于大通矣。①

向秀认为:世上没有不食人间烟火的神仙,生命的自由逍遥不可能脱离物质条件,即使至人的"无待",并非无须外物的自我满足。"有待"与"无待"之间的差异在于:"有待"的凡人,只能利用特定的物质条件,适应特定的环境;"无待"的至人,则是能利用一切物质条件,适应一切环境。自由逍遥并无客观的外在尺度,仅仅是生命内在的主观感受,以其自然本性的满足为惟一标准。从这个意义上看,"有待"的凡人,只要具备所需物质条件,便可达到与"无待"至人相同的自由逍遥之境。

第二,"无心而应感"、"与变升降"的处世论。这是向秀设计的通向自由逍遥的必由之路。对它的论证,占了现存《庄子注》佚文的绝大部分。《庄子·应帝王》中讲述了至人壶子以"自然无心"之大道,破神巫季咸算命小术的故事,向秀借此表达了自己关于最高生命境界与理想处世的学说。《列子·黄帝》张湛注

① 《世说新语·文学》注引向子期、郭子玄《逍遥义》,第220页。

引向秀佚文：

萌然不动，亦不自止，与枯木同其不华，死灰均其寂魄，此至人无感之时也。夫至人其动也天，其静也地，其行也水流，其湛也渊嘿。渊嘿之与水流，天行之与地止，其与不为而自然，一也。今季咸见其尸居而坐忘，即谓之将死；见其神动而天随，便谓之有生。苟无心而应感，则与变升降，以世为量，然后足为物主而顺时无极耳。

变化颓靡，世事波流，无往不因，则为之非我。我虽不为，而与群俯仰。圣人一也。然应世变而时动，故相者无所用其心。

居太冲之极，皓然泊心，玄同万方，莫见其迹。

虽进退同群，而常深根宁极也。

无心以随变也。

向秀处世哲学并不复杂，其要点是：欲获人生幸福，必须彻底放弃有为之心，完全顺应外界的变化，“唯无心者独远耳”①。沉痛的历史教训使他坚信：这个社会是无法改造的，任何人都无回天之力。作为臣民，欲获个人幸福安宁，只有放弃理想，“无心而应感”，认同社会现实，“进退同群”、“与群俯仰”、“与变升降，以世为量”、“应世变而时动”；作为君主，欲获天下大治，亦不需“高明”的治国术，而是无造作之心，顺应时代

① 《列子》卷二《黄帝》张湛注引向秀《庄子注》，见杨伯峻《列子集释》，中华书局，1979 年版，第 49 页。以下所引《列子》与张湛注文均为该版本。

潮流。

第三，“纵手放意”的养生论。西晋前期的向秀，以新的形式回归了正始之音“名教出于自然”的“正统”的玄学思路。他这一时期注释的《庄子·养生主》，哲学倾向与正始时期的《难〈养生论〉》相同，都以“无心”顺应生命的自然本能、享得天年为养生的至道，“得全乎天者，自然无心，委顺至理也”。①

> 《庄子·养生主》：“吾生也有涯。”向秀曰：“生之所禀，各有极也。”②
>
> 《庄子·养生主》：“已而为知者，殆而已矣。”向秀曰：“已困于智矣，又为智以攻之者，又殆矣。”③

庄子以庖丁解牛说明养生的最高境界，不是人为地运用智能技巧，而是顺应自然，借庖丁之口说：“臣以神遇而不以目视。”向秀注为：“暗与理会，谓之神遇。”④庖丁曰：“官知止而神欲行。”向秀注为：“专所司察而后动，谓之官智。”“纵手放意，无心而得，谓之神欲。”⑤又如《庄子·达生》说：“达生之情者，不务生之所无以为。”向秀注为：“生之所无以为者，性表之事也。”⑥《庄子·达生》又说：“达命之情者，不务智之所无奈

---

① 《列子》卷二《黄帝》张湛注引向秀《庄子注》，第51页。

② 《养性延命录》卷上《教诫篇第一》引，《道藏要籍选刊》(九)，上海古籍出版社，1989年版，第397页。

③ 《道藏要籍选刊》(九)，第398页。

④ 《经典释文》引向秀《庄子注》，第120页。

⑤ 《经典释文》引向秀《庄子注》，第120页。

⑥ 《道藏要籍选刊》(九)，第398页。

何。”向秀注为：“命尽而死者是。”①

第四，“名无而非无”的宇宙本体论。汉代经学持“天人感应”说，相信天命论，认为人类的生死祸福由神秘的宇宙力量决定，并创立了以元气论与象数思维为基础的复杂的宇宙生成论和宇宙结构论。魏晋玄学反其道而行之，否定存在有目的、有意志的宇宙力量，认为事物的兴衰取决于事物自身，故创立了以理性主义为特征的本体论哲学。但是，由于传统宇宙生成论的影响，魏晋玄学的本体论表现为一个逐渐完善的过程：从王弼开始，经向秀的推进，到郭象完成。王弼贵“无”论认为，宇宙本体“无”，以无形无为（无形体无意志）方式，决定着万物的生成变化，并通过万物有形有为的活动表现出来。可见，王弼的贵“无”论虽然消除了宇宙意志的存在，但是毕竟承认了宇宙有其生化的本根“无”，仍带有宇宙生成论因素。复杂的人生经历，使向秀比王弼更为现实，不相信冥冥中有正义的宇宙力量左右人的命运，甚至不承认“天”的独立存在：“天也者，万物之总名；人也者，天中之一物。”②但是，由于时代条件的局限，其《庄子注》的本体论形态，与王弼相比，无重大突破，仅有局部进展。

> 吾之生也，非吾之所生，则生自生耳.生生者岂有物哉？故不生也。吾之化也，非物之所化，则化自

① 《道藏要籍选刊》（九），第398页。

② ［梁］僧佑编：《弘明集》卷四罗君章《更生论》引向生之言，第27页B，见日本《大正新修大藏经·史传部》第52册，大正一切经刊行会1934年版。以下引《弘明集》均出自该版本。

化耳。化化者岂有物哉？故不化焉。若使生物者亦生，化物者亦化，则与物俱化，亦奚异于物？明夫不生不化者，然后乃能为生化之本也。①

从表面上看，向秀的这段话很令人费解。笔者曾长期陷入困惑，因为按学术界的通常解释，向秀这段论述是自相矛盾的：他一方面说万物自生自化——无外在的生化者，另一方面又说宇宙中存在着最后动因——生化之本。结合《列子·天瑞》及张湛所注，细玩所引向秀文义，发现向秀注并无矛盾，而是今人理解有误。问题的关键在于，文中的"吾之生也"与"吾之化也"的"吾"，是指宇宙本体，而非万物，全文仅仅在解释宇宙本体的性质。"非吾之所生"的"吾"，是同音错字，应为"物"，指万物(下文"非物之所化"是其证)。该文可意译为："宇宙本体的生成，不由外物，而是自生；既然没有使本体生成的外物，所以本体不存在生成过程(而是无始无终的永恒存在)。本体的变化，不由外物，而是自化；既然没有使本体变化的外物，所以不存在变化过程(而是没有变化的永恒存在)。如果宇宙本体这个万物的生成者和变化者，也与万物一起生成、变化，那么与万物有何区别呢？宇宙本体正是因为具有无生成变化的永恒性质，才成为万物生成变化的根源。"

将宇宙本体视为天地万物生成变化的终极原因，是向秀与王弼的共同点。双方的理论差异在于：王弼将宇宙本体视为一种无形的实体，定名为"无"，既存在于天地万物之外，又存在于每个事物之中，"玄"、"道"只是对本体某种表象的"称

① 《列子》卷一《天瑞》张湛注引向秀《庄子注》，第4页。

谓”，而不是其名。向秀则倾向于将“无”视为万物生成变化的环境或背景，“不生不化”，非运动的实体，其性状超言绝象，可称为“玄冥”：“玄冥，所以名无而非无也。”[①]其作用不可察觉，仅见万物自己生成变化，故称之为“自然”：“同是形色之物耳，未足以相先也。以相先者，唯自然也。”[②]向秀的这些思想因素，对郭象本体论的“玄冥之境”和“自生独化”的“自然”观点，具有直接的影响。

向秀以上四个方面的论述，有个一贯之道，即力图调和名教与自然的矛盾，而最终向名教妥协，以认同社会现实为出发点和归宿。在他笔下，生命的自由逍遥无客观的外在尺度，仅仅是生命内在的主观感受，以其自然本性的满足为唯一标准。作为臣民，欲获个人幸福安宁，必须彻底放弃有为之心，只有放弃理想，无条件地顺应社会。社会是无法改造的，任何人都无回天之力。

向秀《庄子注》似乎以庄学形式重复着正始之音“名教出于自然”的观点。其实，两者的差异是明显的：正始时期的时代精神是革新，而西晋前期的时代精神是妥协，故王弼力图以道家的自然无为思想改造不合理的社会现实，其《老子注》是无为形式下积极有为的政治哲学；向秀则仅仅以道家自然无为适应社会现实，其《庄子注》是明哲保身的活命哲学。这一变化的深层原因在于，玄学思潮的终极关怀发生了重大变异：返朴归真的社会理想被个体生命的舒适所替代，汉魏之际道家哲学的社会批判精神被阉割，化为对一切不合理现实的认

① 《经典释文》引向秀、郭象《庄子注》，第 257 页。
② 《列子》卷二《黄帝》张湛注引向秀《庄子注》，第 49 页。

同。透过上述等同“有待”与“无待”的逍遥论、“纵手放意”的养生论、“与变升降”的处世论和“名无而非无”的宇宙本体论四个思想要穴，可感到向秀《庄子注》的学术命脉之所在。然而，这不是向秀个人的失误，相反，他是抵抗到最后的玄学思想家，但无法抗拒汉晋之际学术思潮的历史走向。

作为西晋前期玄学的代表作，向秀《庄子注》是连接正始(何晏、王弼)、竹林玄学(后期嵇康、阮籍)与元康(郭象)玄学的桥梁。尤其是从庄学发展史看，更是如此。

《庄子》的学术命运不佳，消极悲观的哲学基调，不可能得到雄心勃勃的战国诸侯的青睐，在积极有为的秦汉大一统帝国中，相对沉寂了数百年。[①] 汉末儒家思想的衰落，给了它一次难得的发展机遇。受时代需要的制约，汉魏之际的思想界对《庄子》哲学的理解，还局限于对其“隐逸”思想的发挥。

汉魏之际道家思潮复兴的社会载体，不是个别边缘化的避世隐士，而是处于社会政治主流地位的儒士。确切地说，是汉儒士大夫心中道家思想因素的复苏。面对政治黑暗，官场失意，隐逸哲学能为士大夫提供精神镇痛剂。需要指出的是，汉魏时期能为士人提供避世理论支持的，并非《庄子》一家，儒家与黄老，同样是重要的理论资源。东汉儒士冯衍官场失意，

① 《庄子》在两汉时期的沉寂，并不是说其对士人毫无影响。汪世荣先生在《有关〈庄子〉的一些历史资料》(《文史》1962 年第 1 辑)和《有关〈庄子〉历史资料续考》(《中华文史论丛》1981 年第 1 辑)中指出，西汉淮南王撰《庄子要略》和《庄子后解》，东汉班固作过《庄子》章句，但这些著作无片言流传至今，故无法了解其内容。董治安先生在《汉赋中所见〈老〉〈庄〉史料述略》中，对汉赋中所见的《庄子》中典故及言语进行了梳理。(见陈鼓应主编《道家文化研究》第 4 辑)但这些赋文并未阐示《庄子》的理论主旨。

不得不隐居时，作《显志赋》，援引了孔子、老子、庄子，作为自己“处清静以养志”的榜样。

诵古今以散思兮，览圣贤以自镇；嘉孔丘之知命兮，大老聃之贵玄；德与道其孰宝兮？名与身其孰亲？陂山谷而闲处兮，守寂寞而存神。夫庄周之钓鱼兮，辞卿相之显位；于陵子之灌园兮，似至人之仿佛。盖隐约而得道兮，羌穷悟而入术；离尘垢之窈冥兮，配乔、松之妙节。惟吾志之所庶兮，固与俗其不同；既俶傥而高引兮，愿观其从容。[①]

孔子的理论与实践，的确能为儒士提供避世的依据。孔子说：“天下有道则见，无道则隐”。[②]“宁武子邦有道则知，邦无道则愚”。[③]“邦有道，不废；邦无道，免于刑戮。”[④]汉末清流的领袖李膺以孟子的入世理论，批评钟瑾的隐居是丧失知识分子的社会良心：“孟子以为‘人无是非之心，非人也’。弟何期不与孟轲同邪？”[⑤]而钟瑾却得到了李膺祖父的赞赏，将李膺之妹嫁给钟瑾，理由则是孔子的上述学说。“膺祖太尉脩，常言：‘瑾似我家性，邦有道不废，邦无道免于刑戮。’复以膺妹妻之。”[⑥]当然，汉魏隐士以儒家思想为精神支柱的还是少数，而

① 《后汉书》卷二十八《冯衍传》，第1001页。
② 杨伯峻：《论语译注·泰伯第八》，中华书局1980年版，第82页。
③ 杨伯峻：《论语译注·公冶长第五》，中华书局1980年版，第50页。
④ 杨伯峻：《论语译注·公冶长第五》，中华书局1980年版，第42页。
⑤ 《后汉书》卷六十三《钟皓传》，第2064页。
⑥ 《后汉书》卷六十三《钟皓传》，第2064页。

汉代在“黄老之学”名义下遁迹山林者，则比比皆是，属于常识，故不赘述。

与儒家、黄老相比，《庄子》的隐逸哲学具有独到之处——既不是为了来日进攻而暂时退却，也不是为了生命的无限延续，而是不为功名利禄束缚，以恢复生命的自然本色作为终极目的。因此，在名教走向崩溃的汉魏之际，《庄子》的隐士思想及其所蕴含的“贵生”“自然”的价值观，在士人社会中的影响日益增长。一些著名的经学大师，开始以《庄子》思想来修正自己的人生哲学，马融便是代表人物。

> 永初二年，大将军邓骘闻融名，召为舍人，非其好也，遂不应命，客于凉州武都、汉阳界中。会羌虏飙起，边方扰乱，米谷踊贵，自关以西，道殣相望。融既饥困，乃悔而叹息，谓其友人曰：“古人有言：‘左手据天下之图，右手刎其喉，愚夫不为。’所以然者，生贵于天下也。今以曲俗咫尺之羞，灭无赀之躯，殆非老、庄所谓也。”故往应骘召。①

人世间最重要的是生命，而生命的最高境界是自由、舒适的“逍遥”。有了这层体悟，马融的人生态度大变。这位举世闻名的“通儒”开始了在声色歌舞中讲经布道，在高官厚禄中“逍遥”的生命历程。“善鼓琴，好吹笛，达生任性，不拘儒者之节。居宇器服，多存侈饰。常坐高堂，施绛纱帐，前授生徒，后列女

① 《后汉书》卷六十《马融传》，第1953页。

乐,弟子以次相传,鲜有入其室者”。[1] 应当看到,这不是马融个人对《庄子》的理解,而是汉魏时期士大夫共识——以“生命至上”与“人性自然”,概括《庄子》人生哲学。《庄子》有两个典故。一是《秋水篇》记载,庄子拒绝楚国相位,不肯当制成标本的神龟接受膜拜,而宁可当泥塘中自由的乌龟,“曳尾于涂中”;二是《至乐篇》记载,妻子逝世后庄子坐在地上敲着盆唱歌,“箕踞鼓盆而歌”,这两个哲学意象分别蕴含的意义,是忽视富贵的“贵生”与超越死亡的生命“自然”。汉魏之际,“曳尾涂中”、“鼓盆而歌”这两个典故广为流行,为士大夫提供精神支持。

汉末名士以弘扬儒家名教为己任,为社会正义而前仆后继。但是,面对名教之治所带来的弄虚作假社会风气,他们中有些人开始反其道而行之,寻求那种发自内心的自然情感,而不求其外在形式,庄子丧妻鼓盆而歌的故事,为汉末名士所效法,以对抗服丧中的虚假世风。例如薛勤的妻子死后,他不悲不哭,而是效法庄子的豁达气度,泰然处之。“山阳太守汝南薛恭祖,丧其妻,不哭,临殡,于棺上大言:‘自同恩好,四十余年,服食禄赐,男女成人,幸不为夭,夫复何恨哉! 今相及也。’”[2]母亲去世后,汝南名士戴良不按丧礼规定去表达哀思,吃肉饮酒。有人对其行为不满,前去质问这样做是否符合礼教规定,戴良回答:“然。礼所以制情佚也。情苟不佚,何礼之论! 夫食旨不甘,故致毁容之实,若味不存口,食之

① 《后汉书》卷六十《马融传》,第1972页。

② 王利器:《风俗通义校注》卷三《愆礼》,中华书局,1981年版,第142页。

可也。”①

汉末战乱使整个社会处于休克状态，十几年的战争、瘟疫、饥荒使北中国成了人间炼狱。随着东汉王朝的垮台，儒家的权威地位随之在九死一生的建安名士心中动摇。慷慨悲凉的建安文学表达了他们对人生易灭的哀叹，对生命永恒的憧憬。“天地何长久，人道居之短。”②“惊风飘白日，光景驰西流。盛时不可再，百年忽我遒。生存华屋处，零落归山丘。”③建安名士必须积极从事军事政治活动，用刑名法术及儒教等一切可以利用的治国之术达到生存目的，这构成了建安名士的现实政治性格。但是在生活层面，道家的生命哲学占据了更多的精神空间。一方面黄老道家的养生术俘获了许多士人，“鸱视狼顾，呼吸吐纳”成一时风尚；④另一方面，老庄道家的人生哲学的影响也不可低估，如魏官员沐并立遗嘱，要求死后“俭葬”，同样以庄子为榜样：“……昔庄周阔达，无所适莫。又杨王孙裸体，贵不久容耳。至夫末世，……竞于厚葬，谓庄子为放荡，以王孙为戮尸。”⑤曹植是受老庄思想影响的典型代表，他熟读《庄子》，对该书的典故言语，了如指掌，可信手拈来，熔铸在创作的诗文中。他多次用“曳尾涂中”之典，表达了藐视富贵荣华的出世情绪：“盖有形必朽，有迹必穷。茫茫元

① 《后汉书》卷八十三《戴良传》，第 2773 页。

② 逯钦立辑：《先秦汉魏晋南北朝诗》，曹操《秋胡行》，中华书局，1995 年版，第 350 页。

③ 逯钦立辑：《先秦汉魏晋南北朝诗》，曹植《野田黄雀行》，中华书局，1995 年版，第 425 页。

④ 《三国志》卷二十九《魏书·华佗传》注引曹丕《典论》，第 805 页。

⑤ 《三国志》卷二十三《魏书·常林传》注引《魏略》，第 662 页。

气，谁知其终，名秽我身，位累我躬，窃慕古人之所志，仰老庄之遗风。假灵龟以托喻，宁掉尾于涂中。”[1]模仿《庄子·至乐》中庄子与髑髅的对话著《髑髅赋》，复述了庄子以生为劳役、死为休息的论点。“昔太素氏不仁，无故劳我以形，苦我以生，今也幸变而之死，是反吾真也”。[2] 值得注意的是，曹植在《释愁文》描写了一位被忧愁困搅而不能自拔的士人，在路边遇到道家哲学家“玄虚先生”。玄虚先生开出的药方，是道家的“无为”“淡泊”“玄虚”“淳朴”“恢廓”“寂寞”思想，庄子亦跻身于参加治疗的哲人有中：“吾将赠子以无为之药，给子以淡泊之汤，刺子以玄虚之针，灸子以淳朴之方。安子以恢廓之宇，坐子以寂寞之床。使王乔与子携手而游，黄公与子咏歌而行。庄生为子具养神之馔，老聃为子致爱性之方”。[3] 经过道家思想的精神治疗，士人大彻大悟，“众愁忽然不辞而去”。

《庄子》影响并不局限于曹操阵营，袁术准备称帝，张邈以《庄子》中的“牺牛”典故劝其放弃：“何为舍此而欲称制？恐福不盈眥，祸将溢世。庄周之称郊祭牺牛，养饲经年，衣以文绣，宰执鸾刀，以入庙门，当此之时，求为孤犊不可得也。”[4]蜀国秦宓在给王商的信中，引用了庄子拒楚王聘一事，作为自己拒绝入仕的依据。“昔尧优许由，非不弘也，洗其两耳。楚聘庄

① 严可均：《全三国文》卷十六，第1142页。见严可均辑《全上古三代秦汉三国六朝文》，中华书局，1985年版，以下所引《全三国文》《全晋文》均为该版本。

② 严可均：《全三国文》卷十八，第1152页。

③ 严可均：《全三国文》卷十九，第1158页。

④ 《三国志》卷七《魏书·张邈传》注引《献帝春秋》，第222页。

周，非不广也，执竿不顾”。[①]

儒家思想虽然已经动摇，但仍是士大夫的人格本色，他们不可能弃儒从道。如何将老庄的人性自然与儒家的伦理思想有机地结合在一起，是一个无法回避的历史课题，魏晋玄学就是为调和这一矛盾而诞生的。社会必然与个人自由之间的矛盾，用玄学的语言表达，就是“名教与自然”的矛盾。尽管正始时期的玄学家已经开始将《庄子》的人性哲学引入自家理论的建构，但他们重新解释的道家典籍是《老子》，并未对《庄子》的主旨进行正面阐述。虽然嵇康在其一系列论文中，运用《庄子》的某些语言典故或思想，对音乐、养生、才性等问题辩名析理，力图将道家人性自然与儒家伦理相结合，达到了那个时代的最高的理论水平，但是并未对《庄子》的主题进行正面阐述，仅在其诗赋中，蜻蜓点水般涉及了“齐物”思想，如“齐万物兮超自得，委性命兮任去留”，[②]“将如庄周之齐物变化，洞达而放逸乎？”[③]正面首先涉及这个历史课题的，是阮籍的《达庄论》。

学术界一般认为，阮籍《达庄论》作于高平陵政变之后，表达了反对“名教”崇尚“自然”的激烈观点，与《大人先生传》相同。其实，该论创作于正始八～九年(247～248)，正始之音的高潮中。这是目前所见最早的解《庄》专论，它超越了汉魏思想界以“贵生”“隐逸”理解《庄子》的传统，将“齐物”视为《庄子》的理论主旨，以“元气”论解释了“齐物”思想的合理性，力

---

① 《三国志》卷三十八《蜀书·秦宓传》，第 972～973 页。

② 戴明扬：《嵇康集校注》卷二《琴赋》，第 96 页。

③ 戴明扬：《嵇康集校注》卷三《卜疑》，第 140 页。

图消除儒家“名教”、“入世”与《庄子》“自然”、“出世”之间的差异，从庄学角度丰富了正始玄学的“儒道同”理论。

阮籍的两篇论文——《达庄论》和《大人先生传》，在名教与自然的问题上观点大异，属于两个时代的作品，比较典型地反映了竹林名士中“越名教任自然”派在高平陵政变前后的思想变化。表面上看，两篇文章中都以道家先生与礼法之士的辩论展开。因此，学者们将两文均视为后期作品。其实，两文形同而神异。例如，《达庄论》通过相对主义认识方法“齐物”，围绕“儒道同”这个中心旋转，故承认天地之间的秩序，人类社会的纲常，认为《庄子》与《六经》本质相同，“彼六经之言，分处之教也，庄周之云，致意之辞也”。“形神在我而道德成，忠信不离而上下平”。而《大人先生传》则摈弃了相对主义的“齐物”方法，以“儒道异”为主题，强调宇宙大道与社会体制的对立，激烈地反对名教。

向秀《庄子注》的历史意义在于，它是魏晋玄学第一部系统注释《庄子》的著作，在西晋前期玄学流派重新融合“名教与自然”思想基础上，将正始、竹林玄学理论家的长期思考的成果，融入这著作中。该书超越了阮籍以无差别的元气去“齐物”的方法，建立了以“性分”说为基础的“冥物”（齐物）方法，以消除“入世与出世”“无为与有为”“名教与自然”的对立。基本上奠定了魏晋玄学诠释《庄子》的框架，成为郭象《庄子注》继承发展的基础。该书经郭象之手而得以完善，以郭象《庄子注》名义流传，产生巨大社会影响。向秀、郭象《庄子注》的出现，推动了西晋玄学的发展，标志着魏晋玄学理论完全成熟。“庄周著内外数十篇，历世才士虽有观者，莫适论其旨统也，秀乃为之隐解，发明奇趣，振起玄风，读之者超然心悟，莫不自足一时也。惠帝之世，郭象又述而广之，儒墨之迹见鄙，道家之言遂盛焉。"[1]

作为西晋前期玄学名士心态的哲学表达，向秀《庄子注》诞生后，在思想界引起了不小的波澜。《世说新语·文学》称其"大畅玄风"，《晋书·向秀传》说是"振起玄风"，东晋戴逵的评价最为可观："秀为此义，读之者无不超然，若已出尘埃而窥绝冥，始了视听之表。有神德玄哲，能遗天下，外万物。虽复使动竞之人顾观所徇，皆怅然自有振拔之情矣。"[2]然而向秀的学术运气不好，其《庄子注》虽然一度推动了西晋前期玄学的发展，但是当西晋元康玄学高潮到来之时，它却一度销声匿迹。在"八王之乱"激烈厮杀的永康(300)～光熙(306)之际，郭象在大量采用向秀注文的基础上，完成了一部更高水平的《庄子注》，并以郭象《庄子注》的名义传世。而向秀的《庄子注》则因其思想精华全部被郭象吸取，并且被郭象《庄子注》覆盖而失去了学术价值，在流传中佚失，同时也留下了关于向秀、郭象《庄子注》著作权的千古疑案，这是我们在《郭象评传》中讨论的问题。

---

① 《晋书》卷四十九《向秀传》，第 1374 页。

② 《世说新语·文学》注引《竹林七贤论》，第 206 页。

正篇

郭象评传

第一章　生平著作

一、时代与哲人

在门阀士族垄断仕途，“上品无寒门，下品无势族”的时代，本书的主人公——平民子弟郭象能突破了门阀的障碍，走上了政治舞台的中心，并且摘走了那个时代哲学皇冠上的钻石。这不仅取决于他个人的天才资质，八王之乱政局与元康玄学清谈构成的历史环境，也为其天才的生成提供了沃土。

（一）八王之乱与元康玄学思潮

断代史家重视历史的偶然性，因此在探讨西晋王朝迅速灭亡的原因时，十分关注八王之乱与元康玄学思潮对社会稳定的破坏，而八王之乱更是首当其冲。对八王之乱产生的原因，自然要追究晋武帝司马炎的责任，他一是不顾正直大臣的反对，选择了白痴儿子司马衷作继承人，导致了贾后乱政，成为动乱的导火索；二是消极接受曹魏未分封同姓诸侯王、缺乏屏藩的教训，大封宗室为王，诸王不仅有领地和军队，还可任中央与地方要职，掌握军事重镇，成为动乱根源。但如果拓展历史视野则不难看到，自公元189年洛阳动乱，至589年陈朝灭亡长达400年的时间里，除了西晋280年～304年出现了二十多年的短暂的统一外，中国一直处于分裂割据状态。可见，分裂是这一时期的必然趋势。观察这一时期王朝频繁更替过程，一个规律贯穿其中——无论何种背景的人物，诸王、大臣、将领，只要重兵在握，通过军府摄政方式取代朝廷的“禅代”，只是时间问题了。无论统治者在制度层面采取何种措施，都不能挽回皇权衰落的历史命运。造成这一结局的原因，是社会政治意识中“忠君”观念的普遍淡漠，而其更大的思想背景，则是儒家思想的衰弱与道家思想的兴起。从汉唐之际历史发展的全局看，西晋王朝的短暂的统一及其儒学复兴的假象，不过是回光返照而已。司马炎逝世后出现的“八王之乱”与元康玄学自由化狂潮，都是中国历史运动中必然出现的现象。

太康十年(290)，晋武帝司马炎逝世，白痴皇帝晋惠帝登基，由武帝杨皇后的父亲太傅杨骏辅政。元康元年(291)三月，皇后贾南风与楚王司马玮发动政变，杀杨骏废杨太后。同年六月，贾后先密令楚王玮，杀了实际控制朝政的汝南王司马亮与卫瓘，后借口楚王玮矫诏擅杀大臣将其处死，权力落到贾后手中。这次事件被史家视为西晋王朝进入后期的历史坐标。宫廷政变，也被视为“八王之乱”的开始。

发生在元康元年的这次宫廷政变，因汝南王亮、楚王玮卷入,被视为“八王之乱”的开始。其实,这次角逐最高权力的斗争是在杨骏与贾后之间展开,二王仅是卷入而已,不是主角,况且事变的持续时间短,波及范围小,而后出现了九年的和平年代,与永康～永嘉之际其余“六王”(赵王伦、齐王冏、长沙王乂、成都王颖、河间王颙、东海王越)为主角制造的持续多年、导致西晋亡的全国性动乱,不可同日而语。

尽管贾后险恶诡诈,但是她委任张华、裴頠、裴楷、王戎四人“并管机要”①,与贾后所信赖的族兄贾模“同心辅政”②。因此在贾后专权的元康年间(291～299),是西晋后期历史上唯一政局相对安定的时期。在这短暂的八年时间里,魏晋玄学出现继正始之音后的第二个高潮,即著名的元康玄学。

元康玄学滥觞于太康(280～290)时期,干宝目睹了西晋王朝的历史,其《晋纪》引用了荆州刺史刘弘对时代风尚的评论:“刘弘教曰:‘太康以来,天下共尚无为,贵谈庄老,少有说事。’”③的确,正始、竹林名士的遗老卫瓘、王戎等,早在司马炎时代便积极扶持了年轻一代玄学名士清谈活动,这个问题已在《向秀评传》中作了简介,此不赘述。④ 需要交代的是,元康时期执政大臣中的玄学元老,虽不再是学术主力,但对这一时期的清谈继续推波助澜。王戎、裴楷是玄学名士,张华虽不能视为典型的玄学中人,但与玄学人物关系

① 《晋书》卷三十五《裴楷传》,第1049页。

② 《晋书》卷四十《贾模传》:“是时贾后既豫朝政,欲委信亲党,拜模散骑常侍,二日擢为侍中。模乃尽心匡弼,推张华、裴頠同心辅政。数年之中,朝野宁静,模之力也。”(第1176页)

③ 萧统:《文选》卷四十九《晋纪总论》李善注引干宝《晋纪》,第629页。

④ 见本书《向秀评传》第三章一、“玄学思潮的复苏”。

密切，因得到阮籍的好评而出名，[1]是清谈的热心参加者。《世说新语·言语》记载，元康某年，张华与王戎、王衍、裴頠赴洛水清谈玄言。“诸名士共至洛水戏，还，乐令问王夷甫曰：‘今日戏乐乎？’王曰：‘裴仆射善谈名理，混混有雅致。张茂先论史汉，靡靡可听。我与王安丰说延陵子房，亦超超玄箸。’”

从思想史上看，元康年间是一个重要的转型时期。这时，随着西晋开国元勋自然生命的结束，西晋前期的礼法派已不复存在（如何曾、贾充、荀顗一辈人已离开人世），他们的子弟开始了玄学化的过程，其价值观与玄学家族的后代相比，已无本质差异，如礼法之士傅玄的儿子傅咸、何曾的儿子何劭、石苞的儿子石崇，与著名玄学家族太原王氏、琅琊王氏、陈留阮氏和河东裴氏的子孙已融合，构成了新一代西晋士族社会的主体，即“元康名士”。[2] 可以说，魏晋士族文化的玄学化过程，是在这一时期完成的。

元康名士是在太康时代骄奢淫逸风气中成长起来的贵族

---

① 《晋书》卷三十六《张华传》：“初未知名，著《鷦鷯赋》以自寄……陈留阮籍见之，叹曰：‘王佐之才也。’由是声名始著。”（第1069页）

② 从年龄上看，元康名士大致由两代人构成，一是中年名士，元康后期在朝中居要职，生活行为较为传统，如王衍、乐广。《晋书》卷四十三《乐广传》：“是时王澄、胡毋辅之等，皆亦任放为达，或至裸体者。广闻而笑曰：‘名教内自有乐地，何必乃尔。’”二是青年名士，学术界习惯所谓的“元康放达派”（永嘉之际太傅府中的“八达”，渡江南下后的东晋“中兴名士”），多在这一年龄组。当然，元康时期青年玄学名士并非生活行为个个如王澄、胡毋辅之等放达不羁。同辈的裴頠、郭象等，并不赞成“放达”。另外，尽管“元康放达派”在元康时期已经表现出反传统举止，但真正的“狂放”行为，应发生在元康之后至永嘉时期，是社会崩溃形势下，出现的“世纪末”绝望情绪。

子弟。伐吴战争胜利后，统一了中国的晋武帝，励精图治精神荡然，变成了沉溺于酒色的昏君。“时帝多内宠，平吴之后复纳孙皓宫人数千，自此掖庭殆将万人。而并宠者甚众，帝莫知所适，常乘羊车，姿其所之，至其宴寝。宫人乃取竹叶插户，以盐汁洒地，而引帝车”。[①] 在司马炎的带动下，侈奢之风在西晋士族官员中迅速蔓延，玄学名士在这个过程中起了推波助澜的作用。如何劭“食必尽四方珍异，一日之供以钱二万为限，时论以为太官御膳，无以加之。”[②]王济有过而无不及：某次司马炎到他家赴宴，感到蒸乳猪美味异常，后得知系用人乳喂养。石崇的厕所豪华无比，有十几名婢女侍候，刘寔误认为是进入了寝室，慌忙退出。王恺与石崇之间骇人听闻的争豪斗富的故事，即发生在这个时期。王恺以麦芽糖水洗锅，石崇便用蜡烛代柴烧饭；王恺作四十里紫丝步幛，石崇则作五十里锦步幛；王恺用花椒泥涂墙，石崇则用赤石脂涂墙。《世说新语·汰侈》记载了诸多此类斗富活动。

在这种社会风气中发育成熟的元康名士，追求自由放任的生活，对传统的礼教，形成了更大的冲击力量，其中的极端分子被称为“元康放达派”。玄学的“自然”哲学，适应他们纵欲的生活方式，因此，伴随元康名士走上历史舞台，玄学思潮日益高涨。元康名士以正始、竹林思想的继承者自居，但缺乏正始（竹林）名士的忧患意识与社会责任感，两者形似而神异。东晋戴逵看得明白：“若元康之人，可谓好遁迹而不求其本，故有捐本徇末之弊，舍实逐声之行，是犹美西施而学其颦

① 《晋书》卷三十一《胡贵嫔传》，第 962 页。

② 《晋书》卷三十三《何劭传》，第 999 页。

眉,……然竹林之为放,有疾而为颦者也,元康之为放,无德而折巾者也,可无察乎。”①元康玄学思潮的高涨,并没有给中国社会提供新的出路,在这些公子哥儿身上,我们看不到希望。如果说,正始、竹林玄学是以悲剧结束的话,那么,元康玄学则近乎闹剧。

尽管元康名士中已不存在魏晋之际那样“礼法”与“玄学”两种对立思潮,更没有出现因意识形态分歧而利用国家机器采取极端措施的事件,但是这一时期士人同样存在思想差异。以对“老庄”自由思想的亲和程度这一特殊视角看,存在着贵“无”与崇“有”两种哲学思潮,分别与“言不尽意论”与“言尽意论”相联系。

1. 贵“无”派

以王衍、乐广为代表的贵“无”论,是元康玄学的主流派理论形态。问题在于,王衍、乐广二人仅是热衷于清谈,并无学术著作,甚至没有留下一篇像样的论文。因此研究该学派思想,成了无米之炊。解决这个问题的路径,在于扩大研究视野,将与王衍、乐广关系密切,思想行为近似的元康名士纳入研究视野,进而分析他们留下的文献资料,归纳其思想共性。那么,究竟哪些名士属于贵“无”论的支持者呢?直接的文献记载仅以下一条:

> 自魏太常夏侯玄、步兵校尉阮籍等皆著《道德论》。于时侍中乐广、吏部郎刘汉亦体道而言约,尚书令王夷甫讲理而才虚,散骑常侍戴奥以学道为业,

① 《晋书》卷九十四《戴逵传》,第2457页。

> 后进庾敳之徒,皆希慕简旷。頠疾世俗尚虚无之理,故著崇有二论以折之,才博喻广,学者不能究。后乐广与頠清闲欲说理,而頠辞喻丰博,广自以体虚无,笑而不复言。①

上文中王衍、乐广是众所周知的贵“无”派人物,无须赘述。其中的戴奥,不见其它文献记载,事迹不可考;“刘汉”则为“刘漠”笔误。② 刘漠字冲嘏,是元康时期洛阳著名的刘氏三兄弟——“洛中三嘏”之一,是王戎的女婿,与王衍私交甚密,擅长人才学方面论题。③ 该文提供的信息是,元康贵“无”派由两个层次:其一,王衍、乐广、刘漠、戴奥四人是元康贵“无”论思潮的首倡者,其二,以“后进之徒”庾敳为代表的辈分较低的士人群体,即著名的“四友”、“八达”。

所谓“四友”,是指王衍最亲密的四个朋友。唐修《晋书》有两种说法:《胡毋辅之传》认为“四友”是指王澄、王敦、庾敳、胡毋辅之四人,④而《王澄传》则说是王敦、谢鲲、庾敳、阮修是王衍“四友”,王澄、光逸、胡毋辅之等人是与其交往密切

① 《世说新语·文学》注引《晋诸公赞》,第202页。

② 余嘉锡《世说新语笺疏·赏誉下》引程炎震云:“漠即冲嘏,今晋书简传误作谟。”(第437页)又,余嘉锡《世说新语笺疏·赏誉上》引程炎震云:“漠,魏志管辂传作汉,晋书刘惔传作演,皆形近之误。以其字冲嘏推之,漠为是也。”(第433页)

③ 《世说新语·赏誉上》:“洛中雅雅有三嘏:刘粹字纯嘏,宏字终嘏,漠字冲嘏,是亲兄弟。王安丰甥,并是王安丰女婿。”注引《晋后略》:“漠少以清识为名,与王夷甫友善,并好以人伦为意,故世人许以才智之名。”第433页。

④ 《晋书》卷四十九《胡毋辅之传》:“胡毋辅之,字彦国,……与王澄、王敦、庾敳俱为太尉王衍所昵,号曰四友。”(第1379页)

的朋友。[①]《王澄传》的说法不知据何典,而《胡毋辅之传》的说法,明显来自《世说新语》及刘孝标注。《世说新语·品藻》:"王大将军下,庾公问:'卿有四友,何者是?'答曰:'君家中郎,我家太尉、阿平、胡毋彦国。'"注引《八王故事》曰:"胡毋辅之少有雅俗鉴识,与王澄、庾敳、王敦、王夷甫为四友。"

所谓"八达",指元康~永嘉之际士人社会中以放达闻名的名士,文献资料中存在两组"八达",一是永嘉南渡前生活在洛阳者的董昶、王澄、阮瞻、庾敳、支孝龙、谢鲲、胡毋辅之、光逸,[②]二是永嘉南渡后生活在建康的谢鲲、胡毋辅之、光逸、

① 《晋书》卷四十三《王澄传》:"时王敦、谢鲲、庾敳、阮修皆为衍所亲善,号为四友,而亦与澄狎,又有光逸、胡毋辅之等亦豫焉。"(第1239页)

② 《世说新语·品藻》注引邓粲《晋纪》曰:"鲲与王澄之徒,慕竹林诸人,散首披发,裸袒箕踞,谓之'八达'。"(第513~514页)陶潜《集圣贤群辅录下》:"陈留董仲道,瑯玡王澄字平子,陈留阮瞻字千里,颍川庾凯字子嵩,陈留谢鲲字幼舆,太山胡毋辅之字彦国,沙门于法龙,乐安光逸字孟祖。"学术界认为:文中庾凯为庾敳之误;于法龙、董昶不见其它文献记载,是支孝龙、董养之误;王澄、阮瞻、庾敳未达江左,故此"八达"应为南渡前洛阳名士中的品题。(袁行霈:《陶渊明集笺疏》,中华书局,2003年版,第594页。)释慧皎撰,汤用彤校注:《高僧传》卷四《支孝龙传》:"支孝龙,淮阳人,少以风姿见重,加复神彩卓荦,高论适时。常报味小品,以为心要。陈留阮瞻、颍川庾凯,并结知音之交,世人呼'八达'。"(中华书局,1992年版,第149页。以下所引《高僧传》均为该版本。)《太平御览》五百二《逸民部二·逸民二》引王隐《晋书》曰:"董养字仲道。惠帝时迁杨后于金墉,有侍婢十余人,贾后夺之,然后绝膳,八日而崩。仲道喟然叹曰:'天人既灭,大乱将至。倾危宗庙,在其日矣!'顾谓谢鲲、阮千里等曰:'时既如斯,难可保也。不如深居岩洞耳!'乃自荷担,妻推鹿车,入于蜀山,莫知所止。"(第2295页)

阮放、毕卓、羊曼、桓彝、阮孚。[1] 后"八达"中有些人本身就是前"八达"分子，如谢鲲、胡毋辅之、光逸，而其它人物渡江前便是前"八达"朋友。可见，这两个"八达"群体实际上并无本质区别。

与上述人物关系密切并思想倾向相近的名士，还有卫玠、王承、王导等。

卫玠是乐广的女婿，在元康名士中有很高的学术声望。《世说新语·赏誉》注引《玠别传》曰："玠少有名理，善通庄老，琅邪王平子高气不群，迈世独傲，每闻玠之语议，至于理会之间，要妙之际，辄绝倒于坐。前后三闻，为之三倒。时人遂曰：'卫君谈道，平子三倒。'"永嘉南渡后卫玠与王敦、谢鲲等清谈，王敦将卫玠比作玄学贵"无"论的创始人王弼："昔王辅嗣吐金声于中朝，此子今复玉振于江表，微言之绪，绝而复续。不悟永嘉之中，复闻正始之音。阿平若在，复当绝倒。"[2]

王导与王敦皆为王衍的族弟。王导是在"四友"之一王敦的推荐下，经王衍、王澄认可而扬名的，[3]并由此进入了司马越派系，开始了政治生涯。元康时期，他追随琅琊王氏家族前辈，活跃在清谈场上。《世说新语·品藻》："王丞相云：'顷

① 《晋书》卷四十九《光逸传》："乱渡江，复依辅之。初至，属辅之与谢鲲、阮放、毕卓、羊曼、桓彝、阮孚散发裸袒，闭室酣饮已累日。逸将排户入，守者不听，逸便于户外脱衣露头于狗窦中窥之而大叫。辅之惊曰："他人决不能尔，必我孟祖也。"遽呼入，遂与饮，不舍昼夜。时人谓之八达。"(第1385页)

② 《世说新语·赏誉》注引《玠别传》，第51页。

③ 《世说新语·赏誉》载，王敦在推荐王舒的上表中说"舒风概简正，允作雅人，自多于邃，最是臣少所知拔。中间夷甫、澄见语：'卿知处明、茂弘。茂弘已有令名，真副卿清论；处明亲疏无知之者。吾常以卿言为意，殊未有得，恐已悔之？'……"(第448页)

(雒)下论以我比安期、千里，亦推此二人。[①] 唯共推太尉，此君特秀。'"东晋时位于相位的王导，仍以参加西晋元康玄谈为荣耀。"王丞相过江，自说昔在洛水边，数与裴成公、阮千里诸贤共谈道。羊曼曰：'人久以此许君，何须复尔？'王曰：'亦不言我须此，但欲尔时不可得耳！'"[②]

王承出身太原王氏家族，王湛之子，在洛阳清谈界有很高声望，王衍将他比作乐广。[③]"承冲淡寡欲，无所循尚。累迁东海内史，为政清静"。[④] 东晋时袁宏作《名士传》，将其与裴楷、乐广、王衍、庾敳、阮瞻、卫玠、谢鲲并为元康名士的代表。"裴叔则、乐彦辅、王夷甫、庾子嵩、王安期、阮千里、卫叔宝、谢幼舆为中朝名士"。[⑤]

上述王衍、乐广、刘汉（刘漠）、戴奥、王澄、王敦、庾敳、谢鲲、阮修、胡毋辅之、董昶（董养）、阮瞻、于法龙（支孝龙）、光逸、阮放、毕卓、羊曼、桓彝、阮孚、卫玠、王导、王承等二十二人，应属于贵"无"派阵营。据裴頠《崇有论》披露，元康时期贵"无"论的信众甚多，数量远超崇"有"派，可见受元康贵"无"派影响的士人决不止这些人。从家族角度看，琅琊王氏与陈留阮氏两个具有玄学传统的家族，是这一群体的中坚。这些家

---

① 余嘉锡《世说新语笺疏·品藻》引李慈铭云："案安期王承，千里阮瞻也。'亦推此二人'句上当有脱字。"嘉锡案："《御览》四百四十七引《郭子》，'顷下'作'雒下'，'亦推此二人'作'我亦不推此二人'，皆于义为长，《世说》传写误耳。"（第515页）

② 《世说新语·企羡》，第631页。

③ 《世说新语·品藻》："王夷甫以王东海比乐令，故王中郎作碑云：'当时标榜，为乐广之俪。'"（第510页）

④ 《世说新语·政事》注引《名士传》，第173页。

⑤ 《世说新语·文学》注引《名士传》，第273页。

族及其元康名士的崛起，与山涛、阮咸、向秀、王戎等竹林名士在西晋前期的政治活动有着直接的联系。这个问题在《向秀评传》中已作了介绍。

元康七年，王戎任司徒，王衍任领军将军，乐广任侍中。随着元康名士政治地位提高与思想影响扩大，玄学出现了继正始之后的第二个高潮："王夷甫、乐广俱以宅心事外，名重于时，故天下之言风流者，称王、乐焉。"[①]他们的贵"无"学说与西晋后期的虚无放诞风气互动，影响极大。"朝野翕然，谓之一世龙门矣。累居显职，后进之士，莫不景慕放效，选举登朝，皆以称首，矜高浮诞，遂成风俗焉"。[②] 这种虚诞之风直接影响了当时的政务，勤于职守的官员被视为俗吏，为官而不理政务者被誉为高雅，"处官不亲所司，谓之雅远；奉身散其廉操，谓之旷达……渎弃长幼之序，混漫贵贱之级，其甚者至于裸裎"。[③] 连乐广也感有些过分，规劝放达名士："名教内自有乐地，何必乃尔。"[④]

2. 崇"有"派

面对新贵"无"论造成的严重社会失控现象，玄学内部应运产生了强调有为务实的崇"有"论，代表作是裴頠的《崇有论》。裴頠，字逸民(267～300)，玄学名士裴秀之子，其母与贾后母为亲姊妹。他是贾后亲戚中少有的治国干才，有较高的社会声望，官至侍中和尚书仆射，作为外戚贾氏的代表，对当

---

① 《文选》卷四十六任彦升《王文宪集序》李善注引《汉晋春秋》，第 653 页。
② 《晋书》卷四十三《王衍传》，第 1236 页。
③ 《晋书》卷三十五《裴頠传》，第 1045 页。
④ 《晋书》卷四十三《乐广传》，第 1245 页。

时的政治决策影响极大，是元康时期的实权人物之一。作为政治当权派，裴頠对王衍、乐广宣扬的虚无论不满。虚无放达之风兴起，使国家机器难以正常运转，裴頠因此著《崇有论》予以回击："深患时俗放荡，……至王衍之徒，声誉太盛，位高势重，不以物务自婴，遂相放效，风教陵迟，乃著《崇有》之论以释其蔽"。[①]

裴頠的崇"有"论没有为玄学青年信服，他们不可能接受压抑放达行为的理论。裴頠自己讲，他的学说很难推行，被群起而攻击之，"申其所怀，而攻者盈集……若未能每事释正，则无家之义弗可夺也"。[②]《崇有论》一问世，立刻遭到士人的围攻，在学术界引起一场大辩论，"王衍之徒攻难交至，并莫能屈"。[③] 据说，除王衍之外，其他人都不是裴頠的对手。"裴成公作《崇有论》，时人攻难之，莫能折。唯王夷甫来如小屈"。[④]尽管如此，裴頠仍以反潮流姿态活跃于思想舞台。裴頠并非孤军奋战，欧阳建曾著《言尽意论》反对贵"无"派的"言不尽意"思想，可视为对裴頠的声援（详见本篇第二章"寄言出意"一节）。

欧阳建是贾谧"二十四友"团体中的核心人物。所谓"二十四友"，是与贾谧关系密切的二十四个文友。裴頠是贾谧的表叔，同属贾后政治集团，分析这个群体，对理解崇"有"论的社会基础，具有重要意义。

---

① 《晋书》卷三十五《裴頠传》，第1044页。
② 《晋书》卷三十五《裴頠传》，第1046页。
③ 《晋书》卷三十五《裴頠传》，第1047页。
④ 《世说新语·文学》，第201页。

> 谧好学，有才思。既为充嗣，继佐命之后，又贾后专恣，谧权过人主，……贵游豪戚及浮竞之徒，莫不尽礼事之。或著文章称美谧，以方贾谊。渤海石崇欧阳建、荥阳潘岳、吴国陆机陆云、兰陵缪征、京兆杜斌、挚虞、琅邪诸葛诠、弘农王粹、襄城杜育、南阳邹捷、齐国左思、清河崔基、沛国刘瓌、汝南和郁周恢、安平牵秀、颍川陈眕、太原郭彰、高阳许猛、彭城刘讷、中山刘舆刘琨皆傅会于谧，号曰二十四友，其余不得预焉。[1]

"二十四友"相聚的主要动因是政治利益与文学爱好，他们擅长文赋，除欧阳建外，对哲学思辩无兴趣，未见他人参加元康清谈的记载。物以类聚，人以群分，自发走到一起的士人群体，往往有着共同的价值取向。考察"二十四友"的家世生平与思想倾向，不难发展这些人物有如下特点：其一，父、祖辈多属于魏晋之际礼法派，例如贾谧的祖父贾充，是魏晋之际礼法派的政治代表，《向秀评传》中已作介绍；石崇的父亲石苞，高平陵政变后积极追随司马氏，政治文化倾向与贾充相同。其二，与玄学名士关系疏远，基本上无学术来往，甚至历史上有摩擦。如石崇与玄学名士裴楷兴趣不同，"石崇以功臣子有才气，与楷志趣各异，不与之交"。[2] 潘岳早在司马炎太康时期，便与玄学名士山涛、裴楷、王济不和，因仕途不畅而在写歌谣对他们进行攻击："时尚书仆射山涛领吏部，

① 《晋书》卷四十《贾谧传》，第1173页。

② 《晋书》卷三十五《裴楷传》，第1048页。

王济、裴楷等并为帝所亲遇，岳内非之，乃题阁道为谣曰：'阁道东，有大牛。王济鞅，裴楷鞧，和峤刺促不得休。'"[①]其三，儒学背景明显，其中挚虞是著名的礼学专家，多次对《晋礼》发表意见，《晋书·礼志》中记载他的资料达十八条之多。在贵"无"派之"四友""八达"身上，是不可能找到这种学术兴趣的。

尽管裴頠、"二十四友"与魏晋之际礼法派有历史渊源，并与贵"无"派存在思想差异，但不能将其简单视为元康时期的礼法派群体。笔者《向秀评传》中已指出，魏晋之际礼法派的子弟，在太康～元康之际，开始了玄学化的过程。"二十四友"由于家族学术背景与个人兴趣等方面的限制，他们对老庄之学的吸收与贵"无"派相比，存在一定差距，但并不拒绝老庄思想。例如，刘琨在《答卢谌书》中透漏了他元康时期被玄风裹挟的信息："昔在少壮，未尝检括，远慕老庄之齐物，近嘉阮生之放旷。"[②]又如，王粹身为驸马，生活奢华，却在其豪宅中画庄子垂钓图像，邀请名士前来助兴，请嵇含撰文予以赞美，结果被嵇含借机奚落。

> 时弘农王粹以贵公子尚主，馆宇甚盛，图庄周于室，广集朝士，使含为之赞。含援笔为吊文，文不加点。其序曰："帝婿王弘远华池丰屋，广延贤彦，图庄生垂纶之象，记先达辞聘之事，画真人于

① 《晋书》卷五十五《潘岳传》，第1502页。

② 《刘琨集》，见张溥《汉魏六朝百三家集》，上海古籍出版社，1994年版，第533页。

> 刻桷之室，载退士于进趣之堂，可谓托非其所，可吊不可赞也。”其辞曰：“迈矣庄周，天纵特放，大块授其生，自然资其量，器虚神清，穷玄极旷。人伪俗季，真风既散，野无讼屈之声，朝有争宠之叹，上下相陵，长幼失贯，于是借玄虚以助溺，引道德以自奖，户咏恬旷之辞，家画老庄之象。今王生沉沦名利，身尚帝女，连耀三光，有出无处，池非岩石之溜，宅非茅茨之宇，驰屈产于皇衢，画兹象其焉取。嗟乎先生，高迹何局。生处岩岫之居，死寄雕楹之屋，托非其所，没有余辱，悼大道之湮晦，遂含悲而吐曲。”粹有愧色。①

从文中“户咏恬旷之辞，家画老庄之象”看，庄子在元康名士中的巨大影响。崇“有”派与贵“无”派的关系不是对立的“异”，也不是完全一致的“同”，而是部分交叉重叠的“合”，对待庄子的态度，便是交叉点之一。学术上的某些共性，使潘岳能为乐广代笔，写了《让河南尹表》；②裴頠不仅著有《崇有论》，也撰写了《贵无论》。“頠理具渊博，赡于论难，著《崇有》、《贵无》二论，以矫虚诞之弊，文辞精富，为世名论”。③

---

① 《晋书》卷八十九《嵇含传》，第2301页。

② 《世说新语·文学》：“乐令善于清言，而不长于笔。将让河南尹，请潘岳为表。潘云：‘可作耳，要当得君意。’乐为述己所以为让，标位二百许语，潘直取错综，便成名笔。时人咸云：‘若乐不假潘之文，潘不取乐之旨，则无以成斯矣。’”（第253页）

③ 《三国志》卷二十三《魏书·裴潜传》注引陆机《惠帝起居注》，第673页。

确定贵“无”与崇“有”两派的辩论的性质是相当困难的，它不是礼法派与玄学派的冲突，那么是否可以看作玄学内部的思想分歧呢？这取决我们对“玄学”的界定。尽管学术界将儒道融合看作玄学的本质特征，但“融合”到何种程度、道家的哪些思想要素占多大比例才可以定为“玄学”？是一个需要深入探讨的问题。玄学哲学家与受其影响的一般士人是不同的。如果以王弼、郭象的哲学作为衡量玄学名士的标准，那末西晋时期称得上玄学名士的士人则寥寥无几；如果将有儒道兼综倾向者均可划入玄学范围，那末崇“有”派则已入围，两者的论战则可视为玄学内部争论。这样一来，玄学概念似乎有些宽泛了。且不论其哲学性质如何，这时两派的争论，是在平等友好的清谈氛围中进行的，绝无魏晋之际的激烈对抗和血腥气。某次诸名士共至洛水清谈后，王衍向乐广称赞裴頠：“裴仆射善谈名理，混混有雅致。”《世说新语·文学》载：“中朝时，有怀道之流，有诣王夷甫咨疑者。值王昨已语多，小极，不复相酬答，乃谓客曰：‘身今少恶，裴逸民亦近在此，君可往问。’”从裴頠替王衍回答哲学问题这个事例看，两人的学术观点异中有同。尽管双方关系良好，但是在崇“有”还是贵“无”这个重大哲学问题上，发生了激烈辩论。

无论贵“无”派与崇“有”派，都属于西晋上层士族社会成员，他们之间有着千丝万缕的姻亲关系，王戎为裴頠岳父，王衍妻郭氏与贾后为亲戚。在元康政治中，琅琊王氏与贾氏、裴氏属于政治同盟，重大问题上是相互支持的。《晋书·裴頠传》载，为了王朝的根本利益，裴頠计划发动政变，废除乱政的贾后，与贾模、张华密谋，但贾、张担心引发全面动乱而未付诸实施。[1]《晋书·贾后传》则说，准备政变的主谋是贾模，曾征求裴頠、王衍的意见，“模知后凶暴，恐祸及己，乃与裴頠、王衍谋废之，衍悔而谋寝”。[2] 此事甚为机密，贾模、裴頠能与王衍共同讨论生死攸关的废立大事，说明他们的关系非同一般。

贵“无”与崇“有”的辩论没有继续下去，永康元年，赵王伦发动宫廷政变，控制了朝政。[3] 石崇、潘岳、欧阳建遭灭族之祸，“二十四友”因核心人物被杀而作鸟兽散；瑯琊王氏的领袖王戎、王衍也以党附贾氏的罪名被免职，元康洛水边的清谈盛况，已成明日黄花。

动乱时期是武人的天下，元康时代位于社会中心位置的文臣名士，元康之后只得在诸王争斗的夹缝中生存，朝不保夕，随时遭遇杀身之祸。纵观永康～永嘉之际死于诸王倾轧中的名士罹难名单，只见崇“有”派及“二十四友”群体人物，而没有贵“无”派名士。尽管王戎得罪司马冏，伪装寒食散后遗症发作堕入厕所中而获免；[4]王衍为躲避赵王伦的

① 《晋书》卷三十五《裴頠传》：“頠深虑贾后乱政，与司空张华、侍中贾模议废之而立谢淑妃。华、模皆曰：‘帝自无废黜之意，若吾等专行之，上心不以为是。且诸王方刚，朋党异议，恐祸如发机，身死国危，无益社稷。’华曰：‘卿二人犹且见信，然勤为左右陈祸福之戒，冀无大悖。幸天下尚安，庶可优游卒岁。’此谋遂寝。”(第1042～1043页)

② 《晋书》卷三十一《贾皇后传》，第964页。

③ 《晋书》卷三《惠帝纪》：“梁王肜、赵王伦矫诏废贾后为庶人，司空张华、尚书仆射裴頠皆遇害，侍中贾谧及党与数十人皆伏诛。”(第96页)

④ 《晋书》卷四十三《王衍传》：“衍素轻赵王伦之为人。及伦篡位，衍阳狂斫婢以自免。及伦诛，拜河南尹，转尚书，又为中书令。时齐王乂有匡复之功，而专权自恣，公卿皆为之拜，衍独长揖焉。以病去官。”(第1237页)

加害，伪装癫狂以保身；但都没有引来直接的杀身之祸。① 乐广女儿嫁给了成都王颖，因此受到威胁，但长沙王并没对其采取行动，是乐广本人忧虑而死。② 贵“无”派的政治命运，大概与他们对政治生活采取消极应付的态度，不会对当权者造成直接威胁有关。执政者即使要杀戮无辜以立威望，也没有必要对这类人物开刀，怕坏了自己的名声。“孙秀初欲立威权，咸云：‘乐令民望不可杀，减李重者又不足杀。’遂逼重自裁”。③ 这大概就是“四友”“八达”安全活到永嘉时期的原因。

“二十四友”的命运则不然，有为的人生态度使他们积极参与了政治斗争，结果纷纷葬身于八王政治倾轧中。如杜斌与裴頠同时被杀，牵秀死于司马颙部将之手。石崇、潘岳、欧阳建相遇于洛阳东市刑场时，潘岳没有想到，当年金谷园赋

① 《晋书》卷四十三《王戎传》：“惠帝反宫，以戎为尚书令。既而河间王颙遣使就说成都王颖，将诛齐王冏。檄书至，冏谓戎曰：‘孙秀作逆，天子幽逼。孤纠合义兵，扫除元恶，臣子之节，信著神明。二王听谗，造构大难，当赖忠谋，以和不协。卿其善为我筹之。’戎曰：‘公首举义众，匡定大业，开辟以来，未始有也。然论功报赏，不及有劳，朝野失望，人怀二志。今二王带甲百万，其锋不可当，若以王就第，不失故爵。委权崇让，此求安之计也。’冏谋臣葛旟怒曰：‘汉魏以来，王公就第，宁有得保妻子乎。议者可斩。’于是百官震悚，戎伪药发堕厕，得不及祸。”（第1234页）

② 《晋书》卷四十三《乐广传》：“成都王颖，广之婿也，及与长沙王乂遘难，而广既处朝望，群小谗谤之。乂以问广，广神色不变，徐答曰：‘广岂以五男易一女。’乂犹以为疑，广竟以忧卒。”（第1254页）

③ 《世说新语·贤媛》，第688页。

诗，赞美其与石崇友谊的文学夸张“白首同所归”一句，竟成谶言。[①] 面对母亲与女儿同赴黄泉，欧阳建在临刑前的《临终诗》中，表达了对道家隐逸的向往和对自己认真投入政治的悔恨。“伯阳适西戎，子欲居九蛮。苟怀四方志，所在可游盘。况乃遭屯蹇，颠沛遇灾患。古人达机兆。策马游近关。咨余冲且暗，抱责守微官。潜图密已构，成此祸福端。……上负慈母恩，痛酷摧心肝。下顾所怜女，恻恻心中酸。二子弃若遗，念皆遘凶残。不惜一身死，惟此如循环。执纸五情塞，挥笔涕汍澜”。[②]

赵王伦政变标志着真正的“八王之乱”——即“八王之乱”的第二阶段启动。此后，齐王司马冏、长沙王司马乂、成都王司马颖、河间王司马颙、东海王司马越相继登场，从300～306年，长达六年之久，动乱从宫廷政变演变为全面内战，战场从洛阳、长安波及到到黄河南北的广大地区，参战兵力最多时达二十万人，中原地区变成了一个大屠场，京城洛阳遭反复烧杀掠夺几近废墟。其过程大致如下：

永宁元年（301），赵王伦废惠帝篡位后，齐王冏自许昌起兵讨伐，成都王颖、河间王颙分别在邺与关中举兵响应。洛阳禁军左卫将军王舆等发动兵变杀赵王伦及党羽，惠帝复位，齐王冏进京以大司马辅政。

---

① 《晋书》卷五十五《潘岳传》：“初被收，俱不相知，石崇已送在市，岳后至，崇谓之曰：‘安仁，卿亦复尔邪。’岳曰：‘可谓白首同所归。’岳《金谷诗》云：‘投分寄石友，白首同所归。’乃成其谶。岳母及兄侍御史释、弟燕令豹、司徒掾据、据弟诜，兄弟之子，已出之女，无长幼一时被害，唯释子伯武逃难得免。而豹女与其母相抱号呼不可解，会诏原之。”（第1505～1506页）

② 《文选》卷二十三载欧阳建《临终诗》，第326～327页。

太安元年(302)十二月,河间王颙借口司马冏"有无君之心"起兵讨伐,时任骠骑将军的长沙王乂在洛阳率军入宫杀齐王冏,控制了朝政。

太安二年(303),河间王颙与成都王颖调动了二十多万大军会战洛阳。联合讨伐长沙王。长沙王指挥的数万洛阳军队,多次击败二王的联军。次年正月由于双方兵力悬殊,洛阳方面的守城禁军以为难以抵挡进攻而发生哗变,逮捕了长沙王乂,将其交给河间王颙的部将张方处死,以求与二王和解。关于司马越在这个过程中扮演的角色,唐修《晋书》有两种说法:一是司马越主动与禁军合谋,[1]二是禁军胁迫司马越,[2]结果是成都王颖获胜,以皇太弟身份在邺城遥控朝政。

永兴元年(304)七月,为摆脱自己的傀儡境地,东海王越与禁军将领再次合作,挟惠帝率十万大军北上进攻邺城,[3]在荡阴(今河南汤阴)交战,被成都王颖击败,惠帝被俘,东海王越逃往其封地东海国(今山东郯城北)。司马越次弟并州刺史司马腾与幽州刺史王浚联兵攻破邺城,成都王颖挟惠帝辗转洛阳赴长安,投奔了司马颙。永兴二年(305),东海王越从山东起兵,逐渐壮大,最终击败河间王颙。光熙元年(306)六月

---

① 《晋书》卷五十九《长沙王乂传》:"乂前后破颖军,斩获六七万人。战久粮乏,城中大饥,虽曰疲弊,将士同心,皆愿效死。而乂奉上之礼未有亏失,张方以为未可克,欲还长安。而东海王越虑事不济,潜与殿中将收乂送金墉城。"(第1614页)

② 《晋书》卷五十九《东海王越传》:"乂固守洛阳,殿中诸将及三部司马疲于战守,密与左卫将军朱默夜收乂别省,逼越为主,启惠帝免乂官。事定,越称疾逊位。帝不许,加守尚书令。"(第1623页)

③ 关于永兴元年(304)挟惠帝征讨成都王颖的谋主,《晋书》亦有两种说法:一为司马越,二为右卫将军陈眕(二十四友之一),以后者为多。

迎惠帝回洛阳，八王之乱以东海王越胜利结束。

光熙元年(306)十一月，晋惠帝中毒身亡，东海王越扶植司马炽继位，是为怀帝。第二年改元“永嘉”。从永嘉元年(307)～永嘉五年(311)，在司马越太傅府的控制下，西晋王朝继续苟延残喘了五年。[①] 在这个新的权力中心，一些元康时代的小人物脱颖而出，本书的主人公郭象，就是其中令人瞩目的“黑马”。

（二）郭象生平事迹[②]

郭象，字子玄，出生时间不详。参考永嘉时期司马越太傅府中与郭象交往密切的其它高级佐吏的年龄，可将其生年设定在262～269年之间，属于元康名士的第二代（后来渡江南下者为“中兴名士”）。尽管郭象具体生年不可考，但为了有个相对固定的时间坐标，上述人物生年的大致平均数，恰巧是西晋王朝诞生的泰始元年(265)，故假定此年郭象诞生。郭象逝世于永嘉五年(311)，如此看，这位大哲学家可谓与西晋王朝同生共亡。[③]

关于郭象的籍贯，有三种说法：除皇侃《论语集解义疏·序》

---

① 永嘉五年(311)，随着司马越死亡、晋军主力被歼、洛阳陷落，西晋王朝名存实亡，尽管它名义上的寿终正寝，是流亡西北的晋愍帝被俘的时间，公元316年。

② 本章中关于郭象生平事迹的时间，考证过程详见附录《郭象年谱》。本章行文中，尽量不作重复考证，以利文字顺畅。

③ 尽管西晋王朝名义上维持到建兴四年(316)，但永嘉五年(311)，西晋军事主力被歼，洛阳陷落，中央政府实际上已不存在。

称“颍川郭象”、陆德明《经典叙录》说其为“河内人”之外，其它文献均记载为河南人。至于郭象家庭背景，则无任何史料记载。魏晋人重家世，即使非出身名门，父祖辈曾任县以上官职，一般也要在其传记中留下一笔，而各种文献均未提及其家世，按常规应当属于平民阶层，当时的话语中称寒人。

西晋士族社会垄断选官路径，是学术界共识，也符合历史事实，但仍有一些寒人从士族政治板块的夹缝中顽强地冒出，跻身于政治舞台中心。分析这些小人物的发迹史不难看到，他们成功的原因，是有意或无意利用了板块出现的缝隙。在当时的历史环境中，这种缝隙主要出现在诸王的幕府中和玄学名士的清谈场上：

其一，诸王握有军政大权，有自主辟幕僚的特权。为了进行政治军事角逐，必须起用治国用兵的干才，于是一些文化水平不高，却擅长计谋与实际政务的寒人，通过投身诸王幕府发迹。诸王的文化素质品位不高，这类寒人很容易得到重用，逐步升为高级亲信佐吏。在八王之乱的历史背景中，一旦府主控制朝政，此类寒人便一步登天，权倾朝野。如琅琊小吏孙秀，以诡计多端为赵王司马伦倚重；“世贫贱”的张方，“以材勇得幸于河间王颙”。这些“寒人”借助“八王之乱”达到了个人权力的巅峰。

其二，玄学名士群体除拥有部分政治权力外，主要是通过清谈及人物品题活动，控制了人才舆论，为那些气味相投——好老庄、善清谈、行为旷达的寒人，开辟了另一条进入社会上层的通道。光逸便是通过这种途径跻身“八达”行列，进入司马越幕府;[①]王尼也因此而摆脱了兵籍,进入了上流社会。[②]士族社会对“老庄”哲学的态度并非一致,而是存在家族和个人差异,在社会文化转型时期,其思想先行者往往是少数,故必然要联合平民社会的同类共同行动,以产生更大的社会影响。对个性自由的追求并非士族所独有,而是那个时代老庄思想信仰者的共同需求,其中不乏平民知识分子。这是寒人突破门阀限制进入上层社会的又一路径。

郭象似乎走了一条上述两种道路兼顾的特殊途径:他首先发挥其哲学思辨的特长,积极参与元康清谈获得声望,步入仕途;然后展现其善于政治谋略的另一面,借助司马越的赏识进入决策集团,获得极大的个人权力。但是,从总体上看,他走的是名士清谈之路,主要是借助了贵“无”派玄学名士的

① 《晋书》卷四十九《光逸传》:“光逸,字孟祖,乐安人也。初为博昌小吏,……迎新令至京师。胡毋辅之与荀邃共诣令家,望见逸,谓邃曰:‘彼似奇才。’便呼上车,与谈良久,果俊器。令怪客不入,吏白与光逸语。令大怒,除逸名,斥遣之。后举孝廉,为州从事,弃官投辅之。辅之时为太傅越从事中郎,荐逸于越,越以门寒而不召。越后因闲宴,责辅之无所举荐。辅之曰:‘前举光逸,公以非世家不召,非不举也。’越即辟焉。书到郡县,皆以为误,审知是逸,乃备礼遣之。”(第1384～1385页)

② 《晋书》卷四十九《王尼传》:“王尼,字孝孙,城阳人也,或云河内人。本兵家子,寓居洛阳,卓荦不羁。初为护军府军士,胡毋辅之与琅邪王澄、北地傅畅、中山刘舆、颍川荀邃、河东裴遐迭属河南功曹甄述及洛阳令曹摅请解之。摅等以制旨所及,不敢。辅之等赍羊酒诣护军门,门吏疏名呈护军,护军叹曰:‘诸名士持羊酒来,将有以也。’尼时以给府养马,辅之等入,遂坐马厩下,与尼炙羊饮酒,醉饱而去,竟不见护军。护军大惊,即与尼长假,因免为兵。东嬴公腾辟为车骑府舍人,不就。……初入洛,尼诣越不拜。越问其故,尼曰:‘公无宰相之能,是以不拜。’因数之,言甚切。又云:‘公负尼物。’越大惊曰:‘宁有是也?’尼曰:‘昔楚人亡布,谓令尹盗之。今尼屋舍资财,悉为公军人所略,尼今饥冻,是亦明公之负也。’越大笑,即赐绢五十匹。诸贵人闻,竞往饷之。”(第1381～1382页)

力量。

元康时期，在王衍、乐广的推动下，贵“无”派思潮风靡西晋士族社会。郭象顺应时代潮流，研讨老庄，在玄学清谈中脱颖而出。“慕道好学，笃志老庄，时人咸以为王弼之亚。”[1]王弼是正始玄学贵“无”论的创始人，元康新贵“无”派仰慕的前辈大师，郭象被誉为王弼思想的传承者，说明清谈水平和玄学思辨能力得到了贵“无”派的认可。大约元康七年(297)前后，郭象32岁左右时，应邀参加了王衍为庆贺其四女儿与裴遐结婚举行的清谈。

> 裴散骑娶王太尉女，婚后三日，诸婿大会。当时名士，王裴子弟悉集。郭子玄在坐挑与裴谈。子玄才甚丰赡，始数交，未快，郭陈张甚盛，裴徐理前语，理致甚微，四坐咨嗟称快。王亦以为奇，谓诸人曰：君辈勿为尔，将受困寡人女婿。[2]

瑯琊王氏与河东裴氏是西晋时期士族社会中两个显赫家族，具有明显的玄学文化背景，时常被人物品评舆论相提并论。“又以八裴方八王：裴徽方王祥，裴楷方王夷甫，裴康方王綏，裴绰方王澄，裴瓒方王敦，裴遐方王导，裴頠方王戎，裴邈方王玄”。[3] 郭象挑战的对手裴遐，是裴楷之孙、裴绰之子、王衍的四女婿，当时著名的大清谈家。“遐以辩论为业，善叙名理，辞

---

① 《世说新语·文学》注引《文士传》，第206页。
② 《世说新语·文学》，第209页。
③ 《世说新语·品藻》，第506页。

气清畅，泠然若琴瑟。闻其言者，知与不知，无不叹服。"[①]能应邀参加这一盛会，并以主辩者的身份与如此重要人物对垒，表明此时的寒人郭象，已经得到了士族上流社会的认可。王衍对郭象极为赏识，在各种场合予以高度评价。"太尉王衍每云：'听象语，如悬河泻水，注而不竭。'"

得到了王衍的青睐，对郭象的发展具有特殊重要的意义。因为这位贵"无"派的领军人物，也是当时最重要的人物品题权威。史籍这样记载："衍有重名于世，时人许以人伦之鉴。"[②]朝野翕然，谓之"一世龙门"矣。累居显职，后进之士，莫不景慕放效。选举登朝，皆以为称首。[③]"太尉王夷甫，一世龙门"。[④]"龙门"在汉晋之际人才舆论中的含义，是指得到了权威认可，从此步入飞黄腾达之路。[⑤]郭象得到王衍好评，意味着仕途大开，故州、郡辟其为佐吏。州、郡佐吏层次较低，与公府掾属不可同日而语。郭象拒绝出任此职，待价而沽。"州郡辟召，不就。常闲居，以文论自娱"。[⑥]

从元康到永嘉，贵"无"派名士中，只有王戎有开府资格，而其人从不辟寒人为幕僚，故郭象元康时代没有入仕。直到泰安元年(302)五月，司马越由侍中迁司空，按常规获得开府

---

① 《世说新语·文学》注引邓粲《晋纪》，第 209 页。

② 《晋书》卷三十四《王澄传》，第 1239 页。

③ 《晋书》卷四十三《王衍传》，第 1236 页。

④ 《世说新语·品藻》注引《江左名士传》，第 510 页。

⑤ 《世说新语·德行》："李元礼风格秀整，高自标持，欲以天下名教是非为己任。后进之士，有升其堂者，皆以为登龙门。"注引《三秦记》曰："龙门，一名河津，去长安九百里。水悬绝，龟鱼之属莫能上，上则化为龙矣。"(第 6 页)

⑥ 《晋书》卷五十《郭象传》，第 1397 页。

资格时,郭象被辟为司空掾,步入仕途,时年37岁左右。

司马越字元超,是高密王司马泰的次子。[①] 元康时期司马泰与司马越均在朝廷中枢机构任职:司马泰元康元年录尚书事,后任太尉,守尚书令,元康九年逝世;司马越元康二年任尚书仆射,后任侍中,永康元年任中书令,永康二年任侍中。他们父子二人似乎受道家哲学影响,低调处世:司马泰,"性廉静,不近声色。虽为宰辅,食大国之租,服饰肴膳如布衣寒士。任真简率,每朝会,不识者不知其王公也。事亲恭谨,居丧哀戚,谦虚下物,为宗室仪表"。[②] 司马越,"少有令名,谦虚持布衣之操,为中外所宗"。[③] 由于他们谨慎简朴,在洛阳上层有较高声望,并与各种政治势力之间保持距离,因此在这个诸王纷纷落马的动荡时期,他们不仅没有受到冲击,反而官职稳步上升。司马越与跻身八王之乱的其他七王不同,从入仕到太安二年(303)控制朝政,他从未离开洛阳出镇地方,而是一直任职于朝廷中枢机构。"初以世子为骑都尉,与驸马都尉杨邈及琅邪王伷子繇俱侍讲东宫,拜散骑侍郎,历左卫将军,加侍中。讨杨骏有功,封五千户侯。迁散骑常侍、辅国将军、尚书右仆射,领游击将军。复为侍中,加奉车都尉,给温信五十人,别封东海王,食六县。永康初,为中书令,徙侍中,迁司空,领中书监"。[④] 由此可以看出,司马越社交的圈子主要是生活在洛阳的士族名士,尤其是与瑯琊王氏为代表的

---

① 司马泰之父为司马馗,在司马懿兄弟八人中派排行第四。司马泰元康元年录尚书事,后任太尉,守尚书令,元康九年逝世。

② 《晋书》卷三十七《高密文献王泰传》,第1095页。

③ 《晋书》卷五十九《东海王越传》,第1622页。

④ 《晋书》卷五十九《东海王越传》,第1622页。

贵"无"派名士长期共事中枢，应当有较多的交往。据万斯同《晋将相大臣表》元康～太安的中书、侍中、尚书三省的官员名单可清楚地看到这一点。在八王动乱中，瑯琊王与司马越的政治立场相同，如太安元年(302)十二月，面对二王的进攻，在司马冏召开的会议上，"司徒王戎、司空东海王越说冏委权崇让。冏从事中郎葛旟怒曰：'……汉魏以来，王侯就第宁有得保妻子者乎。议者可斩。'于是百官震悚，无不失色"。这种风雨同舟的经历，恐怕是永嘉时期司马越重用瑯琊王氏的历史渊源。郭象得以进入司马越司空府，可能与王衍等贵"无"名士的直接或间接的引荐有关。

郭象进入司空府后，得到了司马越的赏识，派他出任黄门侍郎，在皇帝身边参与机要，以便控制朝政。众所周知，黄门侍郎是侍中(门下)省副长官，在禁中与侍中共平尚书奏事，是高门子弟趋之若鹜的清显官职。以郭象的出身资历，能跻身黄门侍郎，必有朝中权臣全力支持，此人便是郭象的府主司马越，时间是永兴元年(304)正月～七月之间。这期间，郭象作为司马越的亲信，安插在白痴皇帝司马衷身边处理朝政。

永兴元年(304)正月，司马越发动政变逮捕长沙王司马乂，借张方之手诛之，但政权落入成都王颖手中——在邺城遥控朝政。该年七月，为摆脱自己的傀儡境地，东海王越与禁军将领挟惠帝率十万大军进攻镇邺的"太弟"司马颖。出征前，司马越起用了被司马颖废黜为庶人的前侍中嵇绍，官复原职。侍中与黄门侍郎为门下省正副长官，此时任黄门侍郎的郭象，应与侍中嵇绍一起护驾晋惠帝"亲征"，同在皇帝车旁。荡阴战役中，当司马颖部队进攻皇帝"御辇"时，仅嵇绍一人留在皇帝身边，被乱兵所杀，其他护驾的侍臣及卫士均逃散。"值王师败绩于荡阴,百官及侍卫莫不散溃,唯绍俨然端冕,以身捍卫,兵交御辇,飞箭雨集,绍遂被害于帝侧,血溅御服,天子深哀叹之”。[①] 可见,郭象与众侍卫一样,没有选择死节,而是临难逃生。事后,对嵇绍的壮烈献身一事,社会舆论一致赞扬,而郭象却著文诋毁:“河南郭象著文,称‘嵇绍父死在非罪,曾无耿介,贪位死闇主,义不足多。’”[②]当然,这篇为自己的行为开脱的文章,应当写于晋惠帝中毒身亡,而郭象大权在握的永嘉时期。

从司马越逃亡东海国,到东山再起的时间内,大量洛阳名士投奔到司马越阵营中,加入了西进大军中,“朝士多赴越”,[③]如王衍之弟王澄,“东海王越请为司空长史”。[④] 郭象这时在何处,不见记载。光熙元年(306)六月,傀儡皇帝司马衷在司马越大军的“护驾”下回到洛阳,八月下诏授予八王之乱的最后胜利者操纵朝政合法权力:“以太傅、东海王越录尚书。”[⑤]这时司马越的太傅府,已是实事上的朝廷,犹如汉魏之际的曹操丞相府、魏晋之际的司马昭大将军府。司马越也像前辈的“霸府”一样,招徕天下英才入府,“越专擅威权,图为霸业,朝贤素望,选为佐吏,名将劲卒,充于己府,不臣之迹,四海所知”。[⑥] 此时的郭象,出任太傅府主簿,“郭象字子玄,自黄

---

① 《晋书》卷八十九《嵇绍传》,第 2300 页。

② 《太平御览》卷四百四十五《人事部八十六·品藻上》引王隐《晋书》,第 2048 页。

③ 《晋书》卷五十九《东海王越传》,第 1623 页。

④ 《晋书》卷四十三《王澄传》,第 1239 页。

⑤ 《晋书》卷四《惠帝纪》,第 107 页。

⑥ 《晋书》卷五十九《东海王越传》,第 1625 页。

门郎为太傅主簿”。[①] 在领兵公府，如太傅府这样具有军事职能的公府佐吏中，主簿位于长史、司马、从事中郎之下，但属于府主的亲信幕僚，总管机要、文书、监察和各种杂务，即总理府内事务，[②]甚至兼管府主家务，[③]地位相当重要。

据汉晋制度，太傅府佐吏设长史、司马各一人、从事中郎二人、主簿一人，[④]但从《晋书》记载看，控制朝政的权臣有特殊政治待遇，佐吏名额多超越制度规定[⑤]，如太傅杨骏便有主簿多人。[⑥] 此时司马越太傅府中主簿，可能并非郭象一人。永嘉元年(307)十二月司马越自任为丞相后，主簿数量更多。因为魏晋“丞相”府佐吏编制大于一般公府，可设主簿四人。

① 《世说新语·赏誉》注引《名士传》，第435页。

② 《晋书》卷四十九《羊曼传》：“避难渡江，元帝以为镇东参军，转丞相主簿，委以机密。”(第1382页)《宋书》卷三十九《百官志上》“长史、从事中郎主吏，司马主将，主簿、祭酒、舍人主阁内事，参军、掾、属、令史主诸曹事。”(第1223页)

③ 汉晋时期有各级主簿兼管府主家务的记载，如谢承《后汉书·刘祐传》：“仕郡为主簿，郡将小子常出钱付之，令市买果实。佑悉买笔墨书具与之。”[清]汪文台辑，周天游校：《七家后汉书》，河北人民出版社，1987年版，第67页。

④ 《晋书》卷二十四《职官志》：“诸公及开府位从公加兵者，增置司马一人，秩千石。从事中郎二人，秩比千石。主簿、记室督各一人。”(第727页)

⑤ 据《宋书》卷三十九《百官志上》记载，魏晋丞相府掾属为四十二人。《资治通鉴》卷八十四《晋纪六·惠帝永宁元年(301)》：“齐、成都、河间三府各置掾属四十人，武号森列，文官备员而已。”(中华书局点校本，1956年版，第2661页。以下所引《资治通鉴》均为该版本。)可见上述三王在永宁元年其幕佐数量已达丞相府规模。

⑥ 《晋书》卷五十五《潘岳传》：“杨骏辅政，高选吏佐，引岳为太傅主簿。骏诛，……至是，宏为楚王玮长史，专杀生之政。时骏纲纪皆当从坐，同署主簿朱振已就戮。岳其夕取急在外，宏言之玮，谓之假吏，故得免。”(第1503～1504页)

如曹操任丞相时，有主簿四人，[1]魏末任丞相的司马昭、八王之乱中任丞相的司马伦亦是如此。[2] 据文献记载，司马越府先后有主簿五人，多人同时担任此职，可能发生在司马越任丞相后。尽管任主簿者非郭象一人，但各种迹象表明，其人的权力最重，“东海王越引为太傅主簿，甚见亲委”。[3]

八王之乱的结束与司马越的胜利，标志着西晋上层社会矛盾暂时得到了缓和，虎口余生的元康名士似乎看到了希望，纷纷进入了司马越太傅府，既有“二十四友”中人物，也有“四友”“八达”，开始了新一轮的冲突与融合。

关于进入司马越太傅府的元康贵“无”派人物，史家予以较多的关注，《资治通鉴》作者据前代史书的记载，在“永熙元年八月”条下总结道：“以司空越为太傅，录尚书事……越以吏部郎颍川庾敳为军谘祭酒，前太弟中庶子胡毋辅之为从事中郎，黄门侍郎河南郭象为主簿，鸿胪丞阮修为行参军，谢鲲为掾，辅之荐乐安光逸于越，越亦辟之。”上述人物除郭象外，均为“八达”中人。如果将司马越司空府算在内，在其幕府中任职的贵“无”派人物有：司空府长史王澄，参军王导，太傅（丞

---

① 《三国志》卷十五《魏书·贾逵传》注引《魏略》曰：“太祖欲征吴而大霖雨，三军多不愿行。太祖知其然，恐外有谏者，教曰：‘今孤戒严，未知所之，有谏者死。’逵受教，谓其同寮三主簿曰：‘今实不可出，而教如此，不可不谏也。’乃建谏草以示三人，三人不获已，皆署名，入白事。太祖怒，收逵等。当送狱，取造意者，逵即言‘我造意’，遂走诣狱。狱吏以逵主簿也，不即著械。”（第481页）

② 《宋书》卷三十九《百官志上》：“魏元帝咸熙中，晋文帝为相国，相国府置中卫将军、骁骑将军、左右长史、司马，从事中郎四人，主簿四人，……赵王伦为相国，置左右长史、司马、从事中郎四人，参军二十人，主簿、记室督、祭酒各四人。”（第1221～1222页）

③ 《晋书》卷五十《郭象传》，第1397页。

相)府军司王衍,右司马胡毋辅之,从事中郎庾敳,主簿郭象、裴遐,记室参军王承、阮瞻,行参军阮修,西阁祭酒卫玠,掾谢鲲,骑兵属阮孚,府吏光逸,参军王玄。[①] 这些人物不关心政务,放达不羁,故司马越无法委政于他们。

进入太傅府的"二十四友"人物,仅见刘舆和和邹捷二人。邹捷在幕府中任参军,没有留下任何政迹,而刘舆深受司马越信赖,任左长史,是真正的实权派,与长史潘滔、从事中郎裴邈,被誉为"三才"。《世说新语·赏誉》:"太傅府有三才:刘庆孙长才,潘阳仲大才,裴景声清才。"注引《八王故事》曰:"刘舆才长综核,潘滔以博学为名,裴邈强立方正,皆为东海王所昵,俱显一府。故时人称曰:'舆长才,滔大才,邈清才也。'"上述"三才",擅长政务,积极务实,从其社会背景和文化性格看,可视为元康崇"有"派在永嘉时期的再现。他们与贵"无"派名士同居一府,尽管没有出现激烈冲突,但有摩擦发生。

其一,"长才"刘舆字庆孙,以擅长政务闻名,"八王之乱"时任颍川太守,属于司马越阵营。当司马越太傅府成立,准备辟刘舆为幕僚时,府内出现了相当强烈的反对声音:

> 东海王越将召之,或曰:"舆犹腻也,近则污人。"及至,越疑而御之。舆密视天下兵簿及仓库、牛马、器械、水陆之形,皆默识之。是时军国多事,每会议,自潘滔以下,莫知所对。舆既见越,应机辩画,越倾膝酬接,即以为左长史。越既总录,以舆为上佐,宾客满筵,文案

① 参见林校生《"八王之乱"丛稿》之《东海王司马越僚佐名录》,福建人民出版社,2003年版,第103~123页。

盈机，远近书记日有数千，终日不倦，或以夜继之，皆人人欢畅，莫不悦附。命议如流，酬对款备，时人服其能，比之陈遵。时称越府有三才：潘滔大才，刘舆长才，裴邈清才。越诛缪播、王延等，皆舆谋也。①

攻击刘舆的舆论不知来自何人，“腻”“污人”等字眼，是说刘舆为“俗吏”，可见攻击者很可能是自誉为清流的贵“无”派名士。面对不利的舆论，刘舆以其过人的理政能力获得了司马越的青睐，被任命为首席幕僚——左长史。得势后的刘舆，对贵“无”名士的态度并不友好，不少人吃了他的苦头，“八达”之一的庾敳，便遇到了麻烦。“敳有重名，为搢绅所推，而聚敛积实，谈者讥之。……时刘舆见任于越，人士多为所构，惟敳纵心事外，无迹可间。后以其性俭家富，说越令就换钱千万，冀其有吝，因此可乘。越于众坐中问于敳，而敳乃颓然已醉，帻堕机上，以头就穿取，徐答云：‘下官家有二千万，随公所取矣。’舆于是乃服。越甚悦，因曰：‘不可以小人之虑度君子之心。’”②尽管庾敳以其机智得到了司马越的赞赏，也为之损失了不少财产。

其二，“清才”裴邈字景声。裴邈是裴頠的从弟，元康时期经常与裴頠清谈，其学术思想得到了这位从兄赞赏，应当属于崇“有”思想阵营。“邈字景声，河东闻喜人，少有通才，从兄頠器赏之。每与清言，终日达曙。自谓理构多如，辄每谢之，然未能出也”。③ 裴邈与王衍思想分歧较大，某次辩论竟然大

① 《晋书》卷六十二《刘舆传》，第1692页。
② 《晋书》卷五十《庾敳传》，第1396页。
③ 《世说新语·雅量》注引《晋诸公赞》，第355页。

骂,试图激王衍对骂,以损其"清"名,而王衍不上圈套,以平和态度,缓言相讥。"王夷甫与裴景声志好不同,景声恶欲取之,卒不能回,乃故诣王,肆言极骂,要王答已,欲以分谤。王不为动色,徐曰:'白眼儿遂作。'"①进入太傅府后,裴邈以其才干甚受司马越倚重,委以重要军职,"历太傅从事中郎,左司马,监东海王军事。少为文士,而经事为将"。裴邈官至"左司马"——幕府中负责军务的高级佐吏,永嘉四年以"监军"身份,统帅部队在渑池阻击石勒,"(石勒)率轻骑二万会粲于太阳,大败晋监军裴邈于渑池,遂至洛川"。②

其三,"大才"潘滔字阳仲,荥阳潘氏家族成员,与潘岳同宗,是潘尼的从子。元康时期入仕,任太子洗马。永康元年,贾后以阴谋手段废太子遹,并押送许昌宫。潘滔不顾禁令,与太子舍人王敦等同僚为太子送行,得到了社会舆论的好评,"及太子迁许昌,诏东宫官属不得送。敦及洗马江统、潘滔,舍人杜蕤、鲁瑶等,冒禁于路侧望拜流涕,时论称之"。③ 永兴元年(304)身为黄门侍郎的潘滔为司马越出谋划策,借张方之手杀长沙王乂。④ 永嘉时期在太傅府历任左司马、长史,直接影响了司马越的重要决策,如建议从苟晞手中夺回兖州的控制权等。⑤

① 《世说新语·雅量》,第355页。

② 《魏书》卷九十五《羯胡石勒传》,第2048页。

③ 《晋书》卷九十八《王敦传》,第2553页。

④ 《晋书》卷五十九《长沙王乂传》:"越惧难作,欲遂诛乂。黄门郎潘滔劝越密告张方,方遣部将郅辅勒兵三千,就金墉收乂,至营,炙而杀之。"(第1614页)

⑤ 《晋书》卷五十九《东海王越传》:"永嘉初,自许昌率苟晞及冀州刺史丁劭讨汲桑,破之。越还于许,长史潘滔说之曰:'兖州天下枢要,公宜自牧。'及转苟晞为青州刺史,由是与晞有隙。"(第1624页)

永嘉初，王衍已感到天下即将大乱，为了保全其门户，作了“狡兔三窟”的战略安排：自己在中枢，王澄镇荆州，王敦镇青州。[①] 不久，王敦回朝廷任中书监。永嘉三年(309)三月，面对更为严峻的军事形势，王衍决定调整其“三窟”安排，向司马越建议，要求任命中书监王敦为扬州刺史。这个建议，遭到了潘滔的反对，他向司马越说，王敦属于政治野心家，外放扬州予以兵权将危及中央。但这一次，司马越没有采纳潘滔的意见。“初，王夷甫言东海王越，转王敦为扬州，潘滔初为太傅长史，言于太傅曰：‘王处仲蜂目已露，豺声未发，今树之江外，肆其豪强之心，是贼之也。’”[②]

郭象似乎没有卷入“三才”与贵“无”派的摩擦，而是采取了中立态度，在政治上与“三才”一起参与政治谋划，是太傅幕府的主要决策者之一，“遂任职当权，熏灼内外”，[③]但在抓权的同时，却尽可能忙里偷闲，保持心性的逍遥，“东海闻郭子玄才，用为主簿，天性闲朗，事无疑滞，虽处冲要，犹闲习也”。[④]正如其玄学理论一样，他既不贵“无”，也不崇“有”，而是以个性为本，以生命的逍遥为最高境界。

郭象在太傅府权力明显超过了元康时代曾提携他的

① 《晋书》卷四十三《王衍传》：“衍虽居宰辅之重，不以经国为念，而思自全之计。说东海王越曰：‘中国已乱，当赖方伯，宜得文武兼资以任之。’乃以弟澄为荆州，族弟敦为青州。因谓澄、敦曰：‘荆州有江、汉之固，青州有负海之险，卿二人在外，而吾留此，足以为三窟矣。’”(第1237页)

② 《世说新语·识鉴》注引《汉晋春秋》，第391页。

③ 《晋书》卷五十《郭象传》，第1397页。

④ 《北堂书钞》卷第六十九《设官部二十一·主簿》“子玄无滞”条引《文士传》，清华大学出版社《唐代四大类书》影印清光绪十四年南海孔广陶三十有三万卷堂校注重刻陶宗仪传钞宋本，2003年版，第287页。

贵“无”派名士，庾敳当年曾予以郭象很高的评价，这时他在府中任无实权的“军咨祭酒”，难免有些失落感，因此与郭象的关系发生了微妙变化。“时越府多隽异，敳在其中，常自袖手。豫州牧长史河南郭象善《老》《庄》，时人以为王弼之亚。敳甚知之，每曰：‘郭子玄何必减庾子嵩。’象后为太傅主簿，任事专势。谓象曰：‘卿自是当世大才，我畴昔之意都已尽矣。’”①

在司马越眼中，太傅府内部的小摩擦几乎可以忽略不计，真正的麻烦是被他一手扶上皇位的晋怀帝司马炽。这位皇帝有些不识时务，以为自己是真皇帝，竟然要主持朝政，准备拨乱反正，引起了司马越的不满。为了自己的名声，避免正面冲突，“太傅”决定在空间上与朝廷保持距离，于是在永嘉元年(307)三月率军离开洛阳。“帝始亲万机，留心庶事，越不悦，求出藩，帝不许。越遂出镇许昌”。② 郭象作为太傅主簿，自然随太傅府转移。同年十一月，司马越在许昌自任丞相，郭象转为丞相府主簿。

在司马越出镇许昌期间，在晋怀帝司马炽周围，聚集了帝舅王延、中书令缪播、太仆缪胤、尚书何绥、黄门侍郎应绍、太史令高堂冲等人，形成了新的政治集团，“(太仆卿缪胤)既而与播及帝舅王延、尚书何绥、太史令高堂冲并参机密”。③ 更严重的是，洛阳的朝廷竟敢在重要问题上事先不请示司马越，而是按制度规定的程序独立运作朝政，结果导致了永嘉三年三月司马越从荥阳回师洛阳“清君侧”。听到太傅返京的消

① 《晋书》卷五十《庾敳传》，第1396页。

② 《晋书》卷五十九《东海王越传》，第1623页。

③ 《晋书》卷六十《缪胤传》，第1637页。

息，当时任中书监的王敦立刻意识到，新朝廷骨干将人头落地。“东海王越自荥阳来朝，敦谓所亲曰：‘今威权悉在太傅，而选用表请，尚书犹以旧制裁之，太傅今至，必有诛罚。’”①结果正如王敦预料的那样，司马越对朝臣实施了屠杀。“（永嘉三）年三月丁巳，东海王越归京师。乙丑，勒兵入宫，于帝侧收近臣中书令缪播、帝舅王延等十余人，并害之”。②这次行动的主谋是刘舆、潘滔，③而郭象作为决策集团成员，可能也参与了谋划。荀晞于永嘉四年底在讨伐司马越的上表中，将郭象列为当年滥杀大臣的重要帮凶之一：“东海王越得以宗臣遂执朝政，委任邪佞，宠树奸党，至使前长史潘滔、从事中郎毕邈④、主簿郭象等操弄天权，刑赏由己。尚书何绥、中书令缪播、太仆缪胤、黄门侍郎应绍，皆是圣诏亲所抽拔，而滔等妄构，陷以重戮。带甲临宫，诛讨后弟，剪除宿卫，私树国人。”⑤

除清君侧外，司马越回洛阳后的另一个重大举措是彻底改造宫廷禁卫军。在八王之乱时期的宫廷政变中，禁卫军表现出强大的杀伤力，直接导致了贾后、汝南王亮、楚王玮、赵王伦、齐王冏、长沙王乂的覆灭。作为执政者的诸王，一旦离开大部队的保护进入宫禁之中，很容易成为宫廷禁卫军的囊中之物。后来相继登场的司马颖、司马颙和司马越好像都吸取

① 《晋书》卷九十八《王敦传》，第2554页。

② 《晋书》卷五《怀帝纪》，第118～119页。

③ 《晋书》卷三十三《何绥传》：“刘舆、潘滔谮之于东海王越，越遂诛绥。”（第1000页）《晋书》卷六十二《刘舆传》：“越诛缪播、王延等，皆舆谋也。”（第1692页）

④ 毕遐为裴邈之误。

⑤ 《晋书》卷六十一《荀晞传》，第1669页。

了历史教训——不再入宫执政,而是从各自大本营中对宫廷实施“遥控”。司马越这次回洛阳后,将太傅府安置在太学,下令遣散了原宫廷禁卫军军官,由其亲信何伦、王景率东海国部队接替宫廷禁卫军的核心部分左右二卫将军。“又以顷兴事多由殿省,乃奏宿卫有侯爵者皆罢之。时殿中武官并封侯,由是出者略尽,皆泣涕而去。乃以东海国上军将军何伦为右卫将军,王景为左卫将军,领国兵数百人宿卫”。[①]

西晋宫廷禁卫军由左右二卫、前、后、左、右、骁骑七军营兵组成,即所谓“宿卫七军”组成,其中二卫——左右卫将军统帅的宫殿禁军最为重要。整个“宿卫七军”统归“中领军”(或称“领军将军”“北军中候”)统帅。据万斯同《晋将相大臣表》,在司马越专权的光熙～永嘉四年,没有设置统帅宫廷禁卫军的领军将军(或北军中候、中领军)官职,而是由太傅的私人佐吏监管宫廷禁卫军,这个关键岗位上的亲信人物,便是郭象。臧荣绪《晋书》载:“为太傅主簿,甚见亲委。遂任职专势,专领军一府。”[②]所谓“专领军一府”,是指宫廷禁卫军在没有正式长官的情况下,由郭象作为司马越的代表,统一监管禁卫军诸营。主簿的正常职能是总理府内事务,并监察佐吏。在战乱特殊情况下,尤其是府主事实上已控制朝政的情况下,高级佐吏的职能相当灵活,可作为府主的代表统帅军队[③]、甚至监管

① 《晋书》卷五十九《东海王越传》,第1624页。

② [清]汤球辑,杨朝明校补:《九家旧晋书》载臧荣绪《晋书》卷九引《书钞》,中州古籍出版社,1991年版,第73页。

③ 《资治通鉴》卷八十四《晋纪七·惠帝永兴元年(304)》:“浚以主簿祁宏为前锋,败石超于平棘。”(第2700页)

傀儡朝廷。[1] 如裴邈便以太傅从事中郎身份，“假节监中外营诸军事”，[2]率军与石勒作战。由此可见，郭象以太傅主簿身份代行“中领军”职责，是完全可能的。正因郭象的这一特殊地位，故《晋书·郭象传》称其“遂任职当权，熏灼内外”。这时的郭象，因依附司马越集团达到其政治生涯的巅峰，然而犹如戏剧的高潮，紧随其后的将是急速的落幕。

永嘉四年(310)，国内形势急转直下，刘聪、石勒、王弥的骑兵纵横中原，所向披靡，洛阳已成战火中孤岛；波及北方六州的严重蝗灾造成赤地千里，洛阳陷入严重饥荒。[3] 朝廷向全国发出“勤王”、增援洛阳的命令，竟无一人相应，西晋王朝已濒临崩溃。“京师饥。东海王越羽檄征天下兵，帝谓使者曰：‘为我语诸征镇，若今日，尚可救，后则无逮矣。’时莫有至者”。[4] 为摆脱在洛阳面临的饥荒和军事打击，司马越以集结兖、豫二州兵力，讨伐石勒为借口，准备放弃洛阳东行。为了稳定人心，司马越东出时，留下其妻裴妃、世子司马毗和部分

---

① 建安后期，曹操派长史王必监控在许昌的汉朝廷，实际上为许昌最高长官。

② 《三国志》卷二十三《魏书·裴潜传》裴松之注，第674页。

③ 《晋书》卷五《怀帝纪》：“幽、并、司、冀、秦、雍等六州大蝗，食草木，牛马毛，皆尽。……秋七月，刘聪从弟曜及其将石勒围怀，诏征虏将军宋抽救之，为曜所败，抽死之。九月，河内人乐仰执太守裴整叛，降于石勒。徐州监军王隆自下邳弃军奔于周馥。雍州人王如举兵反于宛，杀害令长，自号大将军、司雍二州牧，大掠汉沔，新平人庞寔、冯翊人严嶷、京兆人侯脱等各起兵应之。征南将军山简、荆州刺史王澄、南中郎将杜蕤并遣兵援京师，及如战于宛，诸军皆大败；王澄独以众进至沶口，众溃而归。”(第120页)

④ 《晋书》卷五《怀帝纪》，第121页。

亲信幕僚如潘滔、何伦、李恽等留守洛阳。[①] 昔日繁华的首都，此时已成了一座死城，“宫省无复守卫，荒馑日甚，殿内死人交横，府寺营署并掘堑自守，盗贼公行，桴鼓之音不绝”。[②]

永嘉四年十一月，司马越率晋军主力离开洛阳，向许昌进发，裹胁了朝廷重要官员和幕府干才及著名士人，如王衍、庾敳等。作为太傅主簿，郭象亦随行。当部队进驻项城后，司马越宣布自任豫州牧，太尉王衍任军司，郭象转任长史。

大约在永嘉五年(311)二月前，郭象逝世，年龄46岁左右。《晋书·郭象传》明确记载：“永嘉末病卒。”可见郭象很幸运，躲过了两个月后石勒的围歼。那是一场惨绝人寰的大屠杀。有两条史料记载了这支晋军主力覆灭的过程：“(三月)丙子，东海王越薨。四月戊子，石勒追东海王越丧，及于东郡，将军钱端战死，军溃，太尉王衍、吏部尚书刘望、廷尉诸葛铨、尚书郑豫、武陵王澹等皆遇害，王公已下死者十余万人”；[③]“先是，东海王越率洛阳之众二十余万讨勒，越薨于军，众推太尉王衍为主，率众东下，勒轻骑追及之。衍遣将军钱端与勒战，为勒所败，端死之，衍军大溃，勒分骑围而射之，相登如山，无一免者。”[④]在罹难官员名单中，有王衍、庾敳，没有郭象。

---

① 《晋书》卷五十九《东海王越传》：“(司马越)乃戎服入见，请讨石勒，且镇集兖、豫以援京师。……遂行。留妃裴氏，世子、镇军将军毗，及龙骧将军李恽并何伦等守卫京都。”(第1625页)

② 《晋书》卷五《怀帝纪》，第121页。

③ 《晋书》卷五《怀帝纪》，第122页。

④ 《晋书》卷一百四《石勒载纪》，第2713页。

二、关于《庄子注》

关于郭象的著作，《晋书·郭象传》记述甚略，仅说“著碑论十二篇”。据历代文献所见，可考作品还有《庄子注》十卷、《庄子音》三卷、《论语体略》二卷、《郭象集》二卷、《老子注》(卷数不详)、《致命由己论》(论文)等。这些著作的历代著录情况，在本书《附录二》中做了详细介绍，在此不赘述。上述著作，除《庄子注》完整流传至今外，其它作品均佚。在失传的著作中，《郭象集》、《致命由己论》等仅见书名，只有《论语体略》与《老子注》可见佚文数条。佚文数量少，而且思想内容亦被《庄子注》覆盖，因此，对郭象著作的研究，集中在《庄子注》一书。

(一) 向秀、郭象《庄子注》公案

现存郭象《庄子注》是一部不可多得的哲学巨著。该书理论体系完整，分析问题深刻，在许多重要领域具有哲学原创性，堪称魏晋玄学的集大成之作。正如在前面《向秀评传》中所言，这部力作，并非郭象个人所为，而是集中了魏晋之际思想界探索的积极成果，尤其是向秀的开拓性研究，为郭象的进一步发展提供基础。

以现存向秀《庄子注》的佚文与郭象《庄子注》中的相应注文对比，不难发现两者存在大量的雷同之处，那么，郭象《庄子注》是其本人创作，还是剽窃的向秀《庄子注》呢？这是研究郭象玄学无法回避的问题。同一唐修《晋书》的《郭象传》与《向秀传》，持两种不同说法：

1.《晋书》卷五十《郭象传》持剽窃说：

先是注《庄子》者数十家，莫能究其旨统。向秀于旧注外而为解义，妙演奇致，大畅玄风，惟《秋水》、《至乐》二篇未竟而秀卒。秀子幼，其义零落，然颇有别本迁流。象为人行薄，以秀义不传于世，遂窃以为己注，乃自注《秋水》、《至乐》二篇，又易《马蹄》一篇，其余众篇或点定文句而已。其后秀义别本出，故今有向、郭二《庄》，其义一也。

2.《晋书》卷四十九《向秀传》持发展说：

庄周著内外数十篇，历世才士虽有观者，莫适论其旨统也，秀乃为之隐解，发明奇趣，振起玄风，读之者超然心悟，莫不自足一时也。惠帝之世，郭象又述而广之，儒墨之迹见鄙，道家之言遂盛焉。

《晋书·郭象传》的说法源于《世说新语·文学》。① 大意是说，向秀死后，他的儿子年龄太小，没有保存好父亲的文稿，被郭象剽窃。《晋书·向秀传》的说法来源不详，其大意为，郭象在向秀基础上"述而广之"，即在吸收向秀的思想精华基础上

① 《世说新语·文学》："初，注《庄子》者数十家，莫能究其旨要。向秀于旧注外为解其义，妙析奇致，大畅玄风。唯《秋水》、《至乐》二篇未竟而秀卒。秀子幼，义遂零落，然犹有别本。郭象者，为人行薄，有俊才。见秀义不传于世，遂窃以为己注。乃自注《秋水》、《至乐》二篇，又易《马蹄》一篇，其余众篇，或定点文句而已。后秀义别本出，故今有向、郭二《庄》，其义一也。"（第206页）

作了进一步发展。由于在向秀作品基础上形成的郭象《庄子注》学术水平更高，覆盖了向秀《庄子注》，从而削弱了向秀原作的学术价值，使其失传。

将向秀《庄子注》在西晋中后期被冷落以及被郭象"剽窃"的原因，归于其儿子年幼，显然不妥。一部哲学著作的生命力及其能否流行，取决于它是否适合思想界的理论需要，而不是儿子的力量。西晋元康～永嘉之际，向秀儿子的年龄和地位，已相当可观。向秀死于公元275年前后，其长子即使只有5岁，到元康玄学兴起时，已是20多岁的青年，甚至年龄更大。关于向秀两个儿子的情况，《世说新语·赏誉》注引《竹林七贤论》载："纯字长悌，位至侍中。悌字叔逊，位至御史中丞。"又引《晋诸公赞》："洛阳败，纯、悌出奔，为贼所害。"洛阳陷落是永嘉五年(311)，侍中与御史中丞都是高官，二子年龄至少应在40～50岁之间，在郭象注《庄子》的永康元年(300)～光熙元年(306)之间，二子也已是仕途中人，可见关于向秀儿子年龄小导致郭象剽窃的说法存在问题。向秀《庄子注》悲剧命运的形成，不是其儿子年幼，而是有着复杂的社会与学术原因，表现在以下两个方面：

其一，在魏晋玄学的波浪式运动中，向秀《庄子注》产生于曹魏正始之音与西晋元康玄学两大高潮之间的低谷，表达了正始、竹林名士在第一次玄学思潮退潮时消极妥协的心态，不适合即将到来的第二次玄学高潮的社会载体——中朝名士的理论胃口。中朝名士是西晋时期成长起来的年青一代贵游子弟，追求自由放任的生活，对传统的礼教，形成了更大的冲击力量，其主流派的理论形态是宣扬虚无主义的新"贵无论"，被称为"贵无派"或"元康放达派"。以妥协为特色的向秀

《庄子注》,显然不适合元康玄学"贵无派"的理论需求。

其二,向秀《庄子注》虽然力图论证名教与自然为一,但是由于时代的局限,无法摆脱传统宇宙生成论的影响。严格地说,王弼与向秀的"本体论",仍拖着宇宙生成论的尾巴,实际是"本根论"。既然现象世界的内部存在着来自宇宙的决定力量,那么事物必然存在着本体与末用(现象)的对立,两者无法真正为一。显然,这种不成熟的本体论思维方法不能最终消除本体"无"、"自然"与末用"有"、"名教"之间的差异,使两者融为一体,解决魏晋玄学的历史课题。这种理论上的缺陷,使其无法成为元康玄学"崇有派"的理论武器,以对抗"贵无派"的虚无主义思潮。

以上两方面原因,使向秀《庄子注》诞生后,仅在西晋前期的一定范围内"振起玄风",促进了玄学的复苏;在玄学高潮到来的元康时期,却被思想界冷落,未能流行于世。然而当时间走到永康~永嘉之际,元康玄学思潮因"八王之乱"的政治危机再次跌入低谷时,士族社会已看到了"贵无"与"崇有"两派在"无"与"有"、"自然"与"名教"关系上的理论失误,出现了新的思想危机。例如,硕果仅存的竹林七贤元老王戎就再次陷入困惑,这位司徒向年轻人阮瞻(竹林七贤阮咸之子)发问:"圣人贵名教,老庄明自然,其旨同异?"①由于魏晋之际与两晋之际在社会背景、名士命运等方面存在某些相似性,向秀《庄子注》才于西晋末被郭象重新发现,并进行改造,以解决新时期的理论课题。

近代以来学者们以向秀《庄子注》佚文对照现存郭象

① 《晋书》卷四十九《阮瞻传》,第1363页。

《庄子注》,基本上形成了郭象发展向秀《庄子注》的共识。王叔岷先生的研究具有代表性。他在《庄子向郭注异同考》一文中总结道:“今据庄子释文、列子注、及他书所引,详加纂辑,得向有注郭无注者四十八条,向郭注全异者三十条,向郭注相近者三十二条,向郭注相同者二十八条,列此明证,然后知郭注之与向注,异者多而同者少,盖郭虽有所采于向,实能推而广之,以自成其说者也。”①但是,郭象究竟作了哪些发展,却很难说清。其中难点是,向秀《庄子注》佚文大都支离破碎,因而两注的比较研究工作往往局限于文字表层的异同。但是通过分析这些有限的资料,仍然可以看出向秀与郭象义理方面的不同,至少在以下两个重大哲学问题上存在差异:

首先,向秀在《庄子注》中承认存在“不生不化”宇宙终极力量,它是天地万物的生化之本(详见《向秀评传》)。而郭象《庄子注》出现了前所未有的巨大变化——不仅彻底地否定传统的宇宙生成论,而且彻底割掉了自王弼以来玄学本体论中的宇宙生成论尾巴,反复强调没有造物者,认为事物的现象背后,没有一个内在无形的本根。“故造物者无主,而物各自造”②。因此,他主张事物生成变化的原因是自己的本性,认为所有事物都是自生独化,彻底否定了存在“不生不化”的宗主:“无也,岂能生神哉?不神鬼帝而鬼帝自神,斯乃不神之神也。不生天地而天地自生,斯乃不生之生也。”③“则

① 王叔岷:《庄子向郭注异同考》,见《庄学管窥》,台北:艺文印书馆,1978年版,第112～130页。

② 《庄子·齐物论》郭象注,第112页。

③ 《庄子·大宗师》郭象注,第248页。

化与不化,然与不然,从人之与由己,莫不自尔,吾安识其所以哉!”①

再者,向秀认为事物之间存在着因果关系,而郭象依据其“独化”哲学,则强调事物独自变化,否认任何外因的决定作用,对常识的世界中明显具有决定性的因果关系的“罔两待景”、“唇亡齿寒”,也一一予以否定。在圣人与大盗之间的有无因果关系这个问题上的,向秀与郭象表现出明显的不同。

《庄子·胠箧》:“圣人已死,则大盗不起。”向秀注:“事业日新,新者为生,故者为死,故曰‘圣人已死也’。乘天地之正,御日新之变,得实而损其名,归真而忘其途,则大盗息矣。”②

《庄子·胠箧》:“圣人已死,则大盗不起。”郭象注:“竭川非以虚谷而谷虚,夷丘非以实渊而渊实,绝圣非以止盗而盗止。故止盗在去欲,不在彰圣知。”③

《庄子·胠箧》:“圣人不死,大盗不止。”向秀注:“圣人不死,言守故而不日新,牵名而不造实也。大盗不止,不亦宜乎?”④

① 《庄子·齐物论》郭象注,第112页。
② 《经典释文》引向秀《庄子注》,第350页。
③ 《庄子·胠箧》郭象注,第350页。
④ 《经典释文》引向秀《庄子注》,第251页。

> 《庄子·胠箧》:"唇竭则齿寒,鲁酒薄而邯郸围,圣人生而大盗起。"郭象注"夫竭唇非以寒齿而齿寒,鲁酒薄非以围邯郸而邯郸围。圣人生非以起大盗,而大盗起。此自然相生,必至之势也。夫圣人虽不立尚于物,而亦不能使物不尚也。故人无贵贱,事无真伪,苟效圣法,则天下吞声而服之,斯乃盗跖之所至赖,而以成其大盗者也。"①

向秀与郭象均持儒道合一观点,维护儒家圣人的地位,故必须曲解《庄子》关于圣人政治导致大盗出现的本意。但两人曲解《庄子》的哲学思想背景不同:向秀认为,拘泥于前代圣人治国的具体方法,而放弃了圣人与时俱进的治国原则,是导致大盗不能消失的原因。郭象则依据其"独化"哲学,认为圣人与大盗各有自己产生的原因,圣人政策非必然导致大盗,而是大盗自然产生,即"圣人生非以起大盗,而大盗起。此自然相生,必至之势也"。两者产生联系的原因,是人们错误地运用圣人的治国方法,为大盗提供了某种外在生存的条件,而与圣人无关。②

尽管郭象以自己的"独化"学说改造了向秀的《庄子注》,但是同时相当多地沿用了向秀的成果。向秀复杂的经历和学术造诣,使其《庄子注》在社会政治与人生哲学方面多有精彩论述,其中王弼、嵇康等玄学家的思想,经过向秀的消化,完成

---

① 《庄子·胠箧》郭象注,第348~349页。

② 郭象否定事物之间存在决定性的因果关系,但并不否认事物之间存在联系和互相作用。详见本评传第三章一、"'性'本论"。

了向《庄子》注释文字的转化,有益于郭象的直接吸收。

向秀《庄子注》在曹魏正始玄学的王弼、嵇康与西晋后期玄学的郭象两大玄学理论高峰之间,起了承上启下的桥梁作用。郭象与王弼的思想联系,先贤多有高见,此不赘述,仅以嵇康为例:

> 至人不得已而临天下,以万物为心,在宥群生,由身以道,与天下同于自得,穆然以无事为业,坦尔以天下为公。虽居君位,飨万国,恬若素士接宾客也;虽建龙旗,服华衮,忽若布衣在身。故君臣相忘于上,蒸民家足于下。①

> 夫神人即今所谓圣人也。夫圣人虽在庙堂之上,然其心无异于山林之中,世岂识之哉?徒见其戴黄屋,佩玉玺,便谓足以缨绂其心矣。见其历山川,同民事,便谓足以憔悴其神矣。岂知至至者之不亏哉!②

嵇康通过圣人的人格所阐述的"无为"即"有为"、"出世"即"入世"、"自然"即"名教"的思路,影响了郭象。由于向秀《庄子注》已佚,无法查对郭象的注文是否直接抄自向秀。但嵇康的上述文字出自他与向秀论战作品。因此,很可能是向秀先将嵇康的论点,融入自己的《庄子注》,后来被郭象所吸收。

---

① 戴明扬:《嵇康集校注》卷四《答〈难养生论〉》,第171页。
② 《庄子·逍遥游》郭象注,第28页。

（二）《庄子注》的成书时间

郭象是在什么时间完成其《庄子注》的呢？通过文献的相关记载、郭象生平事迹、以及郭象《庄子注》的思想特点综合分析，可以将其成书时间限定在永康元年（300）～光熙元年（306）之间。理由如下：

第一，成书时间下限，不超过光熙元年。这个问题比较简单，因为《晋书》卷四十九《向秀传》对成书时间有明确记载："庄周著内外数十篇，历世才士虽有观者，莫适论其旨统也，秀乃为之隐解，发明奇趣，振起玄风，读之者超然心悟，莫不自足一时也。惠帝之世，郭象又述而广之，儒墨之迹见鄙，道家之言遂盛焉。"所谓"惠帝之世"，是指晋惠帝在位的元康元年（291）～光熙元年（306）之间。从光熙元年开始，郭象进入政治中心，一直任总理太傅府内务的主簿，"任职当权，熏灼内外"，不会有时间完成此鸿篇巨制。另外，传世本郭象《庄子注》的最后的《杂篇》情况异常，例如该篇的《说剑》无注文，《渔父》仅注一条，《让王》与《盗跖》各注三条。与前面《内篇》、《外篇》中的丰富注文形成巨大反差。很明显，郭象注此书，最后是草草收尾的。这种情况不会发生在时间充裕、可从容著述的光熙元年之前。合理的解释是，这部书因郭象出任太傅主簿而画上了句号。

第二，成书时间的上限，不会早于永康之前，即不会在元康时代完成。首先郭象自称接触《庄子》甚晚："昔吾未览《庄子》，尝闻论者尺棰、连环之意，而皆云庄生之言，遂以庄生为辩者之流。案此篇较评诸子，至于此章，则曰其道舛驳，其言不中,乃知道听途说之伤实也”。[①] 可见其读《庄子》时间较晚。元康时代重《老子》,贵“无”与崇“有”均以《老子》为经典进行辩论,走红的玄学著作是何晏、王弼、阮籍关于《老子》的论著,而《庄子》在元康论坛中没有超越《老子》、《周易》。我估计,郭象元康时期的著作可能是其《老子注》和《论语体略》。

郭象《庄子注》中反映的政治主张,是通过其“圣人论”表达的。郭象笔下的圣人,不再是《庄子》原著中那种整日昏睡、毫不作为的“有泰氏”类人物。郭象反复强调,顺应时代需要、灵活采用各种方针达到天下大治者才是圣人。为了社会稳定,圣人可以运用礼乐刑政甚至战争去拨乱反正。[②] 显然,郭象反对消极无为,认为这是对庄子最大的曲解,应视为他对元康贵“无”论失误的反思;力图回答的课题是如何应对乱世,为结束八王之乱寻找理论,时代背景应当是全面内战爆发的永康～光熙之际。

(三)《庄子序》的真伪

三十三卷本郭象《庄子注》前有篇三百九十九字的序文,即题为“河南郭象子玄撰”的《庄子序》。自郭象《庄子注》北宋刻印行世后,该序的作者一直没有争议。1978 年 9 月王利器先生在《哲学研究》发表论文《〈庄子序〉的真伪问题》,认为该序不是出自郭象之手,其依据是北宋真宗时开雕郭象《庄子注》时,曾经就《庄子序》作者问题引发的一场争论。此事记载

① 《庄子·天下篇》郭象注,第 1114 页。
② 详见本评传第三章四、“政治学说”。

仅见《宋会要辑稿》第五十五册《崇儒四·勘书》:

> 景德二年二月,国子监直讲孙奭言:"诸子之书,老、庄称首,其道清虚以自守,卑弱以自持,逍遥无为,养生济物,皆圣人南面之术也。故儒先论撰,以次诸经。唐陆德明撰《经典释文》三十卷,内《老子释文》一卷,《庄子释文》三卷。今诸经及《老子释文》共廿七卷,并已雕,即颁行;唯阙《庄子释文》三卷,欲望雕印,冀备一家之学。《庄子》注本,前后甚多,率皆一曲之才,妄窜奇说,唯郭象所注,特会庄生之旨,亦请依《道德经》例,差官校定雕印。"诏可。仍命奭与龙图阁待制杜镐等同校定刻板。镐等以《庄子序》非郭象之文,因册(删)去之。真宗当出序文谓宰臣曰:"观其文理可尚,但传写讹舛耳。"乃命翰林学士李宗谔、杨亿、龙图阁直学士陈彭年等,别加雠校,冠于篇首。

通过分析这段史料,王利器先生认为:"当时对于这篇三百九十九字的《庄子序》是很慎重考虑的,所以才命李宗谔、杨亿他们专为此事而'别加雠校'。这样的处理,在当时刻书事业中,是绝无仅有的,这就反映了这篇序文存在着严重的问题。同时,他们认为这篇序文'非郭象之文',意见是一致的。只不过由于郭象原序早已失传,而这篇所谓郭象序,也还'文理可尚',因而宋真宗赵恒才自以为是的采取了自欺欺人的手法,并滥用他那最高封建统治者的权力,命令他的学士们'别加雠校，冠于篇首’。”[1]

王利器先生的论文发表后，引起了中国思想史和哲学史学界的关注，但并未得到认可。此后所有研究郭象思想的论著，无一例外地仍将《庄子序》作为郭象的作品引用。其原因有两个方面：一方面，王利器先生仅从文献学角度立论，而所引史料仅此一条。即使在这条唯一的史料中，杜镐等人因没有举出有力的证据，而被宋真宗否定，说明当时便是疑案，并非定论。另一方面（主要方面），则是王利器先生没有举出有力的“内证”，证明《庄子序》与《庄子注》之间在学术思想上存在差异。因为自宋代至今，几乎所有学者都认为《庄子序》提纲挈领地高度概括了《庄子注》的理论主旨。例如，《宋会要辑稿》中的这条史料，当代学者早已发现。王叔岷在 1948 年完稿的《郭象庄子注校记》中指出：“宋人有谓此序非郭象之文，未足据信。”[2]其中的原由，是他认为该序精当地揭示了《庄子注》的主题思想：“序中‘上知造物无物，下知有物之自造’二语，实为全书纲领。”[3]针对王利器先生论文所引发的争论，冯友兰先生认为该序的真伪对郭象哲学研究无妨，因为《庄子序》准确地表达了郭象的思想，“如果它的作者不是郭象，那就是中国历史上还有第二个郭象”[4]。

那么，《庄子序》与郭象《庄子注》思想是否真的完全一致呢？笔者过去一直认为两者无异，而且视序为全书纲领。但

---

① 王利器：《〈庄子序〉的真伪问题》，《哲学研究》1978 年第 9 期。
② 王叔岷：《郭象庄子注校记》，商务印书馆，1950 年版，第 1 页。
③ 王叔岷：《郭象庄子注校记》，第 1 页。
④ 冯友兰：《中国哲学史新编》，人民出版社，1986 年版，第 183 页。

是，经过细致的比较，感到该序与注文之间存在一定的思想距离，在几个重要的概念命题上，存在不应当发生的差异，甚至是相反的理解（如内圣外王）。为方便分析，将该序全文分段抄引如下，将其中与注文思想矛盾处标出：

夫庄子者，可谓知本矣。故未始藏其狂言，言虽无会而独应者也。夫应而非会，则虽当无用；言非物事，则虽高不行；与夫寂然不动，不得已而后起者，固有间矣。斯可谓知无心者也。夫心无为，则随感而应，应随其时，言唯谨尔。故与化为体，流万代而冥物，岂曾设对独遘而游谈乎方外哉！此其所以不经而为百家之冠也。

然庄生虽未体之，言则至矣。通天地之统，序万物之性，达死生之变，而明内圣外王之道。上知造物无物，下知有物之自造也。其言宏绰，其旨玄妙。至至之道，融微旨雅，泰然遣放，放而不敖。故曰不知义之所适，倡狂妄行而蹈其大方。含哺而熙乎澹泊，鼓腹而游乎混芒。至仁极乎无亲，孝慈终于兼忘，礼乐复乎已能，忠信发乎天光。用其光则其朴自成。是以神器独化于玄冥之境而源流深长也。

故其长波之所荡，高风之所扇，畅乎物宜，适乎民愿。弘其鄙，解其悬，洒落之功未加，而矜夸所以散。故观其书，超然自以为已当，经昆仑，涉太虚，而游惚怳之庭矣。虽复贪婪之人，进躁之士，暂而揽其余芳，味其溢流，仿佛其音影，犹足旷然有忘形自得之怀，况探其远情而玩永年者乎！遂绵邈清遐，去离尘埃，而返冥极者也。[1]

该序从三个方面介绍《庄子》：第一段文字是该书与儒家六经的关系，第二段文字介绍了《庄子》的理论主旨，第三段对其学术意义进行评价。大体上看，比较符合郭象《庄子注》的哲学思想，但是细玩文意，则不难发现《庄子序》中的某些学术用语，与《庄子注》抵触，反映出两者学术理念的差异。

第一，关于"明内圣外王之道"。在郭象《庄子注》的哲学术语中，绝无可能出现"内圣"这个概念，因为在他笔下的"圣"只能是圣人治国的外迹。他认为，圣人的本质是"神人"，"神人即圣人也。圣言其外，神言其内"[2]。所谓"神人"，不是指神仙，而是指那种秉受特殊精妙之气，心智出神入化，通晓宇宙奥妙，无所不能的顶级人才。从不同角度观察，"神人"有不同名称，如全人、至人、无待之人、圣人等，分别揭示了"神人"的各种属性，作为基本范畴，分别支持着郭象哲学的各个理论层面。"圣人"揭示的是其政治属性——不得已君临天下时获得的称号。"圣"的本意是通达事理、才智胜人，"圣人者，物得性之名耳，未足以名其所以得也"。[3] 这句话不是说民众实现自己本性均可成为圣人，而是说英明帝王使民众实现各自本性，民众则根据圣人治国的事迹，将英明帝王称为"圣人"。

---

① 郭象：《庄子序》，第3页。
② 《庄子·外物》郭象注，第945页。
③ 《庄子·逍遥游》郭象注，第22页。

（关于“圣人”概念，详见第三章之“四、政治学说·圣人论”。）

在郭象看来，“圣人”这个名称，仅仅表述了其治国的外在事迹，而没有揭示产生这些事迹的原因。为了清晰说明“事迹”与“原因”两者的关系，郭象创造了“迹”与“所以迹”两个范畴：“圣人者，民得性之迹耳，非所以迹也。”[①]“所以迹”，是圣人的“无心”真性。“迹”，是圣人“无心”真性引导下作出的事迹，这些事迹保留在记载古代圣王政治历史的《六经》中，犹如圣王用自然本性这个无形鞋子走路留下的有形的脚印。“所以迹者，真性也。夫任物之真性者，其迹则六经也”[②]。由于各个时代的条件不同，圣人的治国之“迹”千差万别，有的“无为”，有的“有为”，而圣人治国的共同本质——“所以迹”却是一致的，都是以“无心”顺应民心（时势），并通过臣民的作为实现，“夫圣人因物之自行，故无迹。然则所谓圣者，我本无迹，故物得其迹。迹得而强名圣，则圣者乃无迹之名也”[③]。显而易见，“圣”这个概念，只能是圣人的外在表现，因此郭象不可能提出“内圣”概念。在郭象术语中，如果用类似语言概括圣人内在高明境界与外在经邦治国功绩的关系，应当是“内神外圣”而绝不可能是“内圣外王”。事实上，郭象用了“所以迹”与“迹”表达了圣人内在本质与外在事功的这一体用关系。

第二，关于“神器独化于玄冥之境而源流深长”。郭象的宇宙观的最大特点是否定一切外在的生成者，破一切本根论，否定外因的生化作用，强调每个事物依据自己的本性“自生独化”。

① 《庄子·马蹄》郭象注，第337页。
② 《庄子·天运》郭象注，第532页。
③ 《庄子·让王》郭象注，第989页。

在郭象《庄子注》中“神器”与“玄冥之境”均不具有宇宙本原或宇宙决定力量的意义。

“神器”指生命。《老子·第二十九章》云:“天下神器,不可为也。为者败之,执者失之。”其本意是说,治国犹如对待生命,要顺应其本性而不可强为。《老子河上公章句》将神器解释为人的生命,注文为:“器,物也。人乃天下之神物也。神好安静,不可以有为治。”[①]王弼则指一切生命,注文为:“神,无形无方也。器,合成也。无形以合,故谓之神器也。万物以自然为性,故可因而不可为也,可通而不可执也。物有常性,而造为之,故必败也。”[②]《庄子注》中的“神器”,含义与王弼等相同:“迟速之节,聪明之鉴,或能或否,皆非我也。而惑者因欲有其身而矜其能,所以逆其天机而伤其神器也”。[③]“巧者有为,以伤神器之自成,故无为者,因其自生,任其自成,万物各得自为,蜘蛛犹能结网,则人人自有所能矣,无贵于工倕也”。[④]

“玄冥”表示一切无形的存在,但绝没有宇宙本原意义。“玄冥者,所以名无而非无也”[⑤]。这是说,“玄冥”虽然也被称之为“无”,但是这种称谓不准确,因为它不是“空无”,而是指人类视觉无法辨析的无形领域。本性也是无形的,它隐藏在事物体中,只能通过种种现象,从不同角度了解其各种功能。故从不同角度称谓,本性亦有多种名号,如“物极”、“天理”、

① 《老子道德经河上公章句》,王卡点校,中华书局,1993年版,第118页。
② 《老子·第29章》王弼注,第77页。
③ 《庄子·秋水》郭象注,第593页。
④ 《庄子·天下》郭象注,第1097页。
⑤ 《庄子·大宗师》郭象注,第257页。

"无迹"、"所以迹"等等。因为本性是无形的，根据辨名析理的逻辑规则，属于"玄冥"这个大范畴。事物依据本性发生变化的过程，则被称之为"独化于玄冥"。

然而，《庄子序》中却有"是以神器独化于玄冥之境而源流深长也"一句。"源流深长"，无疑是形容"神器独化于玄冥之境"的，有宇宙本原论意味。既然是依据自身本性"独化"，如何又"源流深长"呢？与《庄子注》中的独化说对照，《庄子序》中的"源流深长"，属于画蛇添足，不可能出自郭象之手。

第三，关于"经昆仑，涉太虚，而游惚恍之庭"。郭象是彻底的无神论者，不相信任何超自然神力的存在，对《庄子》书中所有的神话，均作了"寄言出意"的理性解释，如在《逍遥游》注释中，对鲲鹏的真实性表示怀疑，不承认有神人存在；将神人"乘天地之正，而御六气之辩"的法力解释为"故乘天地之正者，即是顺万物之性也，御六气之辩者，即是游变化之涂也"[1]。因此，对《庄子》书中出现的游"昆仑"、"太虚"等游仙术语，郭象同样作"寄言"处理，请看：

> 《庄子·知北游》："若是者，外不观乎宇宙，内不知乎太初。是以不过乎昆仑，不游乎太虚。"郭象注："若夫娄落天地，游虚涉远，以入乎冥冥者，不应而已矣。"[2]

> 《庄子·天地》："黄帝游乎赤水之北，登乎昆仑之丘而南望，还归，遗其玄珠。"郭象注："此寄明得真

① 《庄子·逍遥游》郭象注，第20页。

② 《庄子·知北游》郭象注，第758～759页。

之所由。”[1]

《庄子·大宗师》:“狶韦氏得之,以挈天地;伏羲氏得之,以袭气母;维斗得之,终古不忒;日月得之,终古不息;堪坏得之,以袭昆仑……”郭象注:“道,无能也。此言得之于道,乃所以明其自得耳。自得耳,道不能使之得也;我之未得,又不能为得也。然则凡得之者,外不资于道,内不由于己,掘然自得而独化也。”[2]

《庄子·至乐》:“支离叔与滑介叔观于冥伯之丘,昆仑之虚,黄帝之所休。俄而柳生其左肘,其意蹶蹶然恶之……”郭象注:“斯皆先示有情,然后寻至理以遣之。若云我本无情,故能无忧,则夫有情者,遂自绝于远旷之域,而迷困于忧乐之竟矣。”[3]

需要指出的是,遍查郭象《庄子注》,未见“昆仑”、“太虚”二词;更不可能有对“惚恍之庭”的向往。相反,却有对求养生之道于“恍惚之外”的批判:“平气则静,理足顺心则神功至,缘于不得已则所为皆当。故圣人以斯为道,岂求无为于恍惚之外哉!”[4]由此可见,《庄子序》中“经昆仑,涉太虚,而游惚恍之庭”用语,是郭象不可能使用的。

第四,关于“况探其远情而玩永年者乎”。在《庄子序》中

① 《庄子·天地》郭象注,第 414 页。

② 《庄子·大宗师》郭象注,第 247～251 页。

③ 《庄子·至乐》郭象注,第 615～617 页。

④ 《庄子·庚桑楚》郭象注,第 817 页。

的“玩永年者”，指从事延年益寿活动的人，比“进躁之士”生命境界高。这无疑与《庄子注》生命观大相径庭。郭象认为生死寿夭有“性分”决定，与人的努力毫无关系，无论采取何种措施，生命都无法延长。

> 知道者，知其无能也；无能也，则何能生我？我自然生耳。而四支百体，五藏精神，已不为而自成矣。又何有意乎生成之后哉！达乎斯理者，必能遣过分之知，遗益生之情，而乘变应权，故不以外伤内，不以物害已而常全也。[①]

顺应生命自然，不考虑生死寿夭问题，不承认人类能“延年益寿”，不作任何有为的“养生”活动，是郭象的一贯之道，也是当代学术界的共识。在此，无须进一步证明。需要指出的是，在其哲学视野中，“玩永年者”与“躁进之士”，属于同一档次的“有待之人”，因此不可能在两者之间划分高低。

第五，关于“遂绵邈清遐，去离尘埃，而返冥极者也”。这句话的大意是说，“玩永年者”读了《庄子》后，将超越尘世，达到更高的生命境界。这种说法与郭象的“冥极”理论有所不同。郭象认为，凡人皆有天生的个性差异，称为“性分”；“性分”皆有自身极限，称为“极”；放弃一切心智活动处于无心的混沌状态，称为“冥”；处于无心混沌“冥”的状态时，自然会与自身性分的极限“极”完全一致，称为“冥极”。

---

① 《庄子·秋水》郭象注，第588页。

以形相对,则大山大于秋毫也。若各据其性分,物冥其极,则形大未为有余,形小不为不足。[①]

冥极者,任其至分,而无毫铢之加。是故虽负万钧,苟当其所能,则忽然不知重之在身,虽应万机,泯然不觉事之在己,此养生之主也。[②]

若知迹之由乎无为而成,则绝尚去甚而反冥我极矣。尧、桀将均自得,君子小人奚辨哉?[③]

如果《庄子序》为郭象所作,该序中的"返冥极",应是上文"反冥我极"的缩写,即"冥极",指以无心顺应自己的自然本性,而不是本性之外的别有一境界;"冥极"所达到的逍遥境界,亦不离尘世,而是在入世的经邦治国、人伦日用之中。"所谓无为之业,非拱默而已;所谓尘垢之外,非伏于山林也。"[④]因此,郭象不可能写出"遂绵邈清遐,去离尘埃,而返冥极者也"这样的出世文字。

综上所述,《庄子序》的作者不可能同时是《庄子注》的作者,因为两者的理论背景不同。在中国思想史上,如同郭象那样否定一切宇宙本根的彻底的无神论哲学家并不多见,《庄子序》作者的哲学背景中杂有传统的本原论和游仙养生内容,可

① 《庄子·齐物论》郭象注,第81页。
② 《庄子·养生主》郭象注,第116页。
③ 《庄子·骈拇》郭象注,第326页。
④ 《庄子·大宗师》郭象注,第270页。

能受南北朝隋唐时期道教影响，难以理解郭象本意，未能升堂睹奥，因此对郭象哲学微妙处的解释，咫尺千里，出现了如“内圣”之类硬伤。这恰恰说明，《庄子序》的作者只是《庄子注》的高明读者，而非作者。

第二章　融合与创新

一、儒释道融合

郭象在《庄子注》中，对中国哲学的问题进行了反思，涉及宇宙本原、心性、历史、圣人，命运、逍遥、养生各个层面，新见迭出，创建了完整的理论体系。否定传统宇宙论的"性"本论与圣人因循社会的臣民自治论，是支撑这一理论大厦的两根关键支柱。而这两个最重要的学术创新，并非仅靠郭象忽发奇想，而是顺应了汉晋之际儒释道融合的时代潮流，深化了黄老"因循"思想学说与老庄人性"自然"理论的结合，并在佛教般若"无本"学说刺激下，彻底消除了传统的宇宙本根论，创立了"性"本体论。将无为与有为、名教与自然，完全融为一体，超越了贵"无"与崇"有"，对元康玄学的时代课题作出了新的解答。

（一）玄学的发展

学术界普遍认为，汉魏之际的儒、道融合产生了魏晋玄学，这无疑是正确的。但是需要指出的是，儒家思想在这个玄学理论建构中提供的思想资源，主要是纲常伦理学说，而儒家最具生命活力的思想因素，如礼乐教化、大同理想等，则没有进入玄学体系中。而道家中的“黄老”与“老庄”则作为最有活力的思想因素，居学术融合的主导地位。由于“黄老”道家已经将儒家伦理融入其中，因此从某种意义上说，魏晋玄学是“黄老”与“老庄”的融合，道家思想的新发展。

道家的创始人老子主张以“无为”手段达到“无不为”目的，其政治学说表现为消极退让形式与积极进取精神的结合，自身具有消极与积极两种基因，存在着向两个方向发展的可能性。故老子身后的道家，出现了崇尚个性自由的“老庄”学派与追逐政治功利的“黄老”学派。

“老庄”指老子和庄子，“老庄”连用，并不始于春秋战国之际，而是首见于百年后西汉前期成书的《淮南子·要略》。玄学兴盛的魏晋时期，“老庄”一词才普遍流行，凝固在中国文化的语汇中，指这个具有明显避世倾向、以追求政治不作为和个性自由为特色的先秦道家学派。在这一流派中，《庄子》是集大成者——该书将蒙昧的原始社会视为人类的黄金时代，被称为“至德之世”，而后便不断退化；崇尚无政府状态的虚君政治，主张通过“至人无为”，使社会回归“至德之世”。宣扬生命的最高境界，是以相对主义的“齐物”眼光，从主观上消除是非、贫富、贵贱、荣辱以至生死的差异，最终通过“心斋”“坐忘”的精神升华，达到与“道”合一的自由“逍遥”之境。

“黄”是黄帝，“老”是老子。将“黄老”并称，先秦文献中无载，首见于《史记》，是司马迁等汉初学者对这一新道家学派的称谓。该学派的突出特点是以“因循”为最高原则，兼容诸子百家之长为其所用——法术势是政治手段，形名是思想方法，阴阳五行是宇宙结构论框架，而儒家的仁义和墨家的兼爱，则给这个冷峻无情的理论骨架，披上了温柔的伦理学外衣。正如司马谈《论六家要旨》所言：“其为术也，因阴阳之大顺，采儒墨之善，撮名法之要，与时迁移，应物变化……以虚无为本，以因循为用。”

从表面上看，黄老派与老庄派都强调以无为顺应自然的“因循”原则，但是其目的有异：老庄派是以恢复事物的自然本性为终极目的，而黄老派则是利用事物的自然本性为我所用。正是这一根本性变化，使道家的“无为”得以从哲学玄想，真正落实到社会政治层面，成为政治家手中的治国武器，因此，战国秦汉之际逐步成为显学，在齐国为稷下学的主流学派，得到了官方的青睐。两汉时期，伴随儒家的兴衰，黄老思潮出现了波浪式发展——从汉初休养生息的“清静无为”，到汉末社会批判思潮旨在革除腐败的“严刑峻法”。

在汉魏之际经学衰落的历史背景中，道家思想开始复兴。其中最有影响的学派，并不是通常所说的老庄哲学，而是所谓的“黄老之学”，它在建安时期战乱的特殊环境中一度成为曹魏意识形态的主流，并深刻影响着尔后中国学术思想走向：一方面，黄老学说与古文经学结合，形成了以王肃为代表的曹魏官方儒学;[①]另一方面,“黄老”与“老庄”哲学的融合,引发了玄学思想革命。这是魏晋时期最重要的学术突变。

将黄老积极入世的“因循”哲学逐步渗入到老庄个性自由的“自然”理念中,以此调和道家自然无为与儒家纲常礼教之间的矛盾,即“有为与无为”、“名教与自然”的矛盾,是魏晋玄学的基本特征。早期玄学在解答过程中,因社会政治条件的变化,出现了不同流派:如正始玄学是一种在消极无为形式下的积极有为的政治哲学,具有鲜明的黄老入世哲学的思想烙印,老庄的个性自由色彩并不明显;魏末特殊的政治环境,使竹林玄学的嵇康、阮籍高举“老庄”旗帜,激烈抨击有为的名教,主张无政府状态的“无为”政治和极端的个人自由;西晋初期的向秀《庄子注》,则表现为向“正始之音”的回归。这些问题,笔者在拙作《儒释道与魏晋玄学形成》中,对这一过程作了较为细致的研究,故不赘述。[②]下面需要介绍的是,面对元康时期贵“无”与崇“有”两派提出的新问题,郭象是如何沿着玄学前辈开拓的方面继续前行的。

1. 贵“无”论学说要点

清谈快乐而著书辛苦,故元康贵“无”派名士重清谈而轻著述,留下的文字寥寥无几,没有一篇正面阐述其理论主旨的文章,尤其是该派最重要的理论家王衍、乐广,甚至无任何完整的文章传世,历史文献中只有关于他们思想性格的简单描

---

① 参见王晓毅《“因循”与建安～景初之际曹魏政治哲学》,《南京大学学报》2004年第6期。

② 参见王晓毅《儒释道与魏晋玄学形成》,中华书局,2003年版。

述，称乐广清谈时言简意赅，“清夷冲旷”，[①]“自以体虚无”，[②]“与乐君言，觉其简至，吾等皆烦”。[③] 而王衍在史家笔下，似乎是个不坚持任何学术观点的空谈家。“妙善玄言，唯谈《老》《庄》为事。……义理有所不安，随即改更，世号‘口中雌黄’”。[④] 王衍、乐广的追随者——以庾敳、阮修为代表的“八达”等“后进之徒”，虽然有两篇文赋传世，但非哲学论文。因此，研究该学派思想，只能通过其它资料间接推知，包括裴頠《崇有论》中批判文字。经过梳理各种文献，可获得以下信息。

其一，贵“无”论所依据的最重要经典是《老子》而非《庄子》，所倚重的玄学解《老》参考论文，是夏侯玄的《本玄论》与阮籍的《通老论》。《世说新语·文学》注引《晋诸公赞》说：“自魏太常夏侯玄、步兵校尉阮籍等皆著《道德论》。于时侍中乐广、吏部郎刘汉亦体道而言约，尚书令王夷甫讲理而才虚，散骑常侍戴奥以学道为业。”历史文献中，只有何晏曾著“道、德二论”未见夏侯玄、阮籍著《道德论》，《文心雕龙·论说》载，夏侯玄曾著《本玄论》；现存《阮籍集》中，有《通老论》佚文。《晋诸公赞》关于夏侯玄、阮籍著《道德论》的说法，可能是对这两篇论文内容的概括。裴頠在《崇有论》批评贵“无”论时，便是围绕《老子》一书的主旨展开的。他认为贵“无”论的错误，在于曲解了《老子》中关于谦虚退让的思想，因为这只是君子行为的一种方式，并非全部。“老子既著五千之文，表摭秽杂之

① 《世说新语·言语》注引虞预《晋书》，第 87 页。

② 《世说新语·文学》注引《晋诸公赞》，第 202 页。

③ 《世说新语·赏誉》注引《晋阳秋》，第 435 页。

④ 《晋书》卷四十三《王衍传》，第 1236 页。

弊,甄举静一之义,有以令人释然自夷,合于《易》之《损》、《谦》、《艮》、《节》之旨。而静一守本,无虚无之谓也;《损》《艮》之属,盖君子之一道,非《易》之所以为体守本无也”。①

其二,以《庄子》的自由观诠释了《老子》,片面发挥了其中的“虚无”思想。何晏、王弼贵“无”论的特点是在消极无为形式下积极有为,贵“无”是为了全“有”,而元康贵“无”论则明显与之存在距离。裴頠《崇有论》中批判贵“无”论时指出其有“贱有”的表述:“遂阐贵无之议,而建贱有之论。……深列有形之故,盛称空无之美。……遂薄综世之务,贱功烈之用,高浮游之业,埤经实之贤。……乃号凡有之理皆义之埤者,薄而鄙焉。”《文心雕龙·论说》称:“夷甫、裴頠,交辨于有无之域,并独步当时,流声后代。然滞有者,全系于形用;贵无者,专守于寂寥。”似乎元康新贵“无”论偏于“虚无”,反对形用,这与王弼贵“无”论有距离。从王衍仅存的一句关于圣人的言论看,其笔下体“无”的圣人不是积极“因循”臣民外物,而是通过不作为而为臣民归附:“圣人尽众妙,体至当,故不求有所示而物自亲之。”②

裴頠在《崇有论》中指出:贵“无”理论得到了官员们的支持,增大了社会危害:“况于据在三之尊,怀所隆之情,敦以为训者哉!”以庾敳、阮修为代表的“四友”“八达”则比王衍、乐广走得更远。他们以竹林名士的继承者自居,尤其仰慕阮籍反抗礼教的放达生活方式。“鲲与王澄之徒慕竹林诸人,散首披

① 《晋书》卷三十五《裴頠传》,第1045页。

② 《太平御览》卷四百一《人事部四十二·叙圣》引王衍论曰,第1855页。

发，裸袒箕踞，谓之八达”。[①] 因此，在“名教与自然”的问题上，他们不同于王弼、向秀“名教本于自然”的主流派观点，而与嵇康、阮籍“越名教任自然”的激烈观点相同，集中表现在对《庄子·逍遥游》中的哲学意象——鲲鹏与斥鴳的理解上。

向秀从“名教本于自然”出发，否认了绝对自由的存在，认为所谓自由逍遥，并无客观的外在尺度，仅仅是生命内在的主观感受，以自然本性的满足为惟一标准。从这个意义上看，虽然大鹏与小鸟体态与飞翔高度悬殊，但只要具备各自所需的条件，便都达到了自由逍遥之境。“夫大鹏之上九万，尺鴳之起榆枋，小大之差，各任其性。苟当其分，逍遥一也。”[②]阮籍则从“越名教任自然”出发，在《大人先生传》中，塑造了象征绝对自由的“大人先生”，并盛赞阳鸟，鄙夷鷦鷯：“阳鸟游于尘外，而鷦鷯戏于蓬艾，小大固不相及”。阮籍的从子——元康“八达”之一阮修所著《大鹏赞》一文，可视为《大人先生传》的注脚。文中的“大鹏”，极似绝对自由的“大人先生”：“苍苍大鹏，诞自北冥。假精灵鳞，神化以生。如云之翼，如山之形。海运水击，扶摇上征。翕然层举，背负太清。志存天地，不屑唐亭。鸴鸠仰笑，尺鴳所轻。超世高逝，莫知其情。”[③]

对绝对自由的向往，使庾敳、王澄、阮修等“后进之徒”——年轻一代元康贵“无”派名士，以阮籍为榜样放达不羁，以“元康放达派”的形象留在历史的记忆中。“魏末阮籍，嗜酒荒放，露头散发，裸袒箕踞。其后贵游子弟阮瞻、王澄、

---

① 《世说新语·品藻》注引邓粲《晋纪》，第513～514页。

② 《世说新语·文学》注引向子期、郭子玄《逍遥义》，第220页。

③ 《晋书》卷四十九《阮修传》，第1366页。

谢鲲、胡毋辅之之徒，皆祖述于籍，谓得大道之本。故去巾帻，脱衣服，露丑恶，同禽兽。甚者名之为通，此者名之为达也”。[1]

其三，宇宙哲学方面，关于王衍、乐广哲学思想最集中的表述，是《晋书·王衍传》中一段陈述：“魏正始中，何晏、王弼等祖述老庄，立论以为：天地万物皆以无为本，无也开物成务，无往不存也。阴阳恃以化生，万物恃以成形。贤者恃以成德，不肖恃以免身。故无之为用，无爵而贵矣。衍甚重之。”该文字被视为研究元康贵无论理论特点的关键证据，多为思想史家引用。然而，其传达的学术信息并不多。文中所讲的内容，是《晋书》作者对何晏、王弼理论主旨的概括，仅指出王衍、乐广复制了何晏、王弼“以无为本”学说。

从贵“无”派其他名士的有限的资料看，《晋书》的上述说法与事实有一定出入。从宇宙本体论角度看，元康贵“无”派所继承的，既有何晏、王弼的贵“无”论，也有阮籍、嵇康的元气自然论。后者更为明显。何晏、王弼摈弃了传统的元气论宇宙生成论太极→阴阳→五行→万物的思维模式，以有无、本末、体用看待万物与本体的关系。他们笔下的“无”，无形无象，不可言说，是事物生成发展的决定力量，与构成万物形质的元气不可同日而语。嵇康、阮籍继承了传统的元气生化学说，认为原始的混沌之气“太极”是宇宙本原。从庾敳的文章看，显然继承了传统宇宙论学说，与嵇康、阮籍相同。他在《幽人箴》中写道：“有物混成，先天地生。乃剖乃判，二仪既分。高卑以陈，贵贱攸位。”[2]这个先天地存在的无形混沌，是宇宙

① 《世说新语·德行》注引王隐《晋书》，第24页。
② 严可均：《全三国文》卷十九，第1668页。

万物的母体及其命运的决定力量。他的《意赋》展现了同样的宇宙论思想背景："至理归于浑一兮，荣辱固亦同贯。存亡既已均齐兮，正尽死复何叹。物咸定于无初兮，俟时至而后验。"所谓"混成""混一"，在汉魏儒道哲学术语中，可称之为"太极"、"道气""元一"，异名同实，指气的原始混沌状态。

王弼哲学体系中的的"无"，并不是元气，而是不可言说的本体。然而当时达到这一抽象思维高度者并不多见，而从形名角度将混沌元气称为"无"，在西晋思想界比较普遍。例如何劭在其所著《王弼传》中这样写道：

> 何晏以为圣人无喜怒哀乐，其论甚精，钟会等述之。弼与不同，以为圣人茂于人者神明也，同于人者五情也，神明茂故能体冲和以通无，五情同故不能无哀乐以应物。①

何劭在元康～永康时期先后任太子太师、尚书左仆射、司徒，与贵"无"派名士同处一朝。他对王弼笔下的"无"，便作元气看待，认为王弼所言圣人所体之"无"，是圣人因特别聪明，能将体中冲虚之气与宇宙中的混沌之气（无）互相感应。显然，他是借助传统的元气感应思维，理解王弼的圣人体无学说。这种思维方式在西晋时期相当普遍。以此可佐证，元康玄学的新贵"无"论与正始玄学的贵"无"论之间，可能存在差异。

但是从《崇有论》间接提供的信息看，元康贵"无"论的确继承正始玄学家王弼的某些学说，主要表现在政治哲学领域。

① 《三国志》卷二十八《魏书·钟会传》注引何劭《王弼传》，第795页。

因为裴頠所反驳的贵“无”论观点，可在王弼《老子注》中找到两条相关的注文：第一，驳“匠非器”说。《老子·第三十八章》王弼注：“母不可远，本不可失。仁义，母之所生，非可以为母；形器，匠之所成，非可以为匠也。舍其母而用其子，弃其本而适其末。”裴頠《崇有论》：“心非事也，而制事必由于心，然不可以制事以非事，谓心为无也。匠非器也，而制器必须于匠，然不可以制器以非器，谓匠非有也。”第二，驳“有以无为用”说。《老子·第十一章》王弼注：“木、埴、壁所以成三者，而皆以无为用也。言无者，有之所以为利，皆赖无以为用也。”裴頠《崇有论》：“盖有讲言之具者，深列有形之故，盛称空无之美，形器之故有征，空无之义难检。”

2. 崇“有”论学说要点

《崇有论》开篇首先论证了有形事物及有为活动的合理性和局限性。指出，世界上存在着两种不同的事物：一是无形的宇宙本体，无需外物而自足；二是有形的万物，不能自足，需要借助外资才能生存。所谓外资，就是借助外部条件，如树木需要土壤水分，人类需要衣食。外资中有些事物适宜自己，有些不适宜。选择其中宜适者，是生物之本性。对有思想的人类来说，为保存生命而选择适宜的外资，是一切活动的根本目的所在。“夫总混群本，宗极之道也。方以族异，庶类之品也。形象著分，有生之体也。化感错综，理迹之原也。夫品而为族，则所禀者偏，偏无自足，故凭乎外资。……有之所须，所谓资也。资有攸合，所谓宜也。择乎厥宜，所谓情也。识智既授，虽出处异业，默语殊途，所以宝生存宜，其情一也”。[①]

① 《晋书》卷三十五《裴頠传》，第 1044 页。

再者,分析了贵无论产生的原因。人们寻找外资的活动是合理的,不可缺少。故贤明者力图寻找一种既能满足人们需要,又不使欲望过度膨胀的行为方式,作为安身立命的准则。问题在于,人类不能将其活动限制在满足需要的合理范围内,在欲望的驱使下,人们往往超过自己的真实需求而无限扩张,造成了不良后果。“是以贤人君子,知欲不可绝,而交物有会。观乎往复,稽中定务。惟夫用天之道,分地之利,躬其力任,劳而后飨。居以仁顺,守以恭俭,率以忠信,行以敬让,志无盈求,事无过用,乃可济乎!……若乃淫抗陵肆,则危害萌矣。故欲衍则速患,情佚则怨博,擅恣则兴攻,专利则延寇,可谓以厚生而失生者也。”①

面对人类欲望无限膨胀造成的弊端,有人发现清心寡欲有益,便将矛头指向了进取精神,并上升到本体论高度,建立了贵“无”论哲学,认为“无”是宇宙万物的之本,因而忽视有形事物本身的价值。忽视有形事物价值必然遗弃礼乐刑政与纲常名教。一般民众容易被时髦思潮所裹挟,而贵“无”思潮来自社会上层,其影响力和危害性更剧烈。“悠悠之徒,骇乎若兹之衅,而寻艰争所缘。察夫偏质有弊,而睹简损之善,遂阐贵无之议,而建贱有之论。贱有则必外形,外形则必遗制,遗制则必忽防,忽防则必忘礼。礼制弗存,则无以为政矣。众之从上,犹水之居器也。故兆庶之情,信于所习;习则心服其业,业服则谓之理然。是以君人必慎所教,班其政刑一切之务,分宅百姓,各授四职,能令禀命之者不肃而安,忽然忘异,莫有迁

① 《晋书》卷三十五《裴頠传》,第1044页。

志。况于据在三之尊，怀所隆之情，敦以为训者哉”！[1]

“无”是否比“有”更重要，这是一个大是大非问题，不可不辩。过度的欲望与有为活动应当节制，但这并不意味着“无”与“无为”的根本作用。尽管贵“无”派的论据明显站不住脚，却因迎合了时人的理论胃口而走红，产生了极大的负面效果，使国家机器无法正常运转，社会风气江河日下。“斯乃昏明所阶，不可不审。夫盈欲可损而未可绝有也，过用可节而未可谓无贵也。盖有讲言之具者，深列有形之故，盛称空无之美。形器之故有征，空无之义难检，辩巧之文可悦，似象之言足惑，众听眩焉，溺其成说。虽颇有异此心者，辞不获济，屈于所狎，因谓虚无之理，诚不可盖。唱而有和，多往弗反，遂薄综世之务，贱功烈之用，高浮游之业，埤经实之贤。人情所殉，笃夫名利。于是文者衍其辞，讷者赞其旨，染其众也。是以立言藉于虚无，谓之玄妙；处官不亲所司，谓之雅远；奉身散其廉操，谓之旷达。故砥砺之风，弥以陵迟。放者因斯，或悖吉凶之礼，而忽容止之表，渎弃长幼之序，混漫贵贱之级。其甚者至于裸裎，言笑忘宜，以不惜为弘，士行又亏矣”。[2]

贵“无”论作者通过阐发《老子》思想，为自己的学说提供经典支持。《老子》的清静无为思想是针对人类过分有欲的弊端而发，其真义是为了“全有”。犹如《易经》之《谦》《损》诸卦的义理，是士大夫处世方法之一，而不是《周易》的主旨。虚无主义者抓住《老子》《周易》的个别词句无限发挥，认为是宇宙根本大道，这是对先哲思想的歪曲。“老子既著五千之文，表

① 《晋书》卷三十五《裴頠传》，第1045页。

② 《晋书》卷三十五《裴頠传》，第1045页。

摭秽杂之弊，甄举静一之义，有以令人释然自夷，合于《易》之《损》、《谦》、《艮》、《节》之旨。而静一守本，无虚无之谓也；《损》《艮》之属，盖君子之一道，非《易》之所以为体守本无也。观老子之书虽博有所经，而云'有生于无'，以虚为主，偏立一家之辞，岂有以而然哉！人之既生，以保生为全，全之所阶，以顺感为务。若味近以亏业，则沉溺之衅兴；怀末以忘本，则天理之真灭。故动之所交，存亡之会也。夫有非有，于无非无；于无非无，于有非有。是以申纵播之累，而著贵无之文。将以绝所非之盈谬，存大善之中节，收流遁于既过，反澄正于胸怀。宜其以无为辞，而旨在全有。……而虚无之言，日以广衍，众家扇起，各列其说。上及造化，下被万事，莫不贵无，所存佥同。情以众固，乃号凡有之理皆义之埤者，薄而鄙焉”。①

最后，裴頠从本体论角度肯定了“有为”，他指出，有形物不是由“无”产生，而是自生。因此有形物存在根据，也不是“无”，而是有形物本身——“有”，“无”是有形物消失后的状态。“无”既不能生“有”，也不能养育“有”，变化“有”，成全“有”。生命的存在，必须要依靠自身的有为行动去获取外资。而不是靠无为。对人类来说，不主动放钓饵，靠躺下休息，不可能捕取深水中的鱼；靠拱手静坐，也捉不到高处的飞禽。事实证明，有形的生命需要有为活动提供外资才能生存，与虚无没有任何关系。“夫至无者无以能生，故始生者自生也。自生而必体有，则有遗而生亏矣。生以有为已分，则虚无是有之所谓遗者也。故养既化之有，非无用之所能全也；理既有之众，非无为之所能循也。心非事也，而制事必由于心，然不可以制

① 《晋书》卷三十五《裴頠传》，第1046页。

事以非事，谓心为无也。匠非器也，而制器必须于匠，然不可以制器以非器，谓匠非有也。是以欲收重泉之鳞，非偃息之所能获也；陨高墉之禽，非静拱之所能捷也；审投弦饵之用，非无知之所能览也。由此而观，济有者皆有也，虚无奚益于已有之群生哉"！①

通过以上对贵"无"与崇"有"两派学术思想的介绍，可以清晰地看到，尽管两者的论战已上升到宇宙本体论高度，但讨论的真正焦点却是治国修身方面，尤其是在政治实践中是采取"有为"还是"无为"方针。王衍、乐广与"八达"继承发展了正始竹林玄学的崇尚个性自由、反对纲常礼教的思想，但是与正始、竹林时期玄学思想局限于少数精英人物不同，新贵"无"论影响了整整一代元康名士，真正形成了文化"思潮"，并引起了严重的社会后果。为了挽救贵"无"论消极"无为"造成的社会崩溃，玄学阵营发生分裂，以裴頠为代表的务实派玄学家开始向传统儒学靠拢，从贵"无"转向崇"有"，强调"有为"政治与礼乐教化的功能。显然，元康时期的"有无之辩"在魏晋玄学史上的意义，在于其将正始、竹林玄学提出而没有解决的时代课题，无为与有为、自然与名教之间的关系重新提到了议事日程。郭象的学术贡献，是沿着玄学融合黄老"因循"与老庄"自然"的学术思路继续发展，在通过建构新的圣人论，将"无为"与"有为"再次融为一体。

在黄老之学中，圣人以形式上的无心，去"因循"臣民的名分，循名责实，实现社会功利目的，政府积极有作为；在老庄之学中，圣人以真正的无心，放任臣民，使其自然本性实现，以人

① 《晋书》卷三十五《裴頠传》，第1047页。

生的逍遥为目的,政府消极不作为。郭象将黄老的政治功利主义与老庄的自由主义有机地融为一体:一方面,圣王"因循"社会形势,可积极从事政治活动,但必须体现臣民的意志,以臣民实现自然本性为终极目的;另一方面,臣民的自然本性已经与名分嫁接,变成了符合社会规范的"性分",其共同意志必定是维护社会秩序。下面仅就圣人人格问题,看郭象是如何融合"有为"与"无为"的。

众所周知,圣人在古代思想世界中堪称意义最丰富的语言符号,既是理想人格,更是治国最高原则的化身。在郭象笔下圣人的本质,既不像何晏、王弼及元康贵"无"论那样体"无",也不像儒家及裴頠《崇有论》那样崇"有"。

> 夫圣人之心,极两仪之至会,穷万物之妙数。故能体化合变,无往不可,旁礴万物,无物不然。世以乱故求我,我无心也。我苟无心,亦何为不应世哉!然则体玄而极妙者,其所以会通万物之性,而陶铸天下之化。①

郭象认为圣人的本质不可言说。它不是空无,而是无限丰富、无所不知的"夫体神居灵而穷理极妙者";但其无任何主见、无任何作为、无条件"因循"外部世界的一切变化社会,"是以至人无心而应物,唯变所适"。② 郭象认为,既然圣人顺应一切社会变化,所以必然会被人民拥戴为帝王。"世以乱故求我,

① 《庄子·逍遥游》郭象注,第31～32页。

② 《庄子·外物》郭象注,第921页。

我无心也。我苟无心,亦何为不应世哉"![1] 在治国过程中,无个人意志的圣人,必然顺应广大臣民的意志,放手让他们的按他们的愿望行事——臣民自然会依据不同的社会形势而采取不同的政策,从礼乐教化、刑名法术到军事征服。由于臣民的政治活动均表现为执行君主命令,那么,从现象上看,圣人的政治活动必然表现为"有为"。由此可见,圣人的"无为",只能通过"有为"表现出来,故"无为"与"有为"无任何差异,完全同一。

通过改造圣人学说,郭象提出了融"有为"与"无为"于一体的政治哲学,在这个问题上,郭象借助了黄老道家的思想资源,改造《庄子》而成。

(二)般若学的影响

郭象玄学是否受到佛教影响呢?从郭象玄学理论看,有两个明显超越中国传统思维之处:一是历史哲学否定了宇宙发生过程的存在,认为世界没有绝对的"开始"和"时间",人类社会不存在必然性历史退化,仅是时世各异;[2]二是突破了中国传统宇宙生成论的思维模式,否定了一切形式的宇宙"本根",以本体与现象关系看待世界,事物内在的本性是无形的,只能通过外在的现象表现出来,类似"体用"关系。[3]

毫无疑问,郭象玄学是中国传统学术思想融合创新的结

---

① 《庄子·逍遥游》郭象注,第 31 页。

② 详见本评传第三章二、"历史观"。

③ 详见本评传第三章一、"'性'本论"。

果，但其"无始"的历史观与反本根论哲学，可能受到了佛教般若学的某些间接影响。众所周知，中华文化有浓厚的历史感，其理论思维方式是追溯事物的初始状态，故往往持"宇宙生成论"；印度文化的历史感十分淡薄，其理论思维方式是关注事物之间的彼此关系，故佛教哲学持"本体论"。郭象关于宇宙不存在"本根"、历史不存在绝对"开始"与"时间"的观点，超越中国传统思维习惯，而佛教关于宇宙在时间上无限、没有绝对"开始"与万物"无本"的观点，汉晋时期亦随着译经传入中土，可能会对郭象产生某些影响。

尽管目前没有郭象与佛教直接接触或直接引用佛经的文献资料，但从元康时期的佛教思想背景入手，对探讨郭象哲学某些超越中国传统思维的特点，有重要参考价值。

西晋王朝的建立之初，治国的指导思想仍承袭魏末以来的传统，坚持儒学的一元化统治，对异端思想予以取缔，尤其对宗教活动，作了严格限制。泰始元年十二月，晋武帝司马炎登位伊始，便立刻下诏，宣称"以道莅天下者，其鬼不神，其神不伤人，……末世信道不笃，僭礼渎神，纵欲祈请，曾不敬而远之，徒偷以求幸，祅妄相煽，舍正为邪，故魏朝疾之。其案旧礼具为之制，使功著于人者必有其报，而祅淫之鬼不乱其间"。[1]这道诏书虽然主要是防止五斗米教死灰复燃而发，但是它所表达的宗教政策，对佛教的发展同样不利。好在佛教属外来胡人的宗教，对政局无危害，且有粉饰太平的作用，与五斗米教之类民间"邪教"不同，所以在政府的默许下，于西晋前期（太康之前），佛教开始复苏并缓慢发展。在这个过程中，士族

① 《晋书》卷十九《礼志上》，第600页。

名士的态度起了重要的作用,见于史籍的有以下二例:

其一,《佛祖统纪》卷三十六《法运通塞》载:“泰始三年,侍中荀勖于洛阳造金像佛菩萨十二身,放大光明,都人竟集瞻礼。”荀勖是西晋开国元勋之一,泰始初年即拜中书监加侍中,掌管机密,权势很大,长期左右朝政。他有音乐和绘画多种才艺,据《世说新语·术解》介绍,荀勖“善解音声”,泰始时期,受诏负责“调律吕、正雅乐”工作。又据《世说新语·巧艺》载,荀勖的从舅钟会曾伪造荀勖的手迹,骗走其价值百万钱的宝剑一把。后来钟会兄弟以千万钱修的一所大宅刚竣工,“极善画”的荀勖潜入,在门堂画了钟会父亲钟繇的肖像,“衣冠状貌如平生,二钟入门,使大感动,宅遂空废”。刘孝标注引《孔氏怪志》:“彼此书画,巧妙之极。”荀勖如此善画,又负责政府的艺术方面工作,可见其铸造佛像一事,是可信的。

其二,《佛祖统纪》卷三十六《法运通塞志》:“荆州都督羊祜日供武当山寺,有问其故,祜曰:‘前身多有诸过,赖造此寺,故获中济,所以供养之情,偏重于此。”羊祜泰始五年出镇襄阳,都督荆州诸军事,位至征南大将军。据《晋书·羊祜传》载,羊祜五岁时,知其前身为邻居李氏的儿子;青少年时代游于汶水之滨遇到仙人,预言其未来;中年时,有善相墓者言其祖墓有帝王气。若凿之则无子孙。羊祜生命历程中遇到的这些神异现象,很可能使其较一般人有更多的宗教情感,可见,他在襄阳期间供养佛寺的传说亦是可信的。据《高僧传》卷十《竺法慧传》,竺法慧曾于东晋“建元元年至襄阳,止羊叔子寺”。羊祜字叔子,羊叔子寺可能是羊祜所供之寺。

在西晋前期的政治格局中,上述二人可称之为举足轻重的人物。荀勖属于西晋前期新礼法派代表人物,但历史上曾受过玄学思潮的影响，正始年间是正始名士领袖曹爽的故吏，“爽诛，门生故吏无敢往者，勖独临赴，众乃从之”[①]。有明显的道家烙印，例如，某次关于减吏的政论中，荀勖以道家哲学为立论依据，认为“省吏不如省官，省官不如省事，省事不如清心”。羊祜虽在正始时期拒绝了曹爽的辟召，但文化倾向较荀勖更为道家化，他在襄阳期间“轻裘缓带”，“置酒言咏，终日不倦……所著文章及为《老子传》并行于世”[②]。也许正是自由开放的道家精神，使他们能宽容地对待佛教这种外来宗教。但对佛教义学，他们像这个时期的士大夫一样所知不多。

上述高官对佛教的态度，直接影响着西晋政府对佛教的政策。因此，这个时期僧人的译经及佛事活动已经开始增多。

在译经方面，竺法护的成就是典型例证。据《出三藏记集》卷十三《竺法护传》：“武帝之世，寺庙图像虽崇京邑，而方等深经，蕴在西域。”于是，他发愤去西域取经，并带回长安翻译，译出了大量佛经。现存的竺法护元康以前的译经，便有十八部之多。东晋时，孙绰将其比作山涛，“后孙绰制《道贤论》以天竺七僧，方竹林七贤，以护匹山巨源。论云：‘护公德居物宗，巨源位登论道。二公风德高远，足为流辈矣’”。[③]

佛事活动方面，《法苑珠林·受请篇》卷四十三引《冥祥记》记载，晋武帝时代洛阳白马寺佛教徒举办法会的宗教仪式，已存在西方佛土和菩萨度世的信仰：“晋阙公则，赵人也，恬放萧然，唯勤法事。晋武之世，死于洛阳，道俗同志，为设会

① 《晋书》卷三十九《荀勖传》，第1152页。

② 《晋书》卷三十四《羊祜传》，第1020～1022页。

③ 《高僧传》卷一《竺法护传》，第24页。

于白马寺中，其夕转经，宵分闻空中有唱赞声，仰见一人，形气壮伟，仪服整丽，乃言曰：‘我是阙公则，今生西方安乐世界，与诸菩萨共来听经。’合堂惊跃，皆得睹见。”

元康时期，随着玄学思潮的再次兴起，清谈哲理风气对佛教发展起了重要的作用。清谈是魏晋知识分子的学术辩论会，虽由玄学家发起，但不局限于玄学家，亦不局限于玄学论题，各种学术身份和政治地位的人，均可参加。在清谈中，从高官到乞丐，从学术大师到少年学子，都有平等的发言权，只要能在辩论中取胜，便可获得学术界的认可。在清谈场上，理论是多元的，而检验理论的标准只有一个，即听众的普遍理性。佛教之所以能在这一时期进入中国思想界，便于这种特定的学术风气有关。由于西晋末年战乱，资料散佚，所以关于僧人参加清谈的记载多在东晋之后，但多种迹象表明，西晋后期佛教徒已在清谈中崭露头角。例如，乐广于元康中后期任河南尹一职，其官衙是当时著名的清谈中心之一。竺叔兰曾进入这个清谈中心，以其机捷的谈锋，使玄学清谈家刮目相待。清谈场上自由平等的学术风尚，显然有利于各种“异端”思想的生长。值得注意的是，玄学名士的清谈及其放达不羁的生活风尚，影响了这一时期僧人行为，换句话说，出现了僧人名士化倾向。

> 支孝龙，淮阳人，少以风姿见重，加复神彩卓荦，高论适时。常报味小品，以为心要。陈留阮瞻、颍川庾凯，并结知音之交，世人呼“八达”。或嘲之曰：“大晋龙兴，天下为家，沙门何不全发肤，去袈裟，释胡服，被绫罗。”龙曰：“抱一以逍遥，唯寂以致诚。剪发

> 毁容，改服变形，彼谓我辱，我弃彼荣。故无心于贵而愈贵，无心于足而愈足矣。”其机辨适时，皆此类也。①

据《群辅录》记载，上述“八达”人物为董昶、王澄、阮瞻、庾敳、谢鲲、胡毋辅之、沙门于法龙、光逸。于法龙应为支孝龙之误。“八达”是一些放达不羁的贵族子弟，其行事与佛教教义相去甚远，而支孝龙作为僧人混迹其间，说明了当时名僧的名士化。在社会风气侈奢腐化的西晋后期，有些僧人在玄佛合流的过程中，不遵守戒律，身着华贵的衣服，引起了西域高僧的反感。据《高僧传》卷九《耆城传》载，耆城“以惠帝之末，至于洛阳，……又讥诸众僧，谓衣服华丽，不应素法”。耆城的看法虽然合乎佛教常规，但在西晋特殊的环境中，佛教欲得到发展，必须进入玄学名士社会之中；只有“方便”行事，才能得到文化认同。因此，不必过于指责。《耆城传》记载了衡阳太守滕永文，因患病长期住在洛阳满水寺调养治病，亦可说明士大夫与僧人关系的密切。这是以前所不见史籍记载的事情。

玄学界关心的问题也影响着这一时期佛教经典的翻译和解释。玄学家们热衷于“有无之辩”，刺激了佛教《般若》经的翻译与流行。竺法护虽然曾于太康七年在长安译出了《光赞般若经》十卷，但未能在中原地区流行，直到东晋太元(376～396)年间，由道安介绍后才得以流行。西晋时期，洛阳文化界流行的是由竺叔兰和无叉罗于元康元年(291)十二月译出的

① 《高僧传》卷四《支孝龙传》，第149页。

《放光般若经》。由于般若经重点讨论宇宙的真相,适合玄学的理论需求,所以影响很大,在士族知识界流传。周嵩夫妇的事例便是典型:

> 安慧则,未详氏族……晋永嘉中……止洛阳大市寺,手自细书黄缣,写《大品经》一部,合为一卷,字如小豆,而分明可识,凡十余本。以一本与汝南周仲智妻胡母氏供养。胡母过江,赍经自随。后为灾火所延,仓卒不暇取经,悲泣懊恼。火熄后,乃于灰中得之,首轴颜色,一无亏损。于时同见闻者,莫不回邪改信。此经今在京师简靖寺首尼处。①

周仲智即周嵩,名士周顗之弟,其妻"胡母氏"无此姓,应为胡毋氏之误。大概出自西晋"八达"之一胡毋辅之的家族。关于胡毋氏所藏素书《大品》的神奇经历的传说表明,西晋后期《放光般若经》在士族社会的流传相当可观。周氏兄弟后来渡江南下,成为东晋王朝的一代名臣,死于王敦之乱,行刑之时,周嵩口诵佛经。他们对佛教的信仰,应形成于西晋后期的青少年时代。

元康玄学思潮对佛教发展的影响是显而易见,那么这一时期的佛教对玄学是否存在着某种反作用呢?学术思潮之间的影响往往是双向的。在魏晋思想史上,佛教在与玄学的交流中起主导作用是东晋以后的情况。但在东晋之前,佛教向玄学的渗透已经开始,表现在对这一时期玄学"有无"本体论

① 《高僧传》卷十《安慧则传》,第372~373页。

思维方式的影响。

魏晋玄学本体论的特点是摒弃了汉代元气论，不注重宇宙生成过程，而是借用老庄“有”、“无”术语探讨世界万有的本质(本、体)与现象(末、用)的关系，以此解释自然本性(体)与纲常名教(用)不二。① 从思想渊源看，该派仍是中国传统道家与儒家哲学中蕴含的本体论思想的融合与发展，如老庄无与有、道与器不可分割的观点和《中庸》的“中和”学说。但是也受到了佛教某些刺激，主要表现在本体论方面的“无本”思想。

佛教般若学说对本体论思维方式的影响，正始时代已发生，魏晋玄学在形成中是否受到佛教的影响？这是一个长期悬而未决的难题。汤用彤先生持无，吕澂先生持有。由于拿不出有力证据，故学术界基本上同意汤氏说。早在东汉后期，小品般若《道行经》已译出，译经者是胡人，其思维方式不同于中国人，故般若经否定宇宙本根的缘起性空观念，已较为准确地翻译出来了。汉魏之际学术界的宇宙论传统，从何晏玄学开始发生逆转。反映何晏早期玄学思想的代表作是《无名论》，该论的中心哲学概念是“无所有”，而这恰恰是当时汉译佛经用来表达“空”的概念。笔者在拙作《儒释道与魏晋玄学形成》中，②从何晏所寄养的曹氏家族的佛教文化影响谈起，进而深入比较了何晏《无名论》与东汉佛教译经在“无所有”概念运用上的异同，得出如下结论：尽管何晏并未真正理解

① 关于玄学该派的思维特点，参见拙作《从象数到本体—汉魏之际思维方式的演变》，台湾辅仁大学《哲学与文化》第二十二卷，第七期。

② 王晓毅：《儒释道与魏晋玄学形成》，第54～65页。

佛教的空观,但其玄学理论在孕育过程中曾受到佛教的刺激,即在佛教空观的催化下,何晏早期的宇宙哲学出现了既不同于传统也不同于佛教的本体论变形。这种从事物自身思考其存在和完善内在依据的新思路,启发了王弼本体论哲学的形成,而王弼又将何晏笔下似有"真空"含义的"无所有",改造成"中和"、"全有"而无形的"无",清洗了佛教译经的痕迹,回归了中国传统的本根——本体思维方式。尽管佛教哲学的影响间接而微弱,却是历史上中国文化与相当水平的外来文化第一次在哲学深层的思想碰撞。碰撞中产生的思想火花,点燃了魏晋玄学的思想火焰,从而照亮了一个新的文化时代——从滞重到空灵的时代。

正始玄学家们对中国文化的突出贡献,是以"体用"思想方法调和了名教与自然的关系,但由于他们以"无"生"有"的宇宙生成论予以论证,留着一个宇宙本根的尾巴,因而名教与自然最终为本末母子关系,不能融为一体。西晋元康玄学、尤其是郭象玄学,彻底地割去了生成论的尾巴,以"体用"方法解决了名教与自然的矛盾。那么佛教般若学对这一时期玄学本体论成熟起了什么作用呢?这是一个值得深入探讨而学界研究薄弱的环节。

西晋元康玄学形成之际,《般若经》的大品与小品,均已存在。小品般若经自东汉末年由支娄迦谶译出,名为《道行经》;三国时期的支谦重译,题为《大明度无极经》;西晋人卫士度删略支娄迦谶《道行经》十卷为《摩诃般若波罗蜜道行经》二卷。虽然这些经典的翻译必须借助中国哲学的传统术语进行,如空、无、有、道、本、末等范畴。但是,由于译经者是胡人,其思维方式不同于中国人,故般若经中双遣有无、否定宇宙本根的缘起性空观念，还是较为准确地翻译出来了。

> 如佛所说，人无有本。晓知人本无所有，是为度人。[①]

> 法中无所有、无所闻、无所得……本末空无所有。[②]

> 如法无所从生.本无亦无所从来，亦无所从去……一切皆本无，亦复无本无。[③]

> 如法无所从生为随教，是为本无。无来原亦无去迹，诸法本无……一切皆本无，亦复无本、无等、无异。[④]

从上述引文看，小品般若所讲的"本无"，实际上是"无本"——指事物没有本根。佛教认为：本与末并无差异，均是"空"，即"本末空无所有"。这与中国传统的宇宙本根论是不相同的。无论中国的道家、儒家还是魏晋玄学，可以说，佛教入华之前的所有中国本土学派，均持宇宙生成论。中国哲学中"有无之辩"的

---

① 《道行经》卷八《强弱品》，第 467 页 A，见日本《大正新修大藏经·般若部》第 8 册，大正一切经刊行会 1934 年版。以下引佛经均出该版本《般若部》第 8 册。

② 《道行经》卷一《难问品》，第 430 页 A、C。

③ 《道行经》卷五《本无品》，第 453 页 B。

④ 《大明度经》卷四《本无品》，第 494 页 A。

"无",是指无形的宇宙本根,是最完善的"有",为万物的生母,故为万物之本。佛教则强调无生成者,故无本,也称为"本无"。如果说,小品般若的这一"无本"观念还未真正引起中国思想界注意的话,那么大品《放光般若》的译出,则通过"色"与"空"不异的说法,使佛教这一宇宙论特点鲜明化了。

何谓五阴?色阴、痛阴、想阴、行阴、识阴。五阴则是空,空则是五阴……以字故名为空,以字故名为五阴,其实亦不生亦不灭,亦无著亦无断。菩萨作如是行者,亦不见生亦不见灭,亦不见著亦不见断。①

色与空等无异,所以者何?色则是空,空则是色。痛想行识则亦是空,空则是识。亦不见生亦不见灭,亦不见著亦不见断,亦不见增亦不见减,亦不过去当来今现在。②

何等为"无"空?于中无所见,是为"无"空。何等为"有"空?诸法无有偶者,于诸合会中皆无有实,是为"有"空。何等为"有无"空?于诸聚会中亦无有实,是谓"有无"空。③

《放光般若》中,中国传统哲学"无"与"有"、"空"与"色"之间的

---

① 《放光般若经》卷一《无见品第二》,第 4 页 C。
② 《放光般若经》卷一《假号品第三》,第 6 页 A。
③ 《放光般若经》卷四《摩诃衍品第十九》,第 23 页 B。

本末关系已不复存在。其原因便是佛教般若学否定宇宙万有之后存在着一个生母作为本根或本质。因为世界万象均为缘起性空,是不真的存在,世界的真相"法性"、"实相"、"空"是超越"有""无"的不可言说的存在。

值得注意的是,在西晋时期,大品般若不但被译出并与小品一起广泛流传,而且对经文的中国式义学解释已经出现。如,般若经的注释本已经出现,《高僧传·帛远传》载:帛法祖注《放光般若》及《显宗论》。最重要的还是讲经活动的兴起。《放光般若》刚刚译出后,支孝龙稍加阅读,便聚众讲解,"时竺叔兰初译《放光经》,龙既素乐无相,得即披阅,旬日有余,便就开讲"[①]。竺道潜(286~378)"十八岁出家,事中州刘元真为师,元真有才解之誉"[②]。竺道潜18岁出家时为西晋太安三年(303),刘元真已是著名般若义学家了,以清谈般若义理闻名于世,"微言兴化,誉洽西朝"[③],孙绰称其"谈能雕饰,照足开曚"[④]。《魏书·释老志》攻击他宣扬佛教为:"接乞胡之诞言,用老庄之虚伪,附而益之,皆非真实。"竺道潜继承发扬了其师的传统,成为两晋之际承上启下的般若义学大师。早在永嘉三年(309),战火中的洛阳清谈场上,竺道潜"年二十四,讲《法华》、《大品》,既蕴深解,复能善说,故观风味道者,常数盈五百"。[⑤]

对《般若经》"空"的解释高潮是东晋,出现了六家七宗,而

① 《高僧传》卷四《支孝龙传》,第149页。
② 《高僧传》卷四《竺道潜传》,第156页。
③ 《高僧传》卷四《竺道潜传》,第156页。
④ 《高僧传》卷四《竺道潜传》,第156页。
⑤ 《高僧传》卷四《竺道潜传》,第156页。

"七宗"学说的创始人中,有四宗为西晋末年南渡的高僧。这些高僧早在元康永嘉之际,已活跃于思想论坛:上文提到的竺道潜,是"本无异"宗创始人;支愍度是"心无义"宗的创始人,虽于东晋成帝时渡江,但学术活动始于西晋惠帝时期,《出三藏记集》卷二《新集经论录第一》:"晋惠帝时,沙门支愍度所集其《合首楞严》。"于法兰与其弟子于道邃分别是"识含"宗和"缘会"宗的创始人,于两晋之际渡江南下。早在西晋武帝太康时期,于法兰便已从事传教活动,"晋抵世常,中山人也,家道殷富,太康中,禁晋人作沙门。世常奉法精进,潜于宅中起精舍,供养沙门,于法兰亦在焉"①。据《高僧传·于法兰传》载,他 15 岁出家,20 岁便名声大振,"研讽经典,求法问道,必在众先,迄在冠年,风神秀逸,道振三河,名流四远"。其弟子于道邃 16 岁出家,以于法兰为师,并得到了西晋佛经大翻译家竺法护的赞扬,"学业高明,内外该览,尤巧谈论。护公常称邃高简雅素,有古人之风,若不无方,为大法梁栋矣。后与兰公俱过江"②。

从以上《般若经》哲学义学及其传播情况,可见西晋后期玄学家所面临的文化环境。既然《般若经》宇宙哲学理论已随着义学高僧讲经及清谈论辩出现在思想论坛,那么对玄学理论便不可能毫无影响。西晋元康玄学的"贵无论"、"崇有论"和"自生独化论"三大流派与佛教之间,在社会交往和学术思想方面,存在着不同程度的联系。

---

① [唐]释道宣:《法苑珠林》卷二十八《神异篇》,第 436 页,见《四部丛刊初编》,上海:商务印书馆 1936 年缩印明万历刊本。

② 《高僧传》卷四《于道邃传》,第 167～170 页。

1. 贵“无”派的代表人物是王衍、乐广、庾敳等人，都与佛教有接触。首先，《放光般若》的译者竺叔兰与乐广相识。竺叔兰嗜酒，经常醉卧路旁。某次醉酒后去河南尹官衙呼叫，被吏卒扭送到乐广处，“时河南尹乐广与宾客共酣，已醉，谓兰曰：‘君侨客，何以学人饮酒？’叔兰曰：‘杜康酿酒，天下共饮，何问侨旧？’广又曰：‘饮酒可尔，何以狂乱？’答曰：‘民虽狂而不乱，犹府君虽醉而不狂。’广大笑。时坐客曰：‘外国人那得面白？’叔兰曰：‘河南人面黑尚不疑，仆面白复何怪耶？’于是宾主叹其机辩”①。乐广的官衙，是当时著名的清谈中心，竺叔兰的上述活动，可视为进入这个中心后关于饮酒与肤色问题的一次清谈，并以其机捷的谈锋，使诸名士刮目相待。虽然这次清谈未及佛法，但竺叔兰在此之前已译出了《放光般若》，尔后的交往中涉及般若义理，在崇尚学术自由平等的清谈场上，是完全可能的。

再者，王衍所在的琅邪王氏家族与佛教有着不解之缘。例如，《放光般若》的首讲僧人支孝龙，与王衍的“四友”中王澄、庾敳、胡毋辅之的关系极为密切，同为“八达”人物。王导与王敦皆为王衍的族弟，活跃在元康清谈场上，是王衍一手提拔起来的政治嫡系。而且他们亦追随王衍等前辈，王敦的弟弟竺道潜与王导的弟弟释道宝，均是一代高僧：“竺道潜，字法深，姓王，琅琊人，晋丞相武昌郡公敦弟也。”②“时剡东仰山，

---

① ［梁］僧佑撰：《出三藏记集》卷十三《竺叔兰传》，第 98 页 B，见日本《大正新修大藏经·目录部》第 55 册，大正一切经刊行会 1934 年版。以下引《出三藏记集》文字均出自该版本。

② 《高僧传》卷四《竺道潜传》，第 156 页。

复有释道宝者,本姓王,琅琊人,晋丞相导之弟也”。[1] 由此可以窥见,在琅琊王氏的信仰中,佛教已有相当重要的影响。

贵“无”派无哲学论著留传,但《世说新语》对乐广某次清谈的简单记载,为分析该派与佛教思想关系,留下了蛛丝马迹。

> 客问乐令“旨不至”者,乐亦不复剖析文句,直以麈尾柄确几曰:“至不?”客曰:“至!”乐因又举麈尾曰:“若至者,那得去?”于是客乃悟服。”[2]

这是以《庄子·天下》关于名家的一系列悖论中的“指不至,至不绝”为题进行的清谈。“指”的原意是手指,因为人们用手指指物表达概念,于是成了动词“指认”、“指出”,进而成了概念本身,变为“旨”。在常识世界中,事的名称“指”是能够表达事物的,故指可至。“指不至”是一个悖论。而这个悖论为什么能够成立呢?由于概念是抽象的,所指事物却是具体的。具体的事物之丰富,绝非概念所能完全表达,所以说“不至”。古人不具备现代人的逻辑分析能力,他们虽感到了一般与个别的矛盾,却很难说出其中的道理。乐广之前的注《庄子》者,对“指不至”的解释,还局限于手指取物一类直观理解。如,西晋泰始时期注《庄子》的司马彪说:“夫指之取物,不能自至,要假物,故至也。然假物由指,不绝也。一云:指之取火以钳,刺

① 《高僧传》卷四《竺法崇传》,第171页。

② 《世说新语·文学》,第205页。

鼠以锥，故假于物，指是不至也。”[①]乐广的解释，比司马彪明显棋高一步。他表演了麈尾柄与桌面的离合动作，通过这个动作说明事物是变化无常的，概念“旨”不可能切中所指事物的本质。刘孝标对乐广的论点作了如下诠释：

> 夫藏舟潜往，交臂恒谢，一息不留，忽焉生灭。故飞鸟之影，莫见其移；驰车之轮，曾不掩地。是以去不去矣，庸有去乎？然则前至不异后至，至名所以生；前去不异于后去，去名所以立。今天下无去矣，而去者非假哉？既为假矣，而至者岂实哉？[②]

刘孝标是南朝梁人，以佛家动静观进一步明确地解释了乐广的观点。佛家的这一观点，东晋末僧肇在《肇论》中，据中观哲学作了经典表达：“往物既不来，今物何所往？……旋岚偃而常静，江河竟注而不流，野马飘鼓而不动，日月历天而不周”。[③]“以名求物，物无当名之实；以物求名，名无得物之功。物无当名之实，非物也；名无得物之功，非名也”。[④]东晋玄学的代表人物张湛在注释《列子·仲尼篇》中“有指不至”一句时，已明显融人佛教“如是观”：“夫以指求至者，则必因我以正

---

① 《经典释文》引司马彪《庄子注》，第1109页。

② 《世说新语·文学》刘孝标注，第205页。

③ 僧肇：《肇论·物不迁论》，第151页A、B，见日本《大正新修大藏经·目录部》第55册，大正一切经刊行会1934年版。以下引《肇论》文字均出自该版本。

④ 《肇论·不真空论》，第152页C。

物。因我以正物，则未造其极。唯忘其所因，则彼此玄得矣。”[①]显然，张湛认为“指”即概念，出自认识主体的某个知识角度，以此定义事物，类似佛经所说的盲人摸象而陷入片面，不能反映事物的真相。乐广虽然没有像东晋的名士高僧那样以佛教思想立论，但是，思维方式的共同点还是显而易见的，即都认为现象界变化不居，无确定性质。所以，概念“旨”是不真的假名。乐广以“体虚无”自居，“虚无”的具体内容是否已有“空”的含义呢？已无法详知。以下资料，可窥乐广学说与佛经可能有缘。

> 卫玠总角时问乐令“梦”。乐云：“是想。”卫曰：“形神所不接而梦，岂是想邪？”乐云：“因也。未尝梦乘车入鼠穴，捣啖铁杵，皆无想无因故也。”卫思“因”，经日不得，遂成病。乐闻，故命驾为剖析之。卫既小差。乐叹曰：“此儿胸中当必无膏肓之疾。”[②]

乐广上述清谈中所用的“想”，其意思并非等同于传统观念的“思”，应与当时佛教五阴(蕴)(色、受、想、行、识)中之“想”，意思十分接近。“想”是介于“受”与“行”之间的一种心理现象。“受”指感受，即外界作用于眼、耳、鼻、舌、身而产生的感受，层次较低；“行”指造作，是意向、动机等高级心理活动，并且促使感官不断与外界接触。而“想”介于二者之间，指在感受的基础上形成的表象、概念等简单的不反作用于感官

① 《列子》卷四《仲尼篇》张湛注，第141页。
② 《世说新语·文学》，第203～204页。

的心理活动。流行于汉晋之际的《阴持入经》注这样解释“想”:“想,象也,嘿念日思在所志,若睹其象之处已前。”与乐广所用的“想”,意思相近。

2. 崇“有”派的代表人物是裴颜,玄学名士裴秀之子,其母与贾后为亲姊妹,故元康时期,裴颜作为外戚贾氏的代表于朝中执政,虽官不过尚书仆射,却是元康时期的实权人物。他没有与佛教发生关系的历史记载,但是其政治集团中的石崇却是佛教徒,“奉佛亦至”[①]。石崇是贾谧“二十四友”的中坚人物,与裴颜同于永康元年(300)赵王伦诛贾氏的政变中遇害。

从裴颜《崇有论》的思想主旨看,与佛教没什么相干。但是,他运用“有”、“无”概念表达既崇尚“有为”,又不反对“无为”的观点时,这样写道:“夫于有非有,于无非无;于无非无,于有非有。”且不论裴颜这些用词的本意是什么,仅从形式上看,与东晋般若学双遣有无的表达何其相似。结合《崇有论》文章可以得知,裴颜并非真正达到双遣有无的境界,而是即肯定有又肯定无。他除了著《崇有论》外,还另写了一篇文章《贵无论》。陆机《惠帝起居注》说:“颜理具渊博,赡于论难,著《崇有》、《贵无》二论,以矫虚诞之弊。”[②]孙盛《老聃非大贤论》说:“昔裴逸民作《崇有》、《贵无》二论,时谈者或以为不达虚胜之道者,或以为矫时流遁者。余以为尚无既失之矣,崇有亦未为得也。”裴颜的《贵无论》已佚,无法了解其“非无非有”的高论。

3. 郭象没有与高僧清谈或读佛经的历史记载。这位在

---

① [梁]僧佑编:《弘明集》卷一《正诬论》,第8页C。

② 《三国志》卷二十三《魏书·裴潜传》注引,第673页。

元康清谈场上发言“如悬河泻水”的著名辩手，亦不可能游离于佛教文化氛围之外，因为与郭象接触最为密切的名士同样是琅琊王氏精英，与名僧支孝龙同称为“八达”的名士庾敳、阮瞻、谢鲲、王澄、胡毋辅之、光逸，均任职于东海王司马越府，与郭象同为幕僚，郭象主簿职位与“八达”有密切接触，多有学术交流。如其中庾敳，对郭象“甚知之，每曰：‘郭子玄何必减庾子嵩。’”①

郭象的代表作是《庄子注》，这部作品是中国儒道结合的产物，即以道家的自然哲学与儒家的纲常伦理相融合。然而，其宇宙本体论方面，却出现了前所未有的巨大变化——彻底地否定传统的宇宙生成论，认为事物的现象背后，没有一个内在无形的本根，事物依据自己的本性而“自生”“独化”，虽与佛教般若学的“缘起性空”说并不相同，他认为从反对探索宇宙生成的终极原因这一思路看，两者却有共同之处。

此外，郭象《庄子注》中还有一些语录与佛理相近。例如，郭象关于“无极”的论述耐人寻味：“人形乃是万化之一遇耳，未足独喜也。无极之中，所遇者皆若人耳”；②“冥乎不死不生者，无极者也”。③《庄子》原意的“无极”，仅指没有极限。郭象笔下的“无极”，虽然与庄子相同，但有时改变了《庄子》原意，有彼岸之意。早在三国时，支谦已译出《大明度无极经》，“无极”指般若智能达到的佛教彼岸，在该经中，“明度无极”是

① 《晋书》卷五十《庾敳传》，第 1396 页。
② 《庄子·大宗师》郭象注，第 245 页。
③ 《庄子·逍遥游》郭象注，第 11 页。

个出现频率较高的固定词组，如："菩萨大士行明度无极"。①早在西晋太康七年(282)，《光赞般若波罗蜜经》便由竺法护译出，"无极"指彼岸，出现次数很多，如关于"六度无极"的文字："佛告舍利弗，开士大士行智慧度无极。欲求佛道。行布施度无极戒忍度无极精进度无极一心度无极。舍利弗白佛言。云何开士大士欲求佛道。佛告舍利弗。开士大士。假使不得身口行言心念。不得布施度无极戒度无极忍度无极精进度无极一心度无极智慧度无极。"②到东晋时道安，仍在这个意义上用这个概念："慧则无往而非妙，终日言尽道也，故为八万四千度无极也。"③西晋时经亦流行于世。虽然郭象笔下的"无极"与涅槃不可同日而语，但也存在着某些相似之处。

以上对西晋玄学与佛教关系的探讨，侧重研究两者之间的共同点或相似之处，应当指出的是，这一时期佛教般若学并未参与玄学理论的主体建构。郭象的"自生""独化"新说有些离经叛道，其实，同样是在中国传统思想基础上的创新。他吸收了前人的自生、自化思想，通过"辨名析理"，将形形色色的宇宙本根——道、无、元气、天地等概念一一改造，纳入自己的体系内，使自己自生独化的"怪论"，不仅没有被视为异端，而且成为玄学思想界公认的揭示宇宙真相的问鼎之作。

首先，是对《庄子》中"自生""自化"思想的继承和发展。庄子的宇宙观存在着矛盾——既承认"道"是事物变化的根本

① 《大明度经》卷一《行品》，第 479 页 C。
② 《光赞般若波罗蜜经》卷二《行空品》，第 158 页 A。
③ [梁]僧佑撰：《出三藏记集》卷七《合放光光赞略解序》，第 48 页 B。

动因,又强调事物变化的自发性,在事物变化问题上有二元倾向,即“道”的作用与万物的“自化”并存。面对不可思议地和谐发展的大千世界,庄子认为冥冥中有宇宙主宰,是事物生成变化的原动力。同时他又表述,万物皆有其自生自化的能力,“汝徒处无为,而物自化……无问其名,无窥其情,物固自生”。[①] 至于事物是怎样“自化”的,庄子认为这个问题超越了人类的认识能力,犹如人们能够听到鸡鸣狗吠,但是再聪明的人也无法解释到为什么鸡能鸣、狗能吠。

再者,对汉代宇宙论“自然”思想的继承与发展。从表面上看,郭象自生独化论与汉代宇宙论似乎南辕北辙,其实,两者同样存在血缘关系。两汉黄老道家和儒家宇宙论,均承认宇宙发生的起点,是连元气也没有的绝对空无,《淮南子·天文训》称为“虚霩”,“道始于虚霩。虚霩生宇宙,宇宙生元气”。《周易乾凿度》称为“太易”,“太易者,未见气也;太初者,气之始也”。大儒郑玄则将《周易乾凿度》中的“太易”注释为“无”,将元气诸形态——太初、太始、太素注释为“有”,并明确提出了元气从空无中“自生”:“元气之所本始。太易既自寂然无物矣,焉能生此太初哉?则太初者,亦忽然而自生。”[②]黄老派学者王充,也从男女之间性生活的动机与是否怀孕无关这个经验出发,推论天地、元气都不是万物的生成者,万物是在天地间元气的运动中自然产生的:“天地合气,万物自生。犹夫妇合气,子自生矣。……夫人之施气也,非欲以生子,气施而子

① 《庄子·在宥》,第390页。

② 《周易乾凿度》郑玄注,《丛书集成初编》本,商务印书馆,1937年版,第8页。

自生矣；天动不欲以生物而物自生，此则自然也；施气不欲为物而物自为，此则无为也。……夫天覆于上，地偃于下，下气烝上，上气降下，万物自生其中间矣。当其生也，天不须复与也；由子在母怀中，父不能知也。物自生，子自成，天地父母何与知哉。”①

最后，魏晋玄学为郭象本体论提供的最直接的思想资源，从正始之音、竹林七贤、到元康玄学，一脉相承。从忽略宇宙本根的存在而强调事物自然产生这个角度看，何晏、向秀与裴頠的学说，对郭象影响最大。

第一，何晏《无名论》。王弼的贵“无”论虽然承认宇宙有其生化的本根“无”，仍带有宇宙生成论因素，但是毕竟消除了宇宙意志的存在，蕴含着虚化宇宙本根的思想倾向。值得注意的是，何晏、夏侯玄早期本体论思想的反传统倾向比王弼更激进，如何晏曾著《无名论》一文，将“道”解释为“无所有”的空无，并引用了夏侯玄的关于“道”即事物自然本性的理论：

> 道者，惟无所有也。自天地已来皆有所有矣。然犹谓之道者，以其能复用无所有也……夏侯玄曰：“天地以自然运，圣人以自然用。自然者，道也。”②

这段文字的大意为：“所谓‘道’，就是‘空’。自从天地生成以来，只能见到有形有名的事物存在和发展。人们所说的‘道’，

① ［汉］王充：《论衡》卷十八《自然》，见黄晖《论衡校释》，中华书局，1990年版，第775～782页。以下所引《论衡》均为该版本。

② 《列子》卷四《仲尼》张湛注引何晏《无名论》，第121页。

是指有形有名事物赖以生存发展的空间，正如夏侯玄所说，天地以顺应万物的自然规律运作，圣人顺应人民的自然本性治国，由此可见，‘道’就是自然——事物的自身规律。”何晏的“无所有(空)”与夏侯玄的“自然”，是从不同角度否定了“道”实体性质：正因为宇宙中不存在决定力量，事物才能在自由空间中自然而然地生成变化。何晏的《无名论》中所使用的“无所有”概念，是汉魏佛教译经中“空”的中文译名。何晏以“无所有”解释道体的思想方法，可能与佛教般若学说的影响有关，而且可能在正始时代已发生。

第二，向秀《庄子注》。郭象通过大量地直接采用向秀注文，完成了自己的《庄子注》。向秀描述的宇宙本原，似乎是万物生成变化的环境或背景，其作用不可察觉，仅见万物“自然”生成变化。这些思想都是郭象“自生”“独化”思想最重要的来源(详见《向秀评传》)。

第三，裴頠《崇有论》。裴頠本体论的突出特点，是从“存在”与“不存在”的角度使用“有”与“无”两个基本范畴，而且强调一无所有的“至无”，不能生成实存的“有”。他指出，事物不是由“无”产生，而是自然产生；事物的存在根据，也不是“无”，而是事物的形质本身——“有”，“无”是有形物消失后的虚空状态。“夫至无者无以能生，故始生者自生也。自生而必体有，则有遗而生亏矣。生以有为己分，则虚无是有之所谓遗者也”。[①] 从这段简短的引文不难看到裴頠与郭象本体论的共同点：裴頠表示绝对空无的“至无”概念和事物以自身为本体的“体有”学说，与郭象思想有更多的相似之处。

---

① 《晋书》卷三十五《裴頠传》，第1046页。

郭象的自生独化说，是中国道家哲学向理性主义方向发展的合乎逻辑的结果。佛教的影响并非决定性的，因为郭象哲学即使“空”掉了宇宙本根，也没有最终“空”掉自然本性这个无形的存在——“玄冥”。这是中国本土文化的理论底线，与大乘空宗最后的分野。

二、诠释方法

利用诠释经典发挥自己的思想，是中国思想史学术创建的基本规律。刘笑敢教授认为，中国古代诠释方法中存在“文义引申式诠释”，王弼《老子注》是代表作；亦存在“自我表现式诠释”，郭象《庄子注》是代表作，所言极是。① 但从技术层面看，郭象继承了王弼诠释儒道经典的所用的“本末体用”“言意”和“形名”方法，并依据建立自家玄学体系的需要，对这些方法及表述作了发展，如将“本末体用”改造为“迹与所以迹”，以表述内在本性与外在表象的关系；将“得意忘言”改造为“寄言出意”，为其忽略经典原意自由发挥己见服务；“辨名析理”作为魏晋时期各学派共享逻辑思维方式，郭象与王弼个人都不可能再改变规则，而只能在运用中创新，作为界定哲学范畴，构建理论体系的工具。以下分别介绍这三个方法。

---

① 刘笑敢：《经典诠释中的两种定向及共外化——以王弼〈老子注〉及郭象〈庄子注〉为例》：“最接近于‘纯文本性定向’的实际作品可以称之为‘文义引申式诠释’，本文中所讨论的这种诠释的代表作即王弼的《老子注》，本文称之为‘顺向诠释’的代表作。最接近于‘纯表现性定向’的实际作品可以称之为‘自我表现式诠释’，本文所讨论的代表作即郭象的《庄子注》，本文称之为‘逆向诠释’的代表作。”台湾：《中国文哲研究集刊》第二十六期（2005 年 3 月）。

（一）“迹”与“所以迹”

思想家在构建其思想体系时，固然使用了多种学术方法，但其中最重要的，则是以其新世界观分析问题的方法，或者说，就是世界观本身。所谓学术方法与世界观，是同一思想过程的两个面相，不可分割。对魏晋玄学家来说，便是“体用”方法与本体论哲学的关系。

《北史·儒林传》云：“南人约简，得其英华；北学深芜，穷其枝叶。”此言虽是针对南北学风而发，实际上切中了汉代经学与魏晋玄学的学风差异，而这种差异直接根源于两者学术方法。当代学者则常说汉代经学“滞重”而魏晋玄学“空灵”。所谓“滞重”，是说汉人思想方法多就事论事，停留在感性现象的表层，用象数思维去解释现象之间的外在联系；所谓“空灵”，是说魏晋人的思想方法不满足于具体现象的外在联系，而能从个别上升到一般，透过现象抓本质，达到更高层次的总体性把握。魏晋玄学的这种学术方法，被学术界总结为“体用”方法，它直接产生于玄学本体论哲学。

学术界传统观点认为，“体用”作为一对哲学范围被明确提出并作为哲学思维运用，是由王弼开始的。这种观点既表现了对王弼学术新思维的真正理解，又流于粗疏。以“体用”观点分析问题，的确是王弼新学的独到之处，然而王弼并没有清醒地意识到这一点，因而没有像对待“执一统众”和“崇本息末”那样明确地归纳为“本”与“末”两个对立统一范畴，即没有明确提出“体”与“用”一对范畴。不仅王弼，其他玄学家没有明确将“体用”作为一对范畴提出，但他们在实际创作中，同样以“体用”思想分析问题。比如，尽管王弼与郭象均以“体用”方法分析问题，但是两人的玄学本体论存在差异，决定了学术方法各有特色。

王弼持贵“无”论，理论上承认宇宙本体“无”曾在时空上存在于万物“有”之前之外。尽管“无”产生“有”之后，便存在于有之中，不可分割，但是，两者是母子式生成关系，明显为二物，不可能达到“即体即用”的境界，因此其“体用”思维实际上仍未脱离“本末”思维。所以在学术方法方面，王弼公开提出的命题，是“崇本息末”和“执一统众”，强调本体对万有的决定作用和统帅关系。例如，《老子指略》是王弼系统阐述他注释《老子》一书基本方法以及他所理解《老子》主旨的文章。在这篇文章中，王弼首先批判了前人对《老子》一书的错误理解。他认为，造成失误的根本原因是研究方法的失误。对《老子》的解释，决不能案文责句，拘泥于其中的个别论述，作孤立的理解，或者说理解的切入点不能从枝叶“末”开始，而应首先把握其根干“本”，即首先抓住其思想主旨。用现代哲学术语表达，就是由现象切入本质，抓住矛盾的主要方面。

> 《老子》之书，其几乎可一言而蔽之。噫！崇本息末而已矣。观其所由，寻其所归，言不远宗，事不失主。文虽五千，贯之者一；义虽广瞻，众则同类。解其一言而蔽之，则无幽而不识；每事各为意，则虽辩而愈惑。①

---

① 王弼：《老子指略》，第198页。

“本”，指君主“无为”，“本在无为，母在无名”；[①]“有”，指君主“有为”；所谓“崇本息末”，指崇尚“无为”反对“有为”。“故见素朴以绝圣智，寡私欲以弃巧利，皆崇本以息末之谓也”。[②]在王弼笔下，“无为”与“有为”是“本末”关系，犹如本体“无”与万物“有”是母子式生成关系，而不是本质与现象的关系。严格地讲，王弼的“体用”思维实际上仍未脱离“本末”思维。这种思想局限是王弼在他那个时代所无法超越的。中国学术界真正开始从事物自身出发考虑其本质与现象的关系，即开始真正意义上的本体论思维，必须抛开宇宙生成论思维才有可能。

郭象彻底否定了宇宙本根的存在，事物生成变化的依据是自己的自然本性，称之为“自生”“独化”。如此以来，大千世界在郭象新的哲学视野中，可以简化为“迹”与“所以迹”。“迹”，即形迹，相当于形名学中的“形”，泛指一切现象；“所以迹”，即现象背后的原因，相当于形名学中的“实”，指事物的本性。根据郭象因果理论，任何外部条件都不是事物生成变化的真正原因，真正的原因只有一个，那就是事物的本性，称之为“真性”。“所以迹者，真性也”。[③]“迹”与“所以迹”是对一切现象与本性（本质）的哲学概括，其语言表达可随具体事物而异，请看以下“某”与“所以某”结构：

子贡不闻性与天道，故见其所依而不见其所以

① 《老子·第38章》王弼注，第94页。
② 王弼：《老子指略》，第198页。
③ 《庄子·天运》郭象注，第532页。

依也。夫所以依者，不依也，世岂觉之哉！[1]

因其自作，而用其所以动。[2]

畜之而不得其本性之根，故不知其所以畜也。[3]

外无所谢而内无所矜，是以诱然皆生而不知所以生；同焉皆得而不知所以得也。[4]

“依”与“所以依”、“作”与“所以动”、“畜”与“所以畜”、“生”与“所以生”、“得”与“所以得”等等，都可视为“迹”与“所以迹”的具体展开，表达了形形色色的各种现象与各自生成原因的关系。本性“所以迹”，只能通过有形有象的“迹”表现出来，两者不是二物，而是同一事物的本质与现象，即“体用”关系。本性是无形的，不能脱离形迹而表明自己的存在，因此，从某种意义上说，“迹”就是“所以迹”，“所以迹”就是“迹”。用另一种语言表达，人类活动的行为规则“名教”——“迹”，不过是人类的自然本性——“所以迹”的外化。故名教与自然不二。例如，他认为礼乐是自然之情表达“信行容体而顺乎自然之节文者，其迹则礼也”。[5]

当人类处于无心状态（郭象称为“冥极”）时，本性自发活

① 《庄子·大宗师》郭象注，第 271 页。
② 《庄子·天运》郭象注，第 503 页。
③ 《庄子·知北游》郭象注，第 737 页。
④ 《庄子·齐物论》郭象注，第 112 页。
⑤ 《庄子·缮性》郭象注，第 550 页。

动产生的“形迹”是最完美的，“有心于为德，非真德也。夫真德者，忽然自得而不知所以得也”。[①]“性之所能，不得不为也；性所不能，不得强为；故圣人唯莫之制，则同焉皆得而不知所以得也”。[②] 郭象反复强调，使有形事物完善的最佳途径，是彻底“无为”——“忘”，不仅要忘了“迹”，也要忘了“所以迹”。因为只有“忘”了本性，对其不加任何干涉，它的自发活动才能最圆满，产生的形迹最完善。“夫坐忘者，奚所不忘哉？既忘其迹，又忘其所以迹者，内不觉其一身，外不识有天地，然后旷然与变化为体，而无不通也”。[③]

至此，郭象的新思维并没有真正完成，还存在一个必须弥补的缺口：如果圣人的本性“所以迹”与“迹”一致，那么《庄子》书中描述的圣人政治事迹——舜的教化、大禹的刑罚、汤、武的用兵等等，则都是圣人本性的外化，圣人的本质必然是“有为”的，而这是郭象及魏晋玄学家在理论上不能接受的。为了解决这个矛盾。郭象从哲学高度将事物分为“有迹”者与“无迹”者，确切说，是真正的“有迹”者与似乎“有迹”而实际“无迹”者两种类型。

其一，“有迹”者。对于每个有形事物或臣民来说，其“本性”都是有局限的，不能自足，郭象称之为“性分”。因此必然依据本性的欲望进行有为的活动，于是出现了活动的形迹。因此，他们的“所以迹”与“迹”相同，如上所云。

其二：“无迹”者。绝对真空的“无”、“至理”，不可能产生

① 《庄子·列御寇》郭象注，第1057页。
② 《庄子·外物》郭象注，第937页。
③ 《庄子·大宗师》郭象注，第285页。

任何形迹，属于“无迹”者，[1]但这不是郭象讨论的真正目标，他笔下的“无迹”者主要指圣人。圣人本性空灵，无心、无知、无为——无任何主见地“因循”社会形势和时代精神从事政治活动，同样留下了形迹，但这并不是圣人的真迹，而是臣民自己从事政治活动留下的形迹。所谓社会形势和时代精神，并非宇宙力量，而是臣民本性所决定的共同需求；所谓圣人的政治活动，无非是政策制定与执行，而这些政治活动都是臣民自己进行操作，圣人只是“因循”。人们的错误，便是将自己的政治事迹，误认为是圣人的事迹。由此可见，无为的圣人是“无迹”的，“任物，故无迹”；[2]“主能任其自行，故无迹也”；[3]“反任物性而物性自一，故无迹”。[4]

> 神人无用于物，而物各得自用。归功名于群才，与物冥而无迹，故免人闲之害，处常美之实。[5]

> 夫志各有趣，不可相效也。故因其自摇而摇之，则虽摇而非为也；因其自荡而荡之，则虽荡而非动也。故其贼心自灭，独志自进，交成俗易，闷然无迹，履性自为而不知所由，皆云我自然矣。[6]

---

① 《庄子·齐物论》郭象注：“至理之来，自然无迹。”（第 88 页）
② 《庄子·应帝王》郭象注，第 308 页。
③ 《庄子·天地》郭象注，第 446 页。
④ 《庄子·缮性》郭象注，第 556 页。
⑤ 《庄子·人间世》郭象注，第 182 页。
⑥ 《庄子·天地》郭象注，第 432 页。

> 此真浑沌也，故与世同波而不自失，则虽游于世俗而泯然无迹，岂必使汝惊哉！①

> 夫圣人因物之自行，故无迹。然则所谓圣者，我本无迹，故物得其迹。迹得而强名圣，则圣者乃无迹之名也。②

郭象的圣人"无迹"学说是一个大发明，可视为道家"无为"理论的一次重大进展，也是郭象超越玄学前辈之处。依据这个理论，历史记载中的圣人的政治之"迹"都可以视为臣民的政治之"迹"。至此，圣人"无为"与"有为"的矛盾被彻底化解，无论圣人还是臣民，本性"所以迹"与活动"迹"都是同一的。郭象运用这种独具特色的"体用"新思维，解决了困扰魏晋思想界的"有为与无为"、"名教与自然"的时代课题，集中表现在其诠释《庄子》的文字中。

例如，《庄子》中存在大量仰慕远古无为圣王、贬低三代以降有为圣王的文字，这是魏晋社会无法接受的，尤其西晋后期，迫切需要拨乱反正的有为君主。因此，郭象强调，圣王本质没有差异。下面是《庄子·应帝王》中的一段文字。庄子本意为，泰氏比有虞氏更不作为，因此后者劣于前者，而郭象明显作了相反解释，认为两者本质"所以迹"相同，因时代不同，形迹各异。

---

① 《庄子·天地》郭象注，第 438 页。

② 《庄子·让王》郭象注，第 989 页。

《庄子·应帝王》:“啮缺问于王倪,四问而四不知。啮缺因跃而大喜,行以告蒲衣子。蒲衣子曰:‘而乃今知之乎?有虞氏不及泰氏。’”

郭象注:“夫有虞氏之与泰氏,皆世事之迹耳,非所以迹者也。所以迹者,无迹也。世孰名之哉?未之尝名,何胜负之有邪?然无迹者,乘群变,履万世,世有夷险,故迹有不及也。”①

又如,对儒家的六经的本质,郭象发挥了《庄子·天运》的说法,将“所以迹”定义为圣人的“真性”。

《庄子·天运》:“夫六经,先王之陈迹也,岂其所以迹哉!”

郭象注:“所以迹者,真性也。夫任物之真性者,其迹则六经也。”

“今子之所言,犹迹也。夫迹,履之所出,而迹岂履哉?”

郭象注:“况今之人事,则以自然为履,六经为迹。”②

又如,《庄子·大宗师》有一段颜回与孔子的对话,虚构了颜回一步步放弃儒家仁义、礼乐,通过道家“坐忘”工夫达到无我境

① 《庄子·应帝王》郭象注,第288页。
② 《庄子·天运》郭象注,第532页。

界的思想提升过程。郭象则运用了“迹”与“所以迹”方法，解释这一过程的本质，是从有为名教回归自然本性，而回归的路径则是“忘其所以迹”，——不对本性作任何干预。

《庄子·大宗师》：“颜回曰：‘回益矣。’仲尼曰：‘何谓也？’曰：‘回忘仁义矣。’曰：‘可矣，犹未也。’”

郭象注：“仁者，兼爱之迹；义者，成物之功。爱之非仁，仁迹行焉；成之非义，义功见焉。存夫仁义，不足以知爱利之由无心，故忘之可也，但忘功迹，故犹未玄达也。”

“他日，复见，曰：‘回益矣。’曰：‘何谓也？’曰：‘回忘礼乐矣。’曰：‘可矣，犹未也。’”

郭象注：“礼者，形体之用；乐者，乐生之具。忘其具，未若忘其所以具也。”

“他日，复见，曰：‘回益矣。’曰：‘何谓也？’曰：‘回坐忘矣。’仲尼蹴然曰：‘何谓坐忘？’颜回曰：‘堕肢体，黜聪明，离形去知，同于大通，此谓坐忘。’”

郭象注：“夫坐忘者，奚所不忘哉？既忘其迹，又忘其所以迹者，内不觉其一身，外不识有天地，然后旷然与变化为体，而无不通也。”①

读郭象《庄子注》，“所以”结构是最常见的句型之一，其功能多为探求事物现象背后的原因，而终极原因皆为事物的本性，通过“迹”与“所以迹”这种个性化的“体用”方法。郭象诠释了

① 《庄子·大宗师》郭象注，第283～285页。

《庄子》,融通了于社会体制与个人自由、无为与有为。

(二)“寄言出意”

关于“言意之辨”作为学术方法在魏晋玄学形成中的重要意义,自汤用彤先生首发新论后,[①]经时贤多方面拓展,已被学界广泛接受,成为共享的学术资源。

言指语言,意指用语言表达的思想。研究语言与所蕴含思想之间的关系,就是言意之辨。战国时期的儒道经典已涉及到这个问题。《周易·系辞》的作者针对《周易》中三个基本要素——“言”(卦爻辞)、“象”(卦爻象)和“意”(卦爻象的意思)之间的关系,借孔子之口作了如是解释:“子曰:‘书不尽言,言不尽意。’然则圣人之意,其不可见乎?子曰:‘圣人立象以尽意,设卦以尽情伪,系辞焉以尽其言。’”这段话大意为:“言”尽管不能尽“意”,但还是能够看到圣人思想。圣人通过立“象”表达了自己的“意”,再通过语言解释了“象”。庄子则明确指出:“言者所以在意,得意而忘言。”[②]儒道圣贤关于“言意”关系的语录,在其产生后的几百年岁月中,并没有引起充分重视,更没有被上升到一般方法论的高度去理解。

正始时期,儒道融合的历史趋势已经形成,儒道著作的重新解释已成为重要的时代课题。当时所面临的理论困境是,儒、道经典之间存在着明显的差异:儒家六经基本上没有涉

---

① 汤用彤:《汤用彤学术论文集·魏晋玄学论稿·言意之辩》,中华书局,1983年版,第214~232页。

② 《庄子·外物》,第944页。

及“无”和“道”之类本体论方面的内容，而道家著作《老子》中关于“道”的论述却连篇累牍。当时，儒家的地位和影响并没有从根本上动摇，其礼乐刑政方面的学说仍是人们生活实践的基本教条。再者，早期玄学流派的人物又大都是儒学世家，他们从感情上也不可能弃儒从道，况且他们也不想弃儒从道。裴徽向王弼的提问就反映了当时思想家们对儒道著作的差异所表现的茫然心情：“夫无者诚万物之所资，然圣人莫肯致言，而老子申之无已者何？”[①]当时的中国思想界不可能绕开六经，而只能通过六经前进。否认六经的学术意义，是很难被社会所接受的。六经被视为文化之源、价值之源和智慧之源，具有不可动摇的权威地位。玄学家建立新说的必由之路，只能通过注释儒道经典完成。

正始玄学创始人王弼面临的学术课题，是寻找一种可以充分输入自己见解的注经工具。因此，改造传统的“言意之辨”，被提到了议事日程之上，于是，先秦儒道圣贤关于言意关系的语录被重新“发现”并被赋予了新的时代内容和一般方法论的意义。王弼在《周易略例·明象》篇中，他成功地融《易传》“言不尽意”、“立象以尽意”说和庄子的“得意忘言”说于一炉，把几个看起来似乎矛盾的命题有机地结合在一起，构成了新的玄学言意观。

> 夫象者，出意者也。言者，明象者也。尽意莫若象，尽象莫若言。言生于象，故可寻言以观象。象生于意，故可寻象以观意。意以象尽，象以言著。故言

① 《三国志》卷二十八《魏书·钟会传》注引何劭《王弼传》，第795页。

> 者,所以明象,得象而忘言;象者,所以存意,得意而忘象。犹蹄者,所以在兔,得兔而忘蹄;筌者,所以在鱼,得鱼而忘筌也。然则,言者,象之蹄也。象者,意之筌也。然则,言者,象之蹄也。象者,意之筌也。是故存言者,非得象也;存象者,非得意者。象生于意而存象焉,则所存者乃非其象也;言生于象而存言焉,则所存者乃非其言也。然则,忘象者,乃得意者也。忘言者,乃得象者也。得意在忘象,得象在忘言。故立象以尽意,而象可忘也。重画以尽情,而画可忘也。[1]

上文大意为:"意"→"象"→"言"三者之间存在递进的生成关系,并具有递进的表达关系。因此可以通过"言"去理解"象",通过"象"去理解"意"。"言"是理解"象"的工具,理解了"象"就要忘掉"言";"象"是理解"意"的工具,理解了"意"就要忘掉"象"。只有忘掉"言象",才能得"意"。犹如人们通过乐曲演奏欣赏音乐,但是真正入音乐意境——"得意"时,一定是处于不再分辨旋律、节奏、和声的状态——"忘了"乐曲。只有忘了乐曲,才能彻底融入音乐意境。同样,只有忘了语言,才能进入语言营造的意象,体悟其意义。

尽管王弼这篇文章是针对《易经》中卦辞、爻辞与卦象、爻象以及圣人立卦之意三者的关系这一具体问题而作,但仍有一般方法论的意义。一方面,经典有"言尽意"的一面,因此要"寻言以观象"、"寻象以观意"。而经典又有"言不尽意"的另

① 王弼:《周易略例·明象》,第609页。

一面,因此不能执著于言象,要“得意忘象”、“得意忘言”。总之,他认为言象是圣人表达思想的途径,也为人们认识圣人思想架起了桥梁。但是桥梁本身不是目的,是通向目的的途径;言象不是思想,而是通向思想的媒介。就像过河需要过桥一样:过河时,不要在桥上徘徊;过了河以后就不必再去考虑桥。因此,王弼呼吁当时的思想界,不要拘泥于经典的个别词句,而是要能动地驾驭它们,去理解圣贤的思想。毫无疑问,王弼的“言意之辨”为玄学家利用儒道经典阐述符合时代需要的新思想打开了方便之门。事实正是如此,王弼以“得意忘言”为武器,高屋建瓴、势如破竹地发动了一场思想革命。它重新解释了《周易》、《论语》和《老子》,扫除了汉儒拘泥文辞、迷信象数、牵强附会的学风,刷新了儒道学说,给这三部影响中国历史进程的名著注入了新的生机和活力,完成了由汉代经学向魏晋玄学的划时代转折。

魏晋是一个标新立异的时代。尽管王弼的言意观表达了那个时代的最高水平,但是,“言意之辨”的理论探讨并没有中止,各流派的思想家纷纷登上论坛,阐述自家的观点。从现有的史料看,西晋元康时期,玄学清谈的第二个高潮中,伴随着“贵无”与“崇有”论战,言意关系再次成为学术热点,出现了以“崇有派”为背景的欧阳建的“言尽意论”、以“贵无派”为背景的“言不尽意论”。

1. 言不尽意论。元康时期,玄学“贵无派”向虚无方向发展,在认识论方面强调“言不尽意”。例如王衍的“四友”之一庾敳撰写了《意赋》,表达了对宇宙人生的感慨,其从子庾亮读该赋后诘问:“若有意也,非赋所尽;若无意也,复何所赋?”

庾敳回答:“在有无之间耳。”[①]又如,与王衍齐名的另一位贵“无”派领袖乐广,以“言约”著称,在清谈中说个只言片语,而不“剖析文句”,经常搞得谈客一头雾水。某次与卫玠谈“梦”,用了一个“因”字,使卫玠百思不得其解,大病一场。“卫思‘因’,经日不得,遂成病”。[②]其中缘由,是乐广强调概念与思想之间的距离“言不尽意”,他在清谈中用麈尾柄与桌面的离合动作,解释先秦名家的悖论“旨不至”。客问乐令“旨不至”者,乐亦不复剖析文句,直以麈尾柄确几曰:“至不?”客曰:“至!”乐因又举麈尾曰:“若至者,那得去?”于是客乃悟服。[③]

乐广无著作传世。言不尽意派留下的作品是《不用舌论》,载于《艺文类聚》卷十七,题作者为“张韩”,查魏晋时期所有史料,均不见关于此人的记载。严可均说:“‘韩’疑‘翰’之误”[④],“张韩”应是“张翰”的误写,很有见地。一方面“韩”与“翰”,同音而字形相近。另一方面,以西晋时期吴郡名士张翰的思想倾向,有可能写出如此偏激怪论。

张翰,字季鹰,其父为吴国大鸿胪张俨。张翰藐视传统、率性而动,被视为阮籍的式人物,“时人号为‘江东步兵’”。[⑤]元康后期,会稽贺循从水路赴洛阳就职,途经吴之阊门,于船中弹琴。张翰被琴声吸引,下船与贺循清谈甚欢,竟谎称自己亦有事进京,与贺循结伴去了洛阳,而不通知家人。在洛阳元

① 《晋书》卷五十《庾敳传》,第1395页。
② 《世说新语·文学》,第204页。
③ 《世说新语·文学》,第205页。
④ 严可均:《全晋文》卷一百七,第2077页。
⑤ 《晋书》卷九十二《张翰传》,第2384页。本段以下引文均出自该传。

康放达派青年士人中，他如鱼得水，“任心自适，不求当世”。有人告诫他，纵欲一时，会坏了身后名声。张翰回答：“使我有身后名，不如即时一杯酒。”“八王之乱”爆发，他被司马冏辟为大司马东曹掾，看天下将要大乱，不辞而别。“翰因见秋风起，乃思吴中菰菜、莼羹、鲈鱼脍，曰：‘人生贵得适志，何能羁宦数千里以要名爵乎！’遂命驾而归。”回乡后，仍我行我素。参加顾荣（字彦先）的丧礼，又有惊人之举。“顾彦先平生好琴，及丧，家人常以琴置灵床上。张季鹰往哭之，不胜其恸，遂径上床，鼓琴，作数曲竟，抚琴曰：‘顾彦先颇复赏此不？’因又大恸，遂不执孝子手而出”。① 张翰很有文采，本传称其“有清才，善属文……其文笔数十篇行于世”。这数十篇文章已散失，从佚文的字里行间，仍可见张翰桀骜不驯的性格。“惟万物之品分，何利人之独书。中神性之极妙，岂给口之至味”。② 从以上情况看，《不用舌论》很可能是张翰作品。佚文如下：

论者以为心气相驱，因舌而言。卷舌翕气，安得畅理？余以留意于言，不如留意于不言。徒知无舌之通心，未尽有舌之必通心也。仲尼云：天何言哉？四时行焉。夫子之文章可得而闻也。夫子之言性与天道不可得而闻。是谓至精，愈不可闻。枢机之发，主乎荣辱。祸言相寻，召福甚希。丧元灭族，没有余哀。三缄告慎，铭在金人。留侯不得已而掉三寸，亦反初服而效神仙。灵龟启兆于有识，前却可通于千

① 《世说新语·伤逝》，第639页。
② 严可均：《全晋文》卷一百七载张翰《杖赋》，第2077页。

> 年，鹦鹉猩猩，鼓弄于笼罗，财无一介之存，普天地之与人物，亦何肖于有言哉？①

任何心智正常的人，都不会完全否定语言表达思想的功能，《不用舌论》也不会例外，否则，张韩（翰）应当连《不用舌论》也不写。从该论的内容看，正是如此。作者认为语言可以表达对事物粗浅的看法，如政治人事方面的思想——“留侯掉三寸”、“夫子之文章”等。但是对宇宙人性的真谛，则无能为力——“夫子之言性与天道”，“灵龟启兆”，无法用语言尽意“畅理”。对这个“至精”领域的真理，“何肖于有言？”应当不用舌。

2.《言尽意论》的作者是欧阳建（？～300），字坚石，渤海（今河北南皮县东北）人，世为冀州豪族。19岁前即步入仕途。历任山阳令、尚书郎。与其舅大富豪石崇、文士潘岳友善，并依附权贵贾谧，为贾党“二十四友”的中坚人物。元康时期，贾后一党握有实权，裴頠作为贾后亲戚参与朝政，是元康时期的政治当权派，为遏制“贵无”派煽起的放达之风，著《崇有论》予以纠偏。永康元年（300年）赵王伦诛贾氏的政变中，欧阳建、石崇、潘岳与裴頠同时遇害。欧阳建以擅长文论与思想深刻闻名于世，时人誉之为：“渤海赫赫，欧阳坚石。”②曹摅在《思友人诗》这样评价欧阳建的哲学思辨水平：“思心何所怀，怀我欧阳子。精义测神奥，清机发妙理。自我别旬朔，微

① ［唐］欧阳询撰，汪绍楹校：《艺文类聚》卷十七《人部一·舌》载张韩《不用舌论》，上海古籍出版社，1982年新1版，第318页。

② 《晋书》卷三十三《石苞传附欧阳建传》，第1009页。

言绝于耳。”[①]欧阳建的代表作是《言尽意论》，从该论积极务实的政治哲学倾向看，与裴頠的《崇有论》有异曲同工之妙，似乎是为反驳贵无派的“言不尽意”的观点而作。

西晋元康时期，“言不尽意”十分盛行。欧阳建在《言尽意论》中虚构的辩论，在持“言不尽意论”的“雷同君子”与持“言尽意论”的“违众先生”之间展开。欧阳建借“违众先生之口”阐述了自己的观点，由三个互相联系的思想层次构成：

第一，事物及其规律不依赖语言形式而客观存在，定义与解说丝毫不能改变事物的性质及其运动的规律。“夫天不言，而四时行焉；圣人不言，而鉴识存焉。形不待名，而方圆已著，色不俟称，而黑白已彰。然则名之于物，无施者也；言之于理，无为者也”。[②]

第二，人们对事物性质及规律的认识，只能借助语言进行表达，否则，就无法区别事物、阐述规律。“而古今务于正名，圣贤不能去言。其故何也？诚以理得于心，非言不畅；物定于彼，非言不辩。言不畅志，则无以相接；名不辩物，则鉴识不显。鉴识显而名品殊，言称接而情志畅”。[③]

第三，语言和概念不是事物自身固有的，而是人类对客观事物认识。认识的思想内容与语言形式之间属体用关系，犹如声音与回响、形体与影子一样不可分离，语言能完全表达思想内容。“本其所由，非物有自然之名，理有必定之称也。欲辨其实，则殊其名；欲宣其志，则立其称。名逐物而迁，言因理

① 《文选》卷二十九载曹颜远《思友人诗》，第418页。

② 《艺文类聚》卷十九《人部三·言语》载欧阳建《言尽意论》，第348页。

③ 《艺文类聚》卷十九《人部三·言语》载欧阳建《言尽意论》，第348页。

而变,此犹声发响应,形存影附。不得相与为二矣。苟其不二,则言无不尽矣”。①

在“言不尽意”占压倒优势的条件下,欧阳建以独立思考精神立主“言尽意论”,以体用关系解释思想与语言的关系,认为它们反映了客观事物及其规律,成一家之言。但是,意识与语言之间存在着十分复杂的关系,欧阳建完全否定两者的差异,同样陷入了片面性。

郭象既不同于欧阳建的“言尽意论”,也不同于张韩的《不用舌论》,而是继承王弼言意观,认为语言是得意的工具,得意则不能拘泥于语言。但是郭象与王弼两者对经典的诠释路径并不相同,刘笑敢教授认为王弼属于“文义引申式诠释”,而郭象则属于“自我表现式诠释”。他指出:

> 从实际的诠释作品来说,最接近于纯文本性定向的作品可称为文义引申式诠释。这种诠释作品虽然不可能完全摆脱诠释者个人的思想文化背景的干扰和渗透,不能完全摆脱诠释者个人的创造性理解和解说,但是其基本思想是在文本的基础上引申发挥,应该与原文的基本思想方向大体一致,其中的典型作品,如王弼的《老子注》,就可以称之为顺向的诠释。与此方向不同的就是异向的诠释,与此方向完全相反的就是逆向的诠释。
>
> 从另一极来说,最接近于纯自我表现定向的诠

① 《艺文类聚》卷十九《人部三·言语》载欧阳建《言尽意论》,第348页。

> 释作品可以称之为自我表现式诠释。这种诠释作品虽然也会受到诠释对象的理论框架、基本概念的某种限制，但其作品主要以个人之精神和理论表达为定向，因而会与原作品的精神方向有重要的或根本的不同，因此可以称之为异向的诠释；其中基本方向违背了原作精神或基本上否定了原作精神的作品，就可以称之为逆向的诠释，如郭象的《庄子注》。[①]

郭象的“寄言出意”方法与其新世界观不可分割。在郭象的视野中，“世界”是双重的，可分为有形的现象界和无形的本体(性)界两大领域。现象界事物互相作用的“相因”活动与本体界“玄冥之境”的“独化”活动，不可同日而语，后者才是事物变化的根本动因。人类对它们的认识，也随之分为“有言有意”和“无言无意”两大领域，而后者是根本所在。

> 《庄子·秋水》：“无形者，数之所不能分也。不可围者，数之所不能穷也。可以言论者，物之粗也；可以意致者，物之精也。言之所不能论，意之所不能察致者，不期精粗焉。”
>
> 郭象注：“唯无而已，何精粗之有哉！夫言意者有也，而所言所意者无也，故求之于言意之表，而入乎无言无意之域，而后至焉。”[②]

① 刘笑敢：《经典诠释中的两种定向及共外化——以王弼〈老子注〉及郭象〈庄子注〉为例》，台湾：《中国文哲研究集刊》第二十六期(2005年3月)。

② 《庄子·秋水》郭象注，第572～573页。

《庄子·天道》:“世之所贵道者,书也。书不过语,语有贵也。语之所贵者意也,意有所随。意之所随者,不可以言传也,而世因贵言传书。世虽贵之哉,犹不足贵也,为其贵非其贵也。”

郭象注:“其贵恒在言意之表。”

“故视而可见者,形与色也;听而可闻者,名与声也。悲夫,世人以形色名声足以得彼之情!夫形色名声果不足以得彼之情。”

郭象注:“得彼之情,唯忘言遗书者耳。”[①]

郭象认为,无形的本体世界——事物的本性,超越思想与语言,“无言无意”,是思想与语言无法捕捉的;作为思想语言载体的文字,难以传递最深奥的道理。因此儒道圣贤在其经典著作中论述自己的思想感受时,采取了“每寄言以出意”的方法,将自己的意思寄托在某种话语中表达。“至理无言,言则与类,故试寄言之”。[②] 所以,后人对儒道经典的解释,不必拘泥于文字。只要理解其了思想主旨,可以忽略语言的一般含义。尤其是对经典文本中论“道”的内容,要超越语言文字,“故求之于言意之表而后至焉”,[③]“求道于言意之表则足”,[④]“不能忘言而存意则不足”。[⑤] 观郭象《庄子注》,时常可见其

① 《庄子·天道》郭象注,第 489 页。
② 《庄子·齐物论》郭象注,第 79 页。
③ 《庄子·则阳》郭象注,第 918 页。
④ 《庄子·则阳》郭象注,第 919 页。
⑤ 《庄子·则阳》郭象注,第 919 页。

在注文中强调,理解《庄子》的途径是不拘泥于个别词句,而是理解其“弘旨”与“大意”。

> 鹏鲲之实,吾所未能详也。夫庄子之大意,在乎逍遥游放,无为而自得,故极大小之致,以明性分之适。达观之士,宜要其会归而遗其所寄,不足事事曲与生说。自不害其弘旨,皆可略之耳。[①]

的确,郭象正是用这种方法,对《庄子》书中不符合己意的文字,作了与原作思想本义不同的解释。针对《庄子》中常见的奚落贬低儒家圣人文字,郭象鲜明地亮出了“寄言出意”武器:“夫庄子推平于天下,故每寄言出意,乃毁仲尼、贱老聃、上掊击三皇,下痛病其一身也。”[②]下面,仅以《庄子·逍遥游》中神人与尧的关系郭象注为例:

> 《庄子·逍遥游》:“藐姑射之山,有神人居焉,肌肤若冰雪,绰约若处子。”

> 郭象注:“此皆寄言耳。夫神人即今所谓圣人也。夫圣人虽在庙堂之上,然其心无异于山林之中,世岂识之哉?徒见其戴黄屋,佩玉玺,便谓足以缨其心矣;见其历山川,同民事,便谓足以憔悴其神矣,岂知至至者之不亏哉!今言王德之人而寄之此山,将

① 《庄子·逍遥游》郭象注,第439页。
② 《庄子·山木》郭象注,第699页。

明世所无由识，故乃托之于绝垠之外，而推之于视听之表耳。处子者，不以外伤内。”

“不食五谷，吸风饮露。”

郭象注：“俱食五谷而独为神人，明神人者非五谷所为，而特秉自然之妙气。”

“乘云气，御飞龙，而游乎四海之外。其神凝，使物不疵疠而年谷熟。吾以是狂而不信也。”

郭象注：“夫体神居灵而穷理极妙者，虽静默闲堂之里，而玄同四海之表，故乘两仪而御六气，同人群而驱万物。苟无物而不顺，则浮云斯乘矣；无形而不载，则飞龙斯御矣。遗身而自得，虽淡然而不待，坐忘行忘，忘而为之，故行若曳枯木，止若聚死灰，是以云其神凝也。其神凝，则不凝者自得矣。世皆齐其所见而断之，岂尝信此哉？”①

从以上引文看，郭象无疑是在曲解文本原意。其一，庄子明明说藐姑山上居住着不食人间烟火的“神人”，能乘云驾龙，畅游宇宙，其精神力量便能使天下消灾免祸、五谷丰登。这些言论显然与郭象的无神论立场相悖，是不能接受的，因此被注者用“寄言”方法轻松否认，变成了“俱食五谷”没有任何特异功能的人间圣王。郭象说，所谓“乘云气，御飞龙，而游乎四海之外”，是象征圣王顺应社会潮流，从事各种政务。这样的例子，

① 《庄子·逍遥游》郭象注，第27～30页。

在郭象《庄子注》中处处可见，不胜枚举。与王弼的"得意忘言"相比，郭象的"寄言出意"可以"离谱"更远——在经典中获得了更广阔的自由解释空间。

（三）形名学

魏晋形名学方法，亦称名理学，渊源于先秦黄老形名学，兴起于汉魏之际针对名教弊端的"名实之辩"活动中，建安时期流行的《尹文子》中有较多的形名学思想资料，[①]成书于曹魏青龙年间的人才学理论专著《人物志》，标志着形名学方法在理论实践中的成熟，王弼的《老子指略》作了简明的理论概括。

魏晋形名学方法的特征是，从经验出发，通过事物的现象（形），确定事物的概念（名）与性质（实），并通过比较概念内部诸要素以及概念之间的差异，分析事物的规律（理）。形名学为哲学思辨和建构理论体系提供逻辑规则，是魏晋时期各学术流派共享的思想方法，对魏晋玄学理论建设产生了重要影响。下面，综合魏晋时期的相关资料，对当时名学的两个层次予以简介，并以《人物志》为例作一说明。

---

① 通行本《尹文子》长期被视为魏晋人所造伪书，故一直被视为反映魏晋形名学的思想的资料。近年来有些学者，开始修正传统看法，认为该书并非全伪，但掺入魏晋人的思想。笔者以为，从《尹文子·序》中涉及的时间和人物看，该书再次出现在曹魏建安～黄初之际是没有问题的。因此，无论该书是伪书或半伪书，其学术思想为建安名法思潮所认可，应当是没有问题的。《尹文子》保存了较多的名学资料，对理解建安时期形名学，有重要参考价值。其内容辨析，详见王晓毅《国学举要·道卷》，湖北教育出版社，2002 年版。

1. “名实”方法，亦可称为“形名互检”方法或“校实定名”方法。这一方法最重要的三个范畴是“名”、“形”、“实”。名，是指事物的名称；形，是指事物的现象；实，是指事物的本质。魏晋人认为，三者的正确关系是：事物的“实”不可目见，只能通过“形”表现出来；人们通过对“形”的特点概括，产生了反映“实”的“名”。由于“名”与“实”之间存在形这个中介，因此“名”的内涵，未必与事物的“实”一致，需要进行反复的“形名互检”才能完成。该方法的目的，是得到确定某事物本质的“概念”。正如徐干所云：“名者，所以名实也。”①王弼在《老子指略》中说：“名也者，定彼者也”；“不能定名，则不可与论实也。”

“名实”方法的运用，贯穿于刘邵《人物志》人才理论建构的各个环节。刘邵认为，人才的名号(名)，是对人才本质(实)的概括，而人才的本质只能通过其外在表象(形)反映出来。所以人们只有考查其形，才能得知其实，再确定相应之名。人才之“形”有两层含义，一是形体表征，二是社会行为。

首先，关于形体表征。他在《九征篇》中指出，人才的“实质”，归根到底是由阴阳五行之气生成的生理素质，这些生理素质的完善情况，决定了人才品质的差异，也形成了不同人才档次的名号，如圣人、仁人等。人才的生理素质通过“神、精、筋、骨、气、色、仪、容、言“九种体表特征显现出来，这便是“九征”。这些身体表征所具有的明暗、勇怯、强弱等现象，反映了人才素质的真实状态，是确定人才名号的根据。他根据人们

① 《中论·考伪》，见[汉]徐干撰，张书玉、邵先锋校注《徐干集校注》，第102页。

“九征”的完善程度，将人才定为不同层次与不同类型。例如，九征皆完美，是圣人；无一征完美，不属于人才；九征中有一征完美，是偏才；“九征皆至，则纯粹之德。九征有违，则偏杂之材”。①“一至，谓之偏材”。②

再者，关于社会行为。行为考察在人才鉴识方法中占有更重要的位置，远多于体征，因为人的性格才能，更多地通过行为活动表现出来。在《人物志·八观》中，刘邵列举了八种观察方法，除了“第三观”是对“九征”的考察。其它七种观察方法都是行为方面的，涉及言谈、举止及社会活动等，甚至包括了历史调查和心理测试。刘邵认为，这是获得人才真实性质、正确定名的必由之路。

2. 名理方法，亦称之为“辨名析理”方法。这一方法最重要的三个范畴是“名”、“分”、“理”。所谓“分”，指事物属性之间的差异，表现为“概念”之间的差异；“理”指事物的“规律”。所谓“辨名析理”，是指通过辨别概念之间的异同，分析事物运行规律的——“理”。从“辨名”出发，达到“析理”目的。这需要反复地从不同角度比较概念内涵的异同，并且研究概念外延之间的逻辑关系，所以史书常常称之为“校练名理”或“精练名理”。王弼在《老子指略》中云：“不能辨名，则不可与言理。”

“辨名析理”方法同样贯穿《人物志》一书的人才理论建构

① 刘邵：《人物志·九征》，第86页，见王晓毅《中国古代人才鉴识术——〈人物志〉译注与研究》，吉林文史出版社，1994年版。以下所引《人物志》均为该版本。

② 《人物志·九征》，第87页。

中。通过比较各种人才名号的内涵与外延之间的差异(分),是确定人才特点、分析人才的规律(析理)的重要途径。这在“英雄”人才规律的辨析方面,表现得最典型。

> 是故聪明秀出谓之英,胆力过人谓之雄,此其大体之别名也。若校其分数,则牙则须。各以二分,取彼一分,然后乃成。何以论其然?夫聪明者,英之分也,不得雄之胆,则说不行;胆力者,雄之分也,不得英之智,则事不立。是故英以其聪谋始,以其明见机,待雄之胆行之;雄以其力服众,以其勇排难,待英之智成之;然后乃能各济其所长也。①

刘邵将“英雄”这一个名号看作是“英”与“雄”两个名号的结合,并且最终由聪(出谋划策)、明(洞察时机)、胆(勇敢决断)、力(力气过人)四种要素(分)组成。“聪”和“明”属于“英”才的素质,“胆”和“力”属于“雄”的素质。但是,“英”与“雄”两种名号只是对相应素质的大致概括,如果仔细考查这两个概念之间的逻辑关系,则发现双方的外延是交叉的:即各自在具备了应有的两种素质后,又拥有对方一种素质,才可成为英才或雄才。他指出:智能和洞察力,是英才的素质名分,如果没有雄才的勇敢,则只会发表高见而不敢付诸实施;勇敢和力气,是雄才的素质名分,如果没有英才的智谋,则事业无法成功。所以,英才以杰出的智能谋划创业蓝图,以敏锐的洞察力发现时机,并需要“雄”才的勇敢使之付诸行动;“雄”才以过人的力

① 《人物志·英雄》,第158页。

气使众人心服，以大无畏的胆略去排除艰难险阻，并需要英才的杰出智能使事业成功。只有具备对方的某种素质，英、雄二才各自的特长才能得以实现。可见，"英"和"雄"之间在逻辑外延出现了互相交叉关系，即所谓"校其分数，则牙则须"。通过辨析四种基本素质之间逻辑关系，可根据英雄素质多寡，确定不同的名号。总结出了英与雄，即文武两个系统人才的递变规律："若聪能谋始，而明不见机，可以坐论，而不可以处事。若聪能谋始，明能见机，而勇不能行，可以循常，而不可以虑变。若力能过人，而勇不能行，可以为力人，未可以为先登。力能过人，勇能行之，而智不能断事，可以为先登，未足以为将帅。必聪能谋始，明能见机，胆能决之，然后乃可以为英，张良是也。气力过人，勇能行之，智足断事，然后乃可以为雄，韩信是也。体分不同，以多为目，故英、雄异名。然皆偏至之材，人臣之任也。故英可以为相，雄可以为将。若一人之身兼有英雄，则能长世。"

为了清晰地理解形名学的路数，以上将其划分为两个层次，但从逻辑思辨角度看，两者是互相涵摄，不可分割的，共存于任何一个完整的思维过程中：如果不经过"形名"方法确定事物的"名实"，进一步的"辨名析理"无异于空中楼阁；如果不经过"辨名析理"的思辨过程，将名与名之间的差异(分)"辨析"清楚，"形名互检"的观形定名过程也是不可思议的。但是两者又有相对的独立性，从思想方法角度看，在实际运用中可有所侧重。建安时代和曹魏前期，侧重于通过"名实"方法去选拔人才，建立法制；自正始玄学开始，思想界则侧重于运用"名理"方法去构建哲学体系。这种差异的出现，并非偶然，而是由名法与玄学各自的政治性格和理论兴趣所决定。因此在运用名学方法的过程中，两者对魏晋名学两个层面的侧重各异：名法派重“名实”方法，其理论趋向是，从“无名”高度出发，通过形名之辩、名分之辩，层层下落，“循名责实”，最终为建立政治法律制度服务，反映了该派的务实性格。而魏晋玄学则对“辨名析理”方法情有独钟，从具体问题的形名之辨开始，但不是就事论事，解决政治法律的具体问题，而是分析其中的哲理，并层层提升，以体证形而上之“道”为终极目的，反映了玄学的超越性格。形名学方法鲜明的特点是强调在经验“形”的基础上，通过合乎逻辑的“形名互检”和“辨名析理”，探讨真理，这种尊重经验和理性，不迷信盲从的思想方法，对汉魏之际的思想解放与魏晋哲学的多元发展，起了积极的推动作用。

上述关于魏晋形名学内在结构及其特点的看法，萌生于 20 世纪 80 年代初笔者撰写硕士论文时，[①]并发表了专题论文《论魏晋名理学》[②]，对当时将名理学视为独立学派的流行看法提出异议，并对名理学性质与内在结构的两个层次进行探索。此后，笔者一直关注这一课题，但进展极为缓慢。环视学界同行专家的论著，情况亦然。究其原因，恐怕是缺乏有关魏晋名学理论系统资料。其实，以善于思辨闻名的魏晋思想家与其它时代的中国“哲人”一样，对学术方法本身的理论建构缺乏兴趣，或者说，他们并不注重对方法

---

① 王晓毅：《〈人物志〉研究》，1985 年，山东大学硕士论文。

② 王晓毅：《论魏晋名理学》，《文史哲》1986 年第 6 期。此文融入博士论文《正始之音》，1988 年，山东大学博士论文。该论文后易名为《中国文化的清流——正始之音》，于 1991 年 3 月，由中国社会科学出版社出版。

本身进行研究，而是注重在实践中如何创造性运用。在形名学问题上同样如此。我总结的魏晋“名学”的内在结构，并非来自那个时代某个思想家的系统论述，而是从大量思想家的实际运用中抽取的。

如果说，二十年前对这个课题进行研究主要文本是刘邵与王弼的论著，那么此次为了深入理解郭象的学术思路，以提高《郭象评传》的质量，对魏晋的几乎所有思想文献的形名学内容进行了全面梳理。尽管对其内在结构本身无法提出新的看法，但是也发现了一个很有趣的现象：犹如中国古代缺乏科学而擅长技术，算理贫乏而算法发达一样，魏晋思想界共同遵守的名学规则十分简单，但是他们在运用中却能根据自家理论建构的需要，对名学方法进行某些改造，并通过自己修正后的名学方法，对儒道经典中的概念进行语言分析，“修正”传统界定，输入新说，使之成为支持自家理论体系的基本范畴。这种既是普遍规则，却又因人而异的“形名学”方法，恰恰是魏晋思想家得以突破前人成说，立一家之言的关键所在。

正始玄学创始人王弼，在构建其贵“无”理论体系时，反复强调名学规则的重要性：“凡名生于形，未有形生于名者也。”①“夫不能辨名，则不可与言理；不能定名，则不可与论实也。”②他对名学理论的创造性发展，表现在对“称”的定义上。《尹文子》曾对“名”与“称”的差异作了区分，认为“称”是认识主体从

① 王弼：《老子指略》，第199页。
② 王弼：《老子指略》，第199页。

某种角度对客体的称呼，不是事物的真“名”。[①] 但是，该书表述得比较模糊，并且执行得不严格。真正将“名”与“称”严格划分的是王弼。他在《老子指略》中这样写道：“名也者，定彼者也；称也者，从谓者也，名生乎彼，称出乎我。”[②]“名号出乎形状，称谓出乎涉求。”[③]他认为“名”由事物自身的形状所决定，表达了事物的本质；“称”则由说话者的不同观察角度而定，属于对事物不同侧面的描述。王弼不仅在理论上明确提出了“名”与“称”的差别，而且运用了这一对规则的新解释，刷新了《老子》笔下的“道”。王弼认为，无形的宇宙本根虽然“无名”，但可以从不同角度去称呼它，王弼根据这一名学理论，把“道”降为对宇宙本根的称呼之一，是从事物遵循规律这个特定视角称呼的：“故涉之乎无物而不由，则称之曰道。”[④]随观察者的不同认识角度，宇宙本根有许多称呼：

---

① 《尹文子》认为，“名”，指认识客体固有的名字，它来源于事物的“形”，如贤能与不肖、善与恶等等；“分”，即区分，指认识主体对客体的评判，它既取决于客体的属性、境况，也取决于认识主体的观察角度和评价标准，如亲近与疏远、奖赏与惩罚。为了与客体固有的“名”相区别，尹文子将主体从“分”（区分）角度所发言词叫作“称”，即“称谓”。例如，对“好牛”进行语言分析，认为“牛”，是牛这种特定客体的专有之“名”；“好”，是认识主体“区别”事物时普遍适用的“称谓”，可以与各种“名”结合，如好人、好马。可见，好人、好马、好牛，不是纯正的“名”。《尹文子》：“语曰：‘好牛’。‘好’，则物之通称；‘牛’，则物之定形。以通称随定形，不可穷极者也。设复言‘好马’则复连于马矣。则‘好’所通无方也。设复言‘好人’，则彼属于人矣。则‘好’非‘人’，‘人’非‘好’也；则‘好牛’‘好马’‘好人’之名自离矣。故曰：名、分不可相乱也。”

② 王弼：《老子指略》，第 197 页。

③ 王弼：《老子指略》，第 198 页。

④ 王弼：《老子指略》，第 197 页。

夫“道”也者，取乎万物之所由也；“玄”也者，取乎幽冥之所出也；“深”也者，取乎探赜而不可究也；“大”也者，取乎弥纶而不可极也；“远”也者，取乎绵邈而不可及也；“微”也者，取乎幽微而不可睹也。然则道、玄、深、大、微、远之言，各有其义，未尽其极也。然弥纶无极，不可名细；微妙无形，不可名大。是以篇云：“字之曰道”，“谓之曰玄”，而不名也。[①]

对宇宙本根的称呼，除道、玄、深、大、微、远六种之外，在王弼的词汇中常见的还有“一”、“太极”、“极”、“母”、“本”、“根”等等。显然，“道”作为众多的称谓之一，并不是宇宙本根的“名”。王弼认为，宇宙本根最重要特征是无形无象，因而无法起名字，“名之不能当，称之不能既”[②]。无法命名，就是“无名”，王弼用“无名”去表示宇宙本根，这样以来，“无名”就成了宇宙本根不是“名”的“名”。他说：“无名，则是其名也。”[③]“无形无名”的简称就是“无”。王弼通过否定无形本根有名，完成了对其命名。在王弼的行文中，“无”实际上是宇宙本根的“名”，它是处于最高层次的范畴，“道”、“玄”、“大”、“极”、“远”、“深”等概念是对它的“称谓”。按名理学的规则，“名”揭示了事物的本质“实”。不能给事物起名(下定义)，也就丧失了讨论其本质与规律的权力。可见，将老子的“道”变相定名为“无”，对王弼建立本体论哲学体系具有重要意义——“道”

① 王弼：《老子指略》，第196页。
② 王弼：《老子指略》，第196页。
③ 《老子·第21章》王弼注，第53页。

与万物的本质关系，从形名角度顺利转化为“无”与“有”的关系，《老子》“道”始成万物的思想从形名角度转化为“有以无为本”的命题；“道”在万物中发挥决定性作用的思想从形名角度转化为“有以无为用”的命题。这两个命题，正是王弼本体论哲学大厦的两根最关键的支柱。

郭象同样也是创造性地运用名学理论建立了他的理论体系。郭象否定万物背后有神秘的宇宙终极力量存在，认为事物的本性才是其生成变化的依据（本体），主张理想君主（圣人）彻底“无我”，行为应当完全顺应士族社会需要。这是一个相当困难的理论工程，需要打破一切传统的本根论，包括王弼的贵“无”论，以建立自己的“性”本体论。因此，他不能沿用王弼的形名规则，而是将这些规则进行修正，使之能为其建立新哲学体系服务。由于郭象的“形名学”新见与其“性”本体哲学不可分割，而后者将在下一章全面探讨其哲学体系时才能展开讨论，在此，只能简要勾画其形名学变化的大致轮廓：在郭象的“形名”意识中，“实”指事物的“性”，是事物生成变化的终极依据，具有“本体”意义；“理”是本性的各种属性及其各种活动规律；“形”是各种“理”的外在表现；“名”是对事物各种属性的表述。这一新修正的形名方法，贯穿于郭象哲学的各个层面，从本体论、认识论到政治学说。

其一，关于本体论建构。郭象否认了王弼关于事物有一个“名”和众多“称谓”的说法，在他的名学术语中，事物有多种属性，表现为各种“理”和各种形迹，因此有多种“名”。“名”与“称”的意思没有差异。同一事物的多种名称，反映了该事物多种属性。运用这个方法，郭象成功地对“有”“无”进行辨名析理，否定了“无”是宇宙万物之本。

无既无矣,则不能生有,有之未生,又不能为生。然则生生者谁哉、块然而自生耳。[1]

"有""无"在当时玄学语汇中有两种意思:一是指"有形"与"无形",二是指"存有"与"空无"。郭象则根据修正过的"形名"规则,认为"无"这个概念,是从存在与不存在这一个角度揭示事物的属性。据此,他将"有"定义为"存有","无"定义为一无所有的"空无"(绝对真空);传统的无形之"无",属于无形的存在,不是空无,因此不能称为"无",郭象称之为"玄冥",以与真正的空无之"无"相区别。"玄冥者,所以名无而非无也"。[2] 郭象推论:道家经典中的"道"(无),并不是指有个终极的宇宙本根,而是指"空无";所谓"道"(无)生成"万物"、"有生于无"的说法,实际上是指"有"在"空无"中自生。

其二,关于认识论建构。既然郭象"名实"理论中的"实"与"性"相同,具有本体意义。"形名"方法通过"形"(现象)获得的各种"名",与本性的各种属性相应,对认识有形事物是有价值的。"得分而物物之名各当其形也。"[3]"善为士者,遗名而自得,故名当其实,而福应其身"。[4] 但是,属性并非本性整体,作为本体存在的"性",不可能通过正常的知识途径认知。与本性合一的路径是"无心"的"冥极"状态,使主观意识活动与本性失去边界,融为一体。如此,则达到生命的最高境

① 《庄子·齐物论》郭象注,第50页。
② 《庄子·大宗师》郭象注,第257页。
③ 《庄子·天道》郭象注,第472页。
④ 《庄子·大宗师》郭象注,第223页。

界——逍遥之境。郭象认为，人类之性存在圣、凡两大类型，片面有分的凡人之性与空灵无分的圣人之性。凡人有心，通过自我"冥极"，达到"有待"的逍遥；圣人无心，通过"冥物"，达到无待的逍遥。"放心自得之场，当与实而止"；[①]"名止于实，故无为；实各自为，故无不为"。[②]

其三，关于政治论建构。郭象对"圣人"概念进行了"名实"分析，认为圣人的本质是"神人"，"圣人"这个名号是从政治角度对"神人"治国形迹的概括。因为圣人能以"无心"顺应一切社会变化，顺应所有人的本性，所以实际上圣人没有治国形迹，圣人无迹。臣民所仰慕的圣人治国功绩，实际上是臣民自己的政治形迹。圣人政治的本质，实际上是臣民的自治。在辨析过程中，郭象还将形名学中"形"改造为"形"与"迹"两个范畴。传统的形名学语汇中，人类的形体与行为均属于"形"这一范畴，郭象在此基础上将人类的行为更多的用"迹"来表达，以此解决其"圣人论"所遇到的问题。圣人是存在的——"有形"，但无真正的政治行为——"无迹"。"今仲尼非不冥也。顾自然之理，行则影从，言则响随。夫顺物则名迹斯立，而顺物者非为名也。非为名则至矣，而终不免乎名，则孰能解之哉"？[③] "神人无用于物，而物各得自用。归功名于群才，与物冥而无迹"。[④]

因为介绍郭象形名方法的细节，必然要涉及其哲学体系

---

① 《庄子·人间世》郭象注，第 149 页。
② 《庄子·则阳》郭象注，第 911 页。
③ 《庄子·德充符》郭象注，第 206 页。
④ 《庄子·人间世》郭象注，第 182 页。

的建立过程，而这是下一章的内容，在此，只能点到为止。但通过上述简单介绍，仍可看到形名方法在创建理论体系过程中的重要作用。郭象以其玄学世界观改造了形名方法，并运用这种方法解释《庄子》中的基本范畴支持其玄学体系。这个过程，贯穿于整个《庄子注》的论证中，处处可见。

第三章　理论体系

郭象的代表性哲学著作既不是一篇主题鲜明的论文，也不是收录各种专题文章的文集，而是一部注释性作品《庄子注》。受《庄子》本文限制，郭象讨论的问题随庄子的议论而变化，涉及的问题可谓千头万绪。但是，作为一代大哲学家，郭象的注文形散而神不散，其中的"一贯之道"是清晰的，使我们能循其前行，入室睹奥。其哲学体系宏大而精致，但仍可以简单语言作大致描述：宇宙没有生成者或主宰，每个事物的本性是其"自生""独化"的依据；人类的本性由无情圣人与有情凡人两大类型构成；前者的特点是无条件适应后者，后者则以适合自己的"性分"（个性差异）为最高生命境界。因此圣人与凡人的逍遥，没有质量的差别；圣人政治的本质，则是臣民的自治。为了清晰地介绍上述思想，在本章中只能分门别类，从本体论、历史观、心性论、政治学说与人生哲学五个方面展开。这五个方面实际上互相包涵、互相渗透，难以分割，共同构成了郭象玄学的生命整体，他的任何一个具体论述，都是全息地再现了不变的精神内核。

一、“性”本论

关于郭象本体论哲学的特征，学术界没有达成基本共识，因而没有找到一个类似王弼贵“无”论那样的名号，而是称谓大异：“崇‘有’论”、“玄冥论”（本质仍为“贵‘无’论”）、“无‘无’论”、“自生论”、“独化论”等等。有的学者已指出郭象哲学的特点是“本性之学”，但是没有展开论述，并且强调它具有“反本体论的”性质①。笔者从郭象的基本方法——形名学角度切入，沿着“自生”、“独化”论途径进入其理论体系的核心部分后发现，“本性”在其哲学中具有“本体”意义。其基本思路是：通过对“有”、“无”进行辨名析理，将真空定义为“无”，将无形事物定义为“玄冥”，推出了一系列命题，通过“自生”、“独化”说，彻底否定了外因的决定作用，本性被视为事物生成变化的终极原因。从不同角度称谓，本性被称之为“真性”、“性分”、“玄冥”、“所以迹”、“天理”等等，进而揭示了本性与现象世界的各种关系，建立了“性”本体论。

（一）“自生”说

在中国思想史上，郭象的宇宙观可谓独树一帜，他不相信万物背后有神秘的宇宙终极力量存在，认为事物的本性才是

① 许抗生：《关于玄学哲学基本特征的再研讨》，《中国哲学史研究》2000年第1期。

其生成变化的依据。宇宙既不存在最初的生成母体，又不存在“无物”的真空时期，而是“有”永恒存在，故宇宙在逻辑上便不存在所谓总开始，而是无始无终的，他对表达时间与空间的“宇宙”概念，作了新的解释：

宇者，有四方上下，而四方上下未有穷处。

宙者，有古今之长，而古今之长无极。[①]

宇宙没有绝对的“开始”，因此，也没有绝对的时间。历史观念中的所谓年、月、日，是为了记载具体事物“生死”现象的相对长度而人为规定的：“今所以有岁而存日者，为有死生故也。若无死生，则岁日之计除。”[②]在郭象的意识中，任何事物的“开始”都是相对的：一个事物的开始，是前一个事物的结束，“于今为始者，于昨为卒，则所谓始者即是卒矣。言变化之无穷”[③]。事物时时刻刻处在生死交替的变化中，只是肉眼无法察觉而已，如日月的交替、生物的新陈代谢，“与日俱新，故无始也”[④]。宇宙中没有绝对的“开始”与“结束”，只有由无数事物“终始”构成的无终无始的“循环”。

然而，万物从何而来这个哲学问题却是无法回避的。郭象面临的理论难题是，必须破除前人关于宇宙本原的种种学说，不仅是天命论和元气论，连道家本身的道根论和玄学的

① 《庄子·庚桑楚》郭象注，第801页。
② 《庄子·则阳》郭象注，第888页。
③ 《庄子·山木》郭象注，第691页。
④ 《庄子·在宥》郭象注，第397页。

贵“无”论也要扫荡，以彻底否定宇宙第一因的存在。在魏晋时期，这是一个相当困难的理论工作，需要向两个基本“常识”挑战：其一，任何具体事物，都有可见的生成者，如每个生物均由其父母所生；其二，沿着事物生成的链条不断追问下去，必然要由物种的起源追溯到宇宙的本原。为了扫清理论障碍，郭象既要否定传统哲学理念中的一切宇宙本根，又要否定常识世界中的具体生母，这无疑需要经过复杂的思辨过程。在魏晋时期的语境中，只能通过对传统的各种宇宙本根进行“辨名析理”才能完成。

在传统的宇宙生成系列中，天地被视为万物的直接生成者，因为在人们的经验世界中，的确是天空的阳光雨水与大地的泥土，使植物得以生长发育。因此，郭象“自生”论的矛头首先指向了“天地”，对它们进行语言分析，指出“天地”概念，不是指独立存在的实体，而是对世界万物的总称谓。“天地者，万物之总名也。天地以万物为体，而万物必以自然为正”。[①] 郭象的说法似乎违背常识，其实不然。试想如果没有高山平原江河湖泊，“地”是不存在的；没有日月星辰，“天”只是空无。而常识中的“天下”之“天”，更不是“复别有一物”，而是指芸芸众生活动所创造的世界，“有生之类，会而共成一天耳”。[②] 既然“天”就是万物的集合，可见所谓天生万物的说法，就是万物的自生了。“自己而然，则谓之天然。天然耳，非为也，故以天言之。以天言之，所以明其自然矣”。[③] 天既然不存在，故无

① 《庄子·逍遥游》郭象注，第 20 页。
② 《庄子·齐物论》郭象注，第 50 页。
③ 《庄子·齐物论》郭象注，第 50 页。

法成为万物的主宰了，所谓天命观念也随之成了无稽之谈。“而或者谓天籁役物使从己也。夫天且不能自有，况能有物哉！故天者，万物之总名也。莫适为天，谁为主役物乎？故物各自生，而无所出焉，此天道也”；[①]“天者，自然之谓也”。[②]

否定了有形的“天地”为万物母体之后，无形的“气”与“道”则成为郭象自生说继续进攻的目标，而且是难度极大的目标。不过，郭象同样在不违背学术“常识”的前提下，运用分析概念内涵外延的“辨名析理”方法，将这些阻挡在“自生论”道路上理论巨石一一撬动、搬开。

> 谁得先物者乎哉？吾以阴阳为先物，而阴阳者即所谓物耳。谁又先阴阳者乎？吾以自然为先之，而自然即物之自尔耳。吾以至道为先之矣，而至道者乃至无也。既以无矣，又奚为先？然则先物者谁乎哉？而犹有物，无已。明物之自然，非有使然也。[③]

在上文中，郭象将世界简单地划分为“有物”（存有物质）和“至无”（绝对真空）两大类。从这个定义出发，通过逻辑推理，否定在“有物”之前之外存在生成者，将传统学说中的阴阳、自然、道，一一排除。

首先，关于“阴阳”。在郭象看来，阴阳二气作为大千世界中的事物，仍然属于“物”这个大范畴，因此，在逻辑上不可能

① 《庄子·齐物论》郭象注，第 50 页。
② 《庄子·大宗师》郭象注，第 224 页。
③ 《庄子·知北游》郭象注，第 764 页。

先于“物”而存在，既然不能先于“物”而存在，便不是万物的生成者，也不是变化的动因。

再者，关于“自然”。郭象认为，自然并非别有一实物，它的意思是事物没有外力作用下的本来面目，或者说是事物生来就有的那个样子。可见作为事物存在状态的“自然”，不可能是万物的生成者。

最后，关于“至道”。郭象将传统的宇宙本根“道”称之为“至道”，定义为“至无”。那么“至道”、“至无”是什么意思？它与“道”、“无”有何区别？这是郭象割掉魏晋玄学宇宙生成论尾巴的关键所在。在这个问题上，郭象成功地运用形名学规则，通过“有无之辩”，推倒了由玄学前辈建立的无形本根——“无”。

魏晋玄学语汇中的“有”、“无”至少存在两种意思：一是指“有形”与“无形”；二是指“存有”与“空无”。如果说，王弼是以第一种含义讨论“有”、“无”问题的话，那么郭象笔下的“有”、“无”明显属于第二种含义（在涉及第一种含义的无形之“无”时，郭象称之为“玄冥”）。他从是否有“物”存在的角度，将世界分为“有”与“无”两大领域。从这个定义出发，推出了“无不能生有”和“有不能生有”的命题，破本根论，立“自生”说。

一般情况下，郭象哲学术语中的“无”直接表示“空无”，但有时为了与“无形”之“无”划清界限，使用了“至无”这个概念。他将宇宙本根“道”称之为“至道”，定义为“至无”。“吾以至道为先之矣，而至道者乃至无也。既以无矣，又奚为先”？[①] “至”

---

① 《庄子·知北游》郭象注，第764页。

的意思是极度,而极度完美的“至道”,用形象化表述,犹如一无所有空荡荡的大路,可容万类自由穿行。他认为,“有”生于“无”的说法,并不是指万物最终产生于无形的宇宙本原,而是说宇宙中绝对真空的“至无”状态,是万物自生的环境。在郭象看来,物质是不灭的,“无”不能生“有”,“有”也不能化为“空无”,物质的“有”永恒存在,绝对真空状态的“无”只存在于逻辑推理中,宇宙并不存在一个从“无”到“有”的原始发生过程。“非唯无不得化而为有也,有亦不得化而为无矣。是以夫有之为物,虽千变万化,而不得一为无也。不得一为无,故自古无未有之时而常存也”。[①] 至此,他推出了“‘无’不能生‘有’”的命题:“无既无矣,则不能生有。”[②]

在郭象的哲学术语中,“有”是对一切存在物的总称,从无形元气到有形万物,都可以用“有”来概括。在他看来,中国传统哲学中尊贵的元一阴阳与卑微的草芥昆虫之类,都是“物”的一种形态,它们之间是物与物之间的平等关系,而不是生成与被生成的母子关系。不仅各个物类之间,即使在同类生物中,也不存在真正意义上的生成者与被生成者。每一个具体存在物都是“自生”的。这似乎有悖常识。难道狗不是狗所生、鸡不是鸡所生吗?郭象认为,从现象上看似乎存在具体生母,而实际上并非如此。“言万物虽以形相生,亦皆自然耳”[③]。如果承认存在生成者,那么沿着生成的链条不断追问下去,必然从个体→父母→物种,进入元气阴阳五行的宇宙生

① 《庄子·知北游》郭象注,第763页。
② 《庄子·齐物论》郭象注,第50页。
③ 《庄子·知北游》郭象注,第742页。

成模式,追溯到构成物质世界的最基本要素——元气的原始形态"一",而"一"又是从哪里来的呢?郭象如是说:

> 一者,有之初,至妙者也。至妙,故未有物理之形耳。夫一之所起,起于至一,非起于无也。然庄子之所以屡称无于初者,何哉?初者,未生而得生,得生之难,而犹上不资于无,下不待于知,突然而自得此生矣。①

"一"指无形"元气";"至一"大概指逻辑上最原初的"元气"。在论述"一"与"至一"的关系时,郭象用了"起于"而不是"生于",这是因为:在郭象看来,即使存在"至一",它与"一"之间,同样是物与物的并存而非生成关系,尽管郭象并不否认元气的存在,承认前人关于万物均由气的各种形态——"元一"、"阴阳"构成,但它们仅是构成万物质料的某种特殊物质,而不是万物的生成者。即使追溯到最原始的物质"至一",同样找不到生成者。在他看来,事物都是"自生"的,"夫物事之近,或知其故,然寻其原以至乎极,则无故而自尔也"②。"欻然自生,非有本"。③"欻然自死,非有根"④。至此,他将其理论推向了极端,彻底割断了一切外在的生成关系,提出了"'有'不能生'有'"的命题:"夫有之未生,以何为生乎?故必自有耳,

---

① 《庄子·天地》郭象注,第425页。
② 《庄子·天运》郭象注,第497页。
③ 《庄子·庚桑楚》郭象注,第800页。
④ 《庄子·庚桑楚》郭象注,第800页。

岂有之所能有乎”?[①]“此所以明有之不能为有而自有耳。”[②]

既然没有宇宙本根,又没有具体的生母,那么是什么力量生成万物呢?郭象在论述事物生成动因时,大量使用了“自”这个词,如“自尔”、“自有”、“自生”、“自然”等等,不胜枚举。“自”的意思不是指事物自己有作为,而是指自发、自动、无主宰、自然而然。生命过程与主观意志毫无关系。人们贪生怕死,却无法阻止自身的死亡,这说明人不能决定自己的生命,“若身是汝有者,则美恶死生,当制之由汝。今气聚而生,汝不能禁也;气散而死,汝不能止也。明其委结而自成耳,非汝有也”。[③]至此,郭象的“自生”学说似乎得以确立了——事物的产生既不是“无”,也不是“有”,又不是自己“我”故意,而是不知所以然的自然而生:“自生耳,非我生也。我既不能生物,物亦不能生我,则我自然矣。”[④]

论证并没有到此结束。否定“自生”的故意性,并不意味着事物生成的自发动力不是来源于自身。郭象自生论的核心,是从事物发生角度破外因论,最终归于事物自然本性的决定作用:“不知其然而自然者,非性如何!”[⑤]“言自然则自然矣,人安能故有此自然哉?自然耳,故曰性。”[⑥]本性是无意识的自发的存在,对事物发生,自然而然地发挥着根本作用,可

---

① 《庄子·庚桑楚》郭象注,第802页。
② 《庄子·庚桑楚》郭象注,第802页。
③ 《庄子·知北游》郭象注,第739页。
④ 《庄子·齐物论》郭象注,第50页。
⑤ 《庄子·则阳》郭象注,第881页。
⑥ 《庄子·山木》郭象注,第694页。

称为“本”。“以性言之，则性之本也。夫物各有足，足于本也”①。“物之变化，无时非生，生则所在皆本也”②。“德者，得其性者也……得其性则本至”。③ 关于“性”的本体意义，在下面的“独化论”中，得到充分展现。

（二）“独化”说

“自生”说是从发生角度，否定任何造物者的存在；“独化”论则从事物变化动因的角度，否定了一切外在因素的决定作用。在生成论方面，郭象因袭了道家传统的“自生”概念，无重大变化；在变化论方面，则在继续沿用道家的“自化”概念的基础上，创造出了“独化”范畴，其原因是为了强调事物自然本性（内因）在事物变化中的决定作用，因为“独化”具有强调独自变化、否认外因作用的含义。

与“自生”说相比，“独化”论面临的难度更大。因为在常识的世界中，事物的变化不仅明显地受到外在因素的作用，其中有些属于因果关系——水涨船高、风吹草动、形影相随、唇亡齿寒等等，不胜枚举。为了推翻常识造成的外因“假象”，郭象运用形名方法，从是否存在可见形象角度，将世界分为“有形”与“无形”两大领域：一是有形类，随研究角度不同，有多种称谓，如“物”、“迹”等；二是无形类，称之为“玄冥”。以这些新

---

① 《庄子·大宗师》郭象注，第239页。

② 《庄子·庚桑楚》郭象注，第807页。

③ 皇侃：《论语集解义疏》卷一《为政第二》引郭象云，《丛书集成初编》本，商务印书馆，1937年版，第14页。

范畴为基础，对“变化”现象辨名析理，以支持其“独化”学说。

郭象并不否认事物之间存在联系和互相作用。他认为，现象世界是一个无比复杂的关系网络，每个事物只不过是这个巨大网络中无数“网结”之一，与其它“网结”（事物）结成千丝万缕的联系。比如人类生命的延续，需要天地间无数物质的供养，从阳光空气饮水到五谷杂粮，缺一不可。否则，生命将夭折。

> 人之生也，形虽七尺而五常必具，故虽区区之身，乃举天地以奉之。故天地万物，凡所有者，不可一日而相无也。一物不具，则生者无由得生；一理不至，则天年无缘得终。①

事物之间的这种密切联系，郭象称之为“相因”。万物都是按自己的本能活动——“自为”，为自己谋利益，客观上却可能产生利它或损它的结果，例如，自然界的食物链中，狼为了维系生命的新陈代谢活动，损害了羊，却有利于草。不仅生物之间如此，即使生命体中的每个器官也是如此。郭象以嘴唇与牙齿的关系为例，对“唇亡齿寒”作了新的解释。嘴唇是为了自己而存在，不是为了温暖牙齿，无意中起了保暖牙齿的作用；嘴唇豁裂不是为了使牙齿寒冷，而无意中使牙齿寒冷，“竭唇非以寒齿而齿寒”②。事物之间彼此分立，各自为了自己利益活动，努力方向不同，却犹如唇齿一样互相支持，不可缺少。

---

① 《庄子·大宗师》郭象注，第225页。

② 《庄子·胠箧》郭象注，第348页。

"天下莫不相与为彼我,而彼我皆欲自为,斯东西之相反也。然彼我相与为唇齿,唇齿者未尝相为,而唇亡则齿寒。故彼之自为,济我之功宏矣,斯相反而不可以相无者也"。[1]这个过程是自然发生的,没有主宰,也不遵循任何意志。郭象以无思想支配而高度和谐的人体生理活动,证明事物联系的无意性与共济性之间的关系。

> 夫体天地、冥变化者,虽手足异任,五藏殊官,未尝相与而百节同和,斯相与于无相与也。未尝相为而表里俱济,斯相为于无相为也。若乃役其心志以恤手足,运其股肱以营五藏,则相营愈笃,而外内愈困。故以天下为一体者,无爱为于其间也。[2]

这是一个不争的事实——人的意识无法使自身各个组织、器官、系统之间协调,而整个生理过程却是不可思议的默契。如果人将自己的意志强加到生理过程中,人为地改变它们的功能,只能陷入紊乱。的确,在科学发达的今天,似乎可以用中枢神经的协调来解释这些生理现象,但是,如果继续追问其所以然,仍不能得到圆满的答案。解释生理活动的终极奥秘,只能是回到"自然"这个大白话。在生命哲学领域,我们与郭象并无本质差异。一千多年前的哲学家郭象,当然可以用生理学上的事实,证明事物之间客观上互相参与"相与"和互相作为"相为",完全是无意识、无动机、无目的自然过程,即"相与

---

① 《庄子·秋水》郭象注,第 579 页。
② 《庄子·大宗师》郭象注,第 265 页。

于无相与也”、“相为于无相为也。”

那么,事物之间这种互相作用的相与、相为活动,是否属于因果关系呢?在常识中,事物之间存在因果关系,似乎属于不争的事实——水涨船高、风吹草动、形影相随、唇亡齿寒等现象,明显属于“因果”联系。但是,郭象予以了坚决否认。因为,如果承认存在因果链条的存在,那么在其终端,必然要假定存在变化的主宰——宇宙第一动因。这是郭象无法接受的。所以,他向常识中的因果联系发起了进攻,“罔两待景”首当其冲,成为批判的靶子。景,指影子;罔两,指影子外围模糊的虚影;待,指依赖。人们通常认为,形体活动,引起影子动;影子动,罔两随之动;三者为典型的因果关系:形体→影子→罔两。这个典故出自《庄子·齐物论》,文中虚构了罔两与影子的对话。罔两埋怨影子:你动静无常,害得我坐立不安。影子同样困惑地反问:“吾有待而然者邪?吾所待又有待而然者邪?”大意是说自己受制(有待)于形体,而形体又受制于外物。郭象为此写了长长的注文,对庄文作了“寄言出意”的发挥。破“因果”律,立“独化”说。

> 世或谓罔两待景,景待形,形待造物者。请问:夫造物者有耶?无耶?无也,则胡能造物哉!有也,则不足以物众形。故明众形之自物,而后始可与言造物耳。是以涉有物之域,虽复罔两,未有不独化于玄冥者也。故造物者无主,而物各自造。物各自造,而无所待焉。此天地之正也。①

① 《庄子·齐物论》郭象注,第112页。

在郭象的观念中,生成与变化是相通的,不可分割,所谓"自生",是指事物"独化"而生,"独化"就是"自生":"夫生之难也,犹独化而自得矣。"[①]他指出,大千世界中任何一种事物时刻都处在变化中,而变化就是新生,日月的交替、生物的新陈代谢,每天都在更新。"夫天地万物,变化日新,与时俱往"。[②]"物之变化,无时非生"。[③] 两者的区别在于认识角度的差异:"自生"说,是从生成角度观察,"独化"则从变化角度观察。郭象认为,整个宇宙中都没有主宰者,是事物自然生成,所以同样是自然变化,没有外在的决定因素。罔两、影子和形体虽然密切直接相连,但是不存在生成关系,是同时产生,所以各自独立变化,不存在因果关系。他指出:

> 故彼我相因,形景俱生,虽复玄合,而非待也……今罔两之因景,犹云俱生,而非待也。……故罔两非景之所制,而景非形之所使,形非无之所化也。则化与不化,然与不然,从人之与由已,莫不自尔,吾安识其所以哉!故任而不助,则本末内外,畅然俱得,泯然无迹。若乃责此近因,而忘其自尔,宗物于外,丧主于内,而爱尚生矣。虽欲推而齐之,然其所尚已存乎胸中,何夷之得有哉![④]

① 《庄子·大宗师》郭象注,第252页。
② 《庄子·齐物论》郭象注,第55页。
③ 《庄子·庚桑楚》郭象注,第807页。
④ 《庄子·齐物论》郭象注,第502页。

上文中，郭象继续以魏晋玄学的辨名析理方法，对庄文的中心概念“待”作了新的解释，并通过逻辑推理，破形、影、罔两之间的因果链。在他看来，“待”与“因”具有本质差异。“待”的意思是指控制、驱使、生化作用，属于因果联系；“因”则是平等共存关系，属于非因果联系。他并不否认，现象世界中，事物之间的确存在一些直接联系——“近因”，但这绝非事物变化的原因。如果承认存在外在原因，并沿着似乎可见的因果链条继续追问下去，探求原因的原因的原因……只能迷失在无穷的追问中，找不到最后的原因。既然找不到原因，也就无原因；既然无原因，剩下的只能是事物自己而然。“若责其所待，而寻其所由，则寻责无极，卒至于无待，而独化之理明矣”。[①]那么事物“独化”的根本动力从何而来呢？只能来自自己内在的本能即本性。郭象就是这样表述的：

> 明斯理也，将使万物各反所宗于体中，而不待乎外。外无所谢，而内无所矜，是以诱然皆生，而不知所以生；同焉皆得，而不知所以得也……则万物虽聚而共成乎天，而皆历然莫不独见矣。[②]

郭象之所以要求“万物各反所宗于体中”，是因为“独化”的动因存在于每个个体的本性之中。所谓本性，是生来俱有的本能，后天的混沌。它不受自身意识控制，具有自发性，“外不资

① 《庄子·齐物论》郭象注，第111页。
② 《庄子·齐物论》郭象注，第112页。

于道，内不由于己，掘然自得而独化也”。[①] 而且，对这个混沌的自然本性，是无法确知的。这是因为：其一，每个事物内部仍由各自独立的部分组成，它们又有各自的本性。前面曾以人的生命现象为例，说明每个器官或系统都是如此，如嘴唇与牙齿、四肢与五藏，各有本性，各自“独化”。其二，本性不是某个有形物，而是体现某个有形物全部运动发展过程中，例如某个生物的本性，只能从整个生命过程中表现出来。自然本性无法分析，无法认识，只能以无心态度与之冥合——“冥极”，“复情而混冥无迹也”。[②] 本性属于无形的“玄冥”范畴。例如，郭象在论述罔两与影子各依本性的独化时说：“虽复罔两，未有不独化于玄冥者也。”

“玄冥”一词不是郭象的首创，老子以“玄”、“冥”形容“道”的特征。庄子将“玄冥”连用，指幽暗模糊、深奥难明，“始于玄冥，反于大通”[③]。杨雄与王弼则以“玄”“冥”描述无形的宇宙本根，“玄者，幽摛万类而不见形者也”[④]。“有形则复于无形，故曰冥”[⑤]。“玄者，冥默无有也，始、母之所出也”[⑥]。郭象的创新之处，在于摈弃了宇宙本根说，将“玄冥”表示一切无形的存在。郭象承认，有形世界中同时存在着无形的事物，即“无

① 《庄子·大宗师》郭象注，第252页。

② 《庄子·天地》郭象注，第443页。

③ 《庄子·秋水》，第601页。

④ 郑万耕校释：《太玄校释·太玄攡》，北京师范大学出版社，1989年版，第260页。

⑤ 郑万耕校释：《太玄校释·太玄文》，第330页。

⑥ 《老子·第1章》王弼注，第2页。

形无状者”[1]，这种“无形”的存在物，或是万物的构成质料——元一阴阳五行之气，或是事物遵循的规律，或是生命混沌的本性，而不是宇宙本根。为了与表达真空的“无”相区别，郭象一般不用“无”表示无形事物，而是选用了“玄冥”。《庄子·大宗师》中有女偊说“道”的传承谱系，实为其悟“道”的精神提升过程，共有层层递升的九个阶段，其中第七个阶段叫“玄冥”。郭象的注释为：“故乃七重而后及‘无’之名”[2]。值得注意的是，这是郭象笔下用“无”表示“无形”的罕见文字，他立刻作了如下解释：

> 玄冥者，所以名无而非无也。[3]

这句话十分重要，它表明“玄冥”虽然也被称之为“无”，但是这种称谓不准确，因为它不是“空无”，而是指人类视觉无法辨析的无形领域。本性也是无形的，它隐藏在事物体中，只能通过种种现象，从不同角度了解其各种功能。故从不同角度称谓，本性亦有多种名号，如“物极”、“天理”、“无迹”、“所以迹”等等。但是，本性并非事物的“功能”，而是一切“功能”的生成者，“独化”的依据。因为本性是混沌无形的，根据辨名析理的逻辑规则，属于“玄冥”这个大范畴。郭象称回归本性为“复情而混冥无迹也”[4]。事物依据本性发生变化的过程，则被称之

① 《庄子·天地》郭象注，第429页。
② 《庄子·大宗师》郭象注，第257页。
③ 《庄子·大宗师》郭象注，第257页。
④ 《庄子·天地》郭象注，第443页。

为“独化于玄冥之竟(境)”。[1]

值得注意的是,郭象在表述事物独化的状态和依据时,有时用“境”这个概念。“境”不仅指主观境界,而且指客观存在的环境——“场”。它并非只有“玄冥之境”一种名号,可以从不同认识角度称谓:“自得之场”[2]、“绝冥之境”[3]、“无名之境”[4]。在郭象看来,虽然每个事物“玄冥”的本性给自身提供“独化”的动力,但它并不是一个孤立的存在,世界上存在着千千万万的事物,也就存在着千千万万“玄冥”的自然本性,它们的共存,组成了“玄冥之境”。对于“本性”在“玄冥之境”中的情况——它如何存在?如何“独化”?是否与其它无形事物发生关系等等诸类问题,按形名学规则,郭象统统不予回答,因为“玄冥之境”是无形的,超越人类的认识能力,是逻辑思辨的止境。

> 相因之功,莫若独化之至也。故人之所因者,天也;天之所生者,独化也。人皆以天为父,故昼夜之变,寒暑之节,犹不敢恶,随天安之。况乎卓尔独化,至于玄冥之境,又安得而不任之哉![5]

在郭象的哲学视野中,“世界”是双重的,可分为现象和本体两大领域。其一,万物相为、相与的活动,结成了复杂的“相因”

① 《庄子·徐无鬼》郭象注,第 863 页。
② 《庄子·秋水》郭象注,第 566 页。
③ 《庄子·逍遥游》郭象注,第 34 页。
④ 《庄子·天运》郭象注,第 499 页。
⑤ 《庄子·大宗师》郭象注,第 241 页。

的关系网络，构成了现象世界，被郭象称之为“天”。其二，事物各自依据自己的本性“独化”，而万物本性的集合，共同组成了“玄冥之境”。现象界事物互相作用的“相因”活动与事物在“玄冥之境”的“独化”活动，不可同日而语，后者才是事物变化的根本动因。显然“玄冥”的本性，在郭象哲学中具有“本体”的意义。

（三）理论意义

作为本体存在的“性”，在郭象哲学体系中居核心与枢纽地位，与其它哲学范畴之间的关系，犹如车轮的轴心与辐条之间的关系。“本性”在自然与社会各个不同领域，从不同的角度观察，除了“性”、“本性”、“真性”之外，还有多种称谓，例如：“所以迹”是从因果角度表述本性，“所以迹者，真性也。夫任物之真性者，其迹则六经也”①。“理”是从活动规律角度表述本性，“任其天性而动，则人理亦自全矣”②。“性分”从个体特质差异角度表述本性，“天性所受，各有本分，不可逃，亦不可加”③。这些“本性”的不同名称互相贯通，构成了基本范畴的网络，为郭象构建起哲学体系奠定了基础，换句话说，郭象主要哲学范畴和命题，都是从“本性”衍生出来的。

从内在本性（本体）与外在表现（现象）关系角度研究问题的方法，贯穿于郭象哲学体系中所有的范畴、命题和论域。郭

① 《庄子·天运》郭象注，第532页。
② 《庄子·达生》郭象注，第638页。
③ 《庄子·养生主》郭象注，第128页。

象认为,在没有人为作用条件下,每个事物的本性都会自然实现,世界将会和谐完美。因此,以无为态度顺应事物本性,“无心者与物冥”①,是一切行为的根本方针。在郭象的学术语汇中,使用最频繁的词是“性”(“本性”、“真性”、“性分”等),“性”的特质与功能“自”(“自然”、“自尔”、“自得”),顺应“性”的途径“冥”(“与物冥”、“冥物”、“冥极”等)。理解“性”的本体意义,不仅为探讨郭象哲学体系的结构及其功能,提供了新的视角,而且为评价魏晋玄学的特征及其在中国哲学史上的地位,展现了更广阔的认识空间。

郭象之前的中国哲学,都属于宇宙本原论。王弼玄学虽然认为“无”存在于事物之中,但是作为宇宙本根,“无”与事物之间是“本末”关系,故魏晋玄学所面临时代课题——“自然与名教”的矛盾,只能停留在名教出于自然,即自然为本、名教为末的状态,两者仍有差异,不能融为一体。郭象的“性”本论割掉了玄学的宇宙生成论尾巴,去掉了事物的“本根”,以本体与现象关系看待世界,事物内在的本性是无形的,只能通过外在的现象表现出来,类似“体用”关系。对人类社会来说,社会体制及其价值观念(名教),都可视为人类本性(自然)的表现。根据这个理论,“名教”与“自然”之间没有差异,名教即自然;遵循名教的活动,就是实现自然本性的过程。这种新的学术观念,使自然与名教、无为与有为融为一体,解决了魏晋玄学的时代课题。

郭象“性”本体论的出现并非偶然,如果以动态的发展眼光看,是玄学思想家在形而上领域长期探索的结果。正始玄

① 《庄子·齐物论》郭象注,第68页。

学家王弼承认宇宙本根“无”的决定作用，但是“自然之性”才是其关注的关键问题。他在《老子指略》中明确指出，论述宇宙本根“无”，目的是为了证明事物自然本性的合理性：“夫欲定物之本者，则虽近而必自远以证其始。夫欲明物之所由者，则虽显而必自幽以叙其本。故取天地之外，以明形骸之内。”“论太始之原以明自然之性”。宇宙本体“无”的最大功绩就在于它除了顺应事物的自然之性外，没有其它任何作为。“道不违自然，乃得其性”[①]，“大夷之道，因物之性”[②]。竹林玄学家嵇康沿用了元气论和宇宙生成论，但是元气只是构成事物的质料，事物一旦形成，便有了其独特的性质——“体”。嵇康哲学的突出特点是辨析各类事物之“体”，涉及到音乐、性格、命运、养生等各类事物。《声无哀乐论》说：“‘声’之与‘心’，明为二物。”各有不可改变的性质，不能相通，“声音以和平为体，而感物无常；心志以所俟为主，应感而发”。元康玄学家裴頠在《崇有论》中说：“总混群本，宗极之道。”所谓“群本”，是指事物个体本性的集合。郭象“性”本体论则标志着这一探索过程的完成。

学术界普遍认为，与汉代学术的宇宙论相比，魏晋玄学的理论特点是本体论。确切说，“性本体”才是玄学本体论的突出特点。众所周知，魏晋是追求个性自由的时代，而魏晋玄学的主旨，是“人的主题”，“性”的本体论哲学，无疑是最佳选择。因此，本性问题成为魏晋玄学哲学思想的出发点和归宿。郭象笔下摈弃了一切外在生化动因、自生独化、无形实有的混沌

① 《老子·第25章》王弼注，第65页。
② 《老子·第41章》王弼注，第112页。

“性”本体，是魏晋玄学本体论的成熟形态，与汉代经学宇宙本原论、佛教缘起性空论和宋学理体论，并立中国哲学史之林。值得注意的是，郭象以“本性”解释“天理”，将两者合二为一的思路，消除了性体与理体的边界，力图为儒家伦理提供本体论支持，距理学似乎并不遥远，但是两种“性体”更多的是形似。从自然之“性”本体到道德之“性”本体，中国思想界走了七百多年。

二、历史观

为了扭转西晋玄学的虚无主义倾向，郭象以黄老历史哲学“误读”《庄子》，创建了在中国思想史上独树一帜的新历史观：人类社会不存在必然性历史退化，仅是时代各异；圣人治国之“迹”不同，而以无心顺应时代变化的治国之道“所以迹”却是相同的；圣人之间不存在优劣之分，面临乱世的后王治国难度更大；能因势利导实施礼乐教化、刑名法术甚至军事征服而达到天下大治者，都是“无为”的圣王。

（一）应时而变

汉魏时期的中国各学术流派和思想家，无一例外地持历史退化论观点，将人类社会视为朴散真离的过程。其中缘由，与这一时期的中国思想界处于宇宙生成论的控制下有关。该论认为，天地万物产生之前，是没有物质和时空的虚无。后来虚无中元气萌动，产生了时间和空间，开始了孕育并生成天地万物的过程。如《淮南子·天文训》创造了虚霩（空无）→宇宙

(时间与空间)→元气→天地→阴阳二气→四时精气→万物的宇宙生成系列:“虚霩生宇宙,宇宙生元气,元气有涯垠,清阳者薄靡而为天,重浊者凝滞而为地……天地之袭精为阴阳,阴阳之专精为四时,四时之散精为万物。”对上文中“宇宙”的意思,该书《齐物训》明确解释为时间和空间:“往古来今谓之宙,四方上下谓之宇。”《淮南子》的作者认为,自然界本来没有“时间”,即没有历史,随着宇宙生成,天地万物与人类有了“开始”,即历史的起点,时间——历史随之产生。“开始”阶段的事物最为完美,人类社会亦然。由于人类欲望和智能的发展,在社会走向“文明”的过程中,宇宙本根的功能逐渐丧失,社会的“德”逐步退化,从远古时代的太平盛世,一步步演变成乱世。人类的出路是遵循宇宙本根的规律,使社会退化过程发生逆转,返朴归真,从乱世回归古代。这种历史思维定势,却在西晋玄学家郭象那里发生了逆转。

郭象彻底摈弃了中国传统的宇宙生成说,提出了万物自然生成变化的“自生”、“独化”理论。他否认了宇宙存在最初的生成母体,破除前人关于宇宙本根的种种学说,彻底否定宇宙第一因的存在,认为宇宙不存在所谓总开始,而是无始无终的。同样,人类社会也不存在绝对的“开始”,而是无始无终的永恒循环的生命流程,“世世无极”①。既然宇宙不存在本根,人类社会不存在“总开始”,可见,因“本根”影响逐渐削弱而社会呈现“朴散真离”道德退化过程,失去了理论基础。

郭象认为,世界由万物“相因”集合而成。万物“自生”、“独化”,其动力是每个个体独特的“本性”,“本性”是世界真正

① 《庄子·知北游》郭象注,第763页。

的“本体”。人类社会是由个人集合而成,人性有“变异”与“差异”两个特点,社会因此存在以下两个基本属性:

其一,人的本性具有物质需求,故社会物质文明进步不可抗拒。伴随着生产技术的发展,人类的生存方式、需求欲望及价值观念也随之变化,表现为各个时代人性的差异,“人性有变,古今不同也”①。古代之人与事,已经消失在过去,不能以此看待今人。治理当代社会,应该以当下的人性为制定政策的依据:“当古之事,已灭于古矣。虽或传之,岂能使古在今哉?古不在今,故绝学任性,与时变化而后至焉。”②

其二,人的“本性”千差万别,永远不可能整齐划一。人类社会便是由这些善恶、贤愚、勇怯之人组合而成,不可能存在无个体差异、人人“同一”的社会,等级差异和利益冲突是永远存在的。郭象承认远古社会比后世纯朴,“玄古之人,无是无非”③。但是,后世社会紊乱,既不是宇宙本根的功能弱化,也不是人性必然堕落,而是因为当权者不能因势利导、顺应变化的民性所致。所谓远古时代的“至德之世”、“大同”社会,不是指每个社会成员本性淳朴划一,而是指千差万别的个体都得到了满足而和谐同一,“万物万形,同于自得,其得一也”④。郭象这样解释了社会之“一”与“纯”的含义与形成原因:

唯大圣无执,故芚然直往,而与变化为一,一变

① 《庄子·天运》郭象注,第519页。
② 《庄子·天道》郭象注,第492页。
③ 《庄子·庚桑楚》郭象注,第808页。
④ 《庄子·齐物论》郭象注,第82页。

化而常游于独者也。故虽参糅亿载，千殊万异，道行之而成，则古今一成也；物谓之而然，则万物一然也。无物不然，无时不成，斯可谓纯也。[①]

在郭象的术语中，从不同研究角度称谓，“一”有不同的含义。如，从物质结构角度，指无差别的“元气”；从日常生活用语角度，指“同一”。从社会历史与政治领域，则指无矛盾冲突的社会和谐状态。他反复强调，社会之“一”，不仅存在于远古时期，而且可以存在于各个历史时期，甚至是当下。得“一”的关键是圣人以无为态度顺应时代变化，“不瞻前顾后，而尽当今之会，冥然与时世为一”[②]，使每个社会成员各得其性，“各然其所然，各可其所可，则理虽万殊而性同得，故曰道通为一也”[③]。

《庄子·天地》中有个汉阴丈人，挖地道入井，用陶罐舀水去浇菜地，低效而费力。但他却拒绝了子贡关于采用先进浇灌机械工具“桔槔”的建议，认为用机械工具，会产生投机取巧之心，丧失淳朴的本性。这位在《庄子》中受到赞赏的“修浑沌氏之术”的汉阴丈人，在郭象注中，则受到了激烈的批判。

夫用时之所用者，乃纯备也。斯人欲修纯备，而抱一守古，失其旨也。[④]

---

① 《庄子·齐物论》郭象注，第102页。
② 《庄子·人间世》郭象注，第184页。
③ 《庄子·齐物论》郭象注，第71页。
④ 《庄子·天地》郭象注，第434页。

以其背今向古，羞为世事，故知其非真浑沌也。

徒识修古抱灌之朴，而不知因时任物之易也。①

郭象认为，生活在现代社会而简单效法古人的行为方式，不得“混沌”真谛，属于买椟还珠的蠢人。适应时代变化，行为举止与众人不异，才是真正的混沌，“此真浑沌也，故与世同波而不自失，则虽游于世俗而泯然无迹”。②

人类道德并非必然退化，厚古薄今观念是错误的，“古无所尊，今无所卑，而学者尊古而卑今，失其原矣”③。每个时代都有与之相适合的生存方式和社会制度，古代的制度适合古代社会，停止在过去的时间中，既然无法将时间倒退回古代，也就不能将古代制度照搬于当代，如礼制虽然长存，而其具体内容，则随时代发展而变化。适合时代需要的制度，犹如西施受人青睐；过时的制度而不废除，境况则如丑女怪物：

况夫礼义，当其时而用之，则西施也；时过而不弃，则丑人也。④

夫先王典礼，所以适时用也。时过而不弃，即为民妖。⑤

---

① 《庄子·天地》郭象注，第438页。
② 《庄子·天地》郭象注，第438页。
③ 《庄子·外物》郭象注，第936页。
④ 《庄子·天运》郭象注，第516页。
⑤ 《庄子·天运》郭象注，第513页。

时移世异，礼亦宜变。[1]

彼以为美而此或以为恶，故当应时而变，然后皆适也。[2]

显然，固守古代的制度而反对变革是错误的，“守故不变，则失正矣”。[3] 因此，应当以历史的眼光看待历史，立足于各自生存的社会，顺应时代潮流，以当代人民的需要为依据，积极变革，“时变则俗情亦变，乘物以游心者，岂异于俗哉”![4]“随时而变，无常迹也”。[5]“弥贯古今，与化日新”。[6]

（二）圣王史

汉晋时期的中国思想界，已形成了多种关于“三皇”→“五帝”→“三王”的古代圣王传承谱系，各学派通过对“圣王史”的评价，以支持各自的社会政治学说。由于受宇宙生成论及历史退化论影响，这一时期的儒、道学者大都认为圣王品质亦随时间的推移呈递降趋势。从孔融《圣人优劣论》看，汉魏之际已出现关于圣人档次高低的讨论。魏晋玄学家多持圣王品位退化说，而郭象则以反潮流姿态，依据自家对历史规律的独特理解，对古代典籍中关于三皇五帝以至春秋战国的历史记载，

① 《庄子·天运》郭象注，第 514 页。
② 《庄子·天运》郭象注，第 515 页。
③ 《庄子·天运》郭象注，第 521 页。
④ 《庄子·寓言》郭象注，第 952 页。
⑤ 《庄子·天运》郭象注，第 519 页。
⑥ 《庄子·大宗师》郭象注，第 277 页。

作出了新的解释。

在郭象的哲学术语中，圣王即圣人，除了孔子这位以思想学说入世的“素王”外，所有被称为“圣人”者，都是“圣王”。[①]在郭象看来，历史典籍仅仅记载了“圣人”的治国事迹，而没有揭示产生这些事迹的原因。为了清晰说明“事迹”与“原因”两者的关系，郭象使用了“迹”与“所以迹”两个范畴：“所以迹”，是圣人的“无心”真性；“迹”，是圣人“无心”真性引导下做出的事迹，这些事迹犹如圣王走路留下的脚印，留在记载古代政治历史的《六经》中，“所以迹者，真性也。夫任物之真性者，其迹则六经也”[②]。由于各个时代情况的条件不同，圣人的治国之“迹”千差万别，有的“无为”，有的“有为”，而圣人治国的“所以迹”却是一致的，都是以“无心”顺应民心（时势），通过臣民自己的行为实现。

既然圣人治国的本质相同，对待圣王的历史，也就没有必要注重形迹而流于繁琐，因此《庄子》中有姓氏的几十位圣王被大大简化，在郭象注文中仅保留了冉相氏、泰氏、伏戏、黄帝、尧、舜、禹、汤、文、武十人，并对“三皇五帝”人物构成和传承谱系说作了模糊化处理。按魏晋形名学的逻辑思维习惯，从“皇”、“帝”、“王”三个名称本身的意思看，无疑是前者高于后者。郭象否定了“三皇”高于“五帝”、“五帝”高于“三王”的说法，认为圣王的治国的“所以迹”是完全相同的，只是因为面临的社会条件不同，采取的治国方针“迹”各异，所以名号不同，不必要细细区分，“皇王之称，随世之上下耳，其于得通变

---

① 关于圣人的定义，详见本章之“四、政治哲学”，郭象对“圣人”的解释。

② 《庄子·天运》郭象注，第 532 页。

之道以应无穷,一也”。[1]“圣人道同而帝王殊迹”。[2]

尽管圣人具有共同的本质,但是,他们的治国行迹毕竟存在差异,“故顺物之迹,不得不殊,斯五帝三王之所以不同也”[3]。郭象依据圣王治国之“迹”的特点,以“三代(夏商周)”为界,将古代圣王历史分为以下两个时期:

第一,“三代以上”时期,时间是从舜→尧→黄帝→伏戏,上溯到没有文字记载的历史和没有留下功名的古王。这时的圣人顺应人民本性,以无为方式治国,“自三代以上,实有无为之迹”[4]。如传说中的古之圣王冉相氏,“居空以随物,物自成”[5]。又如尧治理国家,像南方落后民族不戴礼帽那样放弃治国之术,“夫尧之无用天下为,亦犹越人之无所用章甫耳”[6]。因为这个时期民风质朴,国家仅具雏形,无所作为恰到好处。

第二,“三代”时期,时间是夏、商、周三个朝代。这个时期私有制发展,人性发生变化,圣人采用礼乐刑政甚至军事手段,以“有为”方式治国,“此三代所以直道而行之也”。[7] 如大禹顺应时代变化,改变了禅让制度;汤、武发动战争,以武力推翻了前王朝,亦是社会时势不得不然,因为对待昏君暴君,即使尧与大禹也无法通过道德力量感化他们,更不可能以匹夫

① 《庄子·在宥》郭象注,第384页。
② 《庄子·天地》郭象注,第499页。
③ 《庄子·秋水》郭象注,第584页。
④ 《庄子·骈拇》郭象注,第324页。
⑤ 《庄子·则阳》郭象注,第885页。
⑥ 《庄子·逍遥游》郭象注,第34页。
⑦ 《庄子·列御寇》郭象注,第1062页。

之勇赤手空拳讨伐，除了发动革命战争，别无选择，“惜名贪欲之君，虽复尧、禹，不能胜化也，故与众攻之，而汝乃欲空手而往，化之以道哉”！[①]

在圣人统治的“三代以上”和“三代”两个时期，尽管在治国形迹上存在“无为”与“有为”的差异，但诸圣王都是以无心适应民情变化，故治国的“所以迹”不二。“无为”的尧、舜与“有为”的汤、武，便是郭象经常列举的典型：

> 夫尧舜帝王之名，皆其迹耳。我寄斯迹，而迹非我也。故骇者自世，世弥骇，其迹愈粗，粗之与妙，自途之夷险耳，游者岂常改其足哉！故圣人一也，而有尧舜汤武之异。明斯异者，时世之名耳，未足以名圣人之实也。故夫尧舜者，岂直一尧舜而已哉！是以虽有矜愁之貌，仁义之逆，而所以迹者故全也。[②]

在上文中，郭象以旅行路途的险易解释圣王们治国形迹差异的原因：不同时代的社会形势，犹如千变万化的地形条件；圣王的事迹，犹如出行者踩出的脚印。面对不同的地形，留下的脚印各异。地形崎岖艰险，脚印复杂；地形平坦，脚印则简单。后人往往看到了脚印“迹”的差异，而忽略了它们的“所以迹”——是圣人们以“无心”的“天足”，因地制宜走出的脚印，都胜利到达了“天下太平”的目的地。时势不同，造成了尧舜垂拱而汤武起兵，“揖让之与用师，直是时异耳，未有胜负于其

① 《庄子·人间世》郭象注，第 140 页。
② 《庄子·在宥》郭象注，第 357 页。

间也”[①]。无论表面现象如何，圣王本质上都是无为的。在郭象的哲学术语中，按自己的本性活动，即使轰轰烈烈，也是无为；不符合自己的本性，即使纹丝不动，也是有为。圣王以“无心”本性因循社会形势，没有一个属于“有为”：“尧舜无为而汤武有事。然各用其性，而天机玄发，则古今上下无为，谁有为也？”[②]

在道家历史意识中，先王优于后王，而大禹则被视为从“上德”社会向“下德”社会转化的圣王，排在尧舜禹“三圣”之末，评价不高。例如，《庄子·天地篇》的作者编造了尧时的诸侯伯成子高在禹上台后归隐的故事，并借伯成子高之口褒尧贬禹，说尧无为而治，禹使用了刑罚，“德自此衰”。而郭象则反其道而行之，为此作了长篇注文，将先王必定优于后王的历史“铁案”翻了过来。节录如下：

> 夫禹时三圣相承，治成德备，功美渐去，故史籍无所载，仲尼不能间，是以虽有天下而不与焉，斯乃有而无之也。故考其时，而禹为最优；计其人，则虽三圣，故一尧耳……夫庄子之言，不可以一途诘，或以黄帝之迹，秃尧、舜之胫，岂独贵尧而贱禹哉？故当遗其所寄，而录其绝圣弃智之意焉。[③]

郭象认为，庄子不可能“独贵尧而贱禹”，对《庄子》中的相关文

① 《庄子·天地》郭象注，第444页。
② 《庄子·天道》郭象注，第466页。
③ 《庄子·天地》郭象注，第424页。

字，应以“寄言”态度理解。没有圣人诞生，禹只能遵循民意将王位传给儿子启，因此受到了“廉洁之士”的批评。其实圣王人格质量相同，尧、舜、禹无差异，连孔子也无法判断孰高孰低。但是从治国的难度看，后王所遇情况更严峻，因此需要以“无为”应变的能力更强，故禹更伟大，“考其时，而禹为最优”。[①] 不难看出，郭象历史观具有明显的“法后王”的倾向。

当最后一个古代圣王逝世之后，人类历史进入了乱世，郭象称之为“三代以下”时期，即春秋战国秦汉以至魏晋。造成这种局面的原因，不是人性自然的堕落，而是没有圣人出世，去适应变化了的人性。后代的统治者不是依据各自的时代特点寻找相应的治国途径，而是盲目学习古代圣王的治国之迹，忽略了因势利导这个“所以迹”，结果导致了天下大乱，“夫德之所以下衰者，由圣人不继世，则在上者不能无为而羡无为之迹，故致斯弊也”[②]。“三代以下，遂寻其事迹，故匈匈焉与迹竞逐”[③]。最容易造成后代君主治国失误的，不是“三代”圣王的有为之迹，而是“三代以上”圣王的无为之迹。因为错误的历史观将远古时代视为理想社会，故后世君主纷纷效仿这一时期圣王的“无为”政迹。为了强调崇尚“无为之迹”的危害，郭象不惜将圣王尧与暴君桀并论。他指出，作为治国经验，尧与桀同样不值得后人仿效。尽管两者的德行有天渊之别，但如果仰慕并效法尧，则会使人因争夺名誉失去自然真性，社会

① 《庄子·天地》郭象注，第424页。

② 《庄子·缮性》郭象注，第552页。

③ 《庄子·在宥》郭象注，第367页。

危害相同，均需扫荡，“故誉尧而非桀，不如两忘也”①。

郭象历史哲学支持着积极入世的政治学说，为现实社会政治生活中统治者放手运用礼乐刑政、法术教化治理国家寻找理论依据。郭象认为，君主“无心”，则仁义礼乐、刑名法术各种治国之道自然运用。郭象强调反对效法“无为之迹”的理论，具有鲜明的时代特色。设想一下，面对西晋后期的社会混乱局面，如果“圣人”来治理，无疑将留下积极有为的事迹，从道德教化、刑事惩罚到军事镇压，各种手段均可使用。在郭象看来，无论采取何种措施，凡能拨乱反正者，均为圣人。

（三）思想渊源

从哲学高度将“无为”与“有为”彻底融为一体，遏制虚无主义狂潮以挽救社会崩溃，成为西晋后期亟待解决的时代课题，故郭象玄学应运而生。历史哲学是郭象玄学体系中的重要环节，它与“心性”论一起（详见下节），成为支撑其政治哲学的两根重要支柱之一。郭象在这一学术领域面临的任务是，改变自庄子、竹林玄学发展而来的激烈反对文明进化的历史观，瓦解新贵“无”论政治理论赖以存在的基础。

庄子从崇尚个性自由角度发展了老子“朴散真离”的历史退化论，认为蒙昧的原始社会是人类的黄金时代，是“至德之世”。此后则无法遏制地每况愈下，一千年后，将堕落到人吃人的地步。因此，对传说中引导人类走向文明的圣人，予以激烈攻击，矛头直指儒家圣人尧、舜、禹、汤、武、周公。

---

① 《庄子·在宥》郭象注，第 365 页。

> 古之人，在混芒之中，与一世而得淡漠焉。当是时也，阴阳和静，鬼神不扰，四时得节，万物不伤，群生不夭，人虽有知，无所用之，此之谓至一。当是时也，莫之为而常自然。逮德下衰，及燧人、伏羲始为天下，是故顺而不一。又下衰，及神农、黄帝始为天下，是故安而不顺。德又下衰，及唐、虞始为天下，兴治化之流，浇淳散朴，离道以善，险德以行，然后去性而从于心。心与心识，知而不足以定天下，然后附之以文，益之以博。文灭质，博溺心，然后民始惑乱，无以反其性情而复其初。①

正始时期的玄学家并未完全认同庄子的说法，而是将《老子》的历史观与儒家的圣人论相结合，仍将远古帝王视为值得效法的圣王。例如，何晏认为尧是“本无名而强为之名”②的圣人，舜、禹属于“己不欲求天下而得之”的无为圣王。③ 王弼亦对尧、舜、禹充分肯定，在其《论语释疑》中写道：“唯尧于时全则天之道也”；④“逢时遇世，莫如舜禹。”⑤正始时期的竹林名士也是如此，阮籍对远古至当代的历史做了如下总结：“三皇依道，五帝仗德，三王施仁，五霸行义，强国任智，盖优劣之异，

① 《庄子·缮性》，第552页。

② 《列子》卷四《仲尼》张湛注引何晏《无名论》，第121页。

③ 《论语注疏》卷八《泰伯》引何晏集解，见阮元《十三经注疏》，中华书局，1980年版，第2487页。

④ 王弼：《论语释疑·泰伯》，第626页。

⑤ 王弼：《论语释疑·泰伯》，第626页。

薄厚之降也。”[1]然而，高平陵政变后，中国历史步入血腥的魏晋“禅代”之路，阮籍、嵇康思想发生了一百八十度的大转变，改变了他们正始时期温和的历史观点。阮籍指出，在和谐的远古时代，根本没有国家与君主，“盖无君而庶物定，无臣而万事理”[2]。嵇康则公然怀疑尧、舜、禹的英明，蔑视汤、武、周、孔，“轻视唐虞而笑大禹”[3]，“非汤、武而薄周、孔”[4]。诞生于两晋之际的鲍敬言著《无君论》，尽管时间上可能略晚于郭象生活的时代，但可视为西晋后期玄学历史退化论思潮合乎逻辑的发展和极端表达。该论认为无君的远古社会是人类的黄金时代，“古者无君胜于今世”，[5]旗帜鲜明地否定了君主制度存在的合理性。

在西晋后期特殊的思想背景下，郭象欲建立有为的政治理念，必须从历史哲学深层正本清源，同时又无法绕开士族青年尊崇的经典《庄子》。因此，郭象以其独特的本体论哲学为理论基础，充分吸取黄老派积极进取的历史观点，通过“寄言出意”诠释《庄子》，返本开新，出色地回答了时代课题。

如果说庄子是沿着老子“无为而无不为”思想的“无为”一面走向消极游世的话，战国秦汉黄老派则沿着“无不为”一面，全面吸收诸子的思想精华，演变成在“无为”旗帜下积极入世的哲学体系。在历史观方面，以“因循”哲学为指导，融儒家的圣人说与法家的历史进化论及变革思想于一体，形成了自家

① 《阮籍集·通老论》，上海古籍出版社，1978 年版，第 30 页。

② 《阮籍集·大人先生传》，第 66 页。

③ 戴明扬：《嵇康集校注》卷三《卜疑集》，第 139 页。

④ 戴明扬：《嵇康集校注》卷二《与山巨源绝交书》，第 122 页。

⑤ 杨明照：《抱朴子外篇校笺·诘鲍》，中华书局，1997 年版，第 493 页。

的历史理念,《吕氏春秋》与《淮南子》是集大成者。

从表面上看,秦汉黄老道家继承了老庄的退化论历史观,认为远古时代淳朴的原始社会,逐渐变为弱肉强食的阶级社会,但这仅仅局限于对道德走向的看法,并不认为人类历史能够逆转,再次回到远古时代。他们普遍认为,远古时代与动物相似的人类社会,并不是理想的黄金时代。由于生存技能落后,时刻处在自然界的致命威胁之中。圣人发明房屋、服饰、舟车、农具、武器,以技术进步推动生产力发展;将分散的个人、家族、部落以致区域联合起来,分工组织协作,形成巨大的社会力量,而且能减少人类争斗内耗造成的不必要损伤。因此,对物质文明进步与建立君主政治制度,秦汉黄老道家持充分肯定的态度。

> 昔太古尝无君矣,其民聚生群处,知母不知父,无亲戚兄弟夫妻男女之别,无上下长幼之道,无进退揖让之礼,无衣服履带宫室畜积之便,无器械舟车城郭险阻之备,此无君之患。故君臣之义,不可不明也。自上世以来,天下亡国多矣,而君道不废者,天下之利也。故废其非君,而立其行君道者。[①]

随着时代的发展,社会制度也要随之改变。为了说明这个道理,《吕氏春秋·察今篇》的作者编造了数个寓言,如创造了"刻舟求剑",作为固步自封的象征,流传至今,家喻户晓。作

---

① 陈奇猷:《吕氏春秋校释·恃君览第八·恃君》,学林出版社,1984 年版,第 1321~1322 页。

者归纳出的结论是，治国如同治病，治病用药应随病情而变，治国立法应随时代而变，“世易时移，变法宜矣。譬之若良医，病万变，药亦万变。病变而药不变，向之寿民，今为殇子矣。故凡举事必循法以动，变法者因时而化”[①]。因此，“因循”社会形势的变化，是治国的最高原则：“禹之裸国，裸入衣出，因也。墨子见荆王，衣锦吹笙，因也。孔子道弥子瑕见釐夫人，因也。汤、武遭乱世，临苦民，扬其义，成其功，因也。故因则功，专则拙。因者无敌。”[②]《淮南子·氾论训》的作者继承了《吕氏春秋》的历史观点，在追述了舜、周文王等古代圣王变革礼乐法制的事迹后，作了如是形象表达：圣人的治国之道随时代精神变化而变化，犹如音乐演奏家师旷弹瑟的手指，随乐谱的要求，在琴弦上来回移动，似乎没有一定之规，却弹出一首美妙乐曲，“故五帝异道而德覆天下，三王殊事而名施后世。此皆因时变而制礼乐者，譬犹师旷之施瑟柱也，所推移上下者，无寸尺之度，而靡不中音……苟利于民，不必法古；苟周于事，不必循旧。夫夏商之衰也，不变法而亡；三代之起也，不相袭而王。故圣人法与时变，礼与俗化，衣服器械，各便其用；制度法令，各因其宜。故变古未可非，而循俗未足多也”[③]。

黄老道家关于物质技术与社会发展不可抗拒以及面对时代变化采取因循方针的观点，为郭象成功地“误读”《庄子》，提供了直接思想资源。如果将《庄子》与《〈庄子〉郭象注》比较，

---

① 《吕氏春秋校释·慎大览第三·察今》，第936页。

② 《吕氏春秋校释·慎大览第三·贵因》，第729页。

③ 张雙棣：《淮南子校释·氾论训》，北京大学出版社，1997年版，第1341页。

则不难发现,庄子所有关于历史发展的消极论述,都被郭象作了“寄言出意”的积极发挥,请看:

> 《庄子·在宥》:“昔者黄帝始以仁义撄人之心。尧舜于是乎股无胈,胫无毛,以养天下之形,愁其五藏以为仁义,矜其血气以规法度。然犹有不胜也。尧于是放欢兜于崇山,投三苗于三峗,流共工于幽都,此不胜天下也。夫施及三王而天下大骇矣。”
>
> 郭象注:“夫尧舜帝王之名,皆其迹耳。我寄斯迹,而迹非我也。故骇者自世,世弥骇,其迹愈粗,粗之与妙,自途之夷险耳,游者岂常改其足哉!故圣人一也,而有尧舜汤武之异。明斯异者,时世之名耳。未足以名圣人之实也。故夫尧舜者,岂直一尧舜而已哉!是以虽有矜愁之貌,仁义之逆,而所以迹者故全也。”

《庄子》的本意,是说黄帝、尧、舜、夏禹、商汤、周文武沿着“有为”的治国路线走下去,从仁义教化、设立制度到刑罚与战争,结果是一代不如一代,导致了天下大乱。郭象则将这段文字解释为,圣王政治路线是无差别的“无为”,因为社会形势不同,圣人顺应时代需要,采取了仁义教化、设立制度到刑罚与战争等不同措施,其内在“无心”本质是一致的。类似的注释俯仰皆是,在此无必要一一举证。总之,郭象认为人类社会不存在必然性历史退化,仅是世时各异。圣人治国之“迹”不同,而以无心顺应时代变化的治国之道“所以迹”却是相同的,因势利导实施礼乐教化、刑名法术甚至军事征服的“有为”政治,同时都是"无为"政治。相反，面对动乱的社会局面，躲入山林不作为，才是"有为"。

三、心性论

如果说，郭象通过"自生""独化"说建立了其"性"的本体地位，那么，其心性哲学，则是在"性"本论的基础上，对人性的类型、外在表现、及其正确的认识途径展开深入分析，可归纳为"性分"、"性理"和"冥极"三种学说，而关于"圣人"与"凡人"心性关系创见，则如一条不变的主线，贯穿这些学说中，形成了其心性哲学的鲜明特色，并且直接决定了其政治哲学与人生哲学的基本理路，不可不详辨。

（一）"性分"说

"性分"是老庄"人性自然"论与黄老"名分"说的结合，构成了郭象哲学的核心。学者们普遍认为，"性分"与"性"是同义词，是从个体差异角度对人"性"的称谓，因此任何人的个性，都可称为"性分"。笔者长期以来亦持同样看法，然而通过深入比较，感到传统理解与郭象本义存在距离。在魏晋形名学的语汇中，"分"的意思，是指与"全"相对立的"部分"，片面局限，故有特点、可区分。显然"分"与"性"结合成的"性分"，是指有局限和差异的人性，因此它只能表述凡人的个性，而不适用于圣人。像所有魏晋玄学家一样，郭象笔下的圣人之性是无局限的，因而是无"分"的。这是严格意义上的"性分"本意，因此在郭象笔下，未使用"性分"概念描述圣人。但是，

“分”具有“差异”含义，因此在行文中表述圣人与凡人心性存在差别时，郭象个别时候也用“分”，但未明确使用“性分”。由于将“性分”视为“人性的个体差异”，已是学术界约定俗成的用法，故本书中仍将“性分”作为郭象人性分类的哲学术语看待，包括圣人与凡人。

郭象认为，“性分”是先天一次形成的，终生不可能有丝毫改变。“天性所受，各有本分，不可逃，亦不可加也”。[①] 生命的诞生身不由己，同样，“性分”中有无某种品质与能力，亦由不得自己。对性分中欠缺的素质，后天任何主观努力均无法补足，羡慕、效仿是徒劳无益的。“然少多之差，各有定分，毫芒之际，即不可以相跂”。[②] 人们无论怎样训练，也无法使自己的听力视觉达到钟离、师旷的水准；无论怎样学习，也不可能成为圣人。即使颜回那样的贤人，因“性分”中与孔子的一点差异，也无法逾越圣、贤之间的鸿沟。“虽去己一分，颜孔之际，终莫之得也。”[③]智能与愚笨属先天禀赋，终生不可改变。“物各有分，故知者守知以待终，而愚者抱愚以至死，岂有能中易其性者也”？[④]

“性分”中的有些因素是无须学习的，如气质性格；有些因素则是潜在的，需要后天的学习培养才能显现出来，“物虽有性，亦须数习而后能耳”。[⑤] 犹如自然界的铁矿石，其中有成为铁器的“性分”，但是需要经过冶炼、锻造。“天下之物，未必

① 《庄子·养生主》郭象注，第128页。
② 《庄子·骈拇》郭象注，第313页。
③ 《庄子·德充符》郭象注，第221页。
④ 《庄子·齐物论》郭象注，第59页。
⑤ 《庄子·达生》郭象注，第642页。

皆自成也。自然之理，亦有须冶锻而为器者耳”。[①] 尽管后天的学习实践，会使性格才能发生变化，而这种变化并未超出“性分”的范围。“夫率性直往者，自然也。往而伤性，性伤而能改者，亦自然也”。[②] 郭象将这一理论引入了生物界，对《庄子·秋水》中关于牛马的天然“性分”作了离奇的相反解释。

> 《庄子·秋水》：“（河伯）曰：‘何谓天？何谓人？’北海若曰：‘牛马四足，是谓天；落马首，穿牛鼻，是谓人。’”郭象注：“人之生也，可不服牛乘马乎？服牛乘马，可不穿落乎？牛马不辞穿落者，天命之固当也。苟当乎天命，则虽寄之人事，而本在乎天也。”[③]

庄子的本意是说，光着身子的牛马，属于自然；被穿了鼻子、套上笼头、披挂骑乘的牛马，属于人为。庄子以此来抨击人为，推崇自然，大声疾呼，不能为了人类的功利而改变牛马的自然本性。“无以人灭天！”[④]而郭象则认为：马能接受套笼头，牛能接受穿鼻子，说明在牛马的“性分”中，具有接受带笼头、穿鼻子的潜在“本能”。可见，受人类役使，是牛马的“性分”；牛马只有被骑乘，才完成了真正的牛性和马性。人类驯服牛马，不是“人为”，而是顺应其“自然”。所谓“人为”，是指人们驱使

---

① 《庄子·大宗师》郭象注，第 280 页。

② 《庄子·大宗师》郭象注，第 281 页。

③ 《庄子·秋水》及郭象注，第 591 页。

④ 《庄子·秋水》及郭象注，第 591 页。

牛马从事超负荷劳作。如果役使牛马适合其体力，则不仅不违“自然”，而是实现了牛马的“真性”，“真在性分之内”。

> 夫善御者，将以尽其能也。尽能在于良任，而乃走作驰步，求其过能之用，故有不堪而多死焉。若乃任驽骥之力，适迟疾之分，虽则足迹接乎八荒之表，而众马之性全矣。而惑者闻任马之性，乃谓放而不乘，闻无为之风，遂云行不如卧，何其往而不返哉！①

郭象名义上在说牛马性，实际上是为其人性论作铺垫，以此证明人类社会的等级制度，渊源于人的“性分”。皇帝与臣民、地主与奴仆，都是由性分决定的，天经地义。“夫时之所贤者为君，才不应世者谓臣。若天之自高，地之自卑；首自在上，足自居下”。② 即使沦为下贱的差役、奴婢，也应安于现状，因为这是本性决定的，“凡得真性，用其自为者，虽复皂隶，犹不顾毁誉而自安其业”。③ 剥削有理、压迫有理，反抗无理。“臣妾之才，而不安臣妾之任，则失矣。故知君臣上下，手足内外，乃天理自然，岂真人之所为哉”！④

显然，郭象大大扩展了“自然本性”的范围：不仅指饮食男女之类生理本能，或气质性格等先天因素，而且将后天社会熏染所造成的人为变化，统统视为“性分”的逐步展现。这样

① 《庄子·马蹄》郭象注，第333页。
② 《庄子·齐物论》郭象注，第58～59页。
③ 《庄子·齐物论》郭象注，第59页。
④ 《庄子·齐物论》郭象注，第58页。

一来,人类先天的自然本能与后天的社会属性之间,失去了边界,完全融为一体了。郭象反复强调,对每个生命个体来说,"性分"没有大小、优劣之分,只存在自己的行为与性分之间是否"适当"的问题。从这个角度看,泰山与秋毫无大小之别,蟪蛄与大椿无寿夭之异:

> 夫以形相对,则大山大于秋毫也。若各据其性分,物冥其极,则形大未为有余,形小不为不足。苟各足于其性,则秋毫不独小其小而大山不独大其大矣。若以性足为大,则天下之足未有过于秋毫也。若性足者非大,则虽大山亦可称小矣。故曰天下莫大于秋毫之末,而大山为小。大山为小,则天下无大矣。秋毫为大,则天下无小也。无小无大,无寿无夭,是以蟪蛄不羡大椿,而欣然自得,斥鴳不贵天池,而荣愿以足。苟足于天然,而安其性命,故虽天地未足为寿而与我并生;万物未足为异而与我同得。则天地之生又何不并,万物之得又何不一哉!①

在郭象的哲学术语中使用率较高的词,是表达与"性分"相适应的词——"冥"、"当"、"适"、"安"等。它们从不同角度表示与"性分"合一的过程:"冥"是从无心角度,"当"是从行为恰当角度,"适"是从顺应角度,"安"是从安心接受角度。郭象指出,人们的行为只要适合各自的"性分",便会达到了生命的最高境界;如果不适合自己的"性分",生命将陷入困境。"恣其

① 《庄子·齐物论》郭象注,第81页。

性内而无纤芥于分外，此无为之至易也。无为而性命不全者，未之有也；性命全而非福者，理未闻也”。[①] 他以举重为例：

> 夫举重携轻，而神气自若，此力之所限也。而尚名好胜者，虽复绝膂，犹未足以慊其愿，此知之无涯也。故知之为名，生于失当，而灭于冥极。冥极者，任其至分，而无毫铢之加。是故虽负万钧，苟当其所能，则忽然不知重之在身，虽应万机，泯然不觉事之在己。[②]

在郭象看来，生命舒适的关键在于行为与性分适当，犹如物体的轻重——对举重者来说，其实没有统一的绝对的轻重，在其能够胜任范围内，没有沉重的感觉。“率性而动，动不过分，天下之至易者也。举其自举，载其自载，天下之至轻者也”。[③] 从这个意义上说，人生的幸福与逍遥，非常容易，仅仅在于建立这样一种观念：凡存在的，都是合理的。至此，郭象“性分”说的真实目的露出水面了。根据这个理论，社会体制——“名教”与人性自由——“自然”之间没有差异，名教即自然；遵循名教的活动，就是实现自然本性的过程。

郭象认为，人类之性存在圣、凡两大类型：片面有分的凡人（亦称“众人”）之性与空灵无分的圣人之性。请看：

其一，凡人心性。凡人体质禀气偏颇，其“性”有特点和局

① 《庄子·人世间》郭象注，第 184 页。
② 《庄子·养生主》郭象注，第 128 页。
③ 《庄子·人世间》郭象注，第 184 页。

限，彼此之间千差万别，存在着分界——“分”，故称之为“性分”，或简称为“分”，“天性所受，各有本分”。[①] 凡人的“性分”不全面，有局限性，决定了凡人对自身生存发展所需条件是有选择的，只能适应某种条件而不能适应一切条件，即有待于某种条件才能满足“性分”，因此称之为“有待之人”。因为对条件有选择，凡人必然有欲求——“有心”地对待外界，表现为有情有为。凡人的“性分”没有大小、优劣之分，只存在行为与性分之间是否“适当”的问题。只有处于无心混沌状态“冥”的时候，其行为才能与“性分”一致，“约之以至其分，故冥也”。[②] 凡人体质的局限，使其不能像圣人那样顺应所有外在事物，其最高境界也只能以无心态度与自己“性分”的极限“极”合一，故称之为“冥极”。人通过“冥极”便会达到舒适、自由、幸福境界，成为“有待”的逍遥。

其二，圣人心性。圣人体质秉受宇宙精妙之气而成，“特禀自然之妙气”。[③] 具有高明的精神境界，“神全心具”。[④] 由于圣人之性妙不可言，无法名状，郭象没有正面论述，而是用了较多文字对“圣人之性”的表现——“圣人之心”的特点作了论述：“夫圣人之心，极两仪之至会，穷万物之妙数。故能体化合变，无往不可，旁礴万物，无物不然。”[⑤]“心”是精神活动的场所，被称之为“灵府”，[⑥]归纳郭象对圣人精神活动的种种描

① 《庄子·养生主》郭象注，第 128 页。
② 《庄子·秋水》郭象注，第 577 页。
③ 《庄子·逍遥游》郭象注，第 29 页。
④ 《庄子·德充符》郭象注，第 189 页。
⑤ 《庄子·逍遥游》郭象注，第 31 页。
⑥ 《庄子·德充符》郭象注：“灵府者，精神之宅也。”（第 23 页）

述，可见其意识中的圣人心性，空寂而灵妙，可用“空灵”予以概括。[①] 圣人之心有通晓宇宙奥妙的大智慧，却表现为“无心”——无知无情，无欲无求。无欲无求，故能适应一切条件，顺应一切变化，因而圣人亦被称之为“无待之人”；无知无情，永远处于无心状态，与外物没有边界，即“与物冥”，故能顺应时势，使臣民实现自己的本性，即“各冥其极”，实现了天下大治。[②]

郭象心性论的突出特点是，将圣人心性与凡人心性置于一个互相依存的结构中：一方面，有心的凡人，只有在无心圣人的领导下，才能完成从有心向无心的转化，行为与自己的“性分”冥合，实现自己“有待”的逍遥；另一方面，无心的圣人只有通过凡人的有心活动，才能实现自己无待的逍遥，表现出自己的存在。既然圣人心性，只能通过凡人心性得以实现，那么现实中的圣人的心性与凡人心性便无法区别。由此可见，郭象的心性论虽然给圣人以无比崇高的地位，但是同时又将其解构。这个问题是郭象哲学的命门，也是研究者进入郭象哲学体系探求其内在结构，揭示其时代底蕴的主要路径。这一基本思路，贯穿于其理论体系的以下各个环节中：“至理”与“理”、“冥物”与“冥极”、“圣人”与“自治”、“无待”逍遥与

① 值得注意的是，魏晋玄学理论家的圣人心性说，有圣人“有情”与“无情”两个流派：一是王弼、阮籍、嵇康，认为圣人并非真正的无心无情，而是因为各种情感均衡中和而表现出“无”的假象；二是何晏与郭象，认为圣人内心是无任何情感的“空灵”。从历史记载看，前一派与佛教无任何联系，而后者却明显有佛教文化背景存在。尽管后者并未读懂佛教般若学缘起性空的思想，但是误读与间接的学术刺激，是否存在呢？这是有待探讨的问题。

② 关于圣人“冥物”与臣民“冥极”的理论，详见本节之(三)。

"有待"逍遥。

（二）"至理"与"物之理"

"理"是郭象《庄子注》中使用最频繁的概念之一，[①]但是郭象并未对这一范畴进行明确定义，也没有进行系统解释。这说明他是遵循当时思想界约定俗成的意思使用。因此，理解郭象的"理"范畴含义及其与"性"的关系，首先要了解它在魏晋思想家笔下的意蕴。

魏晋玄学家一般认为，"理"由"物之理"和"至理"两个层次构成。

第一，"至理"。在玄学家的语汇中，所谓"至理"，不是具体事物的规律，而是指以"无为"顺应事物自然本性这一根本规律。在自然界，"至理"是宇宙"大道"的运动规律；在人类社会中，主要是指"圣人"的行为规律，以"无为"的"至理"顺应臣民的具体之"理"。由于玄学家的理论主旨存在差异，因此对"至理"关注角度也不尽相同。何晏、王弼为代表的正始玄学主流派，以社会政治为建构理论体系的出发点和归宿。他们认为宇宙的本原"道"，产生了万物，通过"有无之辩"掌握"道"的总规律，社会与人生的所有问题皆能得到总解决。因此其辨名析理的理论工作重心，是力求在从各种具体规律中总结出一个可以统贯宇宙社会人生的"无为"总法则——

① 在中国古代哲学家的语汇中，"理"有众多意思，规律只是其中之一。郭象亦然。本文所分析的"理"，仅取其"规律"意。

"至理",[①]也称之为"理之极"[②]、"不可名之理"[③],为其"无为"的政治学说服务。"夫事有归,理有会。故得其归,事虽殷大,可以一名举;总其会,理虽博,可以至约穷也。譬犹以君御民,执一统众之道也"。[④]

郭象哲学继承了玄学前辈的说,在其笔下,"至理"多与本性空灵的"圣人"密切相连。无心的"圣人"通过遵循"无为""至理",使臣民实现自己的本性。《庄子·逍遥游》云:"神人无功。"郭象注:"夫物未尝有谢生于自然者,而必欣赖于针石,故理至则迹灭。今顺而不助,与至理为一,故无功。"这是说,臣民之所以能实现自身价值,是因为圣人实施了"至理",无所作为,"其言通至理,正当万物之性命"。[⑤]"至理之来,自然无迹"。[⑥]

与前辈玄学家相比,郭象哲学的重要特点是通过否定宇宙本根的存在,破君权神授学说,以虚化君主权力,确立臣民的政治主体地位。因此其笔下的"至理"并非圣人专有,而作为行为的最高准则,为臣民敞开了可以效仿的大门。郭象认为,臣民实现自己本性获得人生幸福的途径,是放弃有为之心,与自己本能的需求一致。从这个意义上说,也是遵循"至理"。"夫忘年故玄同死生;忘义故弥贯是非。是非死生荡而

---

① 王弼:《老子·第42章》王弼注,第118页。
② 王弼:《论语释疑》,第622页。
③ 王弼:《论语释疑》,第625页。
④ 王弼:《论语释疑》,第622页。
⑤ 《庄子·天下》郭象注,第110页。
⑥ 《庄子·齐物论》郭象注,第88页。

为一,斯至理也。至理畅于无极,故寄之者不得有穷也”。[1]“至理尽于自得也”。[2]“夫物有自然,理有至极。循而直往,则冥然自合,非所言也”。[3]“委顺至理则常全,故无所求福,福已足”。[4]

第二,物之理,在郭象笔下亦称“物理”,指有形万物固有的运行规律,简称为“理”。即使持宇宙本根论的玄学家,也认为宇宙本根(“道”、“太极”等)只能生成万物,而不能直接产生“物之理”。“至理”与“物之理”之间,更不存在生成关系。确切说,“至理”不能生成万物之理,而是通过不作为,使万物之理得以正常运行。对彻底否定宇宙本根的郭象来说,更不可能认为“至理”与“物理”之间存在生成关系。

魏晋思想家认为,世界上“物之理”不可胜数且并行不悖,使自然界与人类社会秩序井然,刘邵在《人物志·材理》将众理划归四个领域:

> 夫理有四部,若夫天地气化,盈虚损益,道之理也。法制正事,事之理也。礼教宜适,义之理也。人情枢机,情之理也。

道之理,指自然规律;事之理,指政治法律规律;义之理,指道德伦理规律;情之理,指心理活动规律。但这只是对基本领域的划分,如果细分下去,万事万理,不可穷尽。例如在嵇康笔

① 《庄子·齐物论》郭象注,第110页。
② 《庄子·齐物论》郭象注,第72页。
③ 《庄子·齐物论》郭象注,第99页。
④ 《庄子·天下》郭象注,第1097页。

下，物物有“理”，事事有“理”，如“常理”、“天理”、“人理”、“自然之理”、“喜怒之理”、“哀乐之理”、“宫商之理”、“公私之理”、“性命之理”等等，不胜枚举。

关于“理”与“性”之间的关系，东汉大儒郑玄已指出了两者的同一性：“理，犹性也。”[①]曹魏刘邵《人物志·材理》，从认识论角度，初步揭示了“性”与“理”的关系：

> 夫建事立义，莫不须理而定；及其论难，鲜能定之。夫何故哉？盖理多品而人异也。夫理多品则难通，人材异则情诡；情诡难通，则理失而事违也。夫理有四部，明有四家……若夫天地气化，盈虚损益，道之理也。法制正事，事之理也。礼教宜适，义之理也。人情枢机，情之理也。四理不同，其于才也，须明而章，明待质而行。是故，质于理合，合而有明，明足见理，理足成家。是故，质性平淡，思心玄微，能通自然，道理之家也；质性警彻，权略机捷，能理烦速，事理之家也；质性和平，能论礼教，辩其得失，义礼之家也；质性机解，推情原意，能适其变，情理之家也。[②]

刘邵上文大意为：“道之理”、“事之理”、“义之理”、“情之理”四大领域的“理”，有待于人们相应的明辨能力，才能得以显彰，

---

① 《礼记正义》卷三十七《乐记》郑玄注，见阮元《十三经注疏》，中华书局，1980年版，第1529页。

② 《人物志·材理》，第115～116页。

而明辨能力产生于相应的人才“质性”。当某种人的“质性”与同类的“理”相遇，便会激发出相应的辨别能力“明”，识别相应的“理”，此人亦成为通晓某类“理”的专家。与刘邵的思路相似，嵇康认为人类之所以能够运用形名方法辨析事物之理，是因为“性”与“理”是相通的。他指出，任何“理”都不会自行显现，需真正体悟此“理”之人发现。“世无自理之道，法无独善之术，苟非其人，道不虚行”。[①] 而“析理”过程中，直觉体悟具有先导作用，但是悟出的“理”，需要事实来证明。“推类辨物，当先求之自然之理。理已定，然后借古义以明之耳”。[②] 这表明，“理”存在于人“性”之中，否则无法体悟“理”。值得注意的是，嵇康在其论文中两次使用了“性理”这个概念：“故古人仰准阴阳，俯协刚柔，中识性理，使三才相善，同会于大通，所以穷理而尽物宜也”。[③] “君子知其若此，故准性理之所宜，资妙物以养身。”[④]

“性”与“理”之间是否存在生成关系呢？如果存在，何者为本？在这个问题上正面作出回答的，是裴頠的《崇有论》。裴頠指出，“理”是事物在“本性”的驱使下，与外物发生联系时表现出的必然趋势或规律。在《崇有论》开篇，他作了明确阐述：

夫总混群本，宗极之道也。方以族异，庶类之品

① 戴明扬：《嵇康集校注》卷八《难〈宅无吉凶摄生论〉》，第 274 页。
② 戴明扬：《嵇康集校注》卷五《声无哀乐论》，第 204 页。
③ 戴明扬：《嵇康集校注》卷九《答〈释难宅无吉凶摄生论〉》，第 306 页。
④ 戴明扬：《嵇康集校注》卷四《答〈难养生论〉》，第 182 页。

> 也。形象著分,有生之体也。化感错综,理迹之原也。夫品而为族,则所禀者偏。偏无自足,故凭乎外资。是以生而可寻,所谓理也。理之所体,所谓有也。有之所须,所谓资也。资有攸合,所谓宜也。择乎厥宜,所谓情也。识智既授,虽出处异业,默语殊途,所以宝生存宜,其情一也。众理并而无害,故贵贱形焉。①

裴頠的论述思路为:有形有情类事物不能自我满足,必须获得外资才能生存,因此其"本性"(本能)表现为各种有为的"欲望",并在"欲望"的驱使下活动,与相应事物发生联系,这些联系的内在规律,便是"理"。显然,其形成的终极原因是事物的本性(本能)所必然萌生的情欲——"化感错综,理迹之原也"。如候鸟的本性及食欲决定了其必然迁徙的规律,猫的本性及食欲决定了其必然攻击老鼠的行为规律。放眼整个世界,万物为各自生存活动,形成了错综复杂的关系网络,看起来千变万化,其实每个事物都是依据自己的本性,进行着有规律的活动,即王弼所言:"物无妄然,必由其理。"②思想家的任务,便是通过分析规律,进而了解本性,最终掌握命运,即《周易·说卦》所云:"穷理尽性以至于命。"这也是魏晋玄学家"辨名析理"的目的所在。

郭象全面继承了魏晋玄学前辈关于"理"的学说,与王弼、嵇康、裴頠的论述大同小异。他指出,万物皆依据自身的规律

---

① 《晋书》卷三十五《裴頠传》,第1044页。

② 王弼:《周易略例·明象》,第591页。

活动，“物物有理，事事有宜”，[1]对“理”产生的根源，郭象没有像裴頠那样明确指出“理”产生于事物的本性，但是通过分析其涉及“性”“理”问题的表述，可以看到他与裴頠的观点基本相同。[2] 请看：

> 任其天性而动，则人理亦自全矣。[3]
>
> 患去而性得者，达理也。[4]
>
> 明斯理也，将使万物各反所宗于体中而不待乎外。[5]
>
> 以性言之，则性之本也。夫物各有足，足于本也。付群德之自循，斯与有足者至于本也，本至而理尽矣。[6]

所谓“本性”，可分解为各种具体属性及其相应的情感和欲望。对人类来说，其“本性”的内涵更为复杂，由多种属性构成，如生理属性、道德属性、审美属性等，这些属性表现为各种情感、

① 《庄子·齐物论》郭象注，第 84 页。

② 《庄子·齐物论》郭象注：“夫六合之外，谓万物性分之表耳。夫物之性表，虽有理存焉，而非性分之内，则未尝以感圣人也。故圣人未尝论之。若论之，则是引万物使学其所不能也。故不论其外，而八畛同于自得也。”（第 85 页）所谓“性表”，指本性之外，故从表面上看在，上文中的“理”似乎独立存在于事物本性之外。但细玩文意，则不难发现，郭象此处所用“理”，是指“真理”，即俗语中的“道理”，而非“理体”。

③ 《庄子·达生》郭象注，第 638 页。

④ 《庄子·达生》郭象注，第 654 页。

⑤ 《庄子·齐物论》郭象注，第 112 页。

⑥ 《庄子·大宗师》郭象注，第 239 页。

欲望、意向,分别决定了人类相应活动的众多规律——“众理”。例如,生命的存在,是一个复杂的物质交换过程,空气、水、各种营养物质,缺一不可。生命摄取外资的过程中,必然要遵循生理规律,如果违背了其中任何一条生理规律,都会影响寿命。郭象如是说:

> 人之生也,形虽七尺而五常必具,故虽区区之身,乃举天地以奉之。故天地万物,凡所有者,不可一日而相无也。一物不具,则生者无由得生;一理不至,则天年无缘得终。然身之所有者,知或不知也。理之所存者,为或不为也。故知所知者寡,而身之所有者众。为之所为者少,而理之所存者博。①

在郭象看来,“理”发挥作用,并不依赖人类的认知。因为“理”产生于“性”,所以,顺应自己的本性活动,自然会与“理”相符。对人类来说,在没有人为作用干扰的情况下,五脏六腑自然会依据其“理”默契配合,眼耳鼻舌身自然会依据其“理”协调活动。“司察之官废,纵心而顺理”。②“一无为而群理都举”。③推及人类的社会活动,顺应本性与遵循规律并无二致。“凡物云云,皆自尔耳,非相为使也,故任之而理自至”。④“事以理接,能否自任,应动而动,无所辞让”。⑤

① 《庄子·大宗师》郭象注,第225页。
② 《庄子·养生主》郭象注,第120页。
③ 《庄子·天地》郭象注,第406页。
④ 《庄子·齐物论》郭象注,第56页。
⑤ 《庄子·在宥》郭象注,第400页。

研究事物的“自然之性”以及由此决定的“自然之理”，是魏晋玄学最重要的理论特征。这个过程，从正始玄学的何晏、王弼开始，到西晋郭象那里基本完成。王弼在《老子指略》中重点探讨有无问题，分析了宇宙大道的“至理”，在《周易注》和《论语释疑》中辨析了具体的社会人生之理。[①] 郭象则通过《庄子注》，一方面，对无为的“至理”进行了论述，另一方面，则更多地分析了事物之“理”，表现为对逍遥、治国、命运等诸“理”的探讨。犹如其“性分”学说中的圣人与凡人心性的依存关系那样，郭象“性理”学说，同样由“至理”与“理”互补构成：臣民的“性理”有待圣人的无为“至理”才能实现；而圣人的无为的“至理”，则只能通过臣民“性理”才能证明自己的存在。从认识角度看，则是下一节所要阐述的“冥物”与“冥极”的关系。

（三）“冥物”与“冥极”

“冥”是一个多义词，有昏暗、幽深、暗合等意思，经郭象开发，成为重要认识论范畴。据不完全统计，该词在郭象《庄子注》中大致出现了七十七次左右，多指放弃一切情欲与知识，消除与外物的边界，以无知无欲的混沌心态，回归自然本性，与宇宙万有和谐为一的最高境界，“凡得之不由于知，乃冥也”。[②]

郭象关于“冥”的学说来源于老庄道家。主张通过直觉体悟宇宙终极真理，是老庄道家认识论的突出特色。尽管老子

---

① 王弼《周易注》的基本思路，就是将六十四卦，视为六十四种表达社会变化规律的“易理”，逐一辨析。

② 《庄子·知北游》郭象注，第 757 页。

与庄子都承认理性的价值，但是在更多场合，则是强调知识理性的局限。认为只有去掉一切思想语言与情感欲望，去掉一切心智活动，才能达到与“道”为一的境界。用老子的哲学术语表达，叫作“涤除玄览”，[①]其途径是以虚静之心，“不出户，知天下；不窥牖，见天道”。[②]无知无欲，像个刚刚出生还不会笑的婴儿，“如婴儿之未孩”。[③]庄子发挥了老子的直觉体悟认识方法，提出了“坐忘”学说。庄子认为，“道”是自然和谐的整体，而知识则是人类为了满足某种欲望而从一个特定角度对世界的片面认识，故辨别是非的理性认知方法不可取，正确的出路，不是沿着理性认知的路线，而是通过去掉语言、知识、智慧，恢复生命原初状态，与宇宙大道合一的体悟途径。这一“悟道”过程分为“去知”、“心斋”和“坐忘”三个阶段，最后达到“吾丧我”生命境界，与“道”合一。

老庄承认宇宙本根“道”的存在，并以体悟“道”作为认识的终极目的。郭象与这些道家前辈不同，他否认宇宙本根存在，认为本性是事物生成变化的依据，因此认识的最高境界不是体悟“道”，而是自己的“本性”。对本性的认识，同样不能通过学习知识与理性分析。在此，郭象继承了道家与玄学传统的直觉体悟说，但他没有简单重复前辈的“忘我”、“无心”名言，而是借用了“冥”这个概念，表示通过混沌之心，与本性的冥合。“物有自然，理有至极。循而直往，则冥然自合”。[④]由

① 《老子·第10章》王弼注：“言能涤除邪饰，至于极览，能不以物介其明，疵（之）其神乎？终与玄同。”（第23页）

② 《老子·第47章》，第129页。

③ 《老子·第20章》，第47页。

④ 《庄子·齐物论》郭象注，第99页。

于存在圣人与凡人两种不可混淆的人性，所以人类与本性冥合，也有圣人的"冥物"与凡人的"冥极"两种类型。

第一，凡人的"冥极"。依据"性分"说，凡人的个性是有局限的，因此便有极限，郭象称之为"物极"，简称"极"，如"物各有性，性各有极"。[①] 然而，对这种有局限与极限的凡人之性，也是无法运用知识文化，通过理性分析认识的。人们不能认识自己或他人的本性，这是一个不争的事实，因为本性会随所遇事物而变化，无法通过分析确知。郭象利用了这个常识，认为每个人与其本性保持完全一致的方法，是放弃知识、语言、理性，处于无知状态——"冥"，"常以纯素守乎至寂，而不荡于外，则冥也"。[②] 在"冥"的状态下，必然跟着本能走，使其行为与本性契合，自然达到了本性的极限，"约之以至其分，故冥也"。[③] 郭象称之为"冥极"。

> 冥极者，任其至分，而无毫铢之加。是故虽负万钧，苟当其所能，则忽然不知重之在身；虽应万机，泯然不觉事之在己。[④]
>
> 夫使耳目闭而自然得者，心知之用外矣。故将任性直通，无往不冥，尚无幽昧之责，而况人间之累乎！[⑤]

郭象认为，凡人通过与本性契和的郭象"冥极"过程，可达到自

① 《庄子·逍遥游》郭象注，第 11 页。
② 《庄子·刻意》郭象注，第 546 页。
③ 《庄子·秋水》郭象注，第 577 页。
④ 《庄子·养生主》郭象注，第 115～116 页。
⑤ 《庄子·人间世》郭象注，第 151 页。

己生命的最高境界,人生的价值便得以实现。人们的苦恼,在于没有得到回归自己“性分”的正确途径,盲目羡慕他人,将“性分”之外的欲求,误认为的本性,不能自我“冥极”,盲目追逐外物,与外物处于对立状态,这是人生痛苦的根源。他说:

> 言物无贵贱,未有不由心知耳目以自通者也。故世之所谓知者,岂欲知而知哉?所谓见者,岂为见而见哉?若夫知见可以欲为而得者,则欲贤可以得贤,为圣可以得圣乎?固不可矣。而世不知知之自知,因欲为知以知之;不见见之自见,因欲为见以见之;不知生之自生,又将为生以生之。故见目而求离朱之明,见耳而责师旷之聪,故心神奔驰于内,耳目竭丧于外,处身不适,而与物不冥矣。不冥矣,而能合乎人间之变,应乎世世之节者,未之有也。[①]

不能“冥极”,所以“有其己而临物,与物不冥矣”。[②] 这是从认识角度看待凡人失误的原因。郭象认为每个生命都有其不可替代的独特价值,只要实现了自我,便获得了终极意义,无大小贵贱之分。“夫以形相对,则大山大于秋毫也。若各据其性分,物冥其极,则形大未为有余,形小不为不足。苟各足于其性,则秋毫不独小其小而大山不独大其大矣”。[③] “若知迹之由乎无为而成,则绝尚去甚而反冥我极矣。尧、桀将均于自

① 《庄子·人间世》郭象注,第152页。
② 《庄子·人间世》郭象注,第185页。
③ 《庄子·齐物论》郭象注,第81页。

得，君子小人奚辨哉”？[①]

第二，圣人“冥物”。郭象认为，圣人心性空灵，“大智若愚”，表现为无知无情，永远处于“冥”的混沌状态。由于圣人之性的特点是顺应众生，适应各种社会，因此它是无极限的：“与变化升降而以世为量，然后足为物主而顺时无极。”[②]因此，圣人实现自己本性过程的“冥”，不可能像凡人仅仅自我“冥极”，而是以空灵之心，使天下事物“各冥其极”。所以，在郭象笔下，圣人之“冥”，称之为“冥物”或“与物冥”。请看：

其一，“与物冥”

彼是相对，而圣人两顺之。故无心者与物冥，而未尝有对于天下也。此居其枢要而会其玄极，以应对无方也。[③]

夫神全形具而体与物冥者，虽涉至变而未始非我，故荡然无蚕介于胸中也。[④]

神人无用于物，而物各得自用。归功名于群才，与物冥而无迹，故免人闲之害，处常美之实。此支离其德者也。[⑤]

夫神全心具，则体与物冥。与物冥者，天下之所不能远，奚但一国而已哉！[⑥]

① 《庄子·骈拇》郭象注，第326页。
② 《庄子·应帝王》郭象注，第299～300页。
③ 《庄子·齐物论》郭象注，第68页。
④ 《庄子·齐物论》郭象注，第96页。
⑤ 《庄子·人间世》郭象注，第182页。
⑥ 《庄子·德充符》郭象注，第189页。

夫与物冥者，物萦亦萦，而未始不宁也。[①]

夫唯与物冥而循大变者，为能无待而常通。[②]

“夫与物冥者，故群物之所不能离也。”[③]

其二，“冥物”

与万物为体，则所游者虚也。不能冥物，则迕物不暇，何暇游虚哉！[④]

夫圣人者，诚能绝圣弃知而反冥物极。物极各冥，则其迹利物之迹也。[⑤]

明法自然者，非言知之所得，故当昧乎无言之地。是以先举不言之标，而后寄明于黄帝，则夫自然之冥物，概乎可得而见也。[⑥]

“与物冥”与“冥物”，只是遣词造句上的差异，并无实质上的不同。都是指圣人以无心治国，使臣民得以“冥极”，实现自己的本性。郭象认为，在没有人为所用的条件下，臣民自然会依照本能活动，自然“冥极”。问题在于，统治者不是圣人，往往不能无为，而是创造出种种治国之术，如道德教化、刑名法术，用名、权、利诱使臣民背离本性而追逐外物，结果造成了社会动

① 《庄子·大宗师》郭象注，第 255 页。

② 《庄子·逍遥游》郭象注，第 20 页。

③ 《庄子·逍遥游》郭象注，第 24 页。

④ 《庄子·应帝王》郭象注，第 297 页。

⑤ 《庄子·胠箧》郭象注，第 354 页。

⑥ 《庄子·知北游》郭象注，第 734 页。

乱。所谓圣人治国，是其以“冥然”状态君临天下时，自然能与时俱进，“故与世常冥，唯变所适”，[①]“知与变化俱，则无往而不冥”。[②]“冥然与变化日新”，[③]故能制定出适合臣民意志的政策，使臣民的本性得以实现。

> 不瞻前顾后，而尽当今之会，冥然与时世为一，而后妙当可全，刑名可免。[④]
>
> 今玄通合变之士，无时而不安，无顺而不处，冥然与造化为一，则无往而非我矣。[⑤]
>
> 知天人之所为者，皆自然也，则内放其身而外冥于物，与众玄同，任之而无不至者也。[⑥]

圣人与凡人各自依据自己的本性“独化”，但同时又相互依存“相因”，构成了理想的人类社会。郭象政治哲学与人生哲学的基本思路是：圣人的“无为”政治与“无待”逍遥，只有通过凡人的“有为”政治与“有待”逍遥才能得以实现；而凡人的“有为”政治与“有待”逍遥，也只有在圣人的“无为”政治与“无待”逍遥中，才能得以实现。本节的圣凡“性分”说、“性理”说与“冥极”说，则是分别从人性论、规律论与认识论角度为其政治与人生哲学主题提供理论支持。

---

① 《庄子·骈拇》郭象注，第325页。
② 《庄子·德充符》郭象注，第196页。
③ 《庄子·达生》郭象注，第635页。
④ 《庄子·人间世》郭象注，第184页。
⑤ 《庄子·养生主》郭象注，第129页。
⑥ 《庄子·大宗师》郭象注，第224页。

四、政治学说

像魏晋玄学的其他思想家那样，郭象政治学说同样是围绕“圣人”问题旋转。翻开郭象《庄子注》，处处可见圣人的身影，永远位于天人之际、古今之变、兴邦治国、自由逍遥等论题的中心位置。其本体论、历史观、认识方法、政治与人生哲学，都在圣人身上聚焦，通过这个理想人格得以表达。从表面上看，郭象对圣人的论述是清晰的：圣人无心顺应外物，内在精神自由与外在政治事功之间为“体用”关系。这一思想主旨，已经被学界准确把握并成为共识。需要深入探讨的问题，是圣人与凡人（臣民）的关系，这是揭示郭象政治学说的核心——臣民“自治”思想的关键所在。进入其政治理论内部睹奥的路径，只能是其建构这个体系的形名学方法，以此还原郭象的创作本意。

（一）“圣人”论

郭象认为，圣人的本质是“神人”，[1]“神人即圣人也。圣言其外，神言其内”[2]。之所以用“神”称其本质，是因为其精

① 将圣人视为“神人”，是玄学家的共识。《三国志》卷九《魏书·曹爽传》注引《魏氏春秋》载，何晏在人物品题活动中以“神人”自居，“‘唯神也，不疾而速，不行而至……’盖欲以神况诸己”（第 293 页）。《三国志》卷二十八《魏书·钟会传》注引何劭《王弼传》载，王弼认为圣人“神明茂故能体冲和以通无”（第 795 页）。

② 《庄子·外物》郭象注，第 945 页。

神活动变化莫测，妙不可言，"阴阳不测之谓神"[1]。所谓"神人"不是指有特异神通的神仙，而是生活在最高精神境界，通晓宇宙奥妙，却以无心态度顺应自然的顶级人物，"圣人之形，不异凡人，故耳目之用衰也，至于精神，则始终常全耳"[2]。在郭象的术语中，"圣人"只是"神人"众多名称中的一种，此外还有至人、全人、无待之人等。在辨名析理的魏晋时代，这些名称不是可有可无的，按形名学规则，这些名称，反映了"神人"在不同领域活动的形迹，从不同角度揭示了其人格的各个侧面，作为基本范畴，分别支持着郭象玄学的各个理论层面。请看：

至人：从生命境界角度对"神人"的称谓，亦称之为"至德之人"(即"至人")，是支持郭象处世哲学的基本范畴。在郭象《庄子注》中，"至人"经常指那些没有成为帝王的顶级人才。例如《庄子·应帝王》中的壶子，是生活在民间的高道，以无为心境破巫士季咸的算命小术。郭象在注文中多次称壶子为"至人"，"变化颓靡，世事波流，无往而不因也。夫至人一耳，然因世变而时动，故相者无所措其目，自失而走，此明应帝王者无方也"。[3]

无待之人：从其能适应一切条件角度，对"神人"的称谓，是支持其逍遥论的基本范畴。"然后统以无待之人，遗彼忘我，冥此群异，异方同得而我无功名。……故游於无小无大者，无穷者也；冥乎不死不生者，无极者也。若夫逍遥而系于

① 《周易·系辞》，第 543 页。
② 《庄子·徐无鬼》郭象注，第 865 页。
③ 《庄子·应帝王》郭象注，第 305 页。

有方，则虽放之使游而有所穷矣，未能无待也”。[①] 关于“无待之人”，将在本章第五节中讨论。

圣人：是从君临天下兴邦治国角度，对“神人”政治形迹的称谓，是支撑郭象的政治哲学的基本范畴，也是本节讨论的中心问题。辨析郭象“圣人”概念的特定含义，是揭示其政治思想奥秘的关键所在。他说：

> 圣人者，物得性之名耳，未足以名其所以得也。[②]
>
> 圣人者，民得性之迹耳，非所以迹也。此云及至圣人，犹云及至其迹也。[③]

表面上看，上面两段文字似乎说民众实现自己本性均可成为圣人。其实不然，而是说英明帝王因为使民众实现各自本性，而被民众称为圣人，“譬之圣人，人与之名”[④]。“圣”的意思指具有最高的政治智慧和洞察力。天下太平，民生幸福时，人们必然赞美君主“具有最高政治智慧”——“圣”。古代伟大帝王不仅有“圣人”这个共享的美名，而且因治国事迹特点，被后人予以的各种荣誉称号。郭象指出，“三皇”、“五帝”、“三王”中的“皇”、“帝”、“王”三种名号，是后人根据三类古代圣王的政迹特点命名的，“皇王殊迹，随世为名也”[⑤]。每位圣王具体名

① 《庄子·逍遥游》郭象注，第 11 页。
② 《庄子·逍遥游》郭象注，第 22 页。
③ 《庄子·马蹄》郭象注，第 337 页。
④ 《庄子·则阳》郭象注，第 882 页。
⑤ 《庄子·徐无鬼》郭象注，第 875 页。

称的由来，也是如此。例如，“伏戏”、“黄帝”、“尧”、“舜”的词义，都是对其治国形迹的概括，即帝王逝世后人们根据其功绩特征予以的荣誉称号。

> 伏戏、黄帝者，功号耳，非所以功者也。故况功号于所以功，相去远矣。故其名不足以友其人也。[①]
>
> 尧舜者，世事之名耳。为名者，非名也。故夫尧舜者，岂直尧舜而已哉？必有神人之实焉。今所称尧舜者，徒名其尘垢秕糠耳。[②]

成玄英对郭象这一思想的解释十分到位。他认为“伏牺”这个称号的内涵是指发明驯养牛马方法，“伏牺，三皇也，能伏牛乘马，养伏牺牲，故谓之伏牺也”。[③]“尧”、“舜”两谥号的内涵则是他们各自治国圣迹的特色，“《谥法》：‘翼善传圣曰尧，仁圣盛明曰舜。’夫尧至圣，妙绝形名，混迹同尘，物甘其德，故立名谥以彰圣体。然名者粗法，不异秕糠；谥者世事，何殊尘垢”。[④]

郭象认为，圣人能以“无心”顺应一切社会变化，顺应所有人的本性，所以当其不得已介入社会政治时，自然会被人民拥戴为帝王，“世以乱故求我，我无心也。我苟无心，亦何为不应世哉”[⑤]。因此，在郭象笔下，除了孔子这位以思想学说入世

---

① 《庄子·田子方》郭象注，第 727 页。
② 《庄子·逍遥游》郭象注，第 33 页。
③ 《庄子·大宗师》成玄英疏，第 146 页。
④ 《庄子·逍遥游》成玄英疏，第 33 页。
⑤ 《庄子·逍遥游》郭象注，第 31 页。

的“素王”外，所有被称为“圣人”者，同时也是“圣王”，如伏羲、黄帝、尧、舜、禹、汤、文、武等杰出帝王。

在郭象看来，“圣人”这个名称，仅仅表述了伟大帝王的治国事迹，而没有揭示产生这些事迹的原因。为了清晰说明“事迹”与“原因”两者的关系，郭象使用了“迹”与“所以迹”两个范畴：“所以迹”，是圣人的自然真性；“迹”，是圣人在真性引导下作出的事迹，这些事迹保留在记载古代圣王政治历史的《六经》中，犹如圣王以真性这个鞋子走路留下的有形的脚印，“以自然为履，六经为迹”[①]。各个时代，情况不同，条件各异，因此，圣人的治国之“迹”千差万别，有的“无为”，有的“有为”。如，尧垂拱而汤武用兵，但他们治国的共同本质——“所以迹”却是一致的，都是以“无心”顺应民心（时势）。既然圣人治国的“所以迹”都是无差别的“无心”，因此其本质都是“无迹的”。“所以迹者，无迹也”[②]。下面是黄帝、尧、舜、禹、汤、武、孔子的例子：

> 夫黄帝非为仁义也，直与物冥，则仁义之迹自见。[③]
>
> 夫能令天下治，不治天下者也。故尧以不治治之，非治之而治者也。[④]
>
> 夫有虞氏之与泰氏，皆世事之迹耳，非所以迹者

① 《庄子·天运》郭象注，第 532 页。
② 《庄子·应帝王》郭象注，第 288 页。
③ 《庄子·在宥》郭象注，第 373 页。
④ 《庄子·逍遥游》郭象注，第 24 页。

也。所以迹者,无迹也。世孰名之哉?未之尝名,何胜负之有邪?然无迹者,乘群变,履万世,世有夷险,故迹有不及也。①

夫无为也,则群才万品,各任其事而自当其责矣。故曰巍巍乎舜禹之有天下而不与焉,此之谓也。②

虽汤武之事,苟顺天应人,未为不闲也。③

今仲尼非不冥也。顾自然之理,行则影从,言则响随。夫顺物则名迹斯立,而顺物者非为名也。非为名则至矣,而终不免乎名,则孰能解之哉?故名者,影响也;影响者,形声之桎梏也。明斯理也,则名迹可遗。④

既然圣人没有治国形迹,那么,历史上留下的圣人之迹是何人所为呢?郭象得出了一个大胆的结论——那些可见的被人们所颂扬的圣人治国形迹,实际上是臣民自己的政治形迹。

夫圣人因物之自行,故无迹。然则所谓圣者,我本无迹,故物得其迹。迹得而强名圣,则圣者乃无迹之名也。⑤

① 《庄子·应帝王》郭象注,第288页。
② 《庄子·天道》郭象注,第460页。
③ 《庄子·天地》郭象注,第422页。
④ 《庄子·德充符》郭象注,第206页。
⑤ 《庄子·让王》郭象注,第989页。

文中的“物得其迹”，是指人们看到的是自己的形迹，而误认为是圣人之迹。例如，黄帝的仁义事迹，是因为黄帝无为顺应了人民自己的仁义行为，“黄帝非为仁义也，直与物冥，则仁义之迹自见”。① 因为圣人无心无欲无情，像镜子一样反映(因循)外物：众人喜，圣人随之喜，“圣人无爱，若镜耳”。② 故众人哭，圣人随之哭，“至人无情，与众号耳”。③ 众人发表何种观点，圣人随之发表何种观点，“圣人无言，其所言者，百姓之言耳”。④ 众人如何行动，圣人随之如何行动，“夫圣人遊于变化之塗，放于日新之流，万物万化，亦与之万化，化者无极，亦与之无极”。⑤ 郭象反复强调，圣人无心，顺应民心；圣人无情，顺应民情；圣人无为，使民自为。

既然圣人之迹实际上是众人政治活动之迹，那么治国之本则不在圣人而在臣民；圣人政治的本质，实际上是臣民的自治。这似乎有些离谱，而这恰恰是郭象政治哲学的主旨所在。

（二）“自治”论

郭象明确指出，因为圣人彻底无为，故所谓圣人之治，实际上是各级官员的“自治”。翻开郭象《庄子注》，关于圣人无为而臣民自治的语录俯仰皆是。“夫无为也，则群才万品，各

① 《庄子·在宥》郭象注，第 373 页。
② 《庄子·则阳》郭象注，第 883 页。
③ 《庄子·养生主》郭象注，第 128 页。
④ 《庄子·徐无鬼》郭象注，第 851 页。
⑤ 《庄子·大宗师》郭象注，第 246 页。

任其事而自当其责矣”。[1] “虽有天下，皆寄之百官，委之万物而不与焉”。[2] 郭象明确使用了“自治”这个概念，“言皆放之自得之场，则不治而自治也”。[3] 然而在他的语汇中，自治观念多以“自成”、“自为”、“自用”、“自任”、“自得”等语言表达。

其一：自成

不为百行而百行自成者，圣人也。[4]

冉相氏，古之圣王也。居空以随物，物自成。[5]

凡此皆自彼而成，成之不在己，则虽处万机之极，而常闲暇自适，忽然不觉事之经身，悗然不识言之在口。而人之大迷，真谓至人之为勤行者也。[6]

其二：自为

泰然无执，用天下之自为，斯大通之途也。[7]。

夫欲为人之国者，不因众人之自为而以己为之者，此为徒求三王主物之利而不见己为之患也。然则三王之所以利，岂为之哉？因天下之自为而

① 《庄子·天道》郭象注，第460页。
② 《庄子·山木》郭象注，第675页。
③ 《庄子·应帝王》郭象注，第291页。
④ 《庄子·刻意》郭象注，第538页。
⑤ 《庄子·则阳》郭象注，第885页。
⑥ 《庄子·大宗师》郭象注，第240页。
⑦ 《庄子·山木》郭象注，第679页。

任耳。[1]

宥使自在则治,治之则乱也。……故所贵圣王者,非贵其能治也,贵其无为而任物之自为也。[2]

其三:自用

我不知则彼知自用,彼知自用,则天下莫不皆知也。[3]

夫在上者,患于不能无为而代人臣之所司。使咎繇不得行其明断,后稷不得施其播殖,则群才失其任而主上困于役矣。故冕旒垂目而付之天下,天下皆得其自为,斯乃无为而无不为者也,故上下皆无为矣。但上之无为则用下,下之无为则自用也。[4]

其四:自任

天下皆得自任,故似非明王之功。[5]

事以理接,能否自任,应动而动,无所辞让。[6]

我无为而任天下之是非,是非者各自任则

① 《庄子·在宥》郭象注,第393页。
② 《庄子·在宥》郭象注,第364页。
③ 《庄子·徐无鬼》郭象注,第874页。
④ 《庄子·天道》郭象注,第466页。
⑤ 《庄子·应帝王》郭象注,第296页。
⑥ 《庄子·在宥》郭象注,第400页。

定矣。[1]

其五：自得

> 圣人无心，任世之自成。成之淳薄，皆非圣也。圣能任世之自得耳，岂能使世得圣哉！故皇王之迹，与世俱迁，而圣人之道未始不全也。[2]
>
> 庖人尸祝，各安其所司；鸟兽万物，各足于所受；帝尧许由，各静其所遇；此乃天下之至实也。各得其实，有何所为乎哉？自得而已矣。[3]

除了上述举出的例子外，郭象《庄子注》中表述圣人"无为"而臣民"自为"的其它类似用语处处皆是，如"自适"、"自明"、"自德"等等。"故大人不明我以耀彼而任彼之自明，不德我以临人而付人之自德"。[4]这些用语的抽象表达，便是魏晋玄学的关键词"自然"，"任万物之自然，使天性各足而帝王道成"。[5]

从现象上看，郭象的学说似乎有悖常识。因为在国家机器的运行过程中，君主处于居于最高控制者的位置，是不争的事实。这不仅表现在颁布法律、朝政决策和高官任免这类重大政治活动上，而且各级官员的权力，最终都是来自君主的直接或间接授权，君主只对天帝和历史负责。如何消解君主专

① 《庄子·至乐》郭象注，第612页。
② 《庄子·缮性》郭象注，第552页。
③ 《庄子·逍遥游》郭象注，第26页。
④ 《庄子·人间世》郭象注，第185页。
⑤ 《庄子·大宗师》郭象注，第273页。

制与臣民自治之间的对立，是郭象面对的重要学术课题。为了解决这一难题，郭象将黄老道家的“君逸臣劳”学说与自己的“性分”说相结合，进行了别开生面的理论创作。

黄老道家“君逸臣劳”学说的主要思想是：君主的工作只是任用官员，而从事具体政务是官员的职责，因此君主无为而大臣有为。这一来自黄老道家的“因循”政治思想与老庄的人性“自然”结合，成为魏晋玄学的主流政治思想，多以人才学说形式表达。郭象对此作了发挥：

> 君位无为而委百官，百官有所司而君不与焉。二者俱以不为而自得，则君道逸，臣道劳，劳逸之际，不可同日而论之也。①
>
> 夫工人无为于刻木而有为于用斧，主上无为于亲事而有为于用臣。臣能亲事，主能用臣；斧能刻木而工能用斧；各当其能，则天理自然，非有为也。若乃主代臣事，则非主矣；臣秉主用，则非臣矣。故各司其任，则上下咸得而无为之理至矣。②
>
> 夫王不材于百官，故百官御其事，而明者为之视，聪者为之听，知者为之谋，勇者为之扞。夫何为哉？玄默而已。而群材不失其当，则不材乃材之所至赖也。故天下乐推而不厌，乘万物而无害也。③

---

① 《庄子·在宥》郭象注，第 402 页。

② 《庄子·天道》郭象注，第 465～466 页。

③ 《庄子·人世间》郭象注，第 117 页。

郭象认为，君主无须有百官的才干，其治国的最重要工作是任用官员得当，就像工匠善于用工具那样。至此，郭象的论述还没有超越前人，但他没有在此止步，而是运用其“性分”说，从个性差异角度，证明君主无为与臣民自治的合理性。

郭象指出，人类的政治“性分”，同样存在巨大的质量差异。有人天生便能顺应所有人的本性，故能发挥所有人的政治才能，这是帝王之性；有人生来能任用某些人的本性，使某些人能发挥其各自的政治才能，这是各级官吏之性；有人天生便能接受管理，这是百姓之性。“性分”不同，社会必然要分成尊卑等级。从现象上看，社会各阶层之间存在着管理与被管理的政治关系，而本质上，是社会成员按自己“性分”进行的“自得”活动，换句话说，是实现自我的“自治”过程。在一个理想的社会政治体系中，虽然社会成员客观上结成了君主→官吏→百姓的等级管理体制，而在主观上感受上，每个人都是舒适的——以自己的本能工作生活。

> 夫无为之体大矣，天下何所不为哉！故主上不为冢宰之任，则伊吕静而司尹矣。冢宰不为百官之所执，则百官静而御事矣；百官不为万民之所务，则万民静而安其业矣；万民不易彼我之所能，则天下之彼我静而自得矣。故自天子以下至于庶人，下及昆虫，孰能有为而成哉！是故弥无为而弥尊也。①

在郭象笔下，在君主专制国家机器的金字塔等级结构中，君主

① 《庄子·天道》郭象注，第461页。

→宰相→百官→万民，不是进行压迫统治，而是使其最大限度地实现各自的价值，每个阶层、每个人，都是在“自治”，都能“自得”，所以都达到了快乐的“自忘”境界。即使那些被压在最底层的奴婢，因为剥削压迫恰恰适合他们的性分而同样自得其乐，“虽复皂隶，犹不顾毁誉自安其业”。[①] 至于处于金字塔顶尖的圣王，同样不会感到治国的沉重压力。郭象解释说，道理就像负重。人的力气有大小，只要负重适当，便不会感到沉重，“冥极者，任其至分而无毫铢之加。是故虽负万钧，苟当其所能，则忽然不知重之在身；虽应万机，泯然不觉事之在己”。[②] 显然，政治和谐的关键是“适当”，即每个人的社会位置适合他的性分。

所谓圣人领导下的理想社会，便是使每个社会成员处于与自己“性分”一致的政治岗位上。在这种和谐社会中，人们虽然处于不同的社会阶层，位于不同岗位，但实际上已不存在治理与被治理的关系，均处于“自得”状态。作为最高统治者的圣人亦然，可从决策和执行两个方面证明。

第一，既然圣人的治国方略，反映的是人民的政治主张，那么实际上是人民自己制定国策。例如，大禹改变了传统的禅让制度，运用刑事惩罚和军事征服治理国家，其实不是大禹的意志。作为圣人，大禹是无心无为的，与垂拱的尧相同，只是因为这时私有观念盛行，社会出现动乱，人民普遍主张以国家暴力维护秩序，大禹只是顺应民意而已，实际上是天下人的决策，“不能大齐万物而人人自别，斯人自为

---

① 《庄子·齐物论》郭象注，第 59 页。
② 《庄子·养生主》郭象注，第 116 页。

种也。承百代之流而会乎当今之变,其弊至于斯者,非禹也,故曰天下耳”①。又如法律制度的建立,表面上是圣人立法,实际上圣人因循众人意志制定,实际的立法者是臣民而非圣人。“而法律者,众之所为,圣人就用之耳,故无不当,而未之尝言,未之尝为也”。②

第二,将圣人治国方略付诸实践的,当然不可能是高高在上的圣王本人,而是由各级官员和民众(臣民)各自完成。在圣王的无为统治下,君主制金字塔结构中各阶层的每个臣民,都感觉不到来自上下左右权力的挤压,而是从事与其政治本能相一致的活动,看上去是自上而下的层层管理,实际上是各阶层和每个人的自我治理,“圣人在上,非有为也,恣之使各自得而已耳。自得其为,则众务自适,群生自足,天下安得不各自忘我哉!各自忘矣,主其安在乎?斯所谓兼忘也”。③

从以上两个方面看,所谓圣人治国的事迹,难道不是臣民自己的事迹吗?郭象虽然给圣人以无比崇高的地位,但是如果换一个角度看,他又力图消除圣人影响。圣人仅仅在形式上占主导地位,而臣民才是真正的政治主体。至此,郭象“圣人”哲学的真实用意浮出水面:在尊崇无为圣王的旗帜下,保留君主政体形式,虚化君主权力,确立臣民(士人)的政治“自治”地位。

---

① 《庄子·天运》郭象注,第529页。
② 《庄子·寓言》郭象注,第953页。
③ 《庄子·天运》郭象注,第500页。

（三）君权与士权

当代学者普遍认为，魏晋玄学的学术主题是“名教与自然”的关系。名教，指社会体制；自然，指人性自由。其实这只是学术界约定俗成的学术归纳。魏晋时期，很少有人明确将“名教”与“自然”作为一对范畴运用于学术讨论和著述中，除了嵇康的《释私论》中有“越名教而任自然”一句外，遍查何晏、王弼到阮籍、郭象的著作，都不见如此使用。应当说“名教与自然”这一学术主题是后人从当时的各种论题中总结提升出的玄学主题。魏晋玄学家讨论的热点，是“有无”、“才性”、“礼乐”、“命运”、“养生”等，而其中“圣人”问题，在各种论著中出现的频率远高于其它论题。郭象关于圣人之治与凡人自治之间关系，即君权与士权的关系问题，是魏晋玄学所力图解决，而较少引起后人关注的重要时代课题。

在郭象《庄子注》中，几乎所有关于社会政治的论述，都围绕圣人（神人、至人、天人）与凡人关系展开，而其立论的基础，则是圣凡“心性”关系。郭象将人类心性分为圣凡两种基本类型，对它们的特点及其关系进行了深入探讨，提出了圣人与凡人相互依存的心性论结构模式，为解释各种社会关系、构建哲学体系提供了基本框架，在不同的学术论域表现为：圣人无为与臣民自治的政治哲学、圣人“冥物”与臣民“冥极”的认识哲学、圣人无待逍遥与臣民有待逍遥的人生哲学等等，而其中关键是政治哲学。因为政治权力的分配，这是各种权益的集中体现。郭象的过人之处，是根据其新的哲学基础——“性”本论和“性分”说，从本体论与心性论深度重新解释了“圣人”

论，将圣人与臣民的政治关系建立在两种不同本性的“独化”与“相因”基础上。

通过其“自生”“独化”学说，郭象打破所有宇宙本根论，彻底否定了外因的决定作用，认为事物生成变化的终极动因在于每个个体独立的本性，一切现象，都是本性的展现。然而，任何事物都无法孤立存在，不可能脱离环境生存。因此，郭象在强调事物各自依据本性“独化”的前提下，承认事物之间仍存在着无主宰非因果的互相联系和互相作用——“相为”与“相与”。他将现象世界比作一个无比复杂的关系网络，每个事物只不过是这个巨大网络中无数“网结”之一，与其它“网结”(事物)结成千丝万缕的联系。在人类社会中，人与人之间结成了复杂的社会关系网络——政治的、法律的、经济的关系，任何个人同样无法脱离社会而独自生存。社会不是一盘散沙，管理者与被管理者，君主与臣民的政治关系处于各种社会关系的核心部位，为“三纲”之首。

郭象通过“心性”论，在君主与臣民之间，建立一种新的权利关系，即君主制国家的权利——“君权”与士族阶层的权利——“士权”的关系。郭象没有简单地重复原始道家“君主无为，臣民有为”的老调，而是对士大夫的权利作出全面思考，力图寻找一种适合时代的理想政治模式，并使之建立在牢固的本体论与心性论基础之上：

其一，必须依赖圣人的“无心”，凡人之心才能“冥极”，实现自己的性分，故君主政体形式必须保留，士人的自治必须限制在一定范围内。千差万别的凡人心性，使社会时势多变，为了天下大治，代表多数士人意志的君主，可采用从礼乐刑政到军事征服的一切手段。郭象指出，有人不了解圣人存在的价值，过分强调众人的自治，是错误的认识。一方面，只有圣人才能使众人自得其性："天下若无明王，则莫能自得。令之自得，实明王之功也。"[①]另一方面，在民众视听混淆的社会条件下取消圣王统治，必然出现全国性政治动乱："信哉斯言！斯言虽信，而犹不可亡圣者，欲天下之知未能都亡，故须圣道以镇之也。群知不亡，而独亡于圣知，则天下之害又多于有圣矣。然则有圣之害虽多，犹愈于亡圣之无治也。"[②]

其二，既然圣人与凡人依据各自的本性生化，圣人心性只有通过臣民心性得以实现，圣人便不再代表宇宙意志"天"，而是代表臣民意志，这无疑破了传统的君权神授说，取消了君主在国家政治生活中的主导作用，确立了士人群体的政治主体地位。检验一个君主的存在是否合理，标准是看其能否顺应士人之心，即顺应由多数士人意志构成的社会时势："夫时之所贤者为君，才不应世者为臣。"[③]在君主治国的表象背后，本质仍是士族社会的自治："圣人无心，任世之自成"。[④]"然乘万物御群才之所为，使群才各自得，万物各自为，则天下莫不逍遥矣，此乃圣人所以为大胜也"。[⑤] 应当看到，削弱"君权"与扩大"士权"，是郭象"圣人"论的主要倾向。

从学术思想的来源看，郭象"圣人"论及圣凡心性哲学，是黄老"因循"与老庄"自然"思想融合的产物。在黄老之学中，圣人以形式上的无心，去"因循"臣民的名分，循名责实，实现

---

① 《庄子·应帝王》郭象注，第 296 页。
② 《庄子·胠箧》郭象注，第 348 页。
③ 《庄子·齐物论》郭象注，第 58 页。
④ 《庄子·缮性》郭象注，第 552 页。
⑤ 《庄子·秋水》郭象注，第 594 页。

社会的功利目的，政府积极有作为；在老庄之学中，圣人以真正的无心，放任臣民，使其自然本性实现，以人生的逍遥为目的，政府消极不作为。在郭象哲学中，黄老的政治功利主义与老庄的自由主义有机地融为一体：一方面，圣王"因循"社会形势，可积极从事政治活动，但必须体现臣民的意志，以臣民实现自然本性为终极目的；另一方面，臣民的自然本性已经与社会等级名分嫁接，变成了符合社会规范的"性分"，因而臣民将自动限制个人自由与政治自治的范围，其共同意志必定是维护社会秩序。

众所周知，魏晋士族是一个具有双重性格的社会阶层，既追求个性自由"自然"，又维护社会体制"名教"，史称礼玄双修。由于魏晋士族社会有一个发育过程，玄学的理论同样存在一个发展过程。与正始竹林时期相比，郭象生活的西晋中后期，士族社会已基本发育成熟，政治经验表明：魏晋之际司马氏父子强大有为的专制政府，使士人的个性自由受到了重创，显然不能接受；近在目前的西晋元康放达派追求个人绝对自由，导致社会失控，也是不可取的。作为大哲学家，郭象立足于历史经验，又超越了经验的局限，为未来士族社会的长治久安寻找理想政治模式，提出了自家的"圣人"论与"自治"论。既要避免强大的君主专制破坏士族生活方式的"自由"和政治经济的"自治"；又要避免过度"自由"与"自治"导致社会崩溃，危及士族的根本利益。郭象提供了一个具有前瞻性的社会政治蓝图，尽管实践将对其中的理想主义成分大打折扣，但是毕竟为东晋士族社会确立了哲学基础——从东晋时期软弱的皇权、掌握实权的贵族寡头，以及自由逍遥却遵守礼教的名士身上，可以看到郭象政治哲学的倒影。

五、人生哲学

如果将郭象理论体系视为一座金字塔,那么其人生哲学应当是位于塔顶的部位。抽象的本体论、宏伟的历史观、深邃的认识论,都属于“基础”,政治学说与人生哲学则是“上层建筑”,其中人生哲学比政治学说更为重要。尽管郭象同样关注社会的长治久安,建立了君权与士权相互依存的新的政治学说,但其用意是虚化了君主权力,确立士人的政治自治地位,因为这是每个士人获得人生幸福“逍遥”的重要保障。显然,郭象政治哲学是为其人生哲学服务的。原因很简单,个体生命的价值以及实现的途径,是郭象哲学的终极关怀所在,这也是老庄、玄学与中国古代其它学派的最后分野。

(一)“命运”论

郭象曾著有论文《致命由己论》,对命运问题作了专题探讨。南朝(梁)刘峻在《辩命论》中评价前代各家命运理论时说:“萧远论其本而不畅其流,子玄语其流而未详其本。”(唐)李善注:“李萧远作《运命论》,言治乱在天,故曰论其本;郭子玄作《致命由己》之论,言吉凶由己,故曰语其流。”[①]遗憾的是,该论久佚,未留下任何文字,无法窥见内容,故研究其命运学说,只能通过《庄子注》中的相关论述。从郭象《致命由己论》题目看,是说个人的命运由自己决定,李善的注文似乎也

① 《文选》卷五十四载刘峻《辩命论》,第747页。

能证明这一点。但是,这显然与郭象在《庄子注》中对命运的看法大相径庭,郭象明确指出,命运是自己无法控制的,请看下面的关键资料:

> 《庄子·秋水》:孔子曰:"来!吾语女。我讳穷久矣,而不免,命也;求通久矣,而不得,时也。……由!处矣!吾命有所制矣!"
>
> 郭象注:"命非己制,故无所用其心也。夫安于命者,无往而非逍遥矣。故虽匡陈羑里,无异于紫极闲堂也。"①

认为命运非人力所能左右,非自己所能改变,是郭象的一贯思想。他在《庄子注》中反复强调命运不可预知,不可变易,只能顺应。"不知其所以然而然,谓之命"。②"理必自终,不由于知,非命如何"?③"知不可奈何者命也而安之,则无哀乐,何易施之有哉!故冥然以所遇为命而不施心于其间,泯然与至当为一而无休戚于其中"。④ 毫无疑问,郭象不可能提出人们能决定自己命运的主张。

刘峻是南朝(梁)人,李善是唐朝人,从他们的上述文字看,应当是看到过郭象的文章,尽管郭象的这篇论文未见其它文献引用或著录,但是,在没有确凿证据的情况下,不能轻易

① 《庄子·秋水》郭象注,第 596 页。
② 《庄子·寓言》郭象注,第 959 页。
③ 《庄子·寓言》郭象注,第 959 页。
④ 《庄子·人间世》郭象注,第 156 页。

断言刘峻与李善所见郭象论文属于后人伪作。因此,只能相信郭象著有《致命由己论》。

刘峻、李善披露《致命由己论》内容,不仅与郭象《庄子注》中命运思想不同,而且与郭象否定"人为"崇尚"自然"的基本哲学观点相悖。作为一个大思想家,郭象不会如此自相矛盾。合理的解释是,该论题目中的"由己",应当是指生命个体的自然本性——"性分",而与个人的主观意志"人为"无关。这种解释,可以通过分析刘峻与李善的相关表述获得间接支持。

刘峻以"本"与"流"评价李康《运命论》与郭象《致命由己论》,他说:"萧远论其本而不畅其流,子玄语其流而未详其本。"所谓"本"与"流",是指"本源"与"支流"。按照中国古代传统的命运观,宇宙意志"天"决定了个体生命之"性"和"时遇"(社会形势与个人机遇);"性"与"时遇"的结合,构成了命运。显然,在命运形成中,"天命"是本源,"性"与"时遇"是支流。其中"性"是重要的一个支流。关于"天命"与"性"的关系,儒道经典的说法基本相同,即"天命"决定了人之"性","天命之谓性",[1]"性自命出,命自天降"。[2]"命,谓初所禀得而生也。人生受性,则受命矣。性命俱禀,同时并得"。[3]所谓"性",是指决定生命个体差异的各种本质要素的综合,如气质、性情、才能等,有的思想家甚至认为包括神秘的

---

① 《礼记正义》卷五十二《中庸》郑玄注,见阮元《十三经注疏》,中华书局,1980年版,第1625页。

② 《郭店楚墓竹简·性自命出》,文物出版社,1998年版,第179页。

③ 王充:《论衡》卷三《初禀》,第125页。

“骨相”。[①]

在命运问题上，李康《运命论》的理论重点，是探讨天命的决定作用，[②]因此刘峻称之为“本”；而郭象否定天命存在，将自然生成的“性分”作为命运的决定力量，故刘峻称之为支流——“流”。李善的注释更为清晰：“李萧远作《运命论》，言治乱在天，故曰论其本；郭子玄作《致命由己》之论，言吉凶由己，故曰语其流。”[③]

由于《致命由己论》没有留下任何文字，因此研究郭象“命运”论，只有依据其《庄子注》的注文。从现有的资料看，郭象“命运”论与其“性”本论哲学密不可分。笔者在本章中已经指出：在郭象的哲学视野中，世界是双重的，可分为本性（本体）与现象两大领域：其一，万物各自依据自己的本性“自生”“独化”，各种本性的集合，共同组成“玄冥之境”，即本性（本体）世界。其二，万物各自的活动互相影响，结成了复杂的“相因”的关系网络，构成了现象世界。正是在上述“独化”与

① 王充认为：胚胎时所禀元气与星宿精气，以“骨相”方式凝集在体中，决定了人的生死寿夭与富贵贫贱之“命”，通过一系列表现为偶然事件的巧合——“遭遇幸偶”得以完成。“死生者，无象在天，以性为主，禀得坚强之性，刚气渥厚而体坚强，坚强刚寿命长；寿命长则不夭死；禀性软弱者，气少泊而性羸窳，羸窳则寿命短，短则蚤死。故言有命，命则性也。至于富贵所禀，犹性所禀之气，得众星之精。众星在天，天有其象。得富景象则富贵，得贫贱象则贫贱，故曰在天。”（《论衡》卷二《命义篇》，第46～47页）“人命禀于天，则由表候于体。察表候以知命，犹察斗斛以知容矣。表候者，骨法之谓也。”（《论衡》卷三《骨相》，第108页）

② 李康《运命论》曰：“夫治乱运也，穷达命也，贵贱时也。……其所以得然者，岂徒人事哉？授之者天也，告之者神也，成之者运也。”（萧统：《文选》卷五十三载，第730页）

③ 萧统：《文选》卷五十四载刘峻《辩命论》，第747页。

"相因"的哲学基础上,郭象建立了以"性分"与"时遇"结合的命运学说。

"性分"指每个个体所特有的属性和品质。这个问题在本章三中已作了介绍,此不赘述。郭象否认存在任何宇宙意志,认为"性分"自然形成,终生无丝毫改变。"性分"决定了人的命运。就像牛的性分决定了其被奴役的命运那样,人类后天的寿夭贵贱,也是由先天的"性分"所致。同是人类,有人的"性分"是皇帝,有人是大臣,有人则为奴隶。从命运角度看,"性分"也可以称为"性命"。

> 存亡无所在,任其所受之分,则性命安矣。①
>
> 无为者,非拱默之谓也,直各任其自为,则性命安矣。②

"性命"的内容,通过人们在本能驱使下的活动得以展现,非人力所能左右,"是以凡所为者,不得不为;凡所不为者,不可得为。而愚者以为之在己,不亦妄乎?"③当人们放弃有为之心,按自己的"性分"活动,顺应自己的本能时,"任其性命之情",便实现了命运的安排,"正当万物之性命",④也叫作"各正性命之分也。"⑤从这个意义上说,郭象认为"命"有可知的一面——了解了自己的"性分",便能知道命运,"夫物

① 《庄子·在宥》郭象注,第368页。
② 《庄子·在宥》郭象注,第369页。
③ 《庄子·则阳》郭象注,第908页。
④ 《庄子·天下》郭象注,第1100页。
⑤ 《庄子·应帝王》郭象注,第291页。

皆先有其命，故来事可知也”。[①] 所谓可知，并非可以预测未来的吉凶祸福，更不意味着能够改变命运，因为“性分”无法通过理性分析精确认知，只能通过无心无欲的“冥极”，使行为与“性分”自然契合。能否掌握自己的“性命”的主动权，取决个人的觉悟，即取决于个人能否通过正确的“冥极”途径，顺应自己的“性分”。这是郭象“致命由己”思想的本意，既然没有宇宙意志，事物生成变化取决于每个个体的本性，那么“性分”的必然性，就是生命活动轨迹背后的决定力量。

问题在于，对任何一个生命来说，所谓必然性的活动轨迹，实际上是由一系列偶然因素构成。作为社会力出现的偶然因素，便是古代哲学术语中的“时”与“遇”。所谓“时”，指整个社会形势或社会时尚，通常称为“时运”；“遇”指个人遇到的具体条件和机会，通常称之为“机遇”。后人将“时”与“遇”连称为“时遇”，指命运的偶然性。用现代语言诠释，“性分”是内因，“时遇”是外因，两者的结合形成了命运。即使站在当代科学与理性思维的基础上，也不得不承认，命运是由各种自然力、社会力和个人才性交织而成的无法预知的神秘力量。在中国古代讨论命运的哲学家中，没有人能忽视“时遇”的存在，王充的《论衡》与王弼的《周易注》，均在否定宇宙意志的前提下，对“时遇”进行了探讨，成为郭象命运学说的重要思想来源。

关于“时”产生的原因，汉儒认为是天意；汉代黄老思想家

---

① 《庄子·则阳》郭象注，第908页。

王充与早期玄学家王弼认为,主要是君主的意志。[①] 郭象没有正面论述这个问题,从其各种表述看,他显然超越了儒道前辈,认为"时"的本质是众人的共同意志,这与其臣民"自治"的政治哲学观点一致。他指出,现实社会中之所以有人成为开国帝王,有人成为臣民,是"时"选择的结果,"夫时之所贤者为君,才不应世者为臣。若天之自高,地之自卑,首之在上,足自居下,岂有递哉"![②]"俗之所贵,有时而贱;物之所大,世或小之。故顺物之迹,不得不殊,斯五帝三王之所以不同也"。[③]这是说,社会需求决定了对人才的取舍,因此影响了人的富贵贫贱。"凡此诸士,用各有时,时用则不能自已也。苟不遭时,则虽欲自用,其可得乎!故贵贱无常也"。[④]"当其所须则无贱,非其时则无贵,贵贱有时谁能常也"。[⑤]

如何解释生命所时刻面临的偶然际遇——"遇",更是古代哲人困惑的学术难题。面对无法预测的偶然事变,《庄子·德充符》将人类社会比作神箭手羿的大靶场,羿象征着主宰人

---

① 王充《论衡·逢遇》:"昔周人有仕数不遇,年老白首,泣涕于途者。人或问之:'何为泣乎?'对曰:'吾仕数不遇,自伤年老失时,是以泣也。'人曰:'仕奈何不一遇也?'对曰:'吾年少之时,学为文。文德成就,始欲仕宦,人君好用老。用老主亡,后主又用武,吾更为武。武节始就,武主又亡。少主始立,好用少年,吾年又老,是以未尝一遇。仕宦有时,不可求也。'"王弼《周易略例·明卦适变通爻》:"夫卦者,时也。"《周易略例·明象》:"夫彖者何也?统论一卦之体,明其所由之主者也。夫众不能治众,治众者至寡者也。夫动不能制动,制天下之动者,贞夫一者也。……故六爻相错,可举一以明也。刚柔相乘,可立主以定也。……品制万变,宗主存焉。彖之所尚,斯为盛矣。"

② 《庄子·齐物论》郭象注,第58~59页。

③ 《庄子·秋水》郭象注,第584页。

④ 《庄子·徐无鬼》郭象注,第837页。

⑤ 《庄子·徐无鬼》郭象注,第868页。

类命运的宇宙主宰，他可以击中靶场里的任何一个目标，而且拉开满弓随时射击，人们都在其有效射程之内活动，未被射中，不是善于躲避，而是命运的偶然。因此，面对命运的变化，不要动心计，力图改变，作徒劳无益的挣扎。郭象的哲学基础与庄子不同，否认命运主宰的存在，所以在其《庄子注》中，将庄子由羿（宇宙力量）主宰人类命运场的说法，解释为人们互为射手和靶子的社会大靶场。在这个利益大靶场中，人人都是射手，瞄准着他人；同时人人都是靶子，被他人所瞄准。射中他人还是被射中，不在是否善于躲避，纯属偶然。

《庄子·德充符》："游于羿之彀中，中央者，中地也；然而不中者，命也。"

郭象注："羿，古之善射者。弓矢所及为彀中。夫利害相攻，则天下皆羿也。自不遗身忘知与物同波者，皆游于羿之彀中耳。虽张毅之出，单豹之处，犹未免于中地，则中与不中，唯在命耳。而区区者各有所遇，而不知命之自尔。故免乎弓矢之害者，自以为巧，欣然多己，及至不免，则自恨其谬，而志伤神辱，斯未能达命之情者也。夫我之生也，非我之所生也。则一生之内，百年之中，其坐起行止，动静趣舍，情性知能，凡所有者，凡所无者，凡所为者，凡所遇者，皆非我也，理自尔耳。而横生休戚乎其中，斯又逆自然而失者也。"①

① 《庄子·德充符》郭象注，第199～200页。

郭象认为,在这个靶场里上演的一切人间悲喜剧,并没有导演,而是自然发生,找不到任何预测方法。自然界,千千万万生物在本能的驱使下寻求生存资源,它们的活动轨迹交织成极为复杂的关系网络,相互之间时时刻刻都可能发生帮助或伤害,任何一个生命轨迹的微小变化,都可能引其一系列的连锁反应,对其它生命带来利益或灾难,类似现代人所说的"蝴蝶效应"。[①] 人类社会亦然。每个人在本性的左右下,按照自己的行为方式获取利益,似乎有规律可循,但在由无数人活动轨迹交织构成的社会网中,偶然因素同样无规律可言。在郭象看来,凡是冥冥中注定发生,无法认知,无法改变,也无法逃避。因为没有原因,没有主宰,一切都是自然发生的。"遇与不遇,非人为也,皆自然耳"。[②] 不仅人类在命运的偶然面前无可奈何,即使天地神明也无能为力。

> 其理固当,不可逃也。故人之生也,非误生也;生之所有,非妄有也。天地虽大,万物虽多,然吾之所遇,适在于是,则虽天地神明,国家圣贤,绝力至知而弗能违也。故凡所不遇,弗能遇也;其所遇,弗能

① 1979年12月,洛伦兹(Lorenz)在一次讲演中提出:一只南美洲蝴蝶偶尔扇动几下翅膀,两周后可能在美国德克萨斯引起一场龙卷风。原因是,蝴蝶翅膀的运动,导致其身边的空气系统发生变化,并引起微弱气流的产生,而微弱气流的产生又会引起它四周空气或其他系统产生相应的变化,由此引起连锁反应,最终导致其他系统的极大变化。他的演讲和结论给人们留下了极其深刻的印象。从此以后,所谓"蝴蝶效应"之说不胫而走。此效应说明,事物发展的结果,对初始条件具有极为敏感的依赖性,初始条件的极小偏差,将会引起结果的极大差异。

② 《庄子·大宗师》郭象注,第226页。

不遇也；凡所不为，弗能为也；其所为，弗能不为也；故付之而自当矣。[1]

凡是人生道路上所遇到的，便是命中注定遇到的；遇不到的，则是命中注定遇不到的。因此不如将“遇”视为命运的安排，以平静的心态面对所遇到的一切，“故冥然以所遇为命而不施心于其间，泯然与至当为一而无休戚于其中”。[2]“理无不通，故当任所遇而直前耳”。[3] 即使对待生死这样的大事，也要从容对待。“夫死生之变，犹春秋冬夏四时行耳。故死生之状虽异，其于各安所遇，一也”。[4] 人类无法与命运抗争的，不要追求命中没有的东西，而是无条件顺从命运的安排。

达命之情者不务命之所无奈何也，全其自然而已。[5]

依乎天理，推己信命，若婴儿之直往也。[6]

知止其所不知，能止其所不能，用其自用，为其自为，恣其性内而无纤芥于分外，此无为之至易也。无为而性命不全者，未之有也；性命全而非福者，理未闻也。[7]

---

① 《庄子·德充符》郭象注，第 213 页。
② 《庄子·人间世》郭象注，第 156 页。
③ 《庄子·大宗师》郭象注，第 157 页。
④ 《庄子·齐物论》郭象注，第 67 页。
⑤ 《庄子·养生主》郭象注，第 125 页。
⑥ 《庄子·人间世》郭象注，第 143 页。
⑦ 《庄子·人世间》郭象注，第 184 页。

> 苟知性命之固当，则虽死生穷达，千变万化，淡然自若而和理在身矣。①

既然社会时尚与偶然际遇如此重要，已经成为命运的代名词，那么，郭象为何没有将命运的终极原因归于“时遇”，反而归于“性分”呢？这个问题必须回到郭象“性”本论哲学才能得到解释。在本章第一节中，笔者在介绍郭象“相因”与“独化”学说的关系时指出，郭象认为，自然本性是事物生成变化的动因，但是事物的自然本性不是孤立的存在，无数本性的共存与独化活动，使现象世界成为一个无比复杂的关系网络，每个事物只不过是这个巨大网络中无数“网结”之一，都与其它“网结”结成千丝万缕的联系。事物之间的这种密切联系，郭象称之为“相因”。万物都是按自己的本性活动，为自己谋利益，客观上却可能产生利它或损它的结果——共济与互伤，如“唇亡齿寒”。对每个生命来说，这些无法预料的受益和受害，便是影响命运的“时遇”。郭象并不否认现象世界中事物之间存在联系，因此也不否认“时遇”对命运的影响，但坚决否定外部条件是事物变化的原因，因为如果沿着外部联系的因果链条继续追问下去，探求外部原因的原因的原因……则立即陷入“歧路亡羊”的困境，迷失在由无穷多原因构成的网络中，找不到最后的原因。既然找不到原因，也就无原因；既然无原因，剩下的只能是回归事物的内因——自然本性。

郭象反复指出，按本性的自然需求生活，平静地面对各种人生际遇，将其视为不可改变的命运，愉快地接受一切既成事

① 《庄子·德充符》郭象注，第213页。

实,便达到了逍遥之境。在郭象的人生哲学术语中,“安命”与“逍遥”异名同实。“庖人尸祝,各安其所司;鸟兽万物,各足于所受;帝尧许由,各静其所遇;此乃天下之至实也。各得其实,有何所为乎哉?自得而已矣。故尧、许之行虽异,其于逍遥一也”。[①]

(二)“逍遥”论

“逍遥”源于《庄子·逍遥游》,具有快乐、幸福、舒适、自由等多种含义,从某种意义上说,可视为道家表达精神“自由”的哲学范畴。庄子以神奇的想象力,将鲲鹏与斥鴳这两种体态极悬殊的飞禽,置于浩瀚无垠的宇宙空间,象征生命境界“大”与“小”的差异:在遥远的北海,有条几千里长的大“鲲”鱼,忽然化为大“鹏”鸟,脊背便几千里,展开双翼遮盖了整个天空,从水中起飞,激起浪花三千里,如强大的龙卷风扶摇直上,达九万里高空,在上下一片苍茫中,乘六月的大风,飞往浩淼的南海。斥鴳在树梢与草地之间飞来飞去,感到无比舒适,大鹏的行为超越了它的经验,无法理解为何要高飞九万远赴南海才能快乐。

> 穷发之北有冥海者,天池也。有魚焉,其广数千里,未有知其修者,其名为鲲。有鸟焉,其名为鹏,背若泰山,翼若垂天之云,抟扶摇羊角而上者九万里,绝云气,负青天,然后图南,且适南冥也。斥鴳笑之

① 《庄子·逍遥游》郭象注,第26页。

曰:“彼且奚适也?我腾跃而上,不过数仞而下,翱翔蓬蒿之间,此不亦飞之至也。而彼且奚适也?”此小大之辩也。[1]

庄子认为,尺鴳不能理解大鹏,是题中应有之义。犹如朝生暮死的虫子,不可能有“月”的时间概念;春生夏死的蝉,不可能有“年”的时间概念。人类的认识能力和价值判断同样存在巨大差异,就像无法与瞎子共同欣赏色彩,与聋子一起欣赏音乐那样,人类不仅感官有盲聋,心智同样有盲聋。庄子塑造鲲鹏与斥鴳的动机,是为了说明人类的生命境界存在差异。于是,他接着将笔锋转向人类社会,列举了在“功利”和“道术”问题上的两组不同境界者:其一,对待功名态度上的小与大——以恪守功名者与超越功名的宋荣子;其二,“得道”水平上的小与大——乘风飞行的列子与神游宇宙的至人。

故夫知效一官,行比一乡,德合一君,而征一国者,其自视也亦若此矣。而宋荣子犹然笑之。且举世而誉之而不加劝,举世而非之而不加沮,定乎内外之分,辩乎荣辱之境,斯已矣。彼其于世未数数然也。虽然,犹有未树也。

夫列子御风而行,泠然善也,旬有五日而后反。彼于致福者,未数数然也。此虽免乎行,犹有所待者也。若夫乘天地之正,而御六气之辩,以游无穷者,

---

① 《庄子·逍遥游》,第15页。

彼且恶乎待哉？故曰，至人无己，神人无功，圣人无名。①

上述两组哲学意象所蕴含的意义，是说明人类生命境界存在高低差异，生活在世俗世界中的凡人，无法理解得道者的精神世界。庄子向往绝对的精神自由，故其推崇的是高飞九万里的大鹏、超越功名的宋荣子、与宇宙大化为一的至人。但他并未明确指出大鹏、宋荣子、至人达到了逍遥之境，而斥鴳、恪守功名者、列子没有逍遥。也没有说，只要满足了自己的自然本性，便都是逍遥；更没有如向秀、郭象解释的那样，忽略大小差异，将人们划分为凡人的"有待"逍遥与圣人的"无待"逍遥。事实上，庄子只是提出了问题，而没有给"逍遥"下一个确切的定义。

庄子生不逢时，他所提出的关于自由逍遥的悖论，在其身后五百年的时间里，没有引起中国思想界的充分注意，因为在秦汉大一统时代，注重现实功利而忽略个人自由。当历史时针指向魏晋之际，玄学家开始反思个体生命的价值时，庄子的"逍遥"说才获得了新的生命。为解决社会体制(名教)与个性自由(自然)关系这一时代课题，玄学家纷纷到老庄经典中寻找创立新说的思想资源，庄子的"逍遥"学说，成为新的学术亮点。从魏末竹林到西晋后期元康，魏晋玄学形成了两大流派：一是从嵇康、阮籍到元康贵"无"派，持"越名教任自然"观点，以绝对自由诠释"逍遥"，代表作是阮籍的《大人先生传》与阮修的《大鹏赞》；二是从向秀、山涛到郭象，持"名教即自然"观

① 《庄子·逍遥游》，第17页。

点，否认了绝对自由的存在，认为所谓自由逍遥，仅是内在的主观感受，以其自然本性的满足为惟一标准。这些问题在前面的相关章节中已作了介绍，此不赘述。

从《世说新语·文学》注引向秀、郭象"逍遥"说看，以"性分"说解释逍遥的历史性突破，是由向秀完成的。但郭象在向秀的基础上，以其独特的圣凡心性学说进行了加工，使其更为完善。由于向秀《庄子注》已佚，已无法量化判断其学术贡献。依据郭象《庄子注》的文字，这一新的"逍遥"说的内容如下：

郭象认为所谓逍遥，是行为与本性一致而获得的心理愉悦。他反复强调，对每个生命个体来说，只要能按照自己的本性（"性分"）生活，即思想行为与本性一致，便达到了"逍遥"境界。而达到逍遥之境的途径，是放弃主观好恶的"无心"状态（"冥"），使思想情感与自然本性合一。"自然者，不为也，此逍遥之大意"。[1] 从这个意义上说，庄子笔下体态和能力极为悬殊的各种生命——从斥鴳、鲲鹏、列子到至人、神人，都能达到逍遥境界。但由于人类本性存在性质完全不同的两大类——圣人与凡人，两者"逍遥"所需（所待）外在条件各异，因此"逍遥"可划分为"有待"和"无待"两个层次。

第一，凡人与有待的逍遥。

凡人之"性"偏颇，彼此之间千差万别，只能适应某种特定的生存条件，因此称之为"有待之人"。"有待"概念来源于《庄子·逍遥游》，该篇称列子御风而行，为"有所待"。此外，《庄子》的其它篇中多次出现"有待"概念，指生命活动有待于（需要）某些特定的外在条件以满足自己，如植物有待阳光，动物

---

① 《庄子·逍遥游》郭象注，第10页。

有待食物。斥鴳活动“有待”的空间不过数里，而鲲鹏运行则“有待”九万里高空。郭象解释道，是否真正存在如此巨大的鲲鹏，并不重要，庄子的本意，是借鲲鹏与斥鴳表示大与小的差异。“鹏鲲之实，吾所未详也。夫庄子之大意，在乎逍遥游放，无为自得。故极小大之致以明性分之适”。[1] 尽管生命形式不同，有大小之别，所需要的生存条件也非常悬殊，但是，只要条件满足了各自性分的需求，它们便都达到了生命的最高境界，所感受的自由“逍遥”没有质量的差别。“各以得性为至，自尽为极也。向言二虫殊翼，故所至不同：或翱翔天池，或毕志榆枋，直各称体而足，不知所以然也”。[2] 大鹏翅膀大，不达九万里高空运行，将跌落；斥鴳翅膀小，故在树林间穿行即可。它们的飞行高度不同，但都是不得不然；它们的“性分”均得到了满足，因此都在“逍遥”飞翔。郭象如是说：

> 夫翼大则难举，故抟扶摇而后能上，九万里乃足自胜耳。既有斯翼，岂得决然而起，数仞而下哉？此皆不得不然，非乐然也。[3]
>
> 夫大鸟一去半岁，至天池而息。小鸟一飞半朝，抢榆枋而止。此比所能则有闲矣，其于适性一也。[4]
>
> 此皆明鹏之所以高飞者，翼大故耳。夫质小者所资不待大，则质大者所用不得小矣。故理有至分，

---

① 《庄子·逍遥游》郭象注，第2页。
② 《庄子·逍遥游》郭象注，第16页。
③ 《庄子·逍遥游》郭象注，第4～5页。
④ 《庄子·逍遥游》郭象注，第6页。

> 物有定极,各足称事,其济一也。若乃失乎忘生之生而营生于至当之外,事不任力,动不称情,则虽垂天之翼不能无穷,决起之飞不能无困矣。①
>
> 苟足于其性,则虽大鹏无以自贵于小鸟,小鸟无羡于天池,而荣愿有余矣。故小大虽殊,逍遥一也。②

在阶级社会中,富贵者挥金如土,贫贱者无立锥之地。于是,人们普遍认为,大人物容易自足逍遥,小人物难以自足逍遥。因此大人物藐视小人物,而小人物则羡慕大人物。"故体大者快然谓小者为无余,质小者块然谓大者为至足,是以上下夸跂,俯仰自失,此乃生民之所惑也"。③ 郭象认为,这是一个极大的错误,是造成人生痛苦的根源。从"性分"的观点看,事物无所谓大小,天地不比秋毫大,秋毫不比天地小。人们的可悲之处,恰恰在于执著于所谓大小,而不明白每个人都有自己的"性分",而"性分"的极限,是主观的羡慕效仿所无法逾越的。"物各有性,性各有极",④"苟知其极,则毫分不可相跂……小大之殊各有定分,非羡欲所及"。⑤

郭象强调指出,对于"有待"的芸芸众生来说,清醒地认识自己"性分"的极限范围,放弃非分之想,通过"冥极"——以无为态度顺应自己的本能,行为不出"性分"范围,同样会达到舒

① 《庄子·逍遥游》郭象注,第7页。
② 《庄子·逍遥游》郭象注,第10页。
③ 《庄子·秋水》郭象注,第566页。
④ 《庄子·逍遥游》郭象注,第11页。
⑤ 《庄子·逍遥游》郭象注,第13页。

适、自由、幸福境界，称为“有待”的逍遥。“物各有宜，苟得其宜，安往而不逍遥也”。[①] “用得其所，则物皆逍遥也”。[②]“各知其极，物安其分，逍遥者用其本步而游乎自得之场矣”。[③]

第二，圣人与无待的逍遥。

圣人之性“空灵”，通晓宇宙奥妙，却表现为“无心”，故能适应一切条件，顺应一切变化，故称之为“无待之人”。庄子并未明确提出“无待”概念，但他在《庄子·逍遥游》中论述至人、神人特点时说：“若夫乘天地之正，而御六气之辩，以游无穷者，彼且恶乎待哉?”文中有至人“无待”的意思。这一说法在黄老派和玄学“越名教任自然”派那里，被解释为至足完美、不食人间烟火的神仙，无须任何条件，而且法力无边。这种对“无待”的超自然理解，在郭象这里出现了一百八十度转弯，以彻底的理性态度予以重新解释，作为其自由论的注脚。他认为，世界上没有神仙，人类也没有特异功能，谁也不能腾云驾雾、驾御飞龙。所谓至人的“无待”，不是指以神力摈弃一切条件，而是指以无心无为适应一切条件。“苟无物而不顺，则浮云斯乘矣；无形而不载，则飞龙斯御矣”。[④]“有待”凡人与“无待”圣人之间的根本区别，在于前者的只能适应某些条件，而后者则能适应所有条件，故称之为无条件的“无待”。

物各有性，性各有极，皆如年知，岂跂尚之所及

① 《庄子·逍遥游》郭象注，第 39 页。
② 《庄子·逍遥游》郭象注，第 42 页。
③ 《庄子·秋水》郭象注，第 566 页。
④ 《庄子·逍遥游》郭象注，第 30 页。

哉！自此已下至于列子，历举年知之大小，各信其一方，未有足以相倾者也。然后统以无待之人，遣彼忘我，冥此群异，异方同得而我无功名。是故统小大者，无小无大者也。苟有乎大小，则虽大鹏之与斥鴳，宰官之与御风，同为累物耳。齐死生者，无死无生者也；苟有乎死生，则虽大椿之与蟪蛄，彭祖之与朝菌，均于短折耳。故游于无小无大者，无穷者也。冥乎不死不生者，无极者也。若夫逍遥而系于有方，则虽放之使游而有所穷矣，未能无待也。①

故乘天地之正者，即是顺万物之性也；御六气之辩者，即是游变化之途也；如斯以往，则何往而有穷哉！所遇斯乘，又将恶乎待哉！此乃至德之人玄同彼我者之逍遥也。苟有待焉，则虽列子之轻妙，犹不能以无风而行，故必得其所待，然后逍遥耳，而况大鹏乎！夫唯与物冥而循大变者，为能无待而常通，岂独自通而已哉！又顺有待者，使不失其所待。所待不失，则同于大通矣。故有待无待，吾所不能齐也。至于各安其性，天机自张，受而不知，则吾所不能殊也。夫无待犹不足以殊有待，况有待者之巨细乎！②

上文携带的学术信息十分丰富。一方面，划出了“无待”与“有待”的界限，指出了它们达到逍遥的途径不同：“有待”之人只能在特定条件下逍遥，“若夫逍遥而系于有方，则虽放之使游

① 《庄子·逍遥游》郭象注，第11页。
② 《庄子·逍遥游》郭象注，第20页。

而有所穷矣”。“无待”之人则能适应所有条件、因循一切变化，故能无时无处不逍遥。“夫圣人之心，极两仪之至会，穷万物之妙数。故能体化合变，无往不可，旁礴万物，无物不然”。[①] 另一方面，又强调了两者“逍遥”的共性——有待之人所需条件得到满足达到逍遥之境时，与无待之人适应一切条件所达到的逍遥之境，同样舒适、愉悦、自由、幸福，没有任何差别。即上文所云：“又顺有待者，使不失其所待。所待不失，则同于大通矣。”

在郭象笔下的“无待”之人，是从适应环境角度对至人、神人、圣人的称谓，四者异名同实。在本章四“郭象政治学说”中已指出，这种顶级人物一旦成为治国的帝王时，便被臣民称为“圣人”。问题在于，那些历史上整日忙于军政要务的圣人，也能逍遥吗？对此，庄子持否定态度，他在《庄子·逍遥游》中虚构，尧治国大获成功后，去了藐姑射之山，见到神人后怅然自失。而郭象的注释则与庄子本意南辕北辙。

《庄子·逍遥游》：“尧治天下之民，平海内之政，往见四子藐姑射之山，汾水之阳，窅然丧其天下焉。”

郭象注：“夫尧之无用天下为，犹越人之无所用章甫耳。然遗天下者，固天下之所宗。天下虽宗尧，而尧未尝有天下也。故窅然丧之，而常游心于绝冥之境，虽寄坐万物之上而未始不逍遥也。四子者，盖寄言以明尧之不一于尧耳。夫尧实冥矣，其迹则尧也。自迹观冥，内外异域，未足怪也。世徒见尧之为

① 《庄子·逍遥游》郭象注，第 31 页。

尧也，岂识其冥哉！故将求四子于海外而据尧于所见，因谓与物同波者，失其所以逍遥也。然未知至远之所顺者更近，而至高之所会者反下也。若乃厉然以独高为至而不夷乎俗累，斯山谷之士，非无待者也，奚足以语至极而游无穷哉！。"①

郭象认为，人们之所以误认为治国圣人身心劳累，是不懂"无为"与"有为"的真义。他指出：按自己的"性分"活动，即使干了惊天动地的大事，也是"无为"；因羡慕他人而违背自己的"性分"活动，即使没有任何行动，也是"有为"。治理国家是伟大圣王的本性，他顺应自己的本能去日理万机，不但不会疲劳，反而自由快乐，可称之"无为"；如果违背本能躲入山林，则是扭曲自己的人格，生活在抑郁之中，可称之"有为"。"无为者，非拱默之谓也，直各任其自为，则性命安矣……而天下自宾也"。② 问题在于，人们往往根据外在活动和事功的大小去判断"有为"与"无为"，认为只有躲入山林才算"无为"，建功立业则属"有为"。这种错误观点，使老庄派道家受到历代当权派的排斥，而当权派则背离自然无为大道，迷途不返。"若谓拱默乎山林之中而后得称无为者，此庄老之谈所以见弃于当途。当途者自必于有为之域而不反者，斯之由也"。③

当然，圣王由于用贤得当而天下太平，可享受清静"玄默"，这固然也属于"无为"的一种表现，但是在郭象的意识中，

---

① 《庄子·逍遥游》郭象注，第34页。

② 《庄子·在宥》郭象注，第369～370页。

③ 《庄子·逍遥游》郭象注，第24页。

君主"无为"并非无事的闲暇，而是在进行轰轰烈烈"有为"事功的过程中。只要君主的政治行为适合自己的性分需求，"有为"本身就是"无为"。

> 夫圣人虽在庙堂之上，然其心无异于山林之中，世岂识之哉？徒见其戴黄屋，佩玉玺，便谓足以缨绂其心矣；见其历山川，同民事，便谓足以憔悴其神矣；岂知至至者之不亏哉！①

郭象指出，圣人的主观"无为"程度与其完成的政治业绩成正比，换言之，主观上越"无为"，则客观上越"有为"（指功业）。原因是，圣人无我，其心犹如明镜一样客观无私，能适应一切社会条件和时代变化，故离世俗越远，越能应付世俗；无心于政务，反而能处理一切政务。这一思想的典型表达，便是郭象的"游外冥内"新说。《庄子·大宗师》中有个虚构的故事：子桑户逝世，他的朋友子琴张、孟子反以鼓琴唱歌的方式吊丧，子贡发现后质问他们，这种作法是否符合礼教的规定？结果遭到对方的讥笑。于是子贡回去向孔子汇报。

> 《庄子·大宗师》："子贡反，以告孔子，曰：'彼何人者邪？修行无有，而外其形骸，临尸而歌，颜色不变，无以命之。彼何人者邪？'孔子曰：'彼，游方之外者也；而丘，游方之内者也。'"
>
> 郭象注："夫理有至极，外内相冥，未有极游外之

① 《庄子·逍遥游》郭象注，第28页。

致而不冥于内者也。未有能冥于内而不游于外者也。故圣人常游外以冥内,无心以顺有,故虽终日见形,而神气无变,俯仰万机而淡然自若。夫见形而不及神者,天下之常累也。是故睹其与群物并行,则莫能谓之遗物而离人矣;睹其体化而应务,则莫能谓之坐忘而自得矣。岂直谓圣人不然哉?乃必谓至理之无此。是故庄子将明流统之所宗,以释天下之可悟,若直就称仲尼之如此,或者将据所见以排之。故超圣人之内迹,而寄方外于数子。宜志其所寄,以寻述作之大意。则夫游外冥内之道,坦然自明,而《庄子》之书,故是涉俗盖世之谈矣。"①

古代有天圆地方之说,"方"指现实社会。"游方之内"(游内)指认同现实社会的价值;"游方之外"(游外)指超越现实社会,通过哲学或宗教途径追求生命的绝对自由。庄子的本意,是强调"游外"与"游内"之间不可混淆的差别。郭象则声称,不要抓住庄子的个别词句不放,要理解其"述作之大意"。经过他的"得意忘言"注释,彻底改变了庄子的原意。在郭象笔下,"游外"指在精神世界中进行超越现实的哲学升华,达到无我境界;"游内"则改为"冥内",即与人类社会冥然一体,一方面是适应所有条件,获得无待的精神自由——逍遥的过程,另一方面也是顺应社会形势,经邦治国过程的过程。所谓"冥内",在郭象笔下亦称"经内"、"依内"、"共内"等等,均指圣王在"方内"政治活动。郭象认为,"游外"与"冥内"不但没有矛盾,而

① 《庄子·大宗师》郭象注,第268页。

且连差异都没有，两者不可分割，“游外”必“冥内”，“冥内”也必“游外”。他说：

夫游外者依内，离人者合俗，故有天下，无以天下为也。是以遗物而后能入群，坐忘而后能应务，愈遗之，愈得之。苟居斯极，则虽欲释之，而理固自来，斯乃天人之所不赦者也。①

夫知礼意者，必游外以经内，守母以存子，称情而直往也。②

所造虽异，其于无事而得事，自方外以共内，然后养给而生定。③

为什么“游外”必然“冥内”，郭象的解释思路很清晰：“无待”之人，不是指那些逃避社会政治、自命清高的山林隐士，“若乃厉然以独高为至而不夷乎俗累，斯山谷之士，非无待者也”。④而是指投身社会政治的圣人。圣人的“游外”活动，即追求精神自由所达到的极致状态，是无心无为的“无待”境界。达到了这种境界，必然能适应一切条件，顺应社会变化，客观地使用人才，应付各类政务，达到天下大治，成为治国“游内”的圣人。这个政治“游内”过程，从无心无故意角度，可称为“冥内”；从落实到现实政治角度，可称为“依内”；从表现为有所作

① 《庄子·大宗师》郭象注，第271页。
② 《庄子·大宗师》郭象注，第267页。
③ 《庄子·大宗师》郭象注，第272页。
④ 《庄子·逍遥游》郭象注，第34页。

为角度，可称为“经内”；从与臣民共同完成角度看，可称为“共内”等等，异名同实。显而易见，在郭象看来，精神超越“游外”与经邦治国“经内”，是同一个过程。在最高境界中合一：无待的自由逍遥，本身就是轰轰烈烈的帝业。“夫圣人虽在庙堂之上，然其心无异于山林之中”，[①]“所谓无为之业，非拱默而已；所谓尘垢之外，非伏于山林也”。[②] 至此，郭象将“无待”与“有待”、“游外”与“经内”、“名教”与“自然”等魏晋时期表达“自由”与“必然”冲突的矛盾范畴，融合为一体，完成了后人难以超越的高水平的折中解答。

① 《庄子·逍遥游》郭象注，第28页。
② 《庄子·大宗师》郭象注，第270页。

第四章　江左影响

郭象《庄子注》是为社会的长治久安而作，但八王之乱中的士人心中，已经放不下一张平静的书桌了，这部杰作在当时的实际作用，恐怕很寥寥。永嘉之乱中，这部玄学的巅峰之作与虎口余生的元康名士一起南渡，在江左流传，成为推动东晋玄学发展的重要思想资源。本章的主旨，便是探讨郭象对东晋玄学理论创建的影响。

一、张湛、韩康伯与东晋玄学

郭象玄学理论有两个主要目的，一是在君主制形式下实施士人的“自治”，二是在保留礼教（名教）形式下实现士人相对的“逍遥”（自然）。为此，他建立了一个从本体论、人性论、历史观和认识论构成的理论基础，缜密而完整。这些思想对东晋玄学的理论与实践产生了直接影响。尽管士族社会没有、也不可能按郭象的理想设计来建立士人“自治”制度，东晋王朝政治实践中出现的是在君主制形式下的门阀——军阀专政，从某种意义上说，也可视为郭象"自治"思想的部分实现。而郭象"名教即自然"理论，则转化为东晋士大夫的自觉实践。面对西晋覆灭的沉痛历史教训，士族名士们大都身体力行名教与自然同一的玄学主张，表现为礼玄双修，清谈与政务两不误。

然而，郭象玄学并不完全适合变化了的东晋时代。郭象所处的西晋元康～永嘉之际，位于魏晋南北朝时期士族个性解放与理性思维的顶点，因此其理论蓝图中个性自由与无神论的笔墨过于浓重。面临重建社会秩序与安置生命终极关怀双重任务的东晋士人，不可能无保留地继承郭象学说，而是接受了其中的某些理论因子，与其它流派的玄学思想融合，进行适合时代需要的创作，张湛《列子注》与韩康伯《系辞注》是代表作。

张湛《列子注》与韩康伯《系辞注》是东晋玄学最重要的两部理论著作，而且形成时间相近，约成书于东晋中后期的356～380年之间，确切说，这两部理论著作并非产生于玄学清谈高涨的东晋前期，而是创作于玄风逐步衰落的东晋后期。

东晋初期，以丞相王导为领袖的"中兴名士"渡江南下，洛阳玄风随之在江左传播，这时清谈内容多为重温玄学前辈的理论，[①]学理创新问题还没有提到议事日程。这是因为自西晋郭象哲学诞生后，曹魏西晋时期玄学面临的理论课题——名教与自然的矛盾已经得到了解决，而"生死解脱"这

① 《世说新语·文学》："旧云：'王丞相过江，止道《声无哀乐》、《养生》、《言尽意》，三理而已。然宛转关生，无所不入。"（第211页）《世说新语·文学》："丞相乃叹曰："向来语，乃竟未知理源所归。至于辞喻不相负，正始之音，正当尔耳。"（第212页）

一新的时代课题正在孕育中，故玄学理论一时难有重大突破。此时玄学清谈的意义，是使“永嘉南奔”中陷入绝望的士大夫感到生命的尊严和文化的价值，以振奋低落的士气。咸康～永和之际，随着“中兴名士”的子弟——“永和名士”走上历史舞台，司马昱、殷浩执掌朝政，玄学清谈在永和时期(345～356)达到高潮。《世说新语·文学》记载与魏晋清谈有关之事六十一条，半数以上发生在这一时期，名士高僧大都卷入其中。值得注意的是佛教、儒学在吸收了玄学的思想精华后，在清谈中与玄学展开了激烈的思想交锋。对玄学的基本理论提出了挑战。

其一，玄学化的佛教般若学——“六家七宗”发展起来，创立“本无宗”的竺法深、即色宗的支道林、识含宗的于法开、幻化宗的于法威在清谈中十分活跃。早在晋成帝咸康四年(338)，[①]年仅24岁的支道林，在建康白马寺与刘系之、冯怀辩论《庄子·逍遥游》义理，破玄学家向秀、郭象建立在“性分”说基础上的逍遥论，提出了以佛教般若学为背景的新说。“遁尝在白马寺，与刘系之等谈《庄子·逍遥篇》，云：‘各适性以为逍遥。’遁曰‘不然。夫桀跖以残害为性。若适性为得者，彼亦逍遥矣。’于是退而注《逍遥篇》，群儒旧学莫不叹服。”[②]在

① 辩论时间考证见王晓毅《支道林生平事迹考》，《中华佛学学报》，第8期。

② 《高僧传》卷四《支遁传》，第160页。又《世说新语·文学》注引支氏《逍遥论》曰：“夫逍遥者，明至人之心也。庄生建言人道，而寄指鹏鷃。鹏以营生之路旷，故失适于体外；鷃以在近而笑远，有矜伐于心内。至人乘天正而高兴，游无穷于放浪。物物而不物于物，则遥然不我得；玄感不为，不疾而速，则逍然靡不适。此所以为逍遥也。若夫有欲当其所足；足于所足，快然有似天真，犹饥者一饱，渴者一盈，岂忘蒸尝于糗粮，绝觞爵于醪醴哉？苟非至足，岂所以逍遥乎？”(第220页)

中国思想史上，这一事件标志着佛教开始超越玄学，进入学术前沿。

其二，儒家人物也运用了清谈方式向玄学发起了攻击。永和元年，[1]在会稽王司马昱主持下，以殷浩、刘惔为代表的玄学义理派与以孙盛为代表的象数派的辩论，王濛、谢尚参加。开始孙盛战胜殷浩，后来被前来助战的刘惔击败，《世说新语·文学》："殷中军、孙安国、王、谢能言诸贤，悉在会稽王许。殷与孙共论《易象妙于见形》。孙语道合，意气干云。一坐咸不安孙理，而辞不能屈。会稽王慨然叹曰：使真长来，故应有以制彼。既迎真长。孙意已不如。真长既至，先令孙自叙本理，孙粗说己语，亦觉绝不及向。刘便作二百许语，辞难简切，孙理遂屈。一坐同时拊掌而笑，称美良久。"[2]此事亦见于《晋书·孙盛传》："盛又著医卜及《易象妙于见形论》，浩等竟无以难之，由是遂知名。"

上述佛教般若学与象数易学在清谈中出现并非偶然，两者有着共同指向：探讨宇宙人生的真相，解决命运问题，为安置生命的终极关怀寻找哲学依据。东晋时期，面对严重的阶级矛盾、民族矛盾以及战乱带来的生离死别等痛苦，思想界关注的中心已不是现实政治，而是个人的生死解脱问题，这需要

---

① 据《晋书·孙盛传》，孙盛先后为陶侃、庾亮、桓温参军，长期在武昌任职。

② 王濛死于永和三年，此事发生于该年之前。又据《晋书·孙盛传》，孙盛长期在武昌任职于陶侃、庾亮、庾翼、桓温幕府，仅于庾翼逝世、桓温上任前的永和元年7月至8月之间，赴建康任廷尉正一职。又《晋书·刘惔传》："简文帝初作相，与王濛并为谈客，俱蒙上宾礼。时孙盛作《易象妙于见形论》，帝使殷浩难之，不能屈。"可见此次清谈发生于司马昱主持朝政的永和元年。（第1990～1991页）

永恒的生命——神圣的"彼岸"世界的支撑。在这一时代背景下,即使理性的玄学家,也对传统的象数占卜与宗教表现出很大热情。如司马昱通过"令卜者扈谦筮之",[①]解决妻妾的不孕问题;永和十一年,王羲之辞官,在父母墓前发誓永不入仕,"与道士许迈共修服食,采药石不远千里"。[②] 其中佛教发展最为迅速,大量的士族名士成为佛教信徒,撰写论文阐述佛法,孙绰的《道贤论》与郗超的《奉法要》是代表作。连玄学的领军人物殷浩,于永和十年官场失意后,也开始钻研佛学。"殷中军被废,徙东阳,大读佛经,皆精解"。[③]

在这个宗教情感浓重的时代,魏晋玄学以现世逍遥为生命终极意义的理性哲学,需要进行修正,以回答关于"生死解脱"这个时代课题,以便在儒释道三教之外,继续保持影响力。然而前辈玄学大师留下的学说并不相同。例如,关于生命是否可以通过"养生"延长？神仙是否存在？命运是否可以预测？玄学前辈莫衷一是,甚至针锋相对。追问到万物产生与变化的原因,则有何晏、王弼的贵"无"论,嵇康、阮籍的"元气"论,裴頠的崇"有"论,郭象的"独化"论。解决这些问题,才能创造适合时代需要的玄学理论,回应其它学派的挑战。当时,永和名士也开始进行自身的理论反省。比如,郭象《庄子注》否定了一切造物主,认为一切事物皆是"自然"而生。这个命题引起了殷浩的怀疑。"殷中军问:'自然无心于禀受,何以正善人少,恶人多?'诸人莫有言者。刘尹答曰:'譬如写水注地,

① 《晋书》卷三十二《后妃传》,第 981 页。
② 《晋书》卷八十《王羲之传》,第 2101 页。
③ 《世说新语·文学》,第 240 页。

正自纵横流漫,略无正方圆者。'一时绝叹,以为名通"。[①] 但是,永和名士没有完成理论创新。尽管永和清谈规模大,但分析其辩论课题,则不难发现这一时期玄学理论的创建不多,没有理论著作问世。换言之,代表东晋玄学理论成就的著作,没有诞生在永和玄谈的高潮中。

永和十年,桓温以殷浩北伐失利为由,逼迫朝廷废殷浩为庶人,以此为标志,永和清谈开始退潮。其后,在司马昱、桓温、谢安相继执政的太和～太元之际,尽管清谈规模没有超越永和盛况,但玄学思潮并未受到重创,清谈活动继续流行于广大士人中。这期间,永和名士的子弟——东晋第三代士人"太元名士",[②]走上了东晋后期的历史舞台,比较著名的清谈家有殷仲堪、王忱、王恭、谢玄等,韩康伯与张湛作为其中的理论家,完成了东晋玄学的理论创建。尽管礼玄双修是东晋玄学名士的文化基调,但儒道思想的侧重却因人而异,韩康伯重名教而张湛任自然。

韩伯(332～380),字康伯,自幼便为其舅殷浩赏识,评语为:"康伯少自标置,居然是出群器。"[③]殷浩被废东阳,韩康伯随其到流放地,"外生韩伯始随至徙所,周年还都"。[④] 永和之后,韩康伯是司马昱府上的重要谈客,官至侍中、领军将军。但这位与殷仲堪齐名的大清谈家,同时以弘扬儒家名教为己任,推荐大孝子吴隐之入仕;在任陈郡中正期间,谢安主簿

① 《世说新语·文学》,第231页。

② 由于孝武帝太元年间(376～396)时间较长,东晋第三代士人中多数在太元时期成为政界要员与清谈领军人物,姑且将这一士人群体称为"太元名士"。

③ 《世说新语·赏誉》,第471页。

④ 《世说新语·黜免》注引《续晋阳秋》,第867页。

周勰，居丧废礼，遭到韩康伯贬抑。曾参加了著名的学术论战——“公谦之辩”，讨论即“公”(公开坦诚)与“谦”(谦逊退让)两种美德孰高孰低。王坦之、袁宏和韩康伯，分别代表了三种不同观点。王坦之认为，“公”胜过“谦”，因为“公”源于宇宙大道，“谦”则产生于险恶的人事。袁宏则说两种品德均源于宇宙大道，无高低之分。韩康伯著《辩谦》一文，折衷两家观点，他指出：袁宏论点的正确之处，是指出圣贤亦须遵循谦德；失误之处，是将谦德提高到“道”的高度。王坦之论点的正确之处，是指出了“公”与“谦”属于不同层次的品质；失误之处，是忽视了圣贤均须实施谦德，而且没有看到圣贤与君子谦逊的原因不同——圣贤无心顺物，而君子有意顺物。[①]

张湛，字处度，山阳高平(今山东济宁市南部郊区)人。生卒年不详，笔者据其祖父张嶷渡江时间与其它资料，推算张湛大致出生在332年前后，孝武帝太元时期官至中书侍郎、光禄勋。[②] 他率性而动，旷达不羁，以对悲美的追求，挑战儒家的礼乐传统，《世说新语·任诞》：“张湛好于斋前种松柏。时袁山松出游，每好令左右作挽歌。时人谓：‘张屋下陈尸，袁道上行殡。’”注引裴启《语林》曰：“张湛好于斋前种松，养鸲鹆。袁山松出游，好令左右作挽歌。时人云云。”张湛不仅有房前种松柏的习惯，同样有欣赏挽歌的嗜好，“酒后挽歌甚凄苦”。[③]范宁以儒家思想的继承者自居，激烈攻击玄学的创始人何晏、

① 论战内容分析详见王晓毅《国学举要·道卷》，湖北教育出版社，2002年版，第417～422页。

② 关于上述张湛事迹时间的考证，详见王晓毅《张湛家世生平与〈列子注〉的形成》，《东岳论丛》2004年第6期

③ 《世说新语·任诞》，第759页。

王弼"二人之罪深于桀纣",[1]因眼病困扰,向张湛咨询治疗方法,被其借机戏弄一番,说眼疾是郑玄等历代"大儒"的通病,所开药方为"损读书、减思虑"。[2]

韩康伯《系辞注》与张湛《列子注》的具体创作时间及其先后,已无法详考。两人生年相近,韩康伯于太元五年(380)早逝,享年 48 岁,而此时张湛健在,任中书侍郎。假设他们在 30～48 岁之间完成各自作品,应作于隆和元年(362)～太元五年(380)之间,但从各种迹象看,其中 375 年前后可能性比较大。[3] 由于对儒道思想的偏重不同,韩康伯选择了儒家经典《周易·系辞》作为阐发其玄学新意的文本,在王弼、殷浩的基础上探讨易"理"的本质,发展魏晋玄学的义理易学,以回击象数易学的进攻。张湛则选择了道家典籍《列子》,阐述生死解脱问题。尽管两书探讨的主要问题不同,解释的经典各异,但是立论的哲学基础却十分相似,有异曲同工之妙。

本章将以张湛《列子注》为主,结合韩康伯的《系辞注》,探讨东晋玄学对前辈玄学家理论,尤其是郭象玄学的继承关系,以及他们的重要学术创建,从本体论与生命哲学两各方面展开。

---

① 《晋书》卷七十五《范宁传》,第 1984 页。

② 《晋书》卷七十五《范宁传》,第 1988 页。

③ 373 年桓温逝世后,继续多年的政治危机化解,谢安主持朝政,政治形势稳定,学术研究出现热潮,《晋书》卷九《孝武帝纪》记载,宁康三年(375),"九月,帝讲《孝经》"(第 227 页)。13 岁皇帝不可能自发讲《孝经》,可能由执政大臣谢安导演。据记载,谢安曾在家中排练过讲《孝经》一事。另外,该年前后发生了著名的"公谦之辩",卷入人物有王坦之(330～375)、殷康子、袁宏(328～376)和韩康伯(约 332～380),由于袁宏长期为桓温幕僚不在首都建康,故论战时间可能在桓温逝世之后的 373～375 年之间,上述人物均在朝中任职时。

二、本体论的发展

为了对东晋时期的生命哲学问题作出回应，韩康伯与张湛力图将玄学前辈的各种宇宙本体学说融为一体。确切说，是以郭象的“独化”论为基础，融合何晏、王弼的贵“无”论与嵇康、阮籍所持的传统“元气”说。他们继承了魏晋玄学“有无之辩”的学术传统，从形名角度将世界分为“无”（无形）与“有”（有形）两大领域，在“有”“无”关系上创立新说。请看韩康伯一段高度概括性的论述：

> 神也者，变化之极，妙万物而为言，不可以形诘者也，故曰：“阴阳不测”。尝试论之曰：原夫两仪之运，万物之动，岂有使之然哉？莫不独化于大虚。欻尔而自造矣。造之非我，理自玄应；化之无主，数自冥运，故不知所以然而况之神。是以明两仪以太极为始，言变化而称极乎神也。夫唯知天之所为者，穷理体化，坐忘遗照。至虚而善应，则以道为称；不思而玄览，则以神为名。盖资道而同乎道，由神而冥于神者也。①

韩康伯这段文字的哲学信息极为丰富，从中可看到其主要思想由三个互相联系的方面构成：其一，有形世界源于无形世

① 《周易·系辞》韩康伯注，第 543～544 页。以下所引《周易·系辞》韩康伯注，均出自楼宇烈：《王弼集校释》，中华书局，1980 年版，版本出处下略。

界，对无法确知的无形世界，韩康伯从不同认识角度，称之为“大虚”（空间角度称谓）、“太极”（生成角度）、“道”（规律角度）和“神”（变化角度）等。“是以明两仪以太极为始，言变化而称极乎神也。……至虚而善应，则以道为称”。其二，“大虚”不是万物生成变化的主宰，而是为有形世界的生成变化提供了运通场所，每个事物都是“自生”“独化”于“大虚”（无形空间）的：“原夫两仪之运，万物之动，岂有使之然哉？莫不独化于大虚。欻尔而自造矣。”其三，万物自生独化的直接动因既不是无形空间，也不是有形物自身，而是由“玄应”“冥运”的“理”、“数”，使事物从无到有，从有到无。“造之非我，理自玄应；化之无主，数自冥运”。

韩康伯的上述思想，在张湛《列子注》中得到了充分的阐述：

其一，张湛将世界划分有形的“动用之域”与无形的“寂然至虚凝一”之域。[①]后者寂静无形，无始无终、不生不化，在古代儒道圣贤的经典著作中有着不同的称谓，如《周易》中的“易”“太极”、《老子》中的“混成”之物、《列子》中的“太易”，而这些概念异名同实，均指无形的宇宙本原：“易者，不穷滞之称。凝寂于太虚之域，将何所见耶？如《易·系》之太极，老氏之浑成也。”[②]在《列子注》中，张湛经常用来表达宇宙本原的范畴是“太虚”和“无”。“太虚”，主要是从空间角度立意，因此也称其为“太虚之域”，“夫含万物者天地，容天地者太虚也”。[③] 从形

① 《列子》卷一《天瑞》张湛注，第1页。
② 《列子》卷一《天瑞》张湛注，第6页。
③ 《列子》卷五《汤问》张湛注，第149页。

名角度称宇宙本原为“无形”、“无”、“至无”，这在张湛行文中更为常见。

其二，对“有”“无”关系，张湛一方面继承了正始玄学关于“无”生“有”的学说，认为“至无者，故能为万变之宗主也”。① 但另一方面，张湛与何晏、王弼的“贵无论”存在较大差异，主要继承了郭象的“自生独化”论。他指出，尽管承认宇宙本原“太虚之域”或“无”为天地万物的“宗主”，但是它并没有在万物生成变化过程中提供任何质料和动力，仅作为万物的生成与寂灭的“场所”，犹如事物的运行必须在空间中进行一样，“有之为有，恃无以生；言生必由无，而无不生有，此运通之功必赖于无，故生动之称，因事而立耳”。② 既然无不能生有，太虚不能生万物，那么，宇宙万有是如何生成变化的？张湛明确说是“自生”。

> 谓之生者，则不无；无者，则不生。故有无之不相生，理既然矣，则有何由而生？忽尔而自生。忽尔而自生，而不知其所以生；不知所以生，生则本同于无。本同于无，而非无也。此明有形之自形，无形以相形者也。③

那么，事物产生的动因是什么呢？张湛认为是“自然”。所谓自然，指事物无主宰、无故意的自发性，没有确定外因，“自然

① 《列子》卷一《天瑞》张湛注，第10页。
② 《列子》卷一《天瑞》张湛注，第18页。
③ 《列子》卷一《天瑞》张湛注，第5～6页。

者，不资于外也”。[①] 也不取决于被生成者的主观意志，而是在无形的太虚之域忽然产生。

> 形、声、色、味皆忽尔而生，不能自生者也。夫不能自生，则无为之本；无为之本，则无当于一象，无系于一味，故能为形气之主，动必由之者也。[②]

所谓“不能自生”，不是否定了有形物的自生，而是说有形物无法能动地左右自己的生化过程。“生者非能生而生，化者非能化而化也，直自不得不生，不得不化者也”。[③]张湛引用了郭象《庄子注》的说法，指出人们都是贪生怕死、重男轻女的，而任何人都无法决定自己的性别，也无法长生不死。这是意志所不能控制的“自然”。“夫生者自生，形者自形，明者自明，忽然自尔，固无所因假也”。[④] 结论是，既没有宇宙意志，也不取决于个体意志，事物是自然生成变化的，找不到生成者。

至此，张湛只是在重复王弼“无生有”与郭象的“自生独化”论，并没有将这两个矛盾的学说融为一体。张湛在《列子序》中概括该书的哲学特点时明确指出：“其书大略明群有以至虚为宗。”[⑤]如果“有”从“无”中没有获得其生成变化的决定因素，仅仅作为运通空间，那么“无”的宗主地位无法成立，为了解决这个矛盾，张湛以新的“理体”学说改造了传统的元气

① 《列子》卷二《黄帝》张湛注，第41页。
② 《列子》卷一《天瑞》张湛注，第10页。
③ 《列子》卷一《天瑞》张湛注，第2页。
④ 《列子》卷五《汤问》张湛注，第162页。
⑤ 张湛《列子序》，第279页。

聚散论，他指出，从质料结构方面看，有形万物的生成变化，表现为元气通过“太虚”的聚散过程——元气从“太虚”中自然生化出有形的万物；万物灭亡后转化为元气，回归太虚之域。“代谢无间，形气转续，其道不终”。① 元气需要遵循“规律”，才能在聚合形成万物时不至于发生混乱，这个规则就是“理”。

> 夫生必由理，形必由生。未有有生而无理，有形而无生。生之与形，形之与理，虽精粗不同，而迭为宾主，往复流迁，未始暂停。②

上文的“理”指规律，“生”指生命，“形”指形体。三者在逻辑上的先后关系是理→生→形，即首先有了事物的规则——“理”，气的结构（生成活动）才能有章法可循，形体才能被生成。问题在于，根据张湛与前辈玄学家的共识，“有”从“无”（太虚）中自生，而对“有”产生前的“无”，除了知道其“无形”外，不可认知，因此，不能证明“理”存在于“无”之中。为了解决这个理论矛盾，给“理”一个先于事物的存在时空，张湛提出了关于“机”和“机理”的理论。

> 一气之变，所适万形。万形万化而不化者，存归于不化，故谓之机。机者，群有之始，动之所宗，故出无入有，散有反无，靡不由之也。③

---

① 《列子》卷一《天瑞》张湛注，第 2 页。

② 《列子》卷三《周穆王》张湛注，第 100 页。

③ 《列子》卷一《天瑞》张湛注，第 18 页。

> 夫机理萌于彼，蓍龟感于此，故吉凶可因卦兆而推，情匿可假象数而寻。①

所谓“机”，是事物从无到有、从有到无过程的中介。当某事物还未产生前，在这个逻辑上介于有无之间的特殊时空——“机”中，首先出现了生成某事物的“理”，称之为“机理”，它决定着该事物的形成、性质与发展变化规律。“机理”不可目见，但可以通过占卜获取相关信息，证明它的存在，了解它的规律，以预测命运。在这个问题上，韩康伯与张湛观点完全相同。

> 几者，去无入有，理而未形，不可以名寻，不可以形睹者也。唯神也，不疾而速，感而遂通，故能朗然玄照，鉴于未形也。②
>
> 极未形之理则曰深，适动微之会则曰几。③

韩康伯的“几”与张湛的“机”意思相同，都是指事物生灭之际，处于有无之间，有“理”而无“形”的状态。在张湛、韩康伯笔下，“理”有以下特点：

第一，事物之“理”先于事物之“形”存在。韩康伯认为，贤人与圣人的本质差异，在于是否能认识在事物产生形象之前，已存在于“机”中之“理，“在理则昧，造形而悟，颜子之分也。

---

① 《列子》卷三《周穆王》张湛注，第109页。

② 《周易·系辞下》韩康伯注，第563页。

③ 《周易·系辞上》韩康伯注，第551页。

失之于几,故有不善”。[1]

第二,“理”是千差万别的,万物万理,“方员静躁,理不得兼”。[2] 各种特殊的“理”,决定了事物千差万别的本性。所谓本性,是指事物先天禀受的材质及其各种本能的总和。“禀生之质谓之性”。[3]“质,性也。既为物矣,则方员刚柔,静躁沉浮,各有其性”。[4] 尽管万物本性各不相同。但是事物本性中均有先天获得的“理”。“夫虚静之理,非心虑之表,形骸之外;求而得之。即我之性。内安诸已,则自然真全矣。”[5]因此,只要遵循了无为的原则,即顺应了事物的根本之理,无不通达。“顺性之理,则物莫之逆也”。[6]

这种内在于事物本性中的“理”,决定事物发展的必然趋势,是人的主观意志无法抗拒的规律。“理无妄然”。[7] 例如,人类的生死寿夭,在出生时,已经由其内在之“理”规定了时间,不可更改。“行必死之理,而之必死之地;此事实相应,亦自然之道也”。[8] 面对先天规定的“理”,人类唯一正确的行为方式是忘情忘智,让“理”在没有人为作用的条件下自发地左右事物的发展轨迹:“忘情而任理”。[9] “智而都忘,则神理独

---

① 《周易·系辞》韩康伯注,第 564 页。
② 《列子》卷一《天瑞》张湛注,第 9 页。
③ 《列子》卷二《黄帝》张湛注,第 39 页。
④ 《列子》卷一《天瑞》张湛注,第 6 页。
⑤ 《列子》卷一《天瑞》张湛注,第 29 页。
⑥ 《列子》卷二《黄帝》张湛注,第 64 页。
⑦ 《列子》卷三《周穆王》张湛注,第 103 页。
⑧ 《列子》卷四《仲尼》张湛注,第 130 页。
⑨ 《列子》卷四《仲尼》张湛注,第 114 页。

运，感无不通矣”。[①] 既然“理”先于事物产生，决定了事物性质、运行规律及其命运，那么，“理”对事物来说，应当具有了哲学上的“本体”意义。[②]

需要指出的是，张湛、韩康伯笔下的“理”，与汉代宇宙结构论中的气的运行的规律——“数”的意义接近，阴阳五行八卦之气运行的规律“数”，也可以称为阴阳五行八卦之理。“易八卦相错，变化理备”。[③] “理”与“数”有时连用，称为“理数”。“阴阳者，明其度数统理”。[④] 同类的“理”之间，可因同构而发生感应，因此建立在通类相感基础上“神异”现象和象数方法不是荒诞的。这是东晋玄学家“理”学说的目的所在。

韩康伯、张湛正以上述新说为理论依据，通过注释

---

① 《列子》卷四《仲尼》张湛注，第 118 页。

② 张湛继承了郭象等玄学前辈关于“理”的分类，在其笔下，存在两种性质不同的“理”：1. 有形事物的本质规律——“理”；2. 无形本原“无”的本质规律则——“至理”。“至理”是“无”（太虚）的规律，它无形迹，无法言说。“夫理至者无言，及其有言，则彼我之辩生矣。”（《列子》卷四《仲尼》张湛注，第 125 页）其可察觉的特征是“无为”，对至理的认识，不能通过心智活动去辩析，只能通过“忘言”的体悟获得，“将明至理不可以情求”，（《列子》卷二《黄帝》张湛注，第 41 页）“明夫至理非用心之所体忘，言之则有余暇矣。”（《列子》卷二《黄帝》张湛注，第 68 页）但是“至理”与万物之“理”并非无关，而是以其彻底不作为——“无为”，以完全顺应万物各自的运行规律表现出自身的存在。“至理岂有隐藏哉？任而不执，故冥然无迹，端崖不见。”（《列子》卷二《黄帝》张湛注，第 50 页）犹如“无”与“有”的并立关系，“至理”对“理”亦无生成、决定作用。“至理”的意义是为人类社会的君主无为提供理论支持，而事物自身的具体之“理”，才是事物存在发展的内在依据。此处讨论的，是指具体事物之“理”。

③ 《周易·说卦》韩康伯注，第 577 页。

④ 《列子》卷一《天瑞》张湛注，第 5 页。

《系辞》与《列子》，弥合了玄学的理性哲学与传统信仰之间的矛盾：一方面，向神秘主义妥协，承认《周易》的占卜功能与各种灵异现象的合理性；另一方面，又将灵异现象纳入理性哲学的解释范围，从根本上坚持了玄学的性命“自然”学说。在这个问题上，韩康伯与张湛研究的对象有所不同。

韩康伯注释的经典是《周易》，重点解决占卜与命运的关系问题。早在曹魏正始时期，王弼之所以注《易经》而不注《系辞》，其主要原因是后者明确存在关于揲蓍占卜的文字。王弼易学的鲜明特点是激烈反对象数，认为卦、爻象是模拟社会总形势与具体条件，以社会人事解释《周易》，不讨论占卜问题。王弼的义理易学流行于上层玄学精英中，与广大普通士人的知识信仰水平存在距离，尤其在东晋时期宗教情绪高涨的历史条件下，需要对这一学说进行修正。韩康伯依据新的“机理”说，通过《系辞注》完成了理论折衷。其新意为：事物还未成形时，其未来发展的必然规律——“理”已经萌生在“几”中，“几者，去无入有，理而未形，……吉凶之彰，始于微兆”。[①] 通过揲蓍“大衍之数”演算程序，能将存在于“几”中的命运之“理”，以《周易》的卦爻象形式表达，“兆数见于卦也”，[②]“易八卦相错，变化理备”。[③] 通过分析卦爻象，便可成功地预测未来，“玩其占事，则睹方来之验也”。[④] “明蓍、卦之用同神知也。蓍定数于始，于卦为来；

---

① 《周易·系辞》韩康伯注，第 563 页。
② 《周易·系辞》韩康伯注，第 557 页。
③ 《周易·说卦》韩康伯注，第 577 页。
④ 《周易·系辞》韩康伯注，第 573 页。

卦成象于终，于蓍为往。往来之用相成，犹神知也”。① 尽管韩康伯承认《周易》预测命运的功能和象数占卜方法的有效性，但其理论出发点和归宿却是反对将象数方法作为研究《周易》的主要途径。他指出，命运之“理”背后无主宰，是自然生成变化过程，“于此言神者，明八卦运动、变化、推移，莫有使之然者”。② 处世的最高境界不是以象数方法占卜吉凶，而是忘却象数，以无心态度达到寂然状态，顺应一切变化。“夫非忘象者，则无以制象；非遗数者，无以极数。至精者，无筹策而不可乱；至变者，体一而无不周；至神者，寂然而无不应”。③ “精义，物理之微者也。神寂然不动，感而遂通，故能乘天下之微，会而通其用也”。④

张湛注释的经典是《列子》，该书中存在着大量的神异记载，需要解释的超自然力量更为广泛，因此他将其“机理”说与汉代元气论结合，建立了足以解释各种神秘现象的理论体系。张湛笔下的“理”，为元气聚合某种有形物提供了结构框架，与“象数”学的“数”意思接近。⑤ 所谓元气，主要指阴阳五行之气，⑥阴阳二气的内在规律——阴阳之“数”，在万物生化中具有重要影响，也可以称为阴阳之理。故张湛笔下的“理”与

① 《周易·系辞》韩康伯注，第 552 页。

② 《周易·说卦》韩康伯注，第 578 页。

③ 《周易·系辞》韩康伯注，第 550 页。

④ 《周易·系辞》韩康伯注，第 562 页。

⑤ “数”在张湛的哲学术语中指事物运行规律，如《列子》卷四《仲尼》张湛注：“穷上反下，极盛必衰，自然之数。”(第 133 页)所谓自然之数，指自然规律、自然之理。

⑥ 《列子》卷一《天瑞》张湛注：“阴阳气遍交会而气和，气和而为人生。”(第 8 页)

“数”有时连用，称为“理数”。“既涉于有形之域，理数相推，自一之九。九数既终，乃复反而为一。反而为一，归于形变之始，此盖明变化往复无穷极”。[①] 他吸收汉代经学“人副天数”的思想，将人体视为天地的摹本，为其解释神异现象提供理论支持。

> 人虽七尺之形，而天地之理备矣。故首圆足方，取象二仪；鼻隆口窊，比象山谷；肌肉连于土壤，血脉属于川渎，温蒸同乎炎火，气息不异风云。内观诸色，靡有一物不备，岂须仰观俯察，履凌朝野，然后备所见？[②]

人类体征有天地之“象”，是因为两者的同构性，“肖，似也。类同阴阳，性禀五行也”。[③] 人与天地万物是一个大生命，通过“气”、“理数”的同构而互相感应，互相影响：“尽阴阳之妙数，极万物之情者，则陶铸群有，与造化同功矣”；[④]“穷二仪之数，握阴阳之纪者，陶运万形，不觉其难也”。[⑤] 根据这个理论，张湛将东晋时期士大夫普遍相信的“神通”现象——人体特异功能和占卜算命，纳入了玄学体系予以解释，为其改造玄学前辈的生命学说奠定了理论基础。

---

① 《列子》卷一《天瑞》张湛注，第 8 页。

② 《列子》卷四《仲尼》张湛注，第 128 页。

③ 《列子》卷七《杨朱》张湛注，第 234 页。

④ 《列子》卷三《周穆王》张湛注，第 100～101 页。

⑤ 《列子》卷三《周穆王》张湛注，第 99 页。

三、生命哲学的变化

依据张湛的理论,万物是"理""气"聚合,人类生命的产生亦然。如果说,"理"决定了人的本性,"气"构成了人的形体,那么精神是如何产生的呢?"精神"在当时的哲学术语中也称为"神"或"灵"。张湛认为,精神是气的产物:"何生之无形?何形之无气?何气之无灵?"[①]但在张湛笔下,形神可以分离。"神"不仅是形体的主宰,而且可以脱离形体独立运行——"神能独游",[②]有自己的活动领域"神明之境",[③]能通过自身的感通理路"神理",以不可思议的速度运行,"智而都忘,则神理独运,感无不通矣"。[④]"所谓神者,不疾而速,不行而至。以近事喻之,假寐一昔,所梦或百年之事,所见或绝域之物。其在觉也,俯仰之须臾,再抚六合之外"。[⑤]

张湛认为,尽管精神有其相对独立性,但是精神与形体一样,不能永恒不灭,而是必然灭亡。"夫生者,一气之暂聚,一物之暂灵。暂聚者终散,暂灵者归虚。"[⑥]形神、梦觉等各种生命现象将随生命的终结而消失。在灵魂问题上,坚持了魏晋玄学的基本观点,与佛道二教不同。灵魂不灭是宗教得以确立的理论前提,否则因果报应失去了承受的主体。张湛在注

① 《列子》卷一《天瑞》张湛注,第 21 页。
② 《列子》卷二《黄帝》张湛注,第 192 页。
③ 《列子》卷五《汤问》张湛注,第 158 页。
④ 《列子》卷四《仲尼》张湛注,第 118 页。
⑤ 《列子》卷三《周穆王》张湛注,第 94 页。
⑥ 《列子》卷七《杨朱》张湛注,第 216 页。

释《列子·周穆王》篇名时这样写道：

> 夫禀生受有谓之形，俯仰变异谓之化，神之所交谓之梦，形之所接谓之觉。原其极也，同归虚伪。何者？生质根滞，百年乃终；化情枝浅，视瞬而灭；神道恍惚，若存若亡；形理显著，若诚若实。故洞监知生灭之理均，觉梦之途一，虽万变交陈，未关神虑。愚惑者以显昧为成验迟速而致疑，故窃然而自私，以形骸为真宅，孰识生化之本归之于无物哉？[①]

以张湛《列子序》的文字概括上文的主旨，便是“万品以终灭为验……生觉与化梦等情”。生命的大限为百年，最终归于“无物”，回归太虚，参加宇宙元气大循环。物质没有消灭，只是元气从一种形式转换为另外一种形式，“俱涉变化之途，则予生而彼死；推之至极之域，则理既无生，亦又无死也”。[②] 但是对每个个体“我”来说，则只有一次机会，如何延长寿命，提高生存质量，无疑是生命面临的首要问题。在这个问题上，张湛继承了道家与玄学前辈的理论，认为生命的“寿夭穷达”，是“自然”产生的，无主宰，不可知，亦不可改变。

> 命者，必然之期，素定之分也。虽此事未验，而此理已然。若以寿夭存于御养，穷达系于智力，此惑

① 《列子》卷三《周穆王》张湛注，第90页。

② 《列子》卷一《天瑞》张湛注，第11页。

于天理也。[1]

人们的“寿夭穷达”，是由生命的“自然之理”决定，而“自然之理不可以智知”，[2]长寿与夭折，冥冥中自有定数，无法预测，“生死之理既不可测，则死不由物，生不在我，岂智之所如”？[3]富贵与贫贱，与人的行为无关。从局部看，人们的善恶行为有时似乎会引起相应后果，就像声音引起回响、形体产生影子那样，[4]但从根本上说，两者并无关系，积德与积恶有时得到的相应回报只是巧合，不存在因果报应。[5] 他以郭象理论为依据，否定了事物之间存在因果关系。“夫有形必有影，有声必有响，此自然而并生，俱出而俱没，岂有相资前后之差哉？郭象注《庄子》论之详矣”。[6]

面对无法预知、无法控制的命运，人类最佳行为方式，便是以“无心”态度顺应自己的本性，“乐天知命，泰然以待终”。[7] 由于人类本性存在差异，生命境界不同，“无心”的内涵也存在差异。张湛沿用了郭象的学说，将人类分为圣人与

① 《列子》卷六《力命》张湛注，第 192 页。

② 《列子》卷二《黄帝》张湛注，第 206 页。

③ 《列子》卷六《力命》张湛注，第 203 页。

④ 《列子》卷八《说符》张湛注：“夫美恶报应譬之影响，理无差焉。”（第 239 页）“见言出则响入，形往则影来，明报应之理不异于此也。”（第 240 页）

⑤ 《列子》卷六《力命》张湛注：“或积德履仁，或遇时而通，得当年之欢，骋于一己之志，似由报应，若出智力也。”（第 201 页）“或积恶行暴，或饥寒穷困，故不顾刑戮，不赖生存，而威之于死，似由身招，若应事而至也。”“自然死耳，自然穷耳，未必由凶虐与愚弱。”（第 201 页）

⑥ 《列子》卷一《天瑞》张湛注，第 18 页。

⑦ 《列子》卷一《天瑞》张湛注，第 26 页。

凡人两种相互联系的生命境界。

其一,圣人,指体质与精神异于凡人的顶级人物,从不同角度认识,有不同的名称,常见的有"圣人"、"至人"、"神人",异名同实。所谓"圣人"是从治国事迹这个角度的称谓,"圣,治世之名"[①]。"至人",则是从达到最高生命境界和特异功能角度的称谓;"至于至人,心与元气玄合,体与阴阳冥谐……蹈水火,乘云雾,履高危,入甲兵,未足怪也"[②]。而"神人",则是从其精神超越形骸局限,达到"凝寂"状态而言,"凝寂故称神人"[③]从表面上看,神人(即圣人、至人)与凡人无异。"盖吐纳之貌不异于物耳"[④]。其根本区别,在于圣人的精神能超越形体情欲的束缚,进入"凝神"境界:

> 令神凝形废,无待于外。[⑤]
>
> 泊然凝定者,岂万物动之所能乱者乎?[⑥]
>
> 况神心独运,不假形器,圆通玄照,寂然凝虚者乎?[⑦]

---

① 《列子》卷二《黄帝》张湛注,第 45 页。
② 《列子》卷二《黄帝》张湛注,第 70 页。
③ 《列子》卷二《黄帝》张湛注,第 44 页。
④ 《列子》卷二《黄帝》张湛注,第 44 页。
⑤ 《列子》卷二《黄帝》张湛注,第 48 页。
⑥ 《列子》卷八《说符》张湛注,第 273 页。
⑦ 《列子》卷三《周穆王》张湛注,第 94 页。

在张湛笔下,“凝寂”多用来形容宇宙本原状态,[①]神人忘我,精神达到“凝寂”状态,意味着与“无”(太虚)合一。

> 故老子曰:“吾所以有大患,为吾有身。”庄子曰:“百骸六藏,吾谁与为亲?”颔斯旨也,则方寸与太虚齐空,形骸与万物俱有也。[②]
>
> 同无则神矣,同神则无矣。二者岂有形乎?直有其智者不得不亲无以自通,忘其心者则与无而为一也。[③]

“方寸”与“心”同义,指精神活动。圣人物我两忘,精神极度虚静,其“凝寂”的“神”,无形无名,故能与本原之“无”相感通。张湛的关于“凝神”通“无” 的理论,丰富了魏晋玄学关于“圣人体无”的理论。王弼认为圣人“神明茂,故能体冲和以通无”,[④]郭象则仅以“无心”概括圣人(神人)的精神活动,没有进一步展开论述。[⑤] 张湛关于“神人”精神与“太虚”感通的论述,使圣人理论更为细致。下面这段长文,由两个层次构成,介绍了“神人”的两种表现:“无为”治国的“圣人”,具有神异功能的“至人”。

---

① 《列子》卷一《天瑞》张湛注:“夫唯寂然至虚凝一而不变者”;(第 1 页)“易者,不穷滞之称,凝寂于太虚之域。”(第 6 页)

② 《列子》卷一《天瑞》张湛注,第 37 页。

③ 《列子》卷四《仲尼》张湛注,第 118 页。

④ 《三国志》卷二十八《魏书·钟会传》注引何劭《王弼传》,第 795 页。

⑤ 王晓毅:《郭象圣人论与心性哲学》,《哲学研究》2003 年第 2 期。

天下有能之而能不为者，有能之而不能不为者，有不能而强欲为之者，有不为而自能者。至于圣人，亦何所为，亦何所不为，亦何所能，亦何所不能？俯仰同俗，升降随物。奇功异迹，未尝暂显；体中之绝妙，处万不视一焉。此卷自始篇至此章明顺性命之道，而不系著五情，专气致柔，诚心无二者，则处水火而不燋溺，涉木石而不挂硋，触锋刃而无伤残，履危险而无巅坠；万物靡逆其心，入兽不乱群；神能独游，身能轻举；耳可洞听，目可彻照。斯言不经，实骇常心，故试论之：夫阴阳递化，五才偏育，金土以母子相生，水火以燥湿相乘，人性以静躁殊途，升降以所能异情，故有云飞之翰，渊潜之鳞，火游之鼠，木藏之虫。何者？刚柔炎凉，各有攸宜；安于一域，则困于余方。至于至人，心与元气玄合，体与阴阳冥谐；方圆不当于一象，温凉不值于一器；神定气和，所乘皆顺，则五物不能逆，寒暑不能伤，谓含德之厚，和之至也；故常无死地，岂用心去就而复全哉？蹈水火，乘云雾，履高危，入甲兵，未足怪也。[①]

张湛认为存在超常的人体特异功能——“神异”现象，如“入水火而不燋溺，涉木石而不挂硋，触锋刃而无伤残……身能轻举，耳可洞听，目可彻照”。因为万物均由阴阳五行之气构成，所以，当“至人之心豁然洞虚”，[②]即通过精神凝结的“神定”活

① 《列子》卷二《黄帝》张湛注，第69～70页。

② 《列子》卷四《仲尼》张湛注，第126页。

动达到无我之境时，体内的阴阳五行之气便自然“气和”，能适应外界江海（水气）、火焰（火气）、兵锋（金气）等阴阳五行之气的各种具体形态，无往不胜。显然，至人特异功能存在的关键，是以心虚、神凝来调和元气，与万物气数相同。“天下之身同之我身，天下之物同之我物，非至人如何”？①

张湛虽然承认“神异”功能的存在，但是并不予以过高的评价。相反，他多次批评数术，认为这不是治国与养生的最佳方法。“若夫偏达数术，以气质相引，俛仰则一出一没，顾眄则飞走易形，盖术之末者也”。② 那些骇人听闻的方术、幻术，容易造成不良后果，圣人一般不用这些方法，“但骇世之迹，圣人密用而不显焉”。③ 因为运用数术，属于“有为”范畴，而彻底的“无心”“无为”，是任何数术无法比拟的最高境界。“以明无心之极，非数术而得复推”。④ “夫顺天理而无心者，则鬼神不能犯，人事不能干。若迎天意，料倚伏，处顺以去逆，就利而违害，此方与逆害为巨对，用智之精巧者耳，未能使吉凶不生，祸福兼尽也”。⑤

以彻底的“无为”态度对待社会人生者，在张湛笔下称为“圣人”。在“圣人”问题上，他直接沿用了郭象的理论，认为“圣人”这个名号是从政治角度对顶级人物治国形迹的概括，不是其本质所在。“世之所谓圣者，据其迹耳。岂知所以圣，

① 《列子》卷七《杨朱》张湛注，第235页。
② 《列子》卷三《周穆王》张湛注，第101页。
③ 《列子》卷三《周穆王》张湛注，第101页。
④ 《列子》卷三《周穆王》张湛注，第110页。
⑤ 《列子》卷六《力命》张湛注，第206页。

所以不圣者哉"？[1] 那么，圣人的本质在是什么呢？张湛继承了郭象"神人"说，[2]认为圣人的本质，是"凝神"达到了"无我"之境，失去了所有主见，顺应外物变化而无不通达者。[3] 表面上看起来，圣人日理万机，而实际上上没有任何作为。"圣人对接俯仰，自同于物"。[4]

> 圣人之道，寖育群生，泽周万物，尽其清宁贞粹而已。则殊途融通，动静澄一，盖由圣人不逆万物之性，万物不犯圣人之化，凡滞于一方者，形分之所阂耳。道之所运，常冥通而无待。[5]

圣人行为方式的特征是与世俗不异，绝不以特异神功惊世骇俗，"俯仰同俗，升降随物。奇功异迹，未尝暂显"。[6] "日用而百姓不知，圣人之道也。显奇以骇一世，常人之事耳"。[7] 圣人不可能改变臣民的本性与命运，也不可能改变时代潮流，[8]

---

① 《列子》卷四《仲尼》张湛注，第 120 页。

② 张湛笔下的神人具有神异能力，如传说中的女娲、列御寇等，《列子》卷五《汤问》张湛注："女娲，神人，故能练五常之精以调和阴阳。"（第 150 页）《列子》卷二《黄帝》张湛注："列子御风而行，泠然善，旬五日而后反。盖神人，御寇称之也。"（第 46 页）这与郭象学说存在差异。

③ 《列子》卷四《仲尼》张湛注："夫圣人既无所废，亦无所用，废用之称，亦因事而生耳。故俯仰万机，对接世务，皆形迹之事耳。冥绝而灰寂者，固泊然而不动矣。"（第 117 页）

④ 《列子》卷四《仲尼》张湛注，第 115 页。

⑤ 《列子》卷一《天瑞》张湛注，第 9 页。

⑥ 《列子》卷二《黄帝》张湛注，第 69 页。

⑦ 《列子》卷三《周穆王》张湛注，第 100 页。

⑧ 《列子》卷六《力命》张湛注："圣神虽妙，不能逆时运也。"（第 203 页）

圣人所作的，仅仅是顺应而已。

其二，凡人，指圣人之外的所有臣民。凡人精神达不到“凝寂”状态，不能通“无”，故无法像圣人那样适应各种环境，而是仅能适应与自己本性相符的环境，“各安所适”。[①] 对常人来说，圣人的存在意义，不是改变他们的命运，而只是对他们的行为不加干涉，使其按各自本性的内在理路，实现其本命，卒其天年。“圣人顺天地之道，因万物之性，任其所适，通其逆顺，使群异各得其方，寿夭咸尽其分也”。[②] 犹如万物是“自生”“自化”一样，凡人的人生幸福，不是圣人赐予，而是自己通过正确的行为方式“自得”。

凡人的行为准则是什么呢？张湛认为，关键是与自然本性——“性分”的需求一致。“性分”是郭象的术语，指人类千差万别的个性，为张湛作为基本哲学范畴接受，未作任何改动：“至纯至真，即我之性分，非求之于外。”[③]他同意郭象的观点，认为人生幸福的关键，是行为适合自己的“性分”，能做到这一点，“不窥性分之外”，[④]“自然之分不亏，则形神全一，忧患奚由而入也”。[⑤] 如何了解自己的“性分”呢？唯一路径是去掉人为的欲望，处于“无心”的虚静状态。尽管圣人与凡人有本质的不同，但圣人在通过“虚心”这个“无为”途径实现自己的本性方面，为常人提供了可供效法的榜样。因为“虚静之理”不是圣人所专有，同样存在于凡人心性之中。

---

① 《列子》卷五《汤问》张湛注，第158页。

② 《列子》卷五《汤问》张湛注，第162页。

③ 《列子》卷二《黄帝》张湛注，第49页。

④ 《列子》卷二《黄帝》张湛注，第51页。

⑤ 《列子》卷二《黄帝》张湛注，第51页。

> 夫虚静之理，非心虑之表，形骸之外，求而得之，即我之性。内安诸已，则自然真全矣。故物以全者，皆由虚静，故得其所安；所以败者，皆由动求，故失其所处。①
>
> 心虚则形全矣，故耳不惑声，目不滞色，口不择言，心不用知，内外冥一，则形无震动也。②

只有当内心处于虚静状态时，自然本性才能不受意志的误导，得到真实显现。“惟任而不养，纵而不治，则性命自全，天下自安也”。③ 以“无心”态度顺应“性分”的自发需求，则不会羡慕他人，不会随社会潮流而摇摆，是人类正确的生存方式，称之为“执中”。“中”的意思是“适当”。张湛认为，在利欲驱动下，人们往往偏离自己的“性分”，有人因外物诱惑而纵欲无度，有人因注重名声而矫情禁欲。为了纠正人类的两种极端倾向，“故列子叩其二端，使万物自求其中。苟得其中，则智动者不以权力乱其素分，矜名者不以矫抑亏其形生”。④ 所谓“叩其二端”，是指既反对纵欲，又反对禁欲。因为两者都背离了人的本性，都能造成相应的心理逼迫，带来精神烦恼。“修身慎行，恒怀竞惧，此仁者之所忧；贪欲纵肆，常无厌足，此不仁者之所苦”。⑤

---

① 《列子》卷一《天瑞》张湛注，第 29 页。
② 《列子》卷四《仲尼》张湛注，第 124 页。
③ 《列子》卷二《黄帝》张湛注，第 40 页。
④ 《列子》卷六《力命》张湛注，第 194 页。
⑤ 《列子》卷一《天瑞》张湛注，第 27 页。

张湛并不反对仁义道德和礼乐制度，认为这是治理国家、维护社会稳定的必要措施，甚至提出："无求生以害仁，有杀身以成仁也。"[①]同样，他也不主张纵欲无度，因为这同样与人的本性相违背。尽管他认为寿夭穷达不取决于人的主观努力，但正当的生活方式与人生幸福有着自然联系，表现在其对于"信顺"的评价上。所谓"信顺"，是魏晋时期流行的术语，指符合社会道德准则和养生常识的生存方式。

> 自然生耳，自然泰耳，未必由仁德与智力。然交履信顺之行，得骋一已之志，终年而无忧虞，非天福如之何也？[②]
>
> 夫信顺之可以祈福庆，正诚之可以消邪伪，自然之势也。故负愧于神明，致怨于人理者，莫不因兹以自极。至于情无专惑，行无狂僻，则非祈请之所祷也。[③]

必须承认，张湛对纲常礼教的批评远多于赞赏，反对禁欲，主张及时行乐是张湛人生哲学的主导因素。他指出，社会政治秩序稳定后，则不必要提倡仁义，否则便会被人利用，变成虚伪的招牌。[④] 道德规范容易成为窒息人性自由发展的障碍，

---

① 《列子》卷八《说符》张湛注，第266页。

② 《列子》卷六《力命》张湛注，第202页。

③ 《列子》卷三《周穆王》张湛注，第109页。

④ 《列子》卷四《仲尼》张湛注："治世之术实须仁义。世既治矣，则所用之术宜废。若会尽事终，执而不舍，则情之者寡而利之者众。衰薄之始，诚由于此。"（第115页）

“言治汝所用仁义之术，反于自然之道”。① 所谓自然之道，是指人性的一般倾向。尽管有个别人的“性分”可能天生的清心寡欲，但多数人则不然，追求享乐是其自然本能。张湛写道：

> 好逸恶劳，物之常性，故当生之所乐者，厚味、美服、好色、音声而已耳。而复不能肆性情之所安，耳目之所娱，以仁义为关键，用礼教为衿带，自枯槁于当年，求余名于后世者，是不达乎生生之趣也。②

有人之所以压抑自己的七情六欲，甘愿忍受礼教的束缚，是为了身后留下美名，企图名声不朽。张湛认为，与其为了死后的空名而生活得毫无质量，还不如缩短寿命换取一时享乐。“若夫刻意从俗，违性顺物，失当身之暂乐，怀长愁于一世，虽支体具存，实邻于死者。”③“惜名拘礼，内怀于矜惧忧苦以至死者，长年遐期，非所贵也。”④

四、小　结

以张湛《列子注》为代表的东晋玄学，思辨水平与理论深度并没有超越魏晋玄学前辈，尤其是不能与郭象同日而语。由于融入了传统的“元气”论和数术因素，使张湛思想显得芜

① 《列子》卷二《黄帝》张湛注，第 67 页。
② 《列子》卷七《杨朱》张湛注，第 216 页。
③ 《列子》卷七《杨朱》张湛注，第 226 页。
④ 《列子》卷七《杨朱》张湛注，第 223 页。

杂，具有某种神秘色彩，但是，却适合大多数玄学名士的理论水平，因为能达到“有无之辩”抽象思维高度的士人寥若晨星，传统的“元气”论才是广大玄学士人认识世界的哲学基础。此外，由于东晋时期宗教的发展，必须将神异现象纳入玄学的理论体系中解释，才能获得更多的支持者。从这个角度看，张湛是在新的历史时期发展了玄学，尤其是沿着郭象的学术理路继续前行。主要表现在两个方面：

其一，对“理”学说的发展。魏晋思想界普遍认为，“理”是事物的规律，与物俱生，不可能先于物而存在。对生命来说，“理”则是在“本性”的驱使下，与外物发生联系时表现出的必然趋势或行为规律。裴頠在《崇有论》中指出，有情类“本性”所产生的“欲望”，是“理”产生的原因。[1] 郭象对“理”的认识，与裴頠基本相同，认为是事物的属性，[2]但是“理”似乎又独立于物“性”之外，他说：“夫六合之外，谓万物性分之表耳。夫物之性表，虽有理存焉，而非性分之内，则未尝以感圣人也。故圣人未尝论之。”[3]对这种存在于物性之外的“理”，郭象借圣人名义，不作任何解释。由此可见，张湛与韩康伯笔下产生于“机”中的“理”及其生成万物的理论，具有重要的思想史意义——发展了郭象关于“理”的学说，对道教重玄学以及宋明理学“理”本体论的成熟，提供了思想资料。

其二，在郭象哲学体系中，“玄冥之境”和“圣人之心”是两

---

① 《晋书》卷三十五《裴頠传》：“形象著分，有生之体也。化感错综，理迹之原也。夫品而为族，则所禀者偏。偏无自足，故凭乎外资。是以生而可寻，所谓理也。”第1044页。

② 《庄子·达生》郭象注：“任其天性而动，则人理亦自全矣。”第638页。

③ 《庄子·齐物论》郭象注，第85页。

个极为重要的哲学范畴:郭象提出了“独化于玄冥之境”的命题,支持其“独化”论;[①]提出了“圣人之心”,作为人类社会得以和谐运行的依据;但是,郭象对两者的关系未作解释,因为它们都属于超越经验的“无形”领域,因为按形名学规则,无形领域超越人类的认识能力,是逻辑思辨的止境。而张湛则依据广大士人普遍的思想水平,通过将贵“无”论、崇“有”论和“元气”论的融合,刷新了郭象的“独化”论,提出了自家的“太虚”学说,对“太虚之域”与“圣人之心”的内涵作了较为深入的阐述,使两者同构而相感,具有了必然联系,可视为东晋玄学思想的重要发展。

尽管张湛向社会的宗教性感妥协,以其“气”与“理”学说,论证存在特异功能的至人和神仙。但他毕竟不是宗教思想家,认为死亡不可避免,灵魂亦灭。对个别生命来说,不要畏惧死亡,而是要顺应不可知的命运之理,以无心态度,面对富贵贫贱与生死寿夭。显然,张湛哲学没有突破以现世“逍遥”为生命的终极意义的玄学理论底线,未能建立一个超越个体生命的“彼岸”以安置生命的决终极关怀,这使玄学难以在宗教氛围浓重的南北朝时期独立发展,张湛则作为最后一位有系统理论创建的玄学家载入史册。

---

① 从不同认识角度称谓,“玄冥之境”也可称为:“自得之场”(《庄子·逍遥游》郭象注,第1页)、“绝冥之境”(《庄子·逍遥游》郭象注,第34页)、“无名之境”(《庄子·天运》郭象注,第499页)。详见王晓毅《郭象“性”本体论初探》,《哲学研究》2001年第9期。

附录

一、年谱

（一）向秀年谱

黄初四年（223）　向秀约生于此年

【说明】向秀的生年不详。从其与嵇康的密切交游看，年龄不会相差太大。参照嵇康的生年（223），暂将此年视为向秀生年。

正始三年（242）　向秀约19岁

少年向秀与山涛为友。作《儒道论》

【出处】《晋书》卷四十九《向秀传》："少为山涛所知，雅好《老》《庄》之学。"

《世说新语·言语》注引《向秀别传》："弱冠著《儒道论》，弃而不录，好事者或存之。或云是其族人所作，困于不行，乃告秀，欲假其名。"

【说明】"弱冠"泛指男子二十左右的年纪。《礼记·曲礼》："二十曰弱，冠。”故将向秀著《儒道论》时间系于此年。

正始五年（244）　向秀约 21 岁

山涛入仕，任河内郡主簿、功曹。与嵇康、阮籍初次交往。可视为“竹林之游”序曲。

【出处】《晋书·山涛传》：“涛年四十，始为郡主簿、功曹、上计掾。举孝廉，州辟部河南从事。”《世说新语·贤媛》：“山公与嵇、阮一面，契若金兰。山妻韩氏，觉公与二人异于常交，问公。公曰：‘我当年可以为友者，唯此二生耳！’妻曰：‘负羁之妻亦亲观狐、赵，意欲窥之，可乎？’他日，二人来，妻劝公止之宿，具酒肉。夜穿墉以视之，达旦忘反。公入曰：‘二人如何？’妻曰：‘君才致殊不如，正当以识度相友而且耳。’公曰：‘伊辈亦常以我度为胜。’”

【说明】山涛（205～283）39 岁入仕，应在此年。郡功曹负责本郡人才选拔，故与本郡才子广泛接触，故将竹林名士主要人物活动，暂系此年。

正始六年（245）　向秀约 22 岁

向秀与嵇康到洛阳清谈，撰《难〈养生论〉》。

【出处】《文选》卷二十一颜延年《五君咏》李善注引孙绰《嵇中散传》载：“嵇康作《养生论》，入洛，京师谓之神人，向子期难之，不得屈。”《晋书》卷四十《向秀传》：“又与康论养生，辞难往复，盖欲发康高致也。”《世说新语·德行》注引《文章叙录》曰：“康以魏长乐亭公主婿迁郎中，拜中散大夫。”汤球辑《九家旧晋书》载王隐《晋书》：“嵇康妻，魏武帝孙、穆王林女。”

【考证】《世说新语·德行》注引《文章叙录》曰：“康以魏长乐亭公主婿迁郎中，拜中散大夫。”嵇康与长乐亭公主结婚的时间，约在正始中期（正始五年左右）。嵇康《与山巨源绝交书》中说：“吾新失母兄之欢，意常凄切。女年十三，男年八岁。”该书作于景元二年（261），该年其长女年龄 12 周岁，上推 13 年，为正始九年（248），可见嵇康与长乐亭公主结婚的时间在正始九年之前，正始五年～八年可能性较大。因与曹魏宗室的婚姻关系,嵇康被任命为郎中、中散大夫,故该年去首都洛阳的可能性较大,故将嵇康与向秀赴洛阳清谈"养生"一事系于此年。

正始八年(247) 向秀约24岁

山涛感到政变即将发生,辞官回乡。

【出处】《晋书》卷四十三《山涛传》:"与石鉴共宿,涛夜起蹴鉴曰:'今为何等时而眠邪!知太傅卧何意?'鉴曰:'宰相三日不朝,与尺一令归第,卿何虑也!'涛曰:'咄!石生无事马蹄间邪!'投传而去。未二年,果有曹爽之事,遂隐身不交世务。"

正始九年(248) 向秀约25岁

竹林之游开始。

【出处】《三国志》卷二十一《王粲传》注引《魏氏春秋》:"康寓居河内之山阳县,与之游者,未尝见其喜愠之色。与陈留阮籍、河内山涛、河南向秀、籍兄子咸、琅邪王戎、沛人刘伶相与友善,游于竹林,号为七贤。"

【说明】此年七贤均不在洛阳,有可能共聚山阳。

正始十年、嘉平元年(249) 向秀约26岁

高平陵政变发生,何晏集团覆灭。阮籍为司马懿从事中郎。

嘉平六年(254) 向秀约31岁

山涛投靠司马师,任郎中。①

正元二年(255) 向秀约32岁

毌丘俭兵变失败。嵇康曾欲支援毌丘俭,受山涛劝阻。

【出处】《三国志》卷二十一《王粲传》注引《世语》:"丘俭反,康有力,且欲起兵应之,以问山涛,涛曰:'不可。'俭亦已败。"

钟会赴山阳访嵇康。嵇康、向秀打铁拒钟会。

【出处】《世说新语·简傲》注引《文士传》曰:"康性绝巧,能锻铁。

---

① 《晋书》卷四十三《山涛传》:"与宣穆后有中表亲,是以见景帝。帝曰:'吕望欲仕邪?'命司隶举秀才,除郎中。"(第1223页)

家有盛柳树，乃激水以圜之，夏天甚清凉，恒居其下傲戏，乃身自锻。家虽贫，有人说锻者，康不受直。唯亲旧以鸡酒往与共饮啖，清言而已。"《晋书》卷四十九《嵇康传》："性绝巧而好锻。宅中有一柳树甚茂，乃激水圜之，每夏月，居其下以锻。……初，康居贫。常与向秀共锻于大树之下，以自赡给。颍川钟会，贵公子也，精练有才辩，故往造焉。康不为之礼，而锻不辍。良久会去，康谓之曰：'何所闻而来，何所见而去？'会曰：'闻所闻而来，见所见而去。'会以此而憾之。"《三国志》卷二十一《王粲传》注引《魏氏春秋》："钟会为大将军所昵，闻康名而造之。会，名公子，以才能贵幸，乘肥衣轻，宾从如云。康方箕踞而锻，会至，不为之礼。康问会曰：'何所闻而来？何所见而去？'会曰：'有所闻而来，有所见而去。'会深衔之。大将军尝欲辟康。康既有绝世之言，又从子不善，避之河东，或云避世。及山涛为选曹郎，举康自代，康答书拒绝，因自说不堪流俗，而非薄汤、武。大将军闻而怒焉。"

【考证】钟会"拜访"嵇康的时间无法详考，但上文引《魏氏春秋》两次提到的"大将军"，无疑是指司马昭。故此事应发生在司马昭开始执政的正元二年(255)至嵇康著《与山巨源绝交书》景元二年(261)之间。暂系于此年。

正元三年、甘露元年(256)　向秀约33岁

王戎23岁，任吏部郎。

嵇康离家出走，"避地河东"。

【说明】据各种史籍记载，嵇康此次外出云游了三年。他在261年所写的《与山巨源绝交书》说，"前年自河东还"，指259年由河东返回山阳。再向前推三年，当在256年离家。

甘露四年(259)　向秀约36岁

山涛任吏部郎。

嵇康回到山阳，与向秀、吕安继续"竹林之游"。

【出处】《太平御览》卷四百九十引《向秀别传》曰："又与谯国嵇康、东平吕安友善，其趣舍进止无不必同，造事营生业亦不异。常与康偶锻于洛邑,与吕安灌园于山阳,收其余利,以供酒食之费。或率尔相携,观原野,极游浪之势,亦不计远近,或经日乃归复修常业。”

向秀初注《庄子》。

【出处】《世说新语·文学》注引《秀别传》:“秀与嵇康、吕安为友,趣舍不同。嵇康傲世不羁,安放逸迈俗,而秀雅好读书。二子颇以嗤之。后秀将注《庄子》,先以告康、安,康、安咸曰:‘此书讵复须注?徒弃人作乐事耳!’及成,以示二子。康曰:‘尔胡复胜不?’安乃惊曰:‘庄周不死矣!’后注《周易》,大义可观,而与汉世诸儒互有彼此,未若隐庄之绝伦也。”《晋书》卷四十《向秀传》:“始,秀欲注,嵇康曰:‘此书讵复须注,正是妨人作乐耳。’及成,示康曰:‘殊复胜不?’”

【说明】向秀与嵇康、吕安三人的密切交往,发生在后期“竹林之游”,尤其是嵇康从河东回山阳后,故将向秀开始注《庄子》的时间,暂系于此年。但向秀拿给嵇康、吕安看的这不应当是魏晋南北朝时期流行的向秀《庄子注》,应为早期的草稿,因为从现存《庄子注》佚文看,持名教即自然的观点,与嵇康、吕安这一时期反对名教、崇尚个人绝对自由的激烈观点相反,不可能得到嵇、吕的赞赏。

景元二年(261)　向秀约 38 岁

山涛迁大将军从事中郎,举荐嵇康为吏部郎,嵇康写《与山巨源绝交书》。

景元三年(262)　向秀约 39 岁

嵇康、吕安被杀。

景元四年(263)　向秀约 40 岁

向秀被迫入仕,作《思旧赋》。

【出处】《世说新语·言语》:“嵇中散既被诛,向子期举郡计入洛,文王引进,问曰:‘闻君有箕山之志,何以在此?’对曰:‘巢、许狷介之士,不足多慕。’王大咨嗟。”注引《向秀别传》:“……后康被诛,秀遂失图。乃应岁举,到京师,诣大将军司马文王,文王问曰:‘闻君有箕山之志,何能自屈?’秀曰:‘常谓彼人不达尧意,本非所慕也。’一坐皆说,随次转至黄门侍郎、散骑常侍。”《晋书》卷四十九《向秀传》:“康既被诛,秀应本郡计入洛。文帝问曰:‘闻有箕山之志,何以在此?’秀曰:‘以为巢许狷介之士,未达尧心,岂足多慕。’帝甚悦。秀乃自此役,作《思旧赋》。”

【考证】汉魏时期的制度,朝廷于正旦(正月初一)会见各郡上计吏。《后汉书》卷九十五《礼仪志中》:蔡质《汉仪》曰:“正月旦,天子幸德阳殿,临轩。公、卿、将、大夫、百官各陪位朝贺。蛮、貊、胡、羌朝贡毕,见属郡计吏,皆陛觐,庭燎。”《三国志》卷二十一《刘劭传》:“刘劭字孔才,广平邯郸人也。建安中,为计吏,诣许。太史上言:‘正旦当日蚀。’”向秀在嵇康被害后不久作为计吏赴洛阳,只能在第二年,即此年。

阮籍 53 岁,卒。

景元五年、咸熙元年(264)　向秀约 41 岁

钟会在蜀国“谋反”被杀。

咸熙二年、泰始元年(265)　向秀约 42 岁

西晋王朝建立。

刘伶任建威参军,对策要求实施“无为”政策。

【出处】《晋书》卷四十九《刘伶传》:“尝为建威参军。泰始初对策,盛言无为之化。时辈皆以高第得调,伶独以无用罢。竟以寿终。”

泰始二年(266)　向秀约 43 岁

山涛任尚书。

泰始四年(268)　向秀约 45 岁

山涛为冀州刺史。

泰始五年(269)　向秀约 46 岁

山涛为北中郎将。

泰始七年(271)　向秀约 48 岁

山涛入为侍中,朝中玄学名士与礼法派斗争加剧。向秀亦卷入其中。

【出处】《晋书》卷三十五《裴楷传》:“(裴楷)与山涛、和峤并以盛德居位,帝尝问曰:‘朕应天顺意,海内更始,天下风声,何得何失?’楷对曰:'陛下受命,四海承风,所以未比德于尧舜者,但以贾充之徒尚在朝耳。方宜引天下贤人,与弘正道。不宜示人以私。'时任恺、庾纯亦以充为言,帝乃出充为关中都督。"《晋书》卷四十五《任恺传》:"充既为帝所遇,欲专名势,而庾纯、张华、温颙、向秀、和峤之徒皆与恺善,杨珧、王恂、华廙等充所亲敬,于是朋党纷然。帝知之,召充、恺宴于式乾殿,而谓充等曰:'朝廷宜一,大臣当和。'充、恺各拜谢而罢。既而充、恺等以帝已知之而不责,结怨愈深,外相崇重,内甚不平。……恺既免而毁谤益至,帝渐薄之。然山涛明恺为人通敏有智局,举为河南尹。"

泰始八年(272)　向秀约 49 岁

山涛被任命为吏部尚书,以母老辞,改任议郎。

向秀作《庄子注》。

【出处】《世说新语·文学》刘校标注:"秀本传或言:秀游托数贤,萧屑卒岁,都无注述,唯好《庄子》,聊应崔课所注,以备遗忘云。"

泰始九年(273)　向秀约 50 岁

散骑侍郎阮咸与荀勖论音律。①

泰始十年(274)　向秀约 51 岁

山涛任吏部尚书。

【出处】《晋书》卷四十三《山涛传》:"后除太常卿,以疾不就。会遭母丧,归乡里。涛年逾耳顺,居丧过礼,负土成坟,手植松柏。诏曰:'吾所共致化者,官人之职是也。方今风俗陵迟,人心进动,宜崇明好恶,镇以退让。山太常虽尚居谅暗,情在难夺,方今务殷,何得遂其志邪!其以涛为吏部尚书。'涛辞以丧病,章表恳切。会元皇后崩,遂扶舆还洛。逼迫诏命,自力就职。前后选举,周遍内外,而并得其才……涛再居选

---

① 荀勖是贾充集团主要成员,阮咸则与山涛、向秀一党,阮咸讥讽荀勖,是当时派系斗争的表现。《晋书》卷十六《律历志》:"武帝泰始九年,中书监荀勖校太乐,……荀勖造新钟律,与古器谐韵,时人称其精密。惟散骑侍郎陈留阮咸讥其声高,声高则悲,非兴国之音,亡国之音。"(第 491 页)咸宁四年(278)山涛为推荐阮咸任吏部郎,与贾充集团及晋武帝发生了冲突。

职十有余年，每一官缺，辄启拟数人，诏旨有所向，然后显奏，随帝意所欲为先。故帝之所用，或非举首，众情不察，以涛轻重任意。或谮之于帝，故帝手诏戒涛曰：'夫用人惟才，不遗疏远单贱，天下便化矣。'而涛行之自若，一年之后众情乃寝。涛所奏甄拔人物，各为题目，时称《山公启事》。"

咸宁元年(275)　向秀约 52 岁，卒。

向秀卒年不详，约逝世于该年前后，位至散骑常侍，未注释完《庄子》。

【出处】《晋书》卷五十《向秀传》："后为散骑侍郎，转黄门侍郎、散骑常侍，在朝不任职，容迹而已。卒于位。二子，纯、悌。"《世说新语·文学》："初，注《庄子》者数十家，莫能究其旨要。向秀于旧注外为解其义，妙析奇致，大畅玄风。唯《秋水》、《至乐》二篇未竟而秀卒。秀子幼，义遂零落，然犹有别本。郭象者，为人行薄，有俊才。见秀义不传于世，遂窃以为己注。乃自注《秋水》、《至乐》二篇，又易《马蹄》一篇，其余众篇，或定点文句而已。后秀义别本出，故今有向、郭二《庄》，其义一也。"《晋书》卷五十《郭象传》："先是注《庄子》者数十家，莫能究其旨统。向秀于旧注外而为解义，妙演奇致，大畅玄风，惟《秋水》、《至乐》二篇未竟而秀卒。秀子幼，其义零落，然颇有别本迁流。象为人行薄，以秀义不传于世，遂窃以为己注，乃自注《秋水》、《至乐》二篇，又易《马蹄》一篇，其余众篇或点定文句而已。其后秀义别本出，故今有向、郭二《庄》，其义一也。"

【考证】《世说新语·文学》与《晋书·郭象传》均记载，向秀还未来得及注完《庄子》便逝世了，"唯《秋水》、《至乐》二篇未竟而秀卒"。向秀的卒年不详，但西晋泰始八年(272)仍健在，参加了名士派攻击贾充的活动，此后史籍无载，有可能在该年前后逝世。

向秀《庄子注》产生了较大社会影响。

【出处】《世说新语·文学》注引《竹林七贤论》："秀为此义，读之者无不超然，若已出尘埃而窥绝冥，始了视听之表。有神德玄哲，能遗天下，外万物。虽复使动竞之人，顾视所徇，皆怅然自有振拔之情矣。"

向秀有二子：向纯、向悌。

【出处】《世说新语·赏誉》:"林下诸贤,各有俊才子。……秀子纯、悌,并令淑有清流。"注引《竹林七贤论》:"纯字长悌,位至侍中。悌字叔逊,位至御史中丞。"

(二)郭象年谱

泰始元年(265)　郭象生

郭象,河南人,出身平民,约生于此年前后。

【出处】《世说新语·文学》注引《文士传》曰:"象字子玄,河南人,少有才理,慕道好学,笃志老庄,时人咸以为王弼之亚。"

【考证】关于郭象籍贯,皇侃《论语集解义疏·序》称之"晋黄门郎颍川郭象字子玄",陆德明《经典叙录》作"河内人",其它文献均记载为河南人,如《晋书》卷三十五《裴楷传》、《晋书》卷五十《庾敳传》均称"河南郭象",《太平御览》卷四百四十五引王隐《晋书》曰:"河南郭象著文。"魏晋人重家世,郭象如出身名门,必有所记载,而各种文献均未提及其家世,按常规属于平民。郭象生年不详。曾在司马越司空、太傅府任高级佐吏(见附表一,如长史、司马、从事中郎、军咨祭酒、主簿)且有确切生卒年的名士如下:从事中郎庾敳(262~311)①、左长史刘舆(264~310)②、从事中郎胡毋辅之(264~311)③、长史王澄(269~312)④。这些人物出生于公元三世纪六十年代的262~269年之间。郭象与他们年龄应当相差不大,故取其平均数,暂系于265年,假设其与西晋王朝同时诞生。

---

① 《晋书》卷五十《庾敳传》:"石勒之乱,与衍俱被害,时年五十。"(第1396页)

② 《晋书》卷六十二《刘舆传》:"洛阳未败,病指疽卒,时年四十七。"(第1692页)

③ 《晋书》卷四十九《胡毋辅之传》:"越薨,避乱渡江,元帝以为安东将军谘议祭酒,迁扬武将军、湘州刺史、假节。到州未几卒,时年四十九。子谦之。"(第1380页)

④ 《晋书》卷四十三《王澄传》:"时王敦为江州,镇豫章,澄过诣敦……敦令力士路戎扼杀之,时年四十四。"(第1241页)

自幼聪睿，性情悠闲开朗，好老庄。

【出处】《世说新语·文学》注引《文士传》曰："少有才理，慕道好学，笃志老庄，时人咸以为王弼之亚。"《北堂书钞》卷第六十九《设官部二十一·主簿》"子玄无滞"条引《文士传》："东海闻郭子玄才用为主簿，天性闲朗，事无疑滞，虽处冲要，犹闲习也。"

（惠帝）太熙元年、永熙元年（290）　郭象25岁

三月，司马炎逝世，杨骏"辅政"。

永熙二年、永平元年、元康元年（291）　郭象26岁

三月，贾后诛杨骏；六月使司马玮杀司马亮（录尚书事）与卫瓘，后以玮擅杀大臣诛之；贾后专权，朝政委以亲信贾模等，形成了以侍中贾模、裴頠为核心，联合中书监张华、中书令裴楷、尚书仆射王戎共同执政的局面。①

元康七年（297）　郭象32岁

受王衍为代表的贵"无"派赞誉，郭象名声大振，拒绝州郡辟，潜心著述。

【出处】《晋书》卷五十《郭象传》："郭象字子玄，少有才理，好老庄，能清言。太尉王衍每云：'听象语，如悬河泻水，注而不竭。'州郡辟召，不就。常闲居，以文论自娱。"

【考证】清万斯同：《晋将相大臣表》，自元康七年起，王戎任司徒，王衍任领军将军，乐广任侍中。西晋玄学清谈领袖此年出任要职，有助于推动清谈的发展。《文选》卷四十六任彦升《王文宪集序》李善注引《汉晋春秋》："王夷甫、乐广俱以宅心事外，名重于时，故天下之言风流者称王、乐焉。"《晋书》卷三十四《王澄传》："衍有重名于世，时人许以人伦之鉴。"《晋书》卷四十三《王衍传》："朝野翕然，谓之'一世龙门'矣。累居显职，后进之士，莫不景慕放效。选举登朝，皆以为称首。"《世说新

---

①《晋书》卷四十《贾模传》："是时贾后既豫朝政，欲委信亲党，拜模散骑常侍，二日擢为侍中。模乃尽心匡弼，推张华、裴頠同心辅政。数年之中，朝野宁静，模之力也。"（第1176页）《晋书》卷三十五《裴楷传》："玮既伏诛，以楷为中书令，加侍中，与张华、王戎并管机要。"（第1049页）

语·品藻》注引《名士传》:“太尉王夷甫,一世龙门。”综合上述记载,可见自元康七年开始,王衍在政界居要职,为清谈领袖,同时也是人物品评权威,得到其好评,意味着仕途大开。王衍对郭象清谈的评语,使这位平民思想家开始出名,故州、郡辟其为佐吏。州、郡佐吏层次较低,与公府掾属不可同日而语。故郭象拒州郡辟,待价而沽。

郭象参加王衍为庆贺四女儿与裴遐结婚举行的清谈。

【出处】《世说新语·文学》:“裴散骑娶王太尉女,婚后三日,诸婿大会。当时名士,王裴子弟悉集。郭子玄在坐挑与裴谈。子玄才甚丰赡,始数交,未快,郭陈张甚盛,裴徐理前语,理致甚微,四坐咨嗟称快。王亦以为奇。谓诸人曰:‘君辈勿为尔,将受困寡人女婿。’”

【考证】此次聚会具体时间不详。《晋书》卷五十三《愍怀太子传》:“初,贾后母郭槐欲以韩寿女为太子妃,太子亦欲婚韩氏以自固。而寿妻贾午及后皆不听,而为太子聘王衍小女惠风。太子闻衍长女美,而贾后为谧聘之,心不能平,颇以为言。”愍怀太子被废于元康九年,[1]可见王衍长女与小女已于元康时分别出嫁,其四女儿与裴遐结婚,不可能晚于元康八年。元康七年,清谈在王、裴家族的推动下走向鼎盛,故将此事暂系于此年下。

太安元年(302)　郭象 37 岁

郭象为司马越司空掾。

【出处】《世说新语·文学》注引《文士传》曰:“慕道好学,笃志老庄,时人咸以为王弼之亚。辟司空掾、太傅主簿。”《晋书》卷五《惠帝纪》:“(太安元年五月)东海王越为司空。”

【考证】关于郭象入仕途径,有“司徒掾”与“司空掾”两种记载。《晋书》卷五十《郭象传》:“州郡辟召,不就。常闲居,以文论自娱。后辟司徒掾,稍至黄门侍郎。”查自元康～永嘉之际任司徒、司空人物表(见附表一),认为郭象太安二年(303)为司马越司空掾的可能性最大。众

---

① 《晋书》卷四《惠帝纪》:“(元康)十二月壬戌,废皇太子遹为庶人。”(第 95 页)

所周知，公府掾属官阶七品，是高门子弟入仕路径，需要相应的起家资品。郭象作为平民子弟起家辟公府，属于非正常入仕，需要相应特殊条件：一方面需要较高的社会声望，名士高官力荐，尤其是府主认可；另一方面，动荡的政治环境与诸王专政，能打破正常的选举程序，使寒门子弟通过进入诸王军府而飞黄腾达。郭象具备上述要素的最佳时间，应在永康元年(300)～永安元年(304)之间。在这一时间段中，刘寔、司马越先后任司空，何劭、司马肜、王戎先后任司徒，但是，刘寔、何劭、司马肜任职时间短，且与郭象无私人关系。最有可能辟郭象的，是太安元年(302)五月分别出任司徒、司空的王戎与司马越。王戎是王衍的族兄，著名的玄学家，有可能在王衍的影响下辟郭象为掾，但《晋书·王戎传》明确记载其在任司徒期间，未曾提拔寒人："自经典选，未尝进寒素，退虚名，但与时浮沉，户调门选而已。"相比之下，司马越辟选拔了较多的寒门子弟入其幕府，如光逸、王尼等。从郭象永兴三年(306)作为亲信幕僚出任司马越太傅府主簿要职看，两人关系应当有一定历史渊源。此外，从文献学上看，《文士传》为十六国时期张骘所作，早于唐修《晋书》，其记载应更可靠。

永兴元年(304)　郭象 39 岁

任黄门侍郎，参加荡阴战役。

【出处】《晋书》卷五十《郭象传》："后辟司徒掾，稍至黄门侍郎。"

【考证】《本传》黄门侍郎官阶五品，为省内要职，与侍中共平尚书奏事，为皇帝身边近臣。[①] 以郭象的出身资历，能跻身黄门侍郎，必有朝中权臣作后台。司马越于永兴元年(304)正月发动政变逮捕长沙王司马乂，借张方之手诛之，并于该年七月控制朝政，动员十万军队进攻镇邺的"太弟"司马颖。郭象迁黄门侍郎，可能发生在该年的正月～七月之间，作为司马越的亲信，安插在白痴皇帝司马衷身边处理朝政。有

---

① 《晋书》卷二十四《职官志》："自魏至晋，散骑常侍、侍郎与侍中、黄门侍郎共平尚书奏事，江左乃罢。"(第 733 页)

二条资料可供参考：

其一,《晋书》卷五十九《长沙王乂传》载:“越惧难作,欲遂诛乂。黄门郎潘滔劝越密告张方,方遣部将郅辅勒兵三千,就金墉收乂,至营,炙而杀之。”①可见身为黄门侍郎潘滔,此时已属司马越集团的谋士,为司马越杀长沙王乂出谋划策。潘滔、郭象永嘉时期分别任司马越太傅府中的长史、主簿要职,这时,郭象与潘滔有可能同为黄门侍郎,在傀儡皇帝身边为司马越服务。

其二,该年七月的荡阴战役中,当司马颖部队进攻皇帝“御辇”时,护驾的侍臣及卫士四散奔逃,仅嵇绍一人留在皇帝身边,被乱兵所杀。《晋书》卷八十九《嵇绍传》:“值王师败绩于荡阴,百官及侍卫莫不散溃,唯绍俨然端冕,以身捍卫,兵交御辇,飞箭雨集,绍遂被害于帝侧,血溅御服,天子深哀叹之。”对嵇绍的壮烈献身一事,社会舆论一致赞扬,而郭象却著文诋毁。《太平御览》卷四百四十五引王隐《晋书》曰:“河南郭象著文,称‘嵇绍父死在非罪,曾无耿介,贪位死闇主,义不足多。’”为什么郭象如此贬低嵇绍的“死节”呢?其中必有原因。合理的解释是,郭象此时任黄门侍郎,与侍中嵇绍一起护驾晋惠帝“亲征”,侍中与黄门侍郎为门下省正副长官,郭象与嵇绍同在皇帝车旁。面对兵锋,郭象没有像嵇绍一样死节,而是临难逃生,其后来撰文攻击嵇绍,很可能是为自己的行为开脱。据此,可间接推知郭象此时的黄门侍郎身份。

光熙元年(306)　郭象 41 岁

郭象任司马越太傅主簿。

【出处】《晋书》卷五十《郭象传》:“东海王越引为太傅主簿,甚见亲委。”《世说新语·赏誉》注引《名士传》曰:“郭象字子玄,自黄门郎为太傅主簿。”《资治通鉴》(永熙元年八月):“以司空越为太傅,录尚书

---

① 关于司马乂被杀的时间,《晋书》有两种记载。其一,《晋书》卷四《惠帝纪》:(太安二年十一月)“东海王越执长沙王乂,幽于金墉城,寻为张方所害。”(第101页)其二,《晋书》卷五十九《长沙王乂传》载:“(永兴元年)乂以正月二十五日废,二十七日死。”(第1615页)《资治通鉴》采用永兴元年说。

事……越以吏部郎颍川庾敳为军谘祭酒，前太弟中庶子胡毋辅之为从事中郎，黄门侍郎河南郭象为主簿，鸿胪丞阮修为行参军，谢鲲为掾，辅之荐乐安光逸于越，越亦辟之。”

【考证】《晋书》卷四《惠帝纪》（光熙元年）：“八月，以太傅、东海王越录尚书，骠骑将军、范阳王虓为司空。”司马越此年为太傅，辟太傅府佐吏。据汉晋制度，太傅府佐吏设长史、司马各一人、从事中郎二人、主簿一人，[①]但是，从《晋书》记载看，对控制朝政的权臣，作为特殊政治待遇，佐吏名额多超越制度规定，[②]如太傅杨骏便有主簿多人。[③] 此时司马越太傅府中主簿，可能并非郭象一人。

郭象《庄子注》基本形成。

【出处】《晋书》卷四十九《向秀传》“庄周著内外数十篇，历世才士虽有观者，莫适论其旨统也，秀乃为之隐解，发明奇趣，振起玄风，读之者超然心悟，莫不自足一时也。惠帝之世，郭象又述而广之，儒墨之迹见鄙，道家之言遂盛焉。”

【考证】本传称《庄子注》成书于“惠帝之世”，应在指元康～光熙之间。首先，从《庄子注》的思想看，该书成书时间不会发生在元康时期。内证有二：其一，郭象注《庄子》较晚，《庄子·天下篇》郭象注云：“昔吾未览《庄子》，尝闻论者尺棰、连环之意，而皆云庄生之言，遂以庄生为辩者之流。案此篇较评诸子，至于此章，则曰其道舛驳，其言不中，乃知道听途说之伤实也。”可见其读《庄子》时间较晚，非早期作品。其二，郭象

---

① 《晋书》卷二十四《职官志》：“诸公及开府位从公加兵者，增置司马一人，秩千石。从事中郎二人，秩比千石。主簿、记室督各一人。”（第727页）

② 《资治通鉴》卷八十四《晋纪六》惠帝永宁元年（301）：“齐、成都、河间三府各置掾属四十人，武号森列，文官备员而已。”（第2661页）可见上述三王在永宁元年其幕佐数量已达丞相府规模。

③ 《晋书》卷五十五《潘岳传》：“杨骏辅政，高选吏佐，引岳为太傅主簿。骏诛，……至是，宏为楚王玮长史，专杀生之政。时骏纲纪皆当从坐，同署主簿朱振已就戮。岳其夕取急在外，宏言之玮，谓之假吏，故得免。”（第1053～1054页）

在《庄子注》表达的政治思想,反对消极无为,强调根据时代需要,运用礼乐刑政甚至战争手段拨乱反正者,均为圣人。这一理论的提出,需要相应的政治经验,应视为对永康～光熙之际酷烈战乱的反思。再者,该书也不可能作于永嘉时期。理由有二:其一,光熙元年之后,郭象任太傅主簿,进入权力中心,无时间完成此重要著作。其二、该书《杂篇》的最后数篇,注文甚少,几乎未注,与前面诸篇注释形成鲜明对照。例如《让王篇》注三条,《渔父篇》注一条,《盗跖篇》注三十八字,《说剑篇》注七字。可见郭象注此书时,时间相当仓促,显然不是发生在在从容著述的元康时期。因此,传世本郭象《庄子注》应形成于光熙元年任主簿之前。

永嘉元年(307)　郭象 42 岁

三月司马越出镇许昌,郭象作为太傅主簿随军同行。

【出处】《晋书》卷四《惠帝纪》:"(永嘉元年三月)庚辰,东海王越出镇许昌。《晋书》卷五十九《东海王越传》:"及怀帝即位,委政于越……帝始亲万机,留心庶事,越不悦,求出籓,帝不许。越遂出镇许昌。"

【考证】在公府佐吏中,主簿位于长史、司马、从事中郎之下。《世说新语·赏誉》:"太傅府有三才:刘庆孙长才,潘阳仲大才,裴景声清才。"注引《八王故事》曰:"刘舆才长综核,潘滔以博学为名,裴邈强立方正,皆为东海王所昵,俱显一府。故时人称曰:'舆长才,滔大才,邈清才也。'"①尽管郭象此时在司马越太傅府中地位,不及左长史刘舆、司马潘滔、从事中郎裴邈,但仍属于府主的亲信幕僚,其职能是总理府内事务,故郭象应随司马越同行。

十一月,司马越为丞相,郭象转为丞相府主簿。

---

① 《晋书》卷六十二《刘舆传》"或曰:'舆犹腻也,近则污人。'及至,越疑而御之。舆密视天下兵簿及仓库、牛马、器械、水陆之形,皆默识之。是时军国多事,每会议,自潘滔以下,莫知所对。舆既见越,应机辩画,越倾膝酬接,即以为左长史。越既总录,以舆为上佐,宾客满筵,文案盈机,远近书记日有数千,终日不倦,或以夜继之,皆人人欢畅,莫不悦附。命议如流,酬对款备,时人服其能,比之陈遵。时称越府有三才:潘滔大才,刘舆长才,裴邈清才。"(第 1692 页)

【出处】《晋书》卷五《怀帝纪》:“(永嘉元年十二月)癸卯,越自为丞相。以抚军将军苟晞为征东大将军。”

【考证】关于司马越是否为丞相,唐修《晋书》有两种说法:一是《晋书·怀帝纪》所言永嘉元年十二月司马越自封为丞相;二是《晋书·司马越传》:“永嘉初……寻诏越为丞相,领兖州牧,督兖、豫、司、冀、幽、并六州。越辞丞相不受。”即永嘉元年司马越拒绝了朝廷的丞相诏命。另据《晋书》卷六十一《苟晞传》载苟晞曰:“司马元超为宰相不平,使天下淆乱。”可见司马越有丞相头衔。《资治通鉴》采纳了《晋书·怀帝纪》的说法,在“永嘉元年十二月”下记载:“癸卯,越自为丞相,领兖州牧,都督兖豫司冀幽并诸军事。”魏晋丞相府佐吏编制大于一般公府,可设左右长史两人、左右司马两人,从事中郎四人,主簿四人,共有掾属四十二人。如曹操任丞相时,有主簿四人;魏末任丞相的司马昭、八王之乱中任丞相的司马伦亦是如此。据各种文献记载,司马越府有主簿五人(见附表),其中可能同时任此职者四人,与丞相府编制同,《晋书》卷五十九《东海王越传》:“越专擅威权,图为霸业,朝贤素望,选为佐吏,名将劲卒,充于己府,不臣之迹,四海所知。”丞相府建立,佐吏数量可合法激增,使司马越囊括更多人才。疑越府众多主簿,可能多在丞相开府之后任职。

永嘉三年(309) 郭象44岁

三月,司马越以太傅身份率军回洛阳,①郭象与潘滔等动员司马越杀何绥等。

【出处】《晋书》卷六十一《苟晞传》:“晞复上表曰:……东海王越得以宗臣遂执朝政,委任邪佞,宠树奸党,至使前长史潘滔、从事中郎毕邈、主簿郭象等操弄天权,刑赏由己。尚书何绥、中书令缪播、太仆缪胤、黄门侍郎应绍,皆是圣诏亲所抽拔,而滔等妄构,陷以重戮。”

---

① 关于司马越所任“丞相”职务持续了多少时间,已无法考证。此后各种史料,仍称其为“太傅”,直至其逝世。

【考证】在司马越出镇许昌期间，晋怀帝试图重建皇权，在朝中形成了以帝舅王延、中书令缪播、太仆缪胤、尚书何绥、黄门侍郎应绍、太史令高堂冲等人为主的权力中心，①并按制度规定的程序独立运作朝政，而不事先请示司马越，导致了此次司马越回师洛阳"清君侧"事件。《晋书》卷九十八《王敦传》："东海王越自荥阳来朝，敦谓所亲曰：'今威权悉在太傅，而选用表请，尚书犹以旧制裁之，太傅今至，必有诛罚。'俄而越收中书令缪播等十余人杀之。"《晋书》卷五《怀帝纪》："(永嘉三)年三月丁巳，东海王越归京师。乙丑，勒兵入宫，于帝侧收近臣中书令缪播、帝舅王延等十余人，并害之。"②作为司马越决策集团成员，郭象参与了此次行动的策划。但主谋是刘舆、潘滔。《晋书》卷三十三《何绥传》："刘舆、潘滔谮之于东海王越，越遂诛绥。"《晋书》卷六十二《刘舆传》："越诛缪播、王延等，皆舆谋也。"

作为司马越幕府代表，监管"中领军"军府，控制宫廷禁卫军。

【出处】《御定渊鉴类函》卷六十八《设官部八·主簿》"郭象专势"条下引臧荣绪《晋书》云："郭象字子元，为太傅主簿，甚见亲委，遂任职专势，专领军一府。"又见《九家旧晋书》卷九引臧荣绪《晋书》："为太傅主簿，甚见亲委。遂任职专势，专领军一府。"③

---

① 《晋书》卷六十《缪胤传》："怀帝即位，拜胤左卫将军，转散骑常侍、太仆卿。既而与播及帝舅王延、尚书何绥、太史令高堂冲并参机密，为东海王越所害。"(第1637页)

② 《资治通鉴》卷八十七《晋纪九》怀帝永嘉三年："(三月丁巳)帝之为太弟也，与中庶子缪播亲善，及即位，以播为中书监，缪胤为太仆卿，委以心膂；帝舅散骑常侍王延、尚书何绥、太史令高堂冲并参机密。越疑朝臣贰于己，刘舆、潘滔劝越悉诛播等。越乃诬播等欲为乱，乙丑，遣平东将军王秉帅甲士三千人宫，执播等十余人于帝侧，付廷尉杀之。帝叹息流涕而已。"(第2741页)

③ [清]汤球辑，杨朝明校补：《九家旧晋书》载臧荣绪《晋书》卷九引《书钞》，中州古籍出版社，1991年版，第73页。[隋]虞世南：《北堂书钞》卷六十九《设官部二十一·主簿》引臧荣绪《晋书》云："河南郭象字子玄，为太傅主簿，任事专势，领勋一府。"(天津古籍出版社，1988年版)

【考证】《晋书》卷五十九《东海王越传》:“越自荥阳还洛阳,以太学为府。疑朝臣贰己,乃诬帝舅王延等为乱,遣王景率甲士三千人入宫收延等,付廷尉杀之。……又以顷兴事多由殿省,乃奏宿卫有侯爵者皆罢之。时殿中武官并封侯,由是出者略尽,皆泣涕而去。乃以东海国上军将军何伦为右卫将军,王景为左卫将军,领国兵数百人宿卫。”完整的西晋宫廷禁卫军由二卫、前、后、左、右、骁骑七军营兵组成,即所谓“宿卫七军”组成,其中二卫——左、右卫将军统帅的宫殿禁军最为重要。“宿卫七军”统归“中领军”(或为“领军将军”、“北军中候”)统帅。八王之乱中,西晋宫廷禁卫军在中央权力更替中起了极为重要的作用,贾后、汝南王亮、楚王玮、赵王伦、齐王冏、长沙王乂的覆灭,无一不是宫廷禁卫军兵变所为。司马越吸取了前面诸王的教训,在此次“清君侧”行动中,遣散了原宫廷禁卫军官,由其亲信何伦、王景率东海国部队接替宫廷禁卫军的核心部分左右二卫将军。据万斯同《晋将相大臣表》,在司马越专权的光熙～永嘉四年,没有设置统帅宫廷禁卫军的领军将军(或北军中候、中领军)官职。郭象所谓“专领军一府”,是指宫廷禁卫军在没有正式长官的情况下,由郭象作为司马越的代表,统一监管禁卫军诸营。主簿的正常职能是总理府内事务,并监察佐吏,但战乱特殊情况下,尤其是府主事实上已控制朝政的情况下,主簿与其他佐吏一样,其职能相当灵活,可作为府主的代表监管军队,①甚至傀儡朝廷,如曹操时期监管许昌汉朝廷的长史王必。由此可见,郭象作为主簿负责中领军,并不奇怪。正因郭象的这一特殊地位,故《晋书》卷五十《郭象传》称其:“遂任职当权,熏灼内外。”《晋书》卷六十一《苟晞传》称“主簿郭象等操弄天权”。

---

① 《三国志》卷二十三《魏书·裴潜传》裴松之注:“頠从父弟邈,字景声,有隽才,为太傅司马越从事中郎,假节监中外营诸军事。”(第 676 页)《资治通鉴》卷八十四《晋纪七》惠帝永兴元年(304):“浚以主簿祁宏为前锋,败石超于平棘。”(第 2700 页)

永嘉四年(310)　郭象45岁

十一月司马越率晋军主力东出洛阳,驻扎项城,司马越自任豫州牧,郭象任长史。

【出处】《晋书》卷五《怀帝纪》:"十一月甲戌,东海王越帅众出许昌,以行台自随,宫省无复守卫,荒馑日甚,殿内死人交横,府寺营署并掘堑自守,盗贼公行,桴鼓之音不绝。越军次项,自领豫州牧。"《晋书》卷五十《庾敳传》:"参东海王越太傅军事,转军谘祭酒。时越府多隽异,敳在其中,常自袖手。豫州牧长史河南郭象善《老》《庄》,时人以为王弼之亚。敳甚知之。"

【考证】司马越为摆脱在洛阳面临的政治军事经济危机,①以主动出击为借口,率晋军主力东征,在项城自任豫州牧。此时任豫州牧长史者,文献有郭象、庾敳两种记载。关于郭象任豫州牧长史一事,《晋书·郭象传》不见记载,仅见上述《晋书·庾敳传》中的"豫州牧长史河南郭象"文字。唐修《晋书》错误较多,而记载庾敳任豫州牧长史的资料有三条(见后),故有的史家认为任豫州牧长史的是庾敳,《庾敳传》关于郭象任此职的说法有误。②其实,如果郭象与庾敳先后出任豫州牧长史,则所有资料均可得到合理解释。笔者认为事实可能正是如此。永嘉四年

① 《晋书》卷五十九《东海王越传》:"越自诛王延等,大失众望,而多有猜嫌。散骑侍郎高韬有忧国之言,越诬以讪谤时政害之,而不自安。乃戎服入见,请讨石勒,且镇集兖、豫以援京师。……遂行。留妃裴氏,世子、镇军将军毗,及龙骧将军李恽并何伦等守卫京都。表以行台随军,率甲士四万东屯于项,王公卿士随从者甚众。……而苟晞又表讨越,语在《晞传》。越以豫州刺史冯嵩为左司马,自领豫州牧。越专擅威权,图为霸业,朝贤素望,选为佐吏,名将劲卒,充于己府,不臣之迹,四海所知。"(第1624～1625页)

② 《世说新语笺疏·文学》余嘉锡案:"今晋书敳传叙其仕履,只云'迁吏部郎,参东海王越太傅军谘祭酒',而其下乃有'豫州牧长史河南郭象善老、庄'云云。似以豫州长史属之郭象。然本篇注引文士传及今晋书郭象传,均云象辟司空掾、太傅主簿,不言为此官。则仕至豫州长史者,自是庾敳。晋书有脱误耳。且长史上不当称某州牧,牧字亦衍文也。"(第205页)

十一月首先任此职的是郭象。理由如下:第一,郭象此时健在。《晋书》卷六十一《苟晞传》载苟晞四年底在讨伐司马越的上表中,[1]追溯到永嘉三年司马越回洛阳"清君侧"一案时写到:"东海王越得以宗臣遂执朝政,委任邪佞,宠树奸党,至使前长史潘滔、从事中郎毕邈、主簿郭象等操弄天权,刑赏由已。尚书何绥、中书令缪播、太仆缪胤、黄门侍郎应绍,皆是圣诏亲所抽拔,而滔等妄构,陷以重戮。带甲临宫,诛讨后弟,剪除宿卫,私树国人。"(毕邈为裴邈之误)众所周知,此事的主谋是司马越的首席幕僚左长史刘舆,而苟晞不提其人,原因是刘舆此时已病亡,故将矛头指向健在并参与机密决策的潘滔、裴邈和郭象。第二,司马越东出时,留下其妻裴妃、世子司马毗和部分亲信幕僚如潘滔、何伦、李恽等留守洛阳。《晋书》卷五十九《东海王越传》:"留妃裴氏,世子、镇军将军毗,及龙骧将军李恽并何伦等守卫京都。"《晋书》卷五《怀帝纪》:"东海王越之出也,使河南尹潘滔居守。"没有郭象留守洛阳的记载。第三,司马越这次出行尽可能多地携带杰出人才。史家这样总结:"(十一月)越表以行台自随,用太尉衍为军司,朝贤素望,悉为佐吏,名将劲卒,咸入其府,于是宫省无复守卫。"[2]既然如此,其亲信幕僚自然随行。当时司马越幕府中,最重要的三个幕僚是潘滔、裴邈和郭象,潘滔以河南尹身份留守洛阳"总留事",[3]是迫不得已。裴邈与郭象随行是情理中的事。从事中郎裴邈的分工是监管作战部队,负责对外军事,《三国志》卷二十三《裴潜传》裴松之注:"(裴邈)为太傅司马越从事中郎,假节监中外营诸军事。"主簿郭象则监管府内事务,负责内政。因此,郭象作为

① 据《晋书》卷六十一《苟晞传》中,永嘉四年～五年之间,晋怀帝与苟晞有多次书信往来,此次上表发生在苟晞被曹嶷击败之后的永嘉四年。然而曹嶷击败苟晞事,发生在永嘉五年一月。可见《苟晞传》记载有误,这是唐修《晋书》经常出现的问题。因该上表中明确指出了司马越已屯兵项城,故将此上表时间视为永嘉四年十一月～永嘉五年二月之间当无问题。

② 《资治通鉴》卷八十七《晋纪九》怀帝永嘉四年,第2755页。

③ 《资治通鉴》卷八十七《晋纪九》怀帝永嘉四年,第2755页。

主簿随行于项城,并改任豫州牧长史是完全可能的。

永嘉五年(311)　郭象46岁

二月之前,郭象病卒。

【出处】《晋书》卷五十《郭象传》:"永嘉末病卒,著碑论十二篇。"

【考证】首先,《晋书》明确记载郭象病卒而非死于石勒围歼,说明其在永嘉五年四月之前已病逝。多种文献均表明庾敳曾任司马越豫州牧长史,如《世说新语·文学》注引《晋阳秋》曰:"庾敳字子嵩仕……至豫州长史。"《三国志》卷十一《胡昭传》注引《庾氏谱》:"豫州牧长史顗('敳'之误),遁之孙。"《晋书》卷一百〇四《石勒载记上》明确记载庾敳以长史身份被石勒俘杀。"于是执衍及襄阳王范……太傅长史庾敳等"。司马越于永嘉五年三月逝世,那么庾敳此前已继郭象之后任此职,说明郭象至少在此之前逝世,故将其逝世时间定为永嘉五年二月。

三月,司马越死;四月,被石勒围歼,晋主力全军覆没。

【出处】《晋书》卷五《怀帝纪》:"(三月)丙子,东海王越薨。四月戊子,石勒追东海王越丧,及于东郡,将军钱端战死,军溃,太尉王衍、吏部尚书刘望、廷尉诸葛铨、尚书郑豫、武陵王澹等皆遇害,王公已下死者十余万人。"

郭象年谱附表一：永康～永嘉之际司空、司徒表

（据清万斯同:《晋将相大臣表》作）

官名／时间	司徒	司空
永康元年(300)	王戎四月免，何劭继任 九月，改司徒为丞相	张华四月被杀，刘寔继任
永康二年(301) 永宁元年(301)	六月，罢丞相，复置司徒官。以梁王肜为太宰，领司徒。	刘寔正月改太常
永宁二年(302) 太安元年(302)	梁王肜五月卒。王戎继任	五月，以齐王冏为太师，东海王越为司空。
太安二年(303)	王戎	司马越
永安元年(304) 建武元年(304) 永兴元年(304)	王戎	司马越
永兴二年(305)	王戎六月薨	司马越
永兴三年(306) 光熙元年(306)	温羡十二月为司徒	司马越八月任太傅，范阳王虓继任。十二月，尚书左仆射王衍继任
永嘉元年(307)	温羡卒，王衍十一月继任	王衍

郭象年谱附表二:司马越太傅府主簿表

	姓名	出处与考证
光熙元年(306)～永嘉三年(309)	郭象	《晋书》卷五十《郭象传》:"东海王越引为太傅主簿,甚见亲委,遂任职当权,熏灼内外,由是素论去之。"
	卞敦	《晋书》卷七十《卞敦传》:"敦弱冠仕州郡,辟司空府,稍迁太子舍人、尚书郎,朝士多称之。东海王越闻,召以为主簿。"《北堂书钞》卷六十九引《世语》云:"王敦字处仲,太傅东海王越收罗士物,闻其名,召以为主簿。"《晋书·王敦传》及其它文献均无王敦曾任司马越主簿此记载。王敦似为卞敦之误,如《职官分记》卷五引《中兴书》:"卞敦字仲仁,太傅东海王越收罗士物,闻其名,以为主簿。"
	荀闿	《晋书》卷三十九《荀闿传》:"为太傅主簿。"
	裴遐	《晋书》卷三十五《裴楷传》:"绰子遐,……东海王越引为主簿,后为越子毗所害。
永嘉四年(310)	卞敦	转任汝南内史。《晋书》卷七十《卞敦传》:"王弥逼洛,敦及胡毋辅之劝越击王弥,而王衍、潘滔共执不听,敦庭争苦至,众咸壮之。第出补汝南内史。元帝之为镇东,请为军咨祭酒,不就。"王弥永嘉二、三年二次进攻洛阳。永嘉二年五月,司马越不在洛阳,是王衍率军击溃了王弥。《晋书》卷五《怀帝纪》:"(永嘉二年)五月甲子,弥遂寇洛阳,司徒王衍帅众御之,弥退走。"第二次是永嘉三年十月,司马越在洛阳,在西明门外挫败了刘聪、王弥的进攻。《晋书》卷五《怀帝纪》:"(永嘉三年九～十一月之间)……东海王越入保京城。聪至西明门,越御之,战于宣阳门外,大破之。"《晋书》卷一百《王弥传》:"弥、聪以万

续 表

	姓名	出处与考证
永嘉四年(310)	卞敦	骑至京城,焚二学。东海王越距战于西明门,弥等败走。"《资治通鉴》卷八十七《晋纪》将这次战役系于永嘉三年十月下。卞敦要求司马越出击之事,应发生在永嘉三年,离任太傅主簿应在永嘉三年十月后,永嘉四年刘舆逝世、刘演接任主簿前。故系于永嘉四年。
	刘演	接替卞敦任主簿。《晋书》卷六十二《刘舆传》:"演字始仁。初辟太尉掾,除尚书郎,以父忧去职。服阕,袭爵,太傅东海王越引为主簿。"刘演任主簿在其父刘舆逝世之后。刘舆死于永嘉时期,具体时间不详。《晋书》卷六十二《刘舆传》:"洛阳未败,病指疽卒,时年四十七。"荀晞永嘉五年正月讨司马越檄文中,列举永嘉三年谋杀何绥等朝臣的司马越佐吏名单中,有潘滔、郭象等,而无刘舆。事实上刘舆是众所周知的主谋。《晋书》卷六十二《刘舆传》:"越诛缪播、王延等,皆舆谋也。"荀晞未提及刘舆,是此时其已经逝世。故将刘舆逝世时间定于永嘉四年。其子刘演任主簿时间亦在此年。
永嘉五年(311)	郭象	病卒
	荀闿	转任中书郎,五月洛阳陷落后渡江。《晋书》卷三十九《荀闿传》:"为太傅主簿、中书郎。与邃俱渡江,拜丞相军咨祭酒。"
	裴遐	四月随晋军主力遇难。《晋书》卷二十三《成恭杜皇后传》:"遐随东海王越遇害。"

续 表

	姓名	出处与考证
永嘉五年(311)	刘演	转任太子中庶子,迁阳平太守。洛阳陷落会投刘琨。《晋书》卷六十二《刘舆传》:"太傅东海王越引为主簿。迁太子中庶子,出为阳平太守。自洛奔琨,琨以为辅国将军、魏郡太守。"

郭象年谱附表三:司马越府佐吏简表①

1. 司马越司空府佐吏表(302~306)

	军司	长史	左司马	从事中郎	记室参军	军咨祭酒	祭酒	参军	掾	未应
	曹馥	王澄	刘洽	王承 孙惠	孙惠	顾荣 戴若思 华谭	纪瞻 薛兼	薛兼 王导 甘卓 郗鉴	郭象	祖逖

2. 司马越太傅府(高级)佐吏表(上)(306~311)

	军司	长史	左长史	右长史	司马	左司马	右司马	从事中郎	军咨祭酒	主簿	监军
	王衍	潘滔	刘舆	傅宣	刘洽	王斌 冯嵩 裴邈	胡毋辅之	裴邈 胡毋辅之 刘洽 沈陵 王儁 杨瑁 庾敳	庾敳 卢志 刘乔 孙惠	郭象 卞敦 刘演 荀闿 裴遐	刘望 裴邈

① 本表参考了林校生《"八王之乱"丛稿》之《东海王司马越僚佐名录》,福建人民出版社,2003年版,第103~123页。

司马越太傅府(普通)佐吏表(下)(306～311)

太傅	记室参军	参　军	行参军	西阁祭酒	西曹掾	军谋掾	掾	骑兵属	属	府吏	未应辟者
	王承 阮瞻	邓攸　赵穆 阎鼎　邹捷 刘蔚　姜赜 杜概　颜含 石熙　孙询 陶侃　钟雅 瞿庄　冠军夷 雷思进　杜毗 李兴 王廙　王玄	阮修	卫玠	温祇	眭迈	谢鲲 庾亮 杨俊 乐肇 刘挹	阮孚	刘佑	光逸 满衡 司马济 裴邵 刘畴	周玘　羊曼 傅敷 褚陆玩 王舒　贺循 周札　蔡谟 王敞　郗鉴

3. 司马越兖州牧(永嘉二～三年)、豫州牧(永嘉四～五年)州府佐吏表

官名	兖州牧长史	兖州牧别驾	兖州牧参军	兖州牧府吏	豫州牧长史	豫州牧参军
人名	华轶	江统	周顗	程收	庾敳	谢鲲

二、著作历代著录与考辨文字

（一）向秀著作历代著录与考辨文字

1. 现存著作

(1)《难〈养生论〉》,收入《嵇康集》、萧统《文选》,流传至今。

(2)《思旧赋》,收入萧统《文选》、《晋书·向秀传》,流传至今。

2. 已佚著作

(1)《庄子注》与《庄子音》

《隋书》卷三十四《经籍志三·子》:《庄子》二十卷。梁漆园吏庄周撰,晋散骑常侍向秀注本二十卷,今阙。……梁有向秀《庄子音》一卷。

《旧唐书》卷四十七《经籍志下·丙部子录》:《庄子》又二十卷向秀注。

《新唐书》卷五十九《艺文志三·丙部子录》:郭象注《庄子》十卷,向秀注二十卷。

张湛《列子注》引向秀《庄子注》三十六条。

《经典释文》卷一《序录》:向秀注二十卷二十六篇。一作二十七篇,一作二十八篇,亦无杂篇。为音三卷

《通志》卷六十七《艺文略》:《庄子》二十卷,梁漆园吏庄周撰,晋散骑常侍向秀注。

《子略》卷二:向秀二十卷

《世说新语·文学》:"初,注《庄子》者数十家,莫能究其旨要。向秀于旧注外为解其义,妙析奇致,大畅玄风。唯《秋水》、《至乐》二篇未竟

而秀卒。秀子幼,义遂零落,然犹有别本。郭象者,为人行薄,有俊才。见秀义不传于世,遂窃以为己注。乃自注《秋水》、《至乐》二篇,又易《马蹄》一篇,其余众篇,或定点文句而已。后秀义别本出,故今有向、郭二《庄》,其义一也。"注引《文士传》曰:"象字子玄,河南人。少有才理,慕道好学,托志老庄,时人咸以为王弼之亚。辟司空掾,太傅主簿。见秀义不传于世,遂窃以为已注,乃自注《秋水》《至乐》二篇,又易《马蹄》一篇,其余众篇或点定文句而已。"

《晋书》卷五十《郭象传》:先是注《庄子》者数十家,莫能究其旨统。向秀于旧注外而为解义,妙演奇致,大畅玄风,惟《秋水》、《至乐》二篇未竟而秀卒。秀子幼,其义零落,然颇有别本迁流。象为人行薄,以秀义不传于世,遂窃以为己注,乃自注《秋水》、《至乐》二篇,又易《马蹄》一篇,其余众篇或点定文句而已。其后秀义别本出,故今有向、郭二《庄》,其义一也。

《晋书》卷四十九《向秀传》:庄周著内外数十篇,历世才士虽有观者,莫适论其旨统也,秀乃为之隐解,发明奇趣,振起玄风,读之者超然心悟,莫不自足一时也。惠帝之世,郭象又述而广之,儒墨之迹见鄙,道家之言遂盛焉。

《子略》卷二:《向秀庄子解义》:初注庄子者数十家,莫能究其旨要。向秀于旧注外为解义,妙析奇致,大畅玄风。《秀别传》曰:秀与嵇康、吕安为友,趣舍不同。嵇康傲世不羁,安放逸迈俗,而秀雅好读书,二子颇以此嗤之。后秀将注《庄子》,先以告康、安。康、安咸曰:"此书讵复须注?徒弃人作乐事耳。"及成,以示二子。康曰:"尔故复胜否。"安乃惊曰:"庄周不死矣。"后注《周易》,大义可观,而与汉世诸儒互有彼此,未若注庄之绝伦也。《秀本传》或言秀游托数贤,萧屑卒岁,都无注述,唯好《庄子》,聊应崔譔所注,以备遗忘云。《竹林七贤论》云:秀为此义,读之者无不超然。若已出尘埃而窥绝冥,始了视听之表。有神德玄哲,能遗天下,外万物。虽复使动竞之人,顾观所徇,皆怅然自有振拔之情矣。唯《秋水》、《至乐》二篇未竟而秀卒。秀子幼,义遂零落,然犹有别本。

郭象者，为人薄行，有隽才。《文士传》曰：象字子玄，河南人，少有才理，慕道好学，笃志老庄，时人咸以为王弼之亚。辟司空掾、太傅主簿。见秀义不传于世，遂窃以为己注。乃自注《秋水》、《至乐》二篇，又易《马蹄》一篇，其余众篇，或定点文字而已。《文士传》曰：象作《庄子注》，最有清辞道旨。后秀义别本出，故今有向郭二庄，其义一也。

《皇朝文献通考》卷二百三十《经籍考》：《古今南华内篇讲录》十卷，不著撰人名氏。臣等谨按，是编题“林屋洞藏书”，以郭象注为今本，以向秀注为古本。然秀注虽间见于陆德明《经典释文》，至陈振孙作《书录解题》已称亡佚，又何从而见其真本？至于“南华”之名，不知为唐天宝所尊，而疑为郭、向所加，则其人考古之学亦可见矣。

(2)《周易注》

陆德明《经典释文》卷一《序录》：向秀字子期，河内人，晋散骑常侍，为《易义》。

李鼎祚《周易集解》，引向秀《周易注》三条。

《史记》卷八十四《屈原传》注引《索隐》：向秀字子期，晋人，注《易》。

《经义考》卷十一《易》：向氏《周易义》，佚。

《清史稿》卷一百四十五《艺文志一·经部》：晋向秀《周易义》一卷。

(3)《向秀集》

《隋书》卷三十五《经籍志四·集》：又梁有《向秀集》二卷。录一卷。

《旧唐书》卷四十七《经籍志下·丁部集录》：《向秀集》二卷。

《新唐书》卷六十《艺文志四·丁部集录》：《向秀集》二卷。

《通志》卷六十九《艺文略第七》：《向秀集》二卷。

(二)郭象著作历代著录与考辨文字

1. 现存著作

《庄子注》。

《隋书》卷三十四《经籍志·子部》：《庄子》三十卷，《目》一卷，晋太傅主簿郭象注。梁《七录》三十三卷。

《旧唐书》卷四十七《经籍志下・丙部子录》:《庄子》……又十卷郭象注。

《新唐书》卷五十九《艺文志三・丙部子录》:郭象注《庄子》十卷。

《宋史》卷二百五《艺文志四・子类・道家类》:郭象注《庄子》十卷。

张湛《列子注》引郭象《庄子注》二十四条。

《世说新语・文学》注引《文士传》曰:"象作《庄子注》,最有清辞遒旨。"

《经典释文》卷一《序录》:郭象注三十三卷,三十三篇。字子玄,河内人晋太傅主簿内篇七,外篇十五,杂篇十一,为音三卷。

《通志》卷六十七《艺文略》:《庄子》……又十卷郭象注。

《子略》卷二:《庄子注》郭象十卷。

《文渊阁书目》卷二《子书》:《庄子》晋郭象注一部四册。

《钦定天禄琳琅阁书目》卷二:《南华真经》二函十册。周庄周撰,晋郭象注。

《经典释文》卷一《序录》:庄子者,姓庄名周,太史公云,字子休。梁国蒙县人也。六国时为梁漆园吏,与魏惠王、齐宣王、楚威王同时,李颐云,与齐愍王同时。齐楚尝聘以为相,不应。时人皆尚游说,庄生独高尚其事,优游自得,依老氏之旨,著书十余万言,以逍遥自然无为齐物而已。大抵皆寓言,归之于理,不可案文责也。然庄生宏才命世,辞趣华深,正言若反,故莫能畅其弘致。后人增足,渐失其真,故郭子玄云:一曲之才,妄窜奇说,若《阏弈》、《意修》之首,《危言》、《游凫》、《子胥》之篇,凡诸巧杂,十分有三。《汉书・艺文志》《庄子》五十二篇,即司马彪、孟氏所注是也。言多诡诞,或似《山海经》或类占梦书,故注者以意去取。其内篇众家并同,自余或有外而无杂。唯子玄所注,特会庄生之旨,故为世所贵。徐仙民、李弘范作音,皆依郭本,以郭为主。

《郡斋读书志》卷三上《子部・道家类》:《庄子南华真经》十卷,右庄周撰,晋郭象注。周为蒙漆园吏。按汉书志书,本五十二篇,晋向秀、郭象合为三十三篇,内篇八,外篇十五,杂篇十一。唐世号《南华真经》。自孔子没,天下之道术日散,老聃始著书垂世,而虚无自然之论起。周又从而羽翼之,棓击百世之圣人,弹践天下之圣法,而不忌其言,可谓反道矣。自荀卿、扬雄以来,诸儒莫不辟之,而放者犹自谓游方之外,尊其学以自肆。于是乎礼教之大坏,纪纲失坠,而天下横流,两晋之祸是已。自熙宁、元丰之后,学者用意过中,见其书末篇论天下之道术,虽老聃与其身皆列之为一家,而不及孔子,莫不以为阳訾孔子而阴尊焉。遂引而内之,殊不察其言之指,归宗老氏邪?既曰宗老氏矣,庸讵有阴助孔氏之理也邪?至其论道术而有是言,盖不得已耳。夫盗之暴也,又何尝不知主人之为主人邪?顾可以其智及此,遂以为尊我,开关揖而进之乎?窃惧夫祸之过乎两晋也。

《直斋书录题解》卷九《道家类》:《庄子注》十卷,晋太傅主簿河南郭象子元撰。案本传,向秀解义未竟而卒,颇有别本迁流,象窃以为己注,乃自注《秋水》、《至乐》二篇,又易《马蹄》一篇,其余点定文句而已。其后秀义别出,故今有向、郭二庄,其义一也,然向义今不传,但时见陆氏释文。

《汉艺文志考证》卷六《道》:《庄子》五十二篇。郭象注三十三篇,内篇七,外篇十五,杂篇十一。陆德明《序录》云:庄生宏才命世,辞趣华深,正言若反,故莫能畅其弘致。后人增足,渐失其真,故郭子云:一曲之才,妄窜奇说,若《阏奕》、《意修》之首,《危言》、《游凫》、《子胥》之篇,凡诸巧杂,十分有三。《艺文志》五十二篇,即司马彪、孟氏所注是也。内篇七,外篇二十八,杂篇十四,解说三。言多诡诞。或似《山海经》或类占梦书,故注者以意去取。其内篇众家并同,自余或有外而无杂。唯子玄所注,特会庄生之旨。成玄英疏:庄周字子休,《文选注》、《太平御览》引庄子《阏奕》、《游凫》之语,荀子曰:"庄子蔽于天而不知人。"朱文公曰:"庄子见道体,盖自孟子之后,荀卿诸公皆不能及。"韩文公曰:"子夏之学,其后有田子方;子方之后,流而为庄周。故周之书喜称子方之为人。

《文献通考》卷二百一十《经籍考三十八·子·道家》:郭象注《庄子》十卷。晁氏曰:庄周撰,郭象注。周为蒙漆园吏。按汉书志本五十二篇,晋向秀、郭象合为三十三篇,内篇八,外篇十五,杂篇十一。唐世号《南华真经》。自孔子没,天下之道术日散,老聃始著书垂世,而虚无自然之论起。周又从而羽翼之,掊击百世之圣人,殚残天下之圣法而不忌其言,可谓反道矣。自荀卿、扬雄以来,诸儒莫不辟之,而放者犹自谓游方之外,尊其学以自肆。于是乎礼教大坏,戎狄乱华而天下横流,两晋之祸是已。自熙宁、元丰之后,学者用意过中,见其书末篇论天下之道术,虽老聃与其身皆列之为一家,而不及孔子,莫不以为阳訾孔子而阴尊焉。遂引而内之,殊不察其言之指,归宗孔氏邪?既曰宗老氏矣,讵有阴助孔子之理也邪?至其论道术而有是言,盖不得已耳。夫盗之暴也,又何尝不知主人之为主人邪?顾可以其智及此,遂以为尊我,开关揖而进之乎?窃惧夫祸之过乎两晋也。……陈氏曰:按,晋郭象传,向秀解庄子未竟而卒,颇有别本迁流。象窃以为己注,乃自注《秋水》、《至乐》二篇,又易《马蹄》一篇,其余点定文句而已。其后秀义别出,故今有向、郭二庄,其义一也然。向义今不传,但时见陆氏《释文》。

《皇朝文献通考》卷二百三十《古今南华内篇讲录》十卷,不著撰人名氏。臣等谨按是编题"林屋洞藏书",以郭象注为今本,以向秀注为古本。然秀注虽间见于陆德明《经典释文》,至陈振孙作《书录解题》已称亡佚,又何从而见其真本?至于"南华"之名,不知为唐天宝所尊,而疑为郭、向所加,则其人考古之学亦可见矣。

《钦定天禄琳琅书目》卷二:《南华真经》:二函十册。周·庄周撰,晋郭象注,唐陆德明《音义》十卷。宋晁公武《郡斋读书志》曰:按汉书志书本五十二篇,晋向秀、郭象合为三十三篇,内篇七,外篇十五,杂篇十一。唐世号为《南华真经》。又宋戴埴曰:今之刊印小册谓巾箱,本起于南齐衡阳王钧手写五经置巾箱中。贺玠曰:"家有坟索,何须蝇头细书?"答曰:"检阅既易,且手写不忘。"诸王从而效之。古未有刊本,虽亲王亦手自抄录。今巾箱刊本,无所不备。二函十册,是宋时巾箱本,盛行于世。此书版高不及半尺,较之经部中五经及东莱家塾读诗记尺寸尤缩,而字画倍加纤朗,纸质墨光,亦极莹致,乃巾箱本之最佳者。

《四库全书总目》卷一百四十六《子部·道家类》:《庄子注》十卷江苏巡抚采进本,晋郭象撰。象字子元,河南人。辟司徒掾,稍迁至黄门侍郎,东海王越引为太傅主簿,事迹具《晋书》本传。刘义庆《世说新语》曰:注庄子者数十家,莫能究其旨统,向秀于旧注外别为解义,妙演奇致,大畅元风。惟《秋水》、《至乐》二篇未竟而秀卒。秀子幼,其义零落,然颇有别本迁流。象为人行薄,以秀义不传于世,遂窃以为己注。乃自注《秋水》、《至乐》二篇,又易《马蹄》一篇,其余众篇,或点定文句而已。其后秀义别本出,故今有向郭二庄,其义一也。《晋书》象本传亦采是文,绝无异语。钱曾《读书敏求记》独谓世代辽远,传闻异词,《晋书》云云,恐未必信。案向秀之注,陈振孙称宋代已不传,但时见陆氏释文。今以释文所载,校之如《逍遥游》"有蓬之心"句,释文郭、向并引,绝不相同。《胠箧篇》"圣人不死,大盗不止"句,释文引向注二十八字;又"为之斗斛以量之"句,释文引向注十六字,郭本皆无。然其余皆互相出入。又张湛《列子注》中,凡文与庄子相同者亦兼引向郭二注,所载《达生篇》痀偻丈人承蜩一条,向注与郭一字不异;《应帝王篇》神巫季咸一章,"皆弃而走"句,向、郭相同;"列子见之而心醉"句,向注曰:"迷惑其道也";而"又奚卵焉"句,向注六十二字,郭注皆无之;"故使人得而相汝"句,郭注多七字;"示之以地文"句,向注"块然如土也",郭注无之;"是殆见吾杜德机"句,"乡吾示之以天壤"句,"名实不入"句,向郭并同;"是殆见吾善者机也"句,向注多九字;"子之先生坐不斋"句,向注二十二字,郭注无之;"乡吾示之以太冲莫胜"句,郭改其末句;"渊有九名,此处三焉"句,郭增其首十六字,尾五十一字;"乡吾示之以未始出吾宗"句,"故逃也"句,"食豨如食人"句,向郭并同;于事无与亲以下则并大同小异,是所谓窃据向书,点定文句者,殆非无证。又《秋水篇》"与道大蹇"句,《释文》云:蹇,向纪辇反。则此篇向亦有注。并《世说》所云"象自注《秋水》《至乐》二篇"者,尚未必实录矣。钱曾乃曲为之解何哉?考刘孝标《世说》注引《逍遥游》向、郭义各一条，今本无之。《让王篇》惟注三条，《渔父篇》惟注一条，《盗跖篇》惟注三十八字，《说剑篇》惟注七字，似不应简略至此，疑有所脱佚。又《列子》"生物者不生，化物者不化"二句，张湛注曰：《庄子》亦有此文，并引向秀注一条，而今本《庄子》皆无之，是并正文亦有所遗漏，盖其亡已久，今不可复考矣。

《四库全书简明目录标注》卷十四《子部·道家类》：《庄子注十卷》晋郭象撰。《世说新语》称象攘窃向秀注，后向注复出，遂两本并行。今乃向佚而郭存，以陆德明《庄子释文》所引向注互校，攘窃之迹灼然可见。然象亦有所补缀改定，不可目为秀书，故今仍题象名焉。

2. 已佚著作

(1)《论语体略》

《隋书》卷三十二《经籍志一·经部》：《论语体略》二卷晋太傅主簿郭象撰。……梁有……《论语隐》一卷，郭象撰。

《旧唐书》卷四十六《经籍志上·甲部经录》：《论语体略》二卷，郭象撰。

《新唐书》卷五十七《艺文志一·甲部经录》：郭象《体略》二卷。

《清史稿》卷一百四十五《艺文志一·经部》：晋郭象《论语体略》一卷。

《通志》卷六十三《艺文略》：《论语体略》二卷，晋郭象。

《玉海》卷四十一《艺文·晋〈论语〉集义、旨序、体略》：《体略》二卷太傅主簿郭象撰。

《经义考》卷二百十二《论语》：郭氏《论语体略》，隋志二卷，佚。隋志，太傅主簿郭象撰。《论语隐》，《七录》一卷，佚。

《经义考》卷二百十二《论语》：佚亡名氏《论语隐义》，佚。按《论语隐义》隋志不载，但有其注载。《七录》未审即是郭象《论语隐义》否。

皇侃《论语集解义疏·序》："……晋太保河东卫瓘字伯玉，晋中书令兰陵缪播字宣则，晋广陵太守高平栾肇字永初，晋黄门郎颍川郭象字子玄，晋司徒济阳蔡谟字道明，晋江夏太守陈国袁宏字叔度，晋著作郎济阳江淳字思俊，晋抚军长史蔡系字子叔，晋中书郎江夏李充字弘度，晋廷尉太原孙绰字兴公，晋散骑常侍陈留周怀字道夷，晋中书令颍阳范宁字武子，晋中书令琅琊王珉字季瑛，右十三家为江熙字太和所集。侃今之讲，先通何《集》，若江《集》中诸人有可采者，亦附而申之。”

《郡斋读书志》后志卷一《经类》：皇侃《论语》十卷。右梁皇侃撰。古今《论语》之注多矣。何晏集七家，复采古论语注，为《集解》，行于世。侃今又引卫瓘、缪播、栾肇、郭象、蔡谟、袁宏、江惇、蔡奚、李充、孙绰、周怀、范宁、王珉凡十三家之说成此书。其《序》称江熙所集，世谓其引事虽时近诡异而援证精博，为后学所宗云。

《玉海》卷四十一《艺文·梁〈论语〉疏》：《中兴书目》梁国子助教皇侃以何晏《集解》去取为疏十卷，又列晋卫瓘、缪播、栾肇、郭象、蔡谟、袁宏、江厚、蔡奚、李充、孙绰、周怀、范宁、王珉等十三人爵里于前，云此十三家是江熙所集，其解释于何集无妨者，引取以广异闻。

《文献通考》卷一百八十四《经籍考》：皇侃论语疏十卷。晁氏曰：梁皇侃撰。古今论语之注多矣。何晏集七家，复采古论语注为《集解》，行于世。侃今又引卫瓘、缪播、栾肇、郭象、蔡谟、袁宏、江惇、蔡奚、李充、孙绰、周怀、范宁、王珉凡十三家之说成此书。其《序》称江熙所集，世谓其引事虽时诡异而援证精博，为后学所宗云。

《四库全书总目》卷三十五《经部·四书类》：《论语义疏》十卷浙江巡抚采进本。魏何晏注梁皇侃疏。……据《中兴书目》称侃以何晏《集解》去取为疏十卷，又列晋卫瓘、缪播、栾肇、郭象、蔡谟、袁宏、江厚、蔡溪、李充、孙绰、周怀、范宁、王珉等十三人爵里于前，云此十三家是江熙所集。其解释于何集。案何集二字不甚可解，盖何氏集解之省文，今姑仍原本录之，无妨者引取以广异闻。此本之前，列十三人爵里，数与《中兴书目》合，惟江厚作江淳，蔡溪作蔡系，周怀作周壤，殆传写异文欤。

(2)《老子注》

《郡斋读书志》卷三上《子部·道家类》：《三十家注老子》八卷，右唐蜀郡岷山道士张君相集河上公、严遵君平、王弼辅嗣、郭象子玄、钟会士季、孙登公和、羊祜叔子、罗什、卢裕仲儒、刘仁会、顾欢景怡、陶隐居、松灵仙、裴处恩、杜弼、节解、张凭、张嗣、臧玄静、大孟、小孟、窦略、宋文明、褚糅、刘进喜、蔡子晃、成玄英、车惠弼等注。君相称三十家而列其名止二十有九。盖君相自为一家言，并数之尔。君相不知何时人，而谓成玄英为皇朝道士，则唐天宝后人也。“绝学无忧”一句，附“绝圣弃知”章下，以“唯之与阿”，别为一章，与诸本不同。（缺何晏，待考）

《玉海》卷五十三《艺文·诸子》：《道德经》三十家注六卷，唐张君相集解。集河上公、严遵、王弼、何晏、郭象、钟会、孙登、羊祜、罗升、卢裕、刘仁会、顾欢、陶隐居、松灵仙人、裴处恩、杜弼、节解、张凭、张嗣、臧玄静、大孟、小孟、窦略、宋文明、褚糅、刘进喜、蔡子晃、成玄英、车惠弼等注。

《文献通考》卷二百一十《经籍考三十八·子·道家》：《三十家注老子》八卷：晁氏曰：唐蜀郡岷山道士张君相，集河上公、严遵、王弼、何晏、郭象、钟会、孙登、羊祜、罗什、卢裕、刘仁会、顾欢、陶隐居、松灵仙人、裴处恩、杜弼、节解、张凭、张嗣、臧元静、大孟、小孟、窦略、宋文明、褚糅、刘进喜、蔡子晃、成元英、车惠弼等注。君相称三十家而列其名止二十有九，盖君相自以为一家言，并数之耳。君相不知何时人，而谓成元英为皇朝道士，则唐天宝后人也。以“绝学无忧”一句，附“绝圣弃知”章末，以“唯之与阿”，别为一章，与诸本不同。

（3）《庄子音》

《隋书》卷三十四《经籍志·子》：《庄子音》三卷郭象注。

《通志》卷六十七《艺文略》：《庄子》…… 又十卷郭象注。《庄子音》……又三卷郭象撰。

（4）《致命由己论》

萧统《文选》卷五十四刘峻《辩命论》：“萧远论其本而不畅其流，子玄语其流而未详其本。”李善注：“李萧远作《运命论》，言治乱在天，故曰论其本；郭子玄作《致命由己》之论，言吉凶由己，故曰语其流。”

（5）《郭象集》

《隋书》卷三十五《经籍志四·集》:晋太傅主簿《郭象集》二卷梁五卷,录一卷。

《旧唐书》卷四十七《经籍志下·丁部集录》:《郭象集》五卷。

《新唐书》卷六十《艺文志四·丁部集录》:《郭象集》五卷。

《通志》卷六十九《艺文略》:太傅《郭象集》五卷。

(6)《碑论》

《晋书》卷五十《郭象传》:著《碑论》十二篇。

三、背景考辨论文

（一）“竹林七贤”考

关于嵇康、阮籍、山涛、向秀、阮咸、王戎、刘伶七贤同游竹林的记载，自东晋初期见著于史传后，一千多年间几乎没有人对其真实性提出疑问。近代学术巨子陈寅恪先生首发新论，认为“竹林七贤”系东晋士人受佛教“格义”学风影响，取释迦牟尼说法的“竹林精舍”之名，附会《论语》“作者七人”之事数而成，并非历史实录。[①] 此论石破天惊，影响了当代学术界的研究思路。一些学者沿着这条思路继续发展，对“竹林七贤”说进一步“证伪”，认为竹林七贤之间的年龄差异和居地距离，使其不可能同时聚会于山阳，而且考证出造假

---

① 陈寅恪在《陶渊明之思想与清谈之关系》中称：“所谓‘竹林七贤’者，即取《论语》‘作者七人’之事数，实与东汉末‘三君’、‘八厨’、‘八及’等名目同为标榜之义。迨西晋之末，僧徒比附内典、外书之‘格义’风气盛行，东晋初年乃取天竺‘竹林’之名加于‘七贤’之上，至东晋中叶以后，江左名士孙盛、袁宏、戴逵辈遂著之于书。”见《金明馆丛稿初编》，上海古籍出版社，1982 年版，第 181 页。又，陈寅恪在《三国志曹冲华陀传与佛教故事》中说：“袁宏《竹林名士传》，戴逵《竹林七贤论》，孙盛《魏氏春秋》，臧荣绪《晋书》及唐修《晋书》等所载嵇康等七人，固皆支那历史上之人物也。独七贤所游‘竹林’，则为假托佛教名词，即‘Velu’或‘Veluvana’之译语，乃释迦牟尼说法处，历代所译经典皆有记载。”见《寒柳堂集》，上海古籍出版社，1980 年版，第 161 页。

者可能是东晋谢安。[1] 然而,笔者通过对"竹林之游"遗址的实地考察,[2]并全面梳理了与竹林七贤有关的历史、地理、文学、宗教等文献资料后感到:尽管大师与时贤的观点推动了竹林七贤研究的深化,但智者千虑,难免有失。

一

关于东晋初史家受"格义"风尚影响附会佛经而创造"竹林七贤"说法如果成立,其必要条件是:此前所译佛经中的"竹林"译名已经普遍存在。那么,史实又是如何呢?为解决这个问题,笔者据《大藏经索引》对《大正藏》中关于释迦牟尼在王舍城迦兰陀讲经园林"Venuvanan"(梵文)或"Veluvana"(巴利文)翻译情况进行了统计,[3]发现该园林存在着三种译名:"竹园"、"竹林"或"竹林园"。有的佛经译为"竹园",有的译为"竹林",有的则同时译为"竹园"、"竹林"或"竹林园"几种不同译名。为清晰地揭示这一译名演变的规律,将检索结果按东汉——西晋、东晋十六国、南北朝、隋唐、宋元明清五个时代分别列表,表中译名顺序按"竹园"、"竹林"、"竹林园"三个条目排列;"竹园"、"竹林"、"竹林园"三译名中有两种以上在同一经典中出现的,均归于"竹林园"条目下。每一条目内则按该经典在《大正藏》中出现的次序排列。作综合统计表如下:

---

① 周凤章:《"竹林七贤"称名始于东晋谢安说》,《学术研究》1991年第6期;范子烨:《论异型文化之合成品:"竹林七贤"的意蕴与背景》,《学习与探索》1997年第2期。

② 1996年10月下旬—11月上旬,以方志资料为线索,作者与业师郑佩欣、丁冠之教授赴河南太行山南麓焦作、辉县地区的有关竹林之游遗址——如山阳城遗址、竹林泉、嵇山、禅陵、苏门山等,进行了实地考察,为重新解释有关文献提供了地理佐证。

③ 《大藏经索引》系日本学者集体编纂,吉林文史出版社,1987年版。

表一：汉——西晋时期“竹林”译名

序号	译　名	册数	页数	经典名称	译者与时代
1	竹园	1	837A	阿那律八念经	后汉·支曜
2	迦兰陀竹园	1	842B	受岁经	西晋·竺法护
3	迦兰陀竹园	3	79C	生经	西晋·法炬
4	竹园	3	533B	普曜经	西晋·竺法护
5	罗阅祇竹	4	154A	中本起经	后汉·昙果、康孟详
6	竹园	4	164A	佛说兴本起经	后汉·康孟详
7	王舍国多鸟竹园	4	179A	义足经	吴·支谦
8	迦邻竹园	13	897C	般舟三昧经	后汉·支娄迦谶
9	罗阅祇竹园	13	920	拔陂菩萨经	后汉·安世高
10	迦邻竹园	14	625A	持人菩萨经	西晋·竺法护
11	罗阅祇竹园	14	809A	长者音悦经	吴·支谦
12	王舍国竹园	14	809C	私诃三昧经	吴·支谦
13	迦邻竹园	15	1A	持心梵天所问经	西晋·竺法护
14	罗阅祇竹园	15	507B	无极宝三昧经	西晋·竺法护
15	迦兰陀竹园	17	553B	鬼问目连经	后汉·安世高
16	迦兰陀竹园精舍	24	910A	犯戒罪报轻重经	后汉·安世高
17	迦兰陀竹林	4	203A	撰集百缘经	吴·支谦

续 表

序号	译 名	册数	页数	经典名称	译者与时代
18	罗阅祇竹园	4	575C	法句譬喻经	西晋·法炬、法立
	竹林	4	576A	法句譬喻经	西晋·法炬、法立
19	王舍城鹊封竹园	17	738B	时非时经	西晋·若罗严①
	迦兰陀竹林园	17	739A	时非时经	西晋·若罗严
20	竹林迦兰檀园	2	856B	频毗娑罗王诣佛供养经	西晋·法炬
	园迦兰陀所	2	856B	频毗娑罗王诣佛供养经	西晋·法炬
21	迦兰陀竹林	50	99A	阿育王传	西晋·安法钦
	竹园	50	115A	阿育王传	西晋·安法钦

表二：东晋十六国 时期“竹林”译名

序号	译 名	册数	页数	经典名称	译者与时代
1	竹园	1	12A	长阿含经	后秦·竺佛念
2	竹园	2	640B	增壹阿含经	东晋·瞿昙僧伽提婆
3	竹园	4	147A	十二游经	东晋·迦留陀伽
4	迦兰陀竹园	4	619A	出曜经	后秦·竺佛念

① 《大正藏》收录了两种未注明出处的不同译本，前本译为“王舍城鹊封竹园”，后本译为“迦兰陀竹林园”。《中华大藏经》(中华书局，1989 年版)第 36 册收录了该经两种有出处译本：高丽本与《大正藏》前本同，清藏本与《大正藏》后本同。

续　表

序号	译　名	册数	页数	经典名称	译者与时代
5	迦兰陀竹园	11	528C	大宝积经	后秦·鸠摩罗什
6	迦兰陀竹园	14	642A	持世经	后秦·鸠摩罗什
7	迦兰陀竹园	15	242C	禅秘要法经	后秦·鸠摩罗什
8	罗阅祇竹园	15	518B	宝如来三昧经	东晋·祇多蜜
9	迦兰陀竹园	16	127A	华手经	后秦·鸠摩罗什
10	迦兰陀竹园	22	264A	摩诃僧祇律	东晋·佛陀跋陀罗、法显
11	迦兰陀竹园	22	605C	四分律	后秦·佛陀耶舍、竺佛念
12	迦兰陀竹园	24	867B	鼻奈耶	后秦·竺佛念
13	耶离竹林	1	509B	中阿含经	东晋·瞿昙僧伽提婆
14	竹林	4	329B	大庄严论经	后秦·鸠摩罗什
15	迦兰陀竹林	15	33A	思益梵天所问经	后秦·鸠摩罗什
16	竹林	16	355B	金光明经	北凉·昙无谶
17	竹林精舍	17	552A	除恐灾患经	西秦·圣坚
18	竹林精舍	21	521A	灌顶经	东晋·帛尸梨蜜多罗
19	竹林	38	340A	注维摩诘经	后秦·僧肇
20	竹园	4	33B	佛所行赞	北凉·昙无谶
	竹林	4	33A	佛所行赞	北凉·昙无谶

续 表

序号	译　名	册数	页数	经典名称	译者与时代
21	竹园	23	31C	十诵律	后秦·弗若多罗、罗什
	竹林	23	243A	十诵律	后秦·弗若多罗、罗什
22	竹园	25	77C	大智度论	后秦·鸠摩罗什
	竹林	25	206C	大智度论	后秦·鸠摩罗什

表三:南北朝时期"竹林"译名

序号	译　名	册数	页数	经典名称	译者与时代
1	鹊封竹园	4	546B	百喻经	南齐·求那毗地
2	罗阅祇竹园	14	792C	摩达国王经	刘宋·沮渠京声
3	迦兰陀竹园	14	948B	大方等修多罗王经	北魏·菩提流支
4	罗阅祇竹园	17	870B	懈怠耕者经	刘宋·惠简
5	迦兰陀竹园	22	109C	弥沙塞部和醯五分律	刘宋·佛陀什、竺道生
6	迦兰陀竹林	14	949A	转有经	北魏·佛陀扇多
7	迦兰陀竹林	15	62B	胜思唯梵天所问经	北魏·菩提流支
8	迦兰陀竹林	16	468A	无上依经	梁·真谛
9	竹林	17	52A	正法念处经	北魏·瞿昙般若流支

续 表

序号	译 名	册数	页数	经典名称	译者与时代
10	迦兰陀竹林	17	846A	诸法勇王经	刘宋·昙摩蜜多
11	迦兰陀竹林	17	582A	一切法高王经	北魏·瞿昙般若流支
12	柯兰陀所竹林	24	961C	佛说阿毗昙经	陈·真谛
13	迦兰陀竹园	2	5A	杂阿含经	刘宋·求那跋陀罗
	竹林聚落	2	108A	杂阿含经	刘宋·求那跋陀罗
14	竹园	3	651C	过去现在因果经	刘宋·求那跋陀
	竹林	3	620C	过去现在因果经	刘宋·求那跋陀罗
15	迦兰陀竹园	4	376B	贤愚经	北魏·慧觉
	竹林	4	379C	贤愚经	北魏·慧觉
	竹林园	4	359C	贤愚经	北魏·慧觉
16	迦兰陀竹园	53	70C	经律异相	梁·宝唱
	迦兰陀竹林	53	188C	经律异相	梁·宝唱

表四：隋唐时期"竹林"译名

序号	译 名	册数	页数	经典名称	译者与时代
1	竹园	3	613B	方广大庄严经	唐·地婆诃罗
2	迦兰陀竹园	17	891C	出生菩提心经	隋·阇那崛多
3	迦兰陀竹园	34	665B	妙法莲花经玄赞	唐·窥基

续　表

序号	译　名	册数	页数	经典名称	译者与时代
4	竹园	45	892B	中天竺舍卫国祇洹寺图经	唐·道宣
5	竹园	50	93B	释迦氏谱	唐·道宣
6	迦兰陀竹园	50	237C	大唐大慈恩寺三藏法师传	唐·慧立本
7	竹园	51	4B	大唐西域求法高僧传	唐·义净
8	竹园	51	964B	释迦方志	唐·道
9	迦兰陀竹园	52	623A	北山录	唐·神清
10	竹林精舍	3	306C	大乘本生心地观经	唐·般若
11	竹林精舍	8	870B	大乘理趣六波罗蜜多经	唐·般若
12	迦兰陀竹林	11	20B	大宝积经	唐·菩提流志
13	迦兰陀竹林	12	178C	大乘显识经	唐·地婆诃罗
14	竹林	16	397B	合部金光明经	隋·宝贵、昙无谶
15	竹林	16	451B	金光明最胜王经	唐·义净
16	竹林	16	783B	甚稀有经	唐·玄奘
17	竹林	16	785C	最无比经	唐·玄奘
18	竹林迦兰陀精舍	17	859A	诸法最上王经	隋·阇那崛多
19	竹林精舍	21	286A	大药叉女欢喜母并爱子成就法	唐·不空

续　表

序号	译　名	册数	页数	经典名称	译者与时代
20	竹林	36	601C	大方广佛华严经随疏演义钞	唐·澄观
21	竹林精舍	39	1019C	佛顶尊胜陀罗尼经教迹义记	唐·法崇
22	大竹林	39	332C	金光明最胜王经疏	唐·慧沼
23	竹林	45	184C	肇论疏	唐·元康
24	竹林	50	624C	续高僧传	唐·道宣
25	竹林精舍	33	258A	仁王护国般若经疏	隋·智颢说,灌顶记
26	竹林精舍	33	317A	仁王般若经疏	隋·吉藏
27	竹林	33	740C	妙法莲花经玄义	隋·智颢
28	王舍城竹林园	7	1065C	大般若经	唐·玄奘
29	竹林园	21	303A	金色迦那钵底陀罗尼经	唐·金刚智
30	竹林园	21	490B	疗痔病经	唐·义净
31	竹林园	21	881C	善夜经	唐·义净
32	竹林园	24	432A	根本说一切有部尼陀那目得迦	唐·义净
33	竹林园	24	496A	根本说一切有部百一羯磨	唐·义净
34	竹林园	24	560B	根本说萨婆多部律摄	唐·义净

续　表

序号	译　名	册数	页数	经典名称	译者与时代
35	王舍城竹林园	27	917B	阿毗达摩大毗婆沙论	唐·玄奘
36	竹林园	33	239B	金刚般若波罗蜜经略疏	唐·智俨
37	竹林园	33	433C	仁王护国般若波罗蜜多经疏	唐·良贲
38	迦兰陀竹园	3	875C	佛本行集经	隋· 阇那崛多
	兰陀竹林	3	877B	佛本行集经	隋· 阇那崛多
	竹园林	3	860B	佛本行集经	隋· 阇那崛多
39	竹林精舍	23	717A	根本说一切有部毗奈耶	唐·义净
	竹林园	23	629C	根本说一切有部毗奈耶	唐·义净
40	竹林精舍	23	948C	根本说一切有部苾刍尼毗奈耶	唐·义净
	竹林园	23	911A	根本说一切有部苾刍尼毗奈耶	唐·义净
41	竹林园	23	1027A	根本说一切有部毗奈耶出家事	唐·义净
	竹园	23	1034B	根本说一切有部毗奈耶出家事	唐·义净
42	竹林精舍	24	19A	根本说一切有部毗奈耶药事	唐·义净
	羯兰铎迦竹园	24	19C	根本说一切有部毗奈耶药事	唐·义净

续　表

序号	译　名	册数	页数	经典名称	译者与时代
43	竹林	24	135B	根本说一切有部毗奈耶破僧事	唐·义净
	竹林园	24	165B	根本说一切有部毗奈耶破僧事	唐·义净
44	竹林园	24	210A	根本说一切有部毗奈耶杂事	唐·义净
	竹园	24	287C	根本说一切有部毗奈耶杂事	唐·义净
45	竹林园	24	765B	善见律毗婆沙	唐·义净
	竹林精舍	24	768B	善见律毗婆沙	唐·义净
46	竹林园	45	304C	大乘法苑义林章	唐·窥基
	竹园	45	268A	大乘法苑义林章	唐·窥基
47	竹林园	51	922A	大唐西域记	唐·玄奘
	迦兰陀竹园	51	922A	大唐西域记	唐·玄奘
48	迦兰陀竹园	53	477B	法苑珠林	唐·道世
	迦兰陀竹林	53	576A	法苑珠林	唐·道世
49	竹园精舍	54	158C	诸经要集	唐·道世
	迦兰陀竹林	54	141C	诸经要集	唐·道世

表五：宋元明清时期“竹林”译名

序号	译　名	册数	页数	经典名称	译者与时代
1	迦兰陀竹园	1	861B	解夏经	宋·法贤
2	竹园	50	792A	宋高僧传	宋·赞宁

续 表

序号	译 名	册数	页数	经典名称	译者与时代
3	迦兰陀竹园	51	982A	游方记钞	宋·范成大
4	竹林精舍	1	226B	尼拘陀梵志经	宋·施护
5	竹林精舍	3	334A	菩萨本生论	宋·绍德慧询
6	竹林精舍	3	406C	月光菩萨经	宋·法贤
7	迦兰那陀竹林	3	965C	众许摩诃帝经	宋·法贤
8	迦兰陀竹林精舍	14	773B	随勇尊者经	宋·施护
9	迦兰陀竹林精舍	14	854B	光明童子因缘经	宋·施护
10	迦兰陀竹林精舍	17	896C	发菩提心破诸魔经	宋·施护
11	竹林精舍	23	614C	萨婆多部毗尼摩得勒伽	宋·僧伽跋摩
12	竹林精舍	24	911B	目连所问经	宋·法天
13	迦兰陀竹林精舍	33	188A	金刚经纂要刊定记	宋·子璇
14	竹林	54	1075A	翻译名义集	宋·法云
15	竹林园	4	81A	佛本行经	宋·释宝云
16	竹林园	49	725B	释氏稽古略	明·觉岸
17	竹林园	51	717C	传法正宗记	宋·契嵩
18	竹林园	51	827C	三宝感应要略录	宋·非浊
19	迦兰陀竹林园	14	767A	初分说经	宋·施护
	迦兰陀竹林精舍	14	768B	初分说经	宋·施护

续　表

序号	译　名	册数	页数	经典名称	译者与时代
20	迦兰陀竹园	54	236C	大宋僧史略	宋·赞宁
	竹林	54	242C	大宋僧史略	宋·赞宁
21	迦兰陀竹园	54	262B	释氏要赞	宋·赞宁
	竹林精舍	54	267B	释氏要赞	宋·赞宁

表六：统计结果

时代	总数	竹园	竹林	竹林园
东汉—西晋	21例，100%	16例，76%	1例，5%	4例，19%
东晋十六国	22例，100%	12例，55%	7例，32%	3例，13%
南北朝	16例，100%	5例，31%	7例，44%	4例，25%
隋唐	49例，100%	9例，18%	18例，37%	22例，45%
宋元明清	21例，100%	3例，14%	11例，53%	7例，33%

以上统计结果无法支持“竹林七贤”是东晋史家附会佛教典故而成的观点，理由如下：

首先，“竹林七贤”说形成于东晋初期，而在此之前东汉三国西晋时期佛教译经的21例中，“竹园”16例，占76%；“竹林”仅1例，占5%；“竹林园”4例，占19%。释迦牟尼说法处，大多数被译为“竹园”，而不是“竹林”。原因很简单，“竹园”的译法，符合汉晋时期中国社会的思想观念和语言习惯。这个时期的贵族园林，多以“园”命名，如“沁园”、“金谷园”等。如果东晋初期的史家以这类佛经附会道家的七贤，应创造出“竹园七贤”更合逻辑。按史学界通行的规则，对古代史籍中有明确记载的事件，如果今人要证明其不真实，应拿出更有力的证据。

可见,尽管东汉三国西晋所译佛经有少数“竹林”译名,但是面对大多数被译为“竹园”的事实,要推翻东晋初期史家的文献记载,显然证据不足。

其次,自东晋初期“竹林七贤”说流行后,佛经翻译才开始了由“竹园”向“竹林”的缓慢转变。[①] 东晋十六国、南北朝、隋唐、宋元明清四个时期,“竹园”译名逐渐下降,依次为55%、31%、18%、14%;“竹林”译名逐渐上升,依次为32%、44%、37%、53%;“竹林园”的译名也逐渐上升,依次为13%、25%、45%、33%。如何解释这个变化呢?如果还未找到更好的理由,那么,“竹林七贤”历史典故的广为流传,可能就是影响佛教译名变化的原因。换句话说,不是佛经的“竹林说法”典故影响了“竹林七贤”称号的产生,可能是“竹林七贤”的典故影响了佛经翻译发生变化。

两晋之际“以经中事数,拟配外书”[②]的佛教格义,是以中国的名词概念和学术思想去附和解释佛经,而不是相反。况且格义的最重要规则是解释者与被解释者之间存在着可类比的共同性质。因此即使双方出现互动,士人以佛经典故比附中国历史文化现象,也应遵循格义规则,在类似事物之间建立联系。然而,中国的“竹林之游”与印度的“竹林说法”性质不同。首先,前者是几个朋友相聚,清谈饮酒的平等交流;后者则是教主向信徒布道,听众动辄千万,如竺法护译《无极宝三昧经》载:“一时佛在罗阅祇竹园中,与千二百五十比丘俱。”[③]《持心梵天所问经》载:“一时佛在王舍城迦邻竹园中与大比丘众俱,比丘六万四千,菩萨七万二千。”[④]再者,汉晋之际的观念中,圣人不可学不可至,贤人与圣人有着不可逾越的鸿沟,不可同日而语。“竹林七贤”属于贤人,与佛

① 表二所列东晋十六国时期的佛经,翻译时间均在“竹林七贤”说形成之后。

② 《高僧传》卷四《竺法雅传》,中华书局,1992年版,第152页。

③ 出处见表一。

④ 出处见表一。

教中高僧地位相当，故孙绰作《道贤论》“以天竺七僧方竹林七贤”[①]。佛祖则与圣人同，孙绰《喻道论》说：“周、孔即佛，佛即周孔，盖外内名耳。”[②]故他没有以七贤去“方”诸佛，因为两者不能类比“格义”。

太行山以南的北方地区，自古便有竹子生长，甚至作为经济作物大面积人工种植。《史记·殖货列传》：“渭川千亩竹……此其人皆与千户侯等。”汉晋之际随着庄园经济的发展，北方的士大夫在修建风景秀丽、自给自足的庄园时，一般要种植竹子。汉末仲长统是山阳高平（今山东济宁）人，年轻时代活动足迹在北方地区，“年二十余，游学青、徐、并、冀之间”[③]，后参曹操军事，长期生活在邺。而他在《昌言》这样描写理想中的庄园：“使居有良田广宅，背山临流，沟池环匝，竹木周布。”[④]西晋潘岳的庄园则实实在在位于洛阳南郊的洛水之滨，他在《闲居赋》中这样写道：“爰定我居，筑室穿池……竹木蓊蔼，灵果参差。”[⑤]由此可见，河内山阳嵇康的庄园中有竹林，生长着竹林是完全可能的，而历史文献记载和实地考察证明，“竹林之游”的两处遗址——即嵇康的两个故居：山阳园宅和嵇山别墅，竹林并非虚构。

第一，山阳园宅。《水经注》卷九《清水》：“又迳七贤祠东。左右筠篁列植，冬夏不变贞萋。魏步兵校尉陈留阮籍，中散大夫谯国嵇康，晋司徒河内山涛，司徒琅邪王戎，黄门郎河内向秀，建威参军沛国刘伶，始平太守阮咸等，同居山阳，结自得之游，时人号之为竹林七贤。向子期所谓山阳旧居也。后人立庙于其处。庙南又有一泉，东南流，注于长泉水。郭缘生《述征记》所云：‘白鹿山东南二十五里，有嵇公故居，以居时

① 《高僧传》卷一《竺法护传》，第 24 页。
② 《弘明集》卷三孙绰《喻道论》，第 17 页 A。
③ 《后汉书》卷四十九《仲长统传》，第 1643～1644 页。
④ 《后汉书》卷四十九《仲长统传》，第 1644 页。
⑤ 《晋书》卷五十五《潘岳传》引《闲居赋》，第 1505 页。

有遗竹焉。'盖谓此也。"[①]郭缘生《述征记》关于竹林遗址的记载,又见于多种类书征引,其中《太平御览》卷六十四《居处部四·宅舍》所引最为详细:"山阳县城东北二十里,魏中散大夫嵇康园宅,今悉为田墟。而父老犹谓嵇公竹林地,以时有遗竹也。"郭缘生生平事迹不详,《隋书·经籍志》卷二《史部·地理类》记载:"《述征记》二卷,郭缘生撰。"该书《史部·杂传类》又载:"《武昌先贤传》,宋天门太守郭缘生撰。"可见,郭缘生是南朝刘宋时期的人,《述征记》是记载山阳嵇康园宅遗址生长竹林的最早文献资料。《水经注》中的"七贤祠",元末改为佛教庙宇"竹林寺",但寺内有"七贤堂",供奉"竹林七贤"。庙南"七贤泉",后名"竹林泉"。此庙此泉见诸历代文献,如《太平寰宇记》、《明一统志》、《河南通志》、《大清一统志》、乾隆《获嘉县志》、《辉县志》、道光《修武县志》以及今修《修武县志》等[②]。竹林寺(七贤祠)遗址与竹林泉相邻,位于今河

---

① [北魏]郦道元撰,陈桥驿点校:《水经注》卷九《清水》,上海古籍出版社,1990年版,第180～181页。以下所引《水经注》均为该版本。

② A. 七贤祠:《太平寰宇记》卷五十三《河北道二·怀州获嘉县》曰:"七贤祠在县西北四十二里,阮籍等游处。《水经注》云:'七贤祠左右筠篁列植,冬夏不变,向子期所谓山阳旧居。'即此祠之处也。"台湾商务印书馆景印文渊阁《四库全书》,1986年版,第469册,第447页。以下所引《太平寰宇记》均为该版本。《大清一统志》卷一五八《卫辉府》:"七贤祠在辉县西南六十里,今为竹林寺。"雍正《河南通志》卷五《寺·卫辉府》:"竹林寺,在辉县城西南六十里,即晋七贤所游之地。"乾隆《辉县志》:"七贤堂在竹林寺内,祀晋嵇康、阮籍、阮咸、山涛、向秀、刘伶、王戎,世称竹林七贤。"道光《修武县志》卷三《舆地志·古迹》:"七贤乡在县东北,元《乡学记碑》阴记载有七贤乡十村乡学,碑存学宫。明李濂《宁邑记》亦云:'浊鹿城有汉献帝墓,七贤竹林亦在此地。'寻访得一寺,实七贤堂旧址,盖后人建堂于竹林,以祀七贤者。草莽中卧一断碣,隐隐可考……可见明时尚有旧址。"B. 竹林泉:戴明扬《嵇康集校注·附录》引顺治《河南通志》:"七贤泉源出辉县山阳社,东南流经获嘉县,入三桥陂。"雍正《河南通志》卷七《山川·卫辉府》:"七贤泉,源出辉县山阳社东南,流经获嘉县入三桥陂。"乾隆《辉县志》:"清水泉即梅竹泉,《通志》名七贤泉,俗名竹林。泉在县在县西六十里山阳镇,即晋七贤栖隐之地。"

南辉县鲁庄与山阳村之间。如今竹林寺已荡然无存，而竹林泉却万古流淌，泉水汇成清澈湍急的小溪，绕竹林遗址东流，岸边有大片翠绿的竹林。访问村民得知，他们不知“竹林七贤”典故，种竹不是为了纪念先贤，而是为经济目的，是当地重要副业。但是对我们这些“竹林七贤”寻踪者来说，清凉的泉水和茂密的竹林则有了特殊的意义。打铁需好水，竹林非虚构。《世说新语·简傲》注引《文士传》描述的嵇康灌园打铁情景，似乎穿越了时空，就在眼前：“康性绝巧，能锻铁。家有盛柳树，乃激水以圜之，夏天甚清凉，恒居其下傲戏，乃身自锻。”嵇康引来的水，乃竹林泉之水。

第二，嵇山别墅。魏晋士人除了经常性居住和经营的园宅，还在依山傍水处修建游乐性的别墅，史书中称为“山墅”。嵇康也不例外，他在距竹林泉庄园西北二十五里左右的嵇山便拥有别墅。嵇康在与郭氏兄弟互赠的诗中，透露了这一信息：“昔蒙父兄祚，少得离负荷。因疏遂成懒，寝迹北山阿。”①“亮无佐世才，时俗所不量。归我北山阿，逍遥以相佯。”②其中的“北山阿”，不是表达理想憧憬的文学描写，而是坐落在嵇山的别墅，竹林之游的第二个处所。当笔者沿着漫长而曲折的进山古道，到达群山环抱的山奥——天门山百家岩下的嵇山时，理解了“北山阿”一词的含义。《修武县志》还附有古代地图，与考察结果相同。以上文献中出现的白鹿山、天门山、嵇山，实际上是对同一座山几个山峰的不同称谓。该山位于太行山南部、修武县北境，山势极雄伟。百家岩是天门山南坡下一个约高 170 米、宽 500 米的巨大峭壁，峭壁下的一低矮的小山丘便是嵇山。峭壁与嵇山之间有个约宽 30 米、长 100 米的平缓地，可供百家人居住（故名“百家岩”），有清泉、山溪，风景秀丽，嵇康的山墅即建在此处，后被佛教庙宇“百岩寺”取代。竹林之游的古迹，集中在这一带，如刘伶醒酒台、孙登长啸台、阮氏竹林、嵇康锻灶、

① 戴明扬：《嵇康集校注》卷一《答二郭三首》，第 61 页。
② 戴明扬：《嵇康集校注》卷一《郭遐周赠三首》，第 55 页。

淬剑池等。对此处的自然与人文地理,《元和郡县志》、《太平寰宇记》、《明一统志》、《河南通志》、《大清一统志》、道光《修武县志》等,作了详细的记载。① 需要指出的是,在百家岩附近的山坡上,到处可见一丛丛

① 《元和郡县志》卷二十《卫州共城县》曰:"白鹿山在县西五十四里。天门山在县西五十里。"《元和郡县志》卷二十《怀州修武县》曰:"天门山今谓之百家岩,在县西北三十七里,以岩下可容百家,因名。上有精舍,又有锻灶处所,即嵇康所居也。"《太平寰宇记》卷五十六《河北道五·卫州共城县》曰:"白鹿山在县西北五十三里,西与太行山连接,上有天门谷、百家岩。"(第469册,第469页。)《太平寰宇记》卷五十三《河北道二·怀州修武县》曰:"天门山今谓之百家岩,在县西北三十七里,以岩下可容百家,因名。上有精舍,又有锻灶处所,人云即嵇康所居。《图经》云:'山岩有刘伶醒酒台,孙登长啸台,阮氏竹林,嵇康淬剑池,并在寺之左右。'山阳城北有秋山,即嵇康之园宅也。"(第469册,第446页。)《明一统志》卷二十八《怀庆府》:"天门山在修武县西北四十里,诸山中惟此最低,故名天门。以岩下可容百家,又名百家岩,上有精舍,及锻灶处。""嵇山,在修武县西北三十五里,嵇康墓在其下,故名。""醒酒台,在修武县东北百家岩前,有巨石,晋刘伶醒酒处。"戴明扬:《嵇康集校注·附录》引顺治《河南通志》:"嵇山在修武县西北五十里,晋嵇康尝居其下。天门山在修武县西北四十里,诸山惟此最低,故名天门。百家岩在天门山内,以岩下可容百家,故名。上有精舍及锻灶处。淬剑池在修武县北,昔嵇康尝淬剑于此,石刻尚存。"(第375页)《大清一统志》卷一百六十《怀庆府》:"天门山在修武县西北四十里,两山对峙,其状如门,山麓有百家岩,有嵇康锻灶。……淬剑池在修武县西北嵇山下,宋嘉佑四年,河北提刑使曹泾大书'淬剑池'三字石刻存。……醒酒台在修武县西北百丈岩前,传是刘伶遗迹。宋曹泾大书石刻存。""嵇山在修武县西北三十五里,晋嵇康家居焉,亦名秋山。"道光《修武县志》卷二《舆地志·山川》:"百家岩在天门谷下,《元和郡县志》:'以岩下可容百家,因名。上有精舍,又有锻灶处所。'""嵇山即解虎坪,在百家寺前。今寺前解虎坪,土人亦呼为嵇山,因嵇康得名也。程春海《国策地名考》:'嵇康山阳旧居,本名秋山,盖即嵇山也。'"道光《修武县志》卷三《舆地志·古迹》:"百家岩……在天门谷下……天门瀑布自岩岭而下,有奇石如舌,即刘伶醒酒台也。台下绝涧,瀑布挂之,为嵇康淬剑池,旁有锻灶,今弗存矣。……刘伶醒酒台,孙登长啸台,阮氏竹林,嵇康淬剑池,并在寺之左右。……案唐杜鸿渐《百岩寺碑》云:'奇檀修竹,嵇灶孙台。'……嵇灶孙台,唐时犹有之,益信七贤流连于此山。"

野生的竹子。这里也是“竹林七贤”游宴清谈之地。

二

“竹林”的存在已得到了证明，那么，“七贤”故里之间的距离，是否能成为他们聚会“竹林”的障碍呢？曹魏前期，士人多离本土，集中到首都洛阳和京畿地区居住，以至选官制度改变了传统的乡里选举，改用九品中正制。“竹林七贤”的实际居地与籍贯并无关系，他们多数居河内郡，少数居洛阳，相距不太远。

汉末的长期战乱造成了北中国人口锐减，出现了大量的无主荒田，这种现象在主战场首都洛阳附近的河南、河内郡更为明显，故曹操迁汉都于许昌，而定魏都为邺。在黄初元年(220)迁都洛阳所引起的移民浪潮中，曹魏中央政府官员从原居住地邺，携家带口迁往洛阳。当时地广人稀，官员们在京畿地区占田建宅，连原籍冯翊的半退职官员杨沛也“占河南夕阳亭部荒田二顷，起瓜牛庐，居止其中”。[①] 需要指出的是，由于对南方孙吴用兵，从皖北寿春到洛水以南被划为屯田区，故官员占田主要在洛水以北。因此位于洛阳北部的河内郡成了战略后方，地位相当于东晋的会稽。河内郡位于太行山南麓，土地肥沃，多泉水瀑布河流，遍布达官贵人的庄园水碓，其中“有公主水碓三十余区”[②]。嵇康原籍为谯郡铚人，其父为曹魏督军粮侍御史，他本人则与长乐亭公主结婚。山阳的庄园，既可能由其父所建，也可能来自其妻的陪嫁。“竹林七贤”之一的王戎，原籍琅琊，可能也是在魏初的移民浪潮中，由其父王浑在山阳置下园宅，成为嵇康长期的邻居，“戎自言与康居山阳二十年”[③]。山涛与向秀原籍分别为河内郡怀县(山阳南邻，今武陟县)的小虹桥村和尚村。即使山涛、向秀仍住在故里，与嵇康园宅相距亦不过七

① 《三国志》卷十五《魏书·贾逵传》注引《魏略》，第486～487页。
② 《太平御览》卷七百六十二《器物部七·碓》引王隐《晋书》，第3384页。
③ 《晋书》卷四十九《嵇康传》，第1370页。

十多里,[1]在“自由”占田的时代,可能住地更近。向秀《思旧赋》说:“余与嵇康、吕安居止接近。”“居止”不是指性行,而是指居住,上文杨沛“居止”草庐中,是其证。沛人刘伶同样不在原籍居住,史书所见其活动范围不出洛阳与河内一带。此人行踪不定,“常乘鹿车,携一壶酒,使人荷锸随之,云:‘死便掘地以埋。’”[2]与山阳、怀县相邻的河内获嘉县有刘伶墓,[3]距嵇康竹林园几十里,比山涛、向秀故里更近。

阮籍住在洛阳城外谷水转曲而东流处,该地因此得名“阮曲”,作为古迹载于历代地理著作。[4] 阮咸随其叔阮籍同居此地,“阮仲容、步兵居道南,诸阮居道北”。[5] 虽然洛阳与山阳相距较远,约二百五十里左右,但并不能阻碍阮氏叔侄去参加竹林游宴清谈。当时长住洛阳的达官贵人,最喜欢的旅游休假活动,便是北上河内,到太行山南麓的青山绿水间渔猎,在山墅中饮酒清谈。应璩的《与从弟君苗、君胄书》透露了有关曹魏士大夫“山阳情结”宝贵的信息。应璩是建安七子应玚之弟,在洛阳上层交际甚广,历任散骑常侍、侍中、大将军长史等要职,嘉平四年逝世。从信的内容看,原籍汝南的应氏家族如今已在河内山阳落户,

---

① 各种史书仅称山涛、向秀为“河内怀人”,未明村里。雍正《河南通志》卷四十九《陵墓·怀庆府》:“晋山涛墓,在武陟县城西虹桥村。”1931年《武陟县志》载向秀墓:“在尚村,相传尚村原名向村,即向秀故里。”两村与辉县鲁庄的直线距离,据地图比例尺推算出。本文其它不注明出处的距离,方法同此。

② 《世说新语·文学》注引《名士传》,第250页。

③ 1935年《河南获嘉县志》卷四《冢墓》:“刘伶墓,在县南三十五里郭堤东北二里许。东西十三步,南北十步,高约四尺,传为刘伶葬于此村。村之刘姓十余户,皆其后也,但中间世次已不可考。”另,《大清一统志》卷一百三十《兖州府》和清《山东通志》卷三十二《墓·峄县》又载刘伶墓在山东峄县东北二十里刘曜村。但是沛国地区未见刘伶墓的文字记载。

④ 《水经注》卷十六《谷水》:“谷水又东南转屈而东注,谓之阮曲,云阮嗣宗之故居也。”(第335页)《太平寰宇记》卷三《河南道三·河南府洛阳县》曰:“阮曲,《水经注》云:‘谷水又东南转曲而东注,谓之阮曲。’盖嗣宗所居之地。”(第25～26页)

⑤ 《世说新语·任诞》,第732页。

拥有了土地园宅。应璩在信中劝在山阳务农的两位从弟，千万不要入仕，而要致力于扩大庄园的经营规模："追踪丈人，畜鸡种黍。潜精坟典，立身扬名，斯为可矣……郊牧之田，宜以为意，广开土宇。"自己混迹官场，是不得已而为之，最高兴的活动，是越芒山、渡黄河，北上河内山阳，回到大自然中："闲者北游，喜欢无量。登芒济河，旷若发朦。风伯扫途，雨师洒道。按辔清路，周望山野。亦既至止，酌彼春酒。接武茅茨，凉过大夏；扶寸肴修，味逾方丈。逍遥陂塘之上，吟咏菀柳之下。结春芳以崇佩，折若华以翳日。弋下高云之鸟，饵出深渊之鱼……何其乐哉！"最理想的生活，是彻底退出政界归隐，"吾方欲秉耒耜于山阳，沉钩缗与丹水"①。这不是文学意象，而有确切的地理位置的庄园。丹水出太行山东南流，经山阳境内的邓城，后与沁水汇合。②

能满足魏晋士族"隐居"享乐的河内山阳，不是经济落后的穷乡僻壤，也不是简单的旅游胜地，软禁汉献帝的浊鹿城就在此地。曹魏在浊鹿城驻重兵，设特别军区"督军"，到西晋泰始二年(266)才撤销，"罢山阳公国督军，除其禁制"③。大量军人的消费，有利于该城的经济繁荣。另外，曹魏后期邺城是个大城市，软禁着大量的曹魏王公，而山阳恰恰位于洛阳与邺中间。这些因素，使浊鹿城成为从洛阳至邺交通要道上的重镇，嵇康的园宅位于浊鹿城东北郊，相距数里。④ 如向秀《思旧赋》描述他从洛阳出发北上赴嵇康故居的路线为："济黄河以泛舟兮，经山

---

① 萧统：《文选》卷四十二应休琏《与从弟君苗、君胄书》，第 599～600 页。

② 《水经注》卷九《沁水》："丹水自源东北流……又东南出山，迳邓城西……司马彪《郡国志》曰：'山阳有邓城。'……东南流，注于沁水，谓之丹口。"(第 188～189 页)

③ 《晋书》卷三《武帝纪》，第 55 页。

④ 浊鹿城的位置，历代史籍均有明确记载，道光《修武县志》卷二《舆地·故城考》对浊鹿城考证甚详。该城遗址位于现在的修武县城东北五里源乡李固村南。

阳之旧居。瞻旷野之萧条兮,息余驾乎城隅。"①文中所言停放马车的"城隅",便是浊鹿城。从该城到洛阳的路上,有宣阳城,是古代的驿站,称为"宣阳驿"②。可见,从洛阳到山阳,有便利的交通和居住的传舍,对名士的游乐、狩猎和学术交流提供了条件。这里既无物质匮乏,又无文化寂寞,因此也就成了名士"隐居"胜地。魏晋之际的"箕山"③在洛阳名士心中,是他们暂时获得精神超越的理想乐土,故史书中留下了阮籍、阮咸、阮侃等阮氏家族成员在山阳流连往返的记载;在洛阳当局眼里,则是一个政治敏感的地区,尤其当隐士云集之时,故钟会带大批随行,"乘肥衣轻,宾从如云"④,浩浩荡荡赴嵇康园宅"拜访",最终导致了竹林之游的悲剧结局。

"竹林七贤"的形成过程中,山涛起了重要作用。《晋书·山涛传》说山涛"与嵇康、吕安善,后遇阮籍,便为竹林之契"。所谓"竹林之契",是指约定时间游于竹林。这条史料透露的信息是:正始五年(244)39岁的山涛出任河内郡功曹,作为负责选拔人才的官员,结交了寓居本郡的才子嵇康、吕安,后将新识的阮籍介绍给嵇康,前期竹林之游的核心由此形成。据《世说新语·贤媛》记载,"山公与嵇、阮一面,契若金兰。山妻韩氏,觉公与二人异于常交"。应韩氏要求,山涛邀请二子来家中作客并留宿,韩氏夜晚从窗洞中窥视山、嵇、阮三人清谈"达旦忘返"。山涛家的这次小聚会,实际上是竹林之游的序曲。他们介绍各自的好友加入,是顺理成章的事。向秀与山涛故里相近,"少为山涛所知"⑤,自然由山涛介绍;阮咸、王

---

① 《晋书》卷四十九《向秀传》,第1375页。

② 戴明扬:《嵇康集校注》卷一《阮德如答二首》:"早发温泉庐,夕宿宣阳城。"(第68页)道光《修武县志》卷二《舆地·故城考》:"今县东南十八里宣阳驿,尚有废城址。"

③ 《晋书》卷四十九《向秀传》:"康既被诛,秀应本郡计入洛。文帝问曰:'闻有箕山之志,何以在此?'"(第1375页)

④ 《三国志》卷二十一《魏书·王粲传》注引《魏氏春秋》,第606页。

⑤ 《晋书》卷四十九《向秀传》,第1374页。

戎是通过阮籍;刘伶则因同气相求,"与阮籍、嵇康相遇,欣然神解,携手入林"①。当时山涛"家贫",嵇康的园宅成了活动中心。

正始后期,山涛、阮籍、嵇康曾到首都洛阳任职,并参加了正在蓬勃发展的玄学清谈。但是,到正始八年(247),面对曹爽与司马懿两大政治集团矛盾激化,他们像许多不愿卷入其中的士人一样,相继从政界退出,回乡隐居。关于山涛与阮籍的隐退过程,史书有明确记载。正始八年,任河南从事一职的山涛因洛阳的政治形势而焦虑得夜不能寐,"投传而去。未二年,果有曹爽之事,遂隐身不交世务"②。阮籍的情况大同小异,正始九年(248),"及曹爽辅政,召为参军。籍因以疾辞,屏于田里。岁余而爽诛,时人服其远识"③。

从正始八年前后山涛逃出洛阳回到河内,到景元三年(262 年)嵇康被杀,竹林之游持续了 15 年左右。以嵇康甘露元年～四年(256～259)离家赴河东学道三年为界,竹林之游可划为前期(247～256)和后期(259～262)。前期的核心人物是嵇康、阮籍、山涛,特点是避开洛阳的政治漩涡;后期的核心人物是嵇康、吕安、向秀,特点是消极抵制司马氏的"名教之治"。这个问题笔者在拙作《嵇康评传》中作了分析,④因不是本文主题,故不赘述。需要论证的是,无论前期还是后期,参加竹林之游的名士都不存在严密的组织,仅是个松散的文人群体。参加者也不局限于七人,史册留名的还有吕安、阮侃、赵至、郭遐周、郭遐叔等。但是"竹林七贤"的传说,可能以某次七人的竹林聚会为原型。时间发生在前期正始九年(248)的可能性最大,因为该年七贤均无官职,有可能同在山阳。而高平陵政变之后,阮籍自嘉平元年即被司马懿辟为从事中郎,此后,七贤很难全部相聚于竹林。

不能否认,"竹林七贤"的年龄存在着巨大的差异。正始九年,山涛

---

① 《晋书》卷四十九《刘伶传》,第 1376 页。

② 《晋书》卷四十三《山涛传》,第 1223 页。

③ 《晋书》卷四十九《阮籍传》,第 1360 页。

④ 王晓毅:《嵇康评传》,广西教育出版社,1994 年版。

43 岁,阮籍 38 岁,嵇康 25 岁,而王戎仅 14 岁,年龄太小,似乎不可能参加成人的清谈。然而,那是一个学者早熟的时代。王弼 17 岁时已成为崭露头角的玄学少年,出色地回答了裴徽提出的关于"儒道异同"的重大哲学问题;18 岁时已在何晏主办的清谈会上脱颖而出,成为学术明星。没有年龄与资格限制的学术平等,恰恰是正始清谈的特点。王戎的年龄和水平虽不能和王弼相比,但是他从 6 岁开始就以超常的聪明机智名扬天下,"戎幼而颖悟,神彩秀彻。视日不眩,裴楷见而目之曰:'戎眼烂烂,如岩下电。'年六七岁,于宣武场观戏,猛兽在槛中虓吼震地,众皆奔走,戎独立不动,神色自若。魏明帝于阁上见而奇之。又尝与群儿嬉于道侧,见李树多实,等辈竞趣之,戎独不往。或问其故,戎曰:'树在道边而多子,必苦李也。'取之信然"①。王戎 14 岁时,以思想深刻得到阮籍的赏识。年长王戎 20 多岁的阮籍,与王戎清谈的兴趣远远大于其父王浑,"阮籍与浑为友。戎年十五岁,随浑在郎舍。戎少籍二十岁,而籍与之交。籍每适浑,俄顷辄去,过视戎,良久然后出。谓浑曰:'俊冲清赏,非卿伦也。共卿言,不如共阿戎谈'"②。同时,王戎又家住山阳,故作为特殊情况,阮籍携"神童"王戎参加竹林之游是完全可能的。

三

既然"竹林七贤"是历史事实,为什么不见诸魏晋之际的文献呢?这个现象,与当时严酷的政治背景有关。

高平陵政变之后,中国历史走上了长达 16 年的魏晋禅代之路,史家以沉重的笔调写道:"魏晋之际,天下多故,名士少有全者"③。寥寥几笔,勾出了那个血腥的时代。以反抗司马氏名教之治为主题的竹林清谈最终以嵇康被杀而消亡。在政治恐怖的环境中,士大夫已失去了秉笔直书为这些持不同政见者树碑立传的勇气,即使嵇康的好友向秀

① 《晋书》卷四十三《王戎传》,第 1231 页。
② 《晋书》卷四十三《王戎传》,第 1231 页。
③ 《晋书》卷四十九《阮籍传》,第 1360 页。

也是如此。大约在嵇康和吕安被害的第二年～景元四年(263)元月，在强大的政治暴力面前，向秀不得不低头了——结束了"隐士"生活，以本郡计吏身份赴洛阳，被任命为散骑侍郎，成为最后一个向政治强权妥协投降的竹林名士。在回家准备赴任的途中，向秀有意绕道去了嵇康故居，创作了千古绝唱《思旧赋》，仅给后人透露了有关他与嵇康、吕安友谊的点滴信息。鲁迅曾说："年青时读向子期《思旧赋》，很怪他为什么只有寥寥的几行，刚开头却又煞了尾。"[①]细读《思旧赋》，在那躲躲闪闪的文字后面，可以感到魏末凛冽的政治严寒与向秀近乎心死的悲哀。

西晋王朝建立后，随着当年支持司马懿发动高平陵政变的老一代礼法之士已退出了历史舞台，而正始、竹林名士及追随者们逐渐上升，思想环境相对宽松的文化时代开始了。司马炎在其执政期间，积极解决魏晋禅代中遗留的历史问题，善待那些葬身于禅代之路上的玄学名流的后代。[②] 但是，司马炎并没有为魏末的政治反对派公开平反，如果将屠杀玄学名士的历史冤案全部翻过来，岂不是否定了自己上台的合理性吗？例如，泰始八年(272)的"党争"中，河南尹庾纯在一次酒会上质问贾充："高贵乡公何在？"[③]不仅揭了贾充的伤疤，而且对晋王朝不敬，致使司马炎下诏免庾纯的官职，并交司法部门论处。又如，嵇康的儿子嵇绍，因是政府要犯的儿子，直到太康二年(281)，才在山涛的荐举下入仕，"时以绍父康被法，选官不敢举。年二十八，山涛启用之，世祖发诏，以为秘书丞"[④]。在这种政治环境中，山涛、王戎等人不可能公开标榜竹林之游，更何况产生于司马炎时代的《魏书》、《三国志》等史书呢！不过，从山涛、阮咸、刘伶、向秀、王戎入晋后在政治舞台上互相呼应、互相支持的表现，可以证明他们之间有着深厚的历史渊源，如山涛、向秀都卷入了泰始七年～八年玄学派名士企图将贾充赶出朝廷的活

① 鲁迅：《南腔北调集》，人民文学出版社，1973年版，第62页。

② 详见王晓毅《司马炎与西晋玄、儒的升降》，《史学月刊》1997年第3期。

③ 《晋书》卷五十《庾纯传》，第1398页。

④ 《世说新语·政事》刘孝标注引王隐《晋书》，第171页。

动。又如，咸宁四年(278)，吏部郎这个重要职位出现空缺，山涛极力推荐阮咸，以至与晋武帝发生了冲突。这些现象，很可能与“竹林”时期结成的友谊有关。

以晋武帝的逝世为标志，西晋王朝进入了元康时期，魏晋玄学清谈也在这个时期出现了继正始之音后的第二个高潮。这时，除了王戎硕果仅存外，无论是竹林名士还是魏末迫害竹林名士的礼法派官员，都已离开了人世，魏末的血案，已与在位的当权派无关。竹林名士不得已而反礼法的过激言行，符合新一代的玄学青年“元康放达派”的胃口，而王戎的政治与学术地位，则对“竹林之游”在两晋之际的流传，起了直接作用。元康时期，王戎以尚书仆射领吏部，后迁司徒，长期主管选举，一手扶植了以其从弟王衍为代表的中朝名士上台，堪称元康玄学的后台元老。而王衍提拔的族弟王导、王敦，后来按其部署，辅佐司马睿创建了东晋王朝。王敦、王导元康时期曾追随王戎、王衍等前辈参加清谈的经历，是他们在东晋时经常炫耀的文化资本。但是，王衍有清谈误国和媚敌求生的劣迹，在东晋初期的士人社会中名声不佳，因此以王导为代表的东晋琅琊王氏家族，选择了王戎为家族先贤。嵇康、阮籍在两晋之际的威望与日俱增，宣扬“竹林之游”，对提高王戎以至该家族在士族清流社会中的地位，有着重要意义，于是王戎重游竹林的故事在东晋初期广为流传。如果这个传说可靠，“竹林之游”一词最早出处，来自王戎之口：

> 王濬冲为尚书令，著公服，乘轺车，经黄公酒垆下过，顾谓后车客：‘吾昔与嵇叔夜、阮嗣宗共酣饮于此垆，竹林之游，亦预其末。自嵇生夭、阮公亡以来，便为时所羁绁。今日视此虽近，邈若山河。’”刘孝标注引《竹林七贤论》：“俗传若此。颍川庾爰之尝以问其伯文康，文康云：‘中朝所不闻，江左忽有此论，皆好事者为之也。’”①

① 《世说新语·伤逝》，第637页。

文中的文康是庾亮(289～340),少年时代在西晋上层度过,对东晋初期流传的关于王戎重游竹林的说法,持否定态度,认为是“好事者”造出来的。那么,是谁如此好事呢?毫无疑问,只能是这个传闻的受益者,即东晋第一名门望族——琅琊王氏家族。王导主持的清谈场,是东晋初期“竹林七贤”热的发源地,《世说新语·文学》:“旧云王丞相过江,止道《声无哀乐》、《养生》、《言尽意》三理而已。”这三理中的前两理,系嵇康发明。“取乐竹林,尚想蒙庄”,出自王导丞相掾李充的《吊嵇中散》,是东晋最早将嵇康与“竹林”联系在一起的散文。庾亮极力否认王戎重游竹林之事,意在抵制其政敌琅琊王氏家族的政治影响,是颍川庾氏与琅琊王氏的“江州之争”所致。[①] 但庾亮只是否认王戎到竹林旧地重游的传说,或许暗示王戎未曾参加过竹林之游,而绝非否认竹林之游本身的存在。当时东晋政界的要员即所谓“中兴名士”,实际上多由西晋中朝名士南渡组成,凭空编造王戎与“竹林七贤”的故事,是不近情理的,不可能得到广大中朝——中兴名士的认可,也无法流行。况且,现存史书中最早明确记载“竹林七贤”者,便是庾亮的亲信幕僚孙盛。

据张可礼先生考证,孙盛西晋永嘉三年(309)10岁时渡江南下,[②]到东晋建立的建武元年(317)已是18岁青年,属第一代东晋名士,比在江左出生的第二代东晋名士谢安(320—385)年长20岁。由此可见,有些学者提出的“竹林七贤”起于谢安说,很难成立。咸和六年(331),孙盛入仕,“举秀才,起家著作郎”;自咸和九年(334)起,任征西将军庾亮主簿,后转参军,长期在武昌。此时,殷浩任庾亮记室参军,孙、殷二人均为著名的大清谈家,不仅在武昌论战,而且时常“下都”,到首都建康,作为著名辩手,参加王导、司马昱等人举办的清谈会。《世说新语·文学》多有记载,如以下三条:

---

① 详见田余庆《东晋门阀政治》,北京大学出版社,1989年版,第105—129页。

② 张可礼:《东晋文艺系年》,山东教育出版社,1992年版,第30页。以下有关孙盛的任职时间均出自该书。

殷中军为庾公长史,下都,王丞相为之集,桓公、王长史、王蓝田、谢镇西并在。丞相自起解帐带麈尾,语殷曰:"身今日当与君共谈析理。"既共清言,遂达三更。

孙安国往殷中军许共论,往反精苦,客主无间。左右进食,冷而复暖者数四。彼我奋掷麈尾,悉脱落,满餐饭中。宾主遂至莫忘食。

殷中军、孙安国、王、谢能言诸贤,悉在会稽王许。殷与孙共论《易象妙于见形》。孙语道合,意气干云。一坐咸不安孙理,而辞不能屈。

孙安国即孙盛。史书虽然未留下见孙盛与王导交往的记载,但从其在王、庾争斗中对王导的友好态度,①可以推测他很可能与王导有过交往,或参加过王导主持的清谈。通过孙盛、殷浩等在东晋上层学术"沙龙"中的活动,可以看到他们与南渡的西晋中朝名士(即中兴名士)有密切交往。显然,在这种文化环境中,孙盛凭空大量杜撰关于"竹林七贤"活动的细节,是不可能的。合理的解释是,中兴名士中流传的关于"竹林七贤"的故事,被孙盛所收集整理,最后熔铸在其撰写的曹魏断代史《魏氏春秋》中:"康寓居河内之山阳县,与之游者,未尝见其喜愠之色。与陈留阮籍、河内山涛、河南向秀、籍兄子咸、琅邪王戎、沛人刘伶相与友善,游于竹林,号为七贤。"②

虽然七贤共聚竹林的时间是短暂的,远不如嵇康与向秀、吕安的灌园锻铁持久,也不如嵇康与郭氏兄弟的交往实在,它只是竹林之游中的一景,然而却由于特殊的时代因缘,通过孙盛之笔,作为魏末清流名士的象征,在历史的记忆中定格了。(原载《历史研究》2001年第5期)

---

① 《晋书》卷八十二《孙盛传》:"时丞相王导执政,亮以元舅居外,南蛮校尉陶称谗构其间,导、亮颇怀疑贰。盛密谏亮曰:'王公神情朗达,常有世外之怀,岂肯为凡人事邪!此必佞邪之徒间内外耳。'亮纳之。"

② 《三国志》卷二一《魏书·王粲传》注引《魏氏春秋》,第606页。

（二）张湛家世生平与所著《列子注》考

作为东晋玄学的代表作，张湛《列子注》给后人留下了这时期玄学思想状况的丰富资料。但是关于其作者生平史料，却少得可怜，尤其是作者的事迹，仅有数条，而且没有直接提供事迹发生的确切时间，这无疑有碍把握张湛的思想本意。因为哲学家理论创作的动力，既源于学术思想本身的内在逻辑发展，但更重要的是为解决本时代的问题，需要将思想资料还原到作者生活的特定时代和文化环境中分析。此外，在家学兴盛的魏晋南北朝时期，不能将家族文化传统置于研究视野之外。本文试图在这两各方面做些尝试，为张湛思想研究提供更广阔的背景。

一

张湛，字处度，祖籍为魏晋时期的山阳郡高平县人，“湛字处度，高平人”，①关于张湛家族，只能上溯到其祖父张嶷。“湛祖嶷，正员郎。父旷，镇军司马。湛仕至中书郎’”。②

张湛家族与著名的山阳王氏家族同县。汉魏之际的山阳王氏家族诞生了汉末名士王龚、王畅，建安七子王粲和玄学大师王弼。学者们在论及王氏家族籍贯时，普遍将山阳高平定为现在的山东省金乡县，其实，这是一个错误。就高平县治的现代行政地域位置而言，位于今山东省济宁市南郊与微山县之间。《辞海》明确指出该县“治所在今山东微山县西北”。③《中国历史地图集》第三册《三国时期・兖州》已明确标出其县治位置在今微山县两城乡。④ 需要指出的是，今微山县两城乡

① 《世说新语・任诞》注引《晋东宫官名》，第758页。

② 《世说新语・任诞》注引《张氏谱》，第758页。

③ 《辞海》，上海辞书出版社，1982年版，第220页。

④ 《中国历史地图集》第三册《三国时期・兖州》，中华地图学社，1975年版，第18～19页。

位于古山阳县南部,仅是其县治的位置。笔者曾以山阳王氏家族墓地为线索,结合古代茅乡城、亢父城等历史地理资料,认为王氏家族的故里位于汉魏时期的兖州山阳郡高平县东北部的茅乡(今山东省济宁市市郊区喻屯乡城南村一带),位于洛阳至齐鲁地区的交通干线上,具有水陆交通枢纽功能,因此该地区,成为汉魏之际的学术重镇,①文化名人辈出,如王龚、王畅、王粲、王弼、张俭、刘表、王叔和、郗虑、仲长统等。

张湛家族与著名的山阳王氏(王弼)家族同县,且有姻亲关系,其所注《列子》便得益于山阳王氏的藏书。张湛在《列子序》中追溯家藏《列子》的由来时写道:

> 湛闻之先父曰:吾先君与刘正舆、傅颖根皆王氏之甥也,并少游外家。舅始周,始周从兄正宗、辅嗣皆好集文籍,先并得仲宣家书,几将万卷。傅氏亦世为学门。三君总角竞录奇书。及长,遭永嘉之乱,与颖根同避难南行,车重各称力,并有所载。而寇虏弥盛,前途尚远。张谓傅曰:"今将不能尽全所载,且共料简世所希有者,各各保录,令无遗弃。"颖根于是唯赍其祖玄、父咸《子集》,先君所录书中有《列子》八篇。及至江南,仅有存者。《列子》唯余《杨朱》、《说符》、目录三卷。比乱,正舆为扬州刺史,先来过江,复在其家得四卷。寻从辅嗣女婿赵季子家得六卷,参校有无,始得全备。②

这段文字的大意是说,张湛的祖父张嶷与刘正舆、傅敷同为山阳王氏家族的外甥,年龄相差不大,自少年时代起,游于王氏家族,有幸抄录该家族丰富的藏书,这是由蔡邕收藏,经王粲传至王宏、王弼的万卷书籍。张嶷抄录了《列子》八篇。永嘉南渡后,张嶷手中仅剩三篇,靠刘正舆的

---

① 王晓毅:《儒释道与魏晋玄学形成》,中华书局,2003年版,第66~84页。
② 张湛:《列子序》,第278~279页。

四卷本和王弼女婿赵季子的六卷本补全，形成了完整的八篇本。

在叙述所注《列子》版本的来历时，张湛无意中透露了高平张氏与傅、王诸家族的关系。文中的傅敷(265～311)，字颖根，傅咸之子；张嶷之舅王始周，是王宏、王弼的从弟。傅氏与山阳王氏都是高门士族。其中刘正舆不见其它文献记载。据万斯同《晋方镇年表》，①永嘉时期刘姓扬州刺史有刘机与刘陶两位，其中的刘陶于永嘉五年卒。《资治通鉴·永嘉五年正月》："扬州刺史刘陶卒，琅邪王睿复以安东军谘祭酒王敦为扬州刺史。"张嶷、傅敷渡江，陶已逝世，故其为刘正舆的可能性不大。刘机曾于光熙～永嘉初任扬州刺史，《晋书·惠帝纪》载，永兴二年十二月陈敏叛乱，"逐扬州刺史刘机"。《资治通鉴·永嘉元年二月》："征东大将军刘准……遣扬州刺史刘机等出历阳讨敏。"尔后不见记载。张湛《列子序》中称"比乱，正舆为扬州刺史，先来过江"。可见其在永嘉之乱前已任扬州刺史。从时间上看，刘正舆是刘机可能性较大。从刘机任扬州刺史高官看，也是名门望族。

能与著名的山阳王氏家族联姻，可见魏晋之际的高平张氏家族并非寒门。汉末清议运动中，首都洛阳舆论界推举出具有全国影响的名为"八俊""八顾""八及"的清流名士群体，其中有王畅、张俭、刘表三个高平人，张俭为"八及"之一。山阳郡士人也效法洛阳，出现了同样名为"八俊""八顾""八及"的地方性名士群体，张俭为其"八俊"之首。他作为本郡清流领袖，出任郡督邮，诛杀了宦官侯览在该郡防东县作恶多端的族人，此事件成为第二次党锢之祸的导火索。汉代郡吏多由地方豪族名士任职，张俭所属的山阳高平张氏家族，恐怕亦是当地大族，与山阳王氏为世交。尽管史籍中没有留下关于张俭与张嶷家族关系的直接记载，但是，汉魏时期出身山阳高平的张姓名人仅见张俭一人，从魏晋之际两家族的姻亲关系看，从张俭为张嶷同族前辈的可能性较大。

张嶷与傅敷南渡的时间应在永嘉五年，这一年西晋军事主力被歼，

① 《二十五史补编》第三册，中华书局，1955年版，第3393页。

洛阳陷落,而司马睿在江南稳住了阵脚,出现了名士南逃的移民狂潮。据《晋书·傅敷传》记载,傅敷南渡后即被镇东大将军司马睿辟为从事中郎,数月后逝世。"敷字颖根,……永嘉之乱,避地会稽,元帝引为镇东从事中郎。素有羸疾,频见敦喻,辞不获免,舆病到职。数月卒,时年四十六。"①司马睿永嘉五年(311)五月始任镇东大将军,可佐证张嶷、傅敷于此年渡江。

从永嘉五年(311)南渡,到太兴元年(318)三月东晋王朝建立期间,《晋书》中可见张嶷的事迹。建武元年(317)周嵩因不支持司马睿过早称帝,并与当时任散骑郎的张嶷褒贬朝中人物而引出了麻烦。"(嵩)由是忤旨,出为新安太守。嵩怏怏不悦,临发,与散骑郎张嶷在侍中戴邈坐,褒贬朝士,又诋毁邈,邈密表之。……帝怒,收付廷尉。廷尉华恒以嵩大不敬弃市论,嶷以扇和减罪除名。时颉方贵重,帝隐忍。久之,补庐陵太守,不之职,更拜御史中丞。"②既然周嵩没有受到严厉追究,张嶷自然也未受到处分。太兴元年(318)朝中发生了一场关于是否实施肉刑的争论,在支持肉刑的官员中,有张嶷的名字,官职仍是散骑郎。"及帝即位,……诏内外通议。于是骠骑将军王导、太常贺循、侍中纪瞻、中书郎庾亮、大将军咨议参军梅陶、散骑郎张嶷等议"。③

从思想文化史角度看,张嶷应是当年的"元康放达派"分子,永嘉南渡后的第一代东晋士人——"中兴名士",与王导、王敦、周颉、周嵩以及"八达"为同辈人。当时,在渡江的"中兴名士"中,一度弥漫着失败主义情绪,胡毋辅之、谢鲲、阮放、毕卓、羊曼、桓彝、阮放、光逸八人,"散发裸裎,闭室酣饮……不舍昼夜,时人谓之'八达'"。④ 兖州籍的"中兴名士"的人物品评舆论,选出了"八伯"、"四伯"两类名士。

① 《晋书》卷四十七《傅敷传》,第1330页。

② 《晋书》卷六十一《周嵩传》,第1659页。

③ 《晋书》卷三十《刑法志》,第940页。

④ 《晋书》卷四十九《光逸传》,第1038页。

曼任达颓纵，好饮酒。温峤、庾亮、阮放、桓彝同志友善，并为中兴名士。时州里称陈留阮放为宏伯，高平郗鉴为方伯，泰山胡毋辅之为达伯，济阴卞壶为裁伯，陈留蔡谟为朗伯，阮孚为诞伯，高平刘绥为委伯，而曼为䏲伯，凡八人，号兖州八伯，盖拟古之八隽也。……先是，兖州有八伯之号，其后更有四伯。大鸿胪陈留江泉以能食为谷伯，豫章太守史畴以大肥为笨伯，散骑郎高平张嶷以狡妄为猾伯，而聃以狼戾为琐伯，盖拟古之四凶。①

效仿古代“八隽”，作为正面人物命名的“八伯”，其实大都放达不羁。名列“四伯”者，除品行怪异有悖常人外，自由放纵程度，应当高于“八伯”。张嶷被定为“猾伯”，可见是著名的纵欲独行人物。魏晋时期，世家大族往往有着世代传承的生活风尚和价值取向，从张嶷行迹——对《列子》类道家典籍的偏好、因行为放达而获兖州“四伯”称号看，东晋高平张氏应当属于受玄学放达派思潮影响之家族。

二

经过东晋建国初期的几次军事动荡，自苏峻之乱平定后，政局相对稳定，外无强敌，内无大乱。东晋第二代士人，在父辈“中兴名士”的熏陶下成长，走上了历史舞台。自咸康年间起(公元 335～342)，玄学清谈风气再次兴起，到永和年间(345～356)达到鼎盛，规模超过了曹魏正始和西晋元康，成为玄学清谈史上最大的也是最后一次高潮 。第二代东晋士人，史称“永和名士”。从年龄上看，张湛的父亲张旷，与永和名士为同一代人，但现存文献资料中没有其生平事迹的任何记载。

咸康～永和之际的清谈盛况，是前代无法比拟的。《世说新语·文学篇》记载与魏晋清谈有关之事，多发生咸康～永和时期，当时的名士

① 《晋书》卷四十九《羊聃传》，第 1383 页。

高僧,如王濛、刘惔、殷浩、司马昱、孙盛、孙绰、阮裕、许询、王脩、王羲之、王胡之、谢尚、谢安、桓温、韩康伯等名士和竺法深、支道林、于法开、于法威等高僧,均卷入其中。《世说新语》与清谈有关的故事,多半发生在这个时期,司马昱、殷浩是永和清谈中玄学思想流派的领军人物。

永和名士玄学清谈的内容相当广泛,特点是继续探讨《周易》、《老子》、《庄子》"三玄"的义理。例如,在关于《周易》"易象"问题上,发生了以殷浩、刘惔为代表的玄学义理派与以孙盛为代表的传统象数派的辩论,"殷中军、孙安国、王、谢能言诸贤,悉在会稽王许,殷与孙共论《易象妙于见形》",①以玄学派的胜利告终。又如,郭象《庄子注》否定了一切造物主,认为一切事物皆是"自然"而生。这个问题在咸康~永和之际再次引起了讨论。"殷中军问:'自然无心于禀受,何以正善人少,恶人多?'诸人莫有言者。刘尹答曰:'譬如写水著地,正自纵横流漫,略无正方圆者。'一时绝叹,以为名通"。② 另外,名士们对《礼记》、《论语》等儒家经典表现出理论兴趣,反映了在新的形势下,玄学家继续儒道融合的努力。例如:"刘尹与桓宣武共听讲《礼记》"。③ 司马昱则将《论语·卫灵公》中孔子的"某在斯"一语运用于清谈,"简文在暗室中坐,召宣武。宣武至,问上何在?简文曰:'某在斯。'世人以为能。"④

永和玄谈的高涨得益于殷浩等玄学名士的执政,其衰落亦然。永和十年二月,桓温以殷浩北伐失利为由,逼迫朝廷废殷浩为庶人,以此为标志,永和清谈开始退潮。但与魏晋之际不同,清谈之风并未受到重创,而是平稳发展,继续流行于广大士人中。

永和清谈规模大,但通过分析其辩论课题,则不难发现这一时期玄学理论的创建不多,没有重要的理论著作问世。这个现象不是偶然的。自西晋郭象哲学诞生后,曹魏西晋时期玄学面临的理论课题——名教

① 《世说新语·文学》,第238页。
② 《世说新语·文学》,第231页。
③ 《世说新语·言语》,第123页。
④ 《世说新语·言语》,第120页。

与自然的矛盾已经得到了解决，玄学政治理论的发展一时难有重大突破。面对严重的阶级矛盾、民族矛盾以及战乱带来的生离死别等痛苦，思想界关注的中心已不是现实政治，而是个人的生死解脱问题。在这个问题上，佛教表现出强大的生命力，而玄学流派对这个新课题的理论回应，需要时间。因此，代表东晋玄学理论成就的著作，不是诞生在永和玄谈的高潮中，而是出现在永和之后，是永和名士的子弟——第三代东晋士人完成的，张湛即属于这一群体。

历史文献没有记载张湛的生卒年，只能通过相关资料推测其活动的大致时间。张湛《列子序》中没有提到其父张旷渡江，可见张旷出生在江左，时间至少在永嘉五年之后，属于东晋第二代士人。假设张旷于西晋永嘉六年(312)出生，其20岁时生张湛，那么张湛应当大致出生在332年。二十年后的永和八年(352)，张湛年龄20岁。参照《世说新语》有关张湛事迹，这个推断可能比较接近历史真相。

《世说新语·任诞》:"张湛好于斋前种松柏。时袁山松出游，每好令左右作挽歌。时人谓:'张屋下陈尸，袁道上行殡。'"注引裴启《语林》曰:"张湛好于斋前种松，养鸲鹆。袁山松出游，好令左右作挽歌。时人云云。"

裴启《语林》完成于隆和年间。《世说新语·轻诋》注引《续晋阳秋》曰:"晋隆和中，河东裴启撰汉、魏以来迄于今时，言语应对之可称者，谓之《语林》。时人多好其事，文遂流行。"隆和只有二年时间(362～363)，因此，可断定在隆和元年(362)之前，青年张湛以放达不羁的怪诞行为——对悲美的追求，闻名于建康上流士族社会。

如果上述推断成立，张湛世界观形成的青少年时代，是在永和时期——东晋玄学的清谈高潮中渡过的。属于永和名士的子弟一辈，是东晋名士系列中的第三代人，与王坦之(330～375)、韩康伯(约332～380)、郗超(336～377)为同代人。张湛、袁山松是其中受玄学放达思潮影响较深的青年,喜欢标新立异,挑战儒家的礼乐传统。按儒家的音乐美学理论,只有引起快乐的音乐才能称之为“乐”,伤感的曲调属于不健康音乐,以丧葬挽歌为乐,是将汉晋之际离经叛道的音乐审美取向推向了极致。“汉桓帝闻楚琴,凄怆伤心,倚扆而悲,慷慨长息曰‘善哉乎,为琴若此,一而已足矣。’顺帝上恭陵,闻鸣鸟而悲,泣下横流,曰‘善哉鸟声。’使左右吟之,曰:‘使声若是,岂不乐哉。’夫是谓以悲为乐者也”。①张湛不仅有房前种松柏的习惯,同样有欣赏挽歌的嗜好,与袁山松相同。《世说新语·任诞》:“张驎酒后挽歌甚凄苦,桓车骑曰:‘卿非田横门人,何乃顿尔至致。’”刘孝标注:“驎,张湛小字也。

张湛入仕过程不详,仅知道其在孝武帝时期(373～396 在位)曾任中书侍郎这一显职,终于光禄勋。《宋书·良吏·王歆之传》载:“祐祖湛,晋孝武时以才艺为中书侍郎、光禄勋。”张湛任中书侍郎的大致时间,可以从他与同僚范宁的交往一事中间接得知。范宁以儒家思想的继承者自居,激烈攻击玄学的创始人何晏、王弼“二人之罪深于桀纣”,②因眼病困扰,向张湛咨询治疗方法。张湛擅长医术,曾撰写《养生要集》十卷、《养性传》二卷,已佚,仅有少量佚文传世,内容多为养生方法。面对范宁的请求,张湛对范宁这位攻击玄学前辈的“儒士”没有好感,故借机将其戏弄一番,说眼疾是历代“大儒”的通病,所开药方为“损读书、减思虑”等。

> 初,宁尝患目痛,就中书侍郎张湛求方,湛因嘲之曰:“古方,宋阳里子少得其术,以授鲁东门伯,鲁东门伯以授左丘明,遂世世相传。及汉杜子夏郑康成、魏高堂隆、晋左太冲,凡此诸贤,并有目疾,得此方云:用损读书一,减思虑二,专内视三,简外观四,旦晚起五,夜早眠六。凡六物熬以神火,下以气筵,

---

① 《阮籍集》,上海古籍出版社,1978 年版,第 45 页。
② 《晋书》卷七十五《范宁传》,第 1984 页。

蕴于胸中七日，然后纳诸方寸。修之一时，近能数其目睫，远视尺棰之余。长服不已，洞见墙壁之外。非但明目，乃亦延年。"①

据张可礼先生《东晋文艺系年》考证，范宁(339～401)于太元七年～太元十三年(382～388)任中书侍郎，笔者认为，范宁任中书侍郎的时间是太元五年(380)。《晋书·范宁传》云："温薨之后，始解褐为余杭令，在县兴学校，养生徒，洁己修礼，志行之士莫不宗之。期年之后，风化大行。自中兴已来，崇学敦教，未有如宁者也。在职六年，迁临淮太守，封阳遂乡侯。顷之，征拜中书侍郎。"桓温死于373年，故范宁任余杭令六年后是379年，任临淮太守一年后是380年。在此之前，范宁并未在建康任职，其向张湛讨药方之事，应是他们共同任中书侍郎职务时。这时张湛的年龄，大约48岁左右。

《列子注》是张湛的代表作，成书时间不详。如果张湛在其30～50岁之间完成此书，应创作于隆和元年(362)～太元七年(382)之间，即东晋王朝的中后期。目前可见的东晋玄学的理论著作，大都产生在这个时间段中，如王坦之、袁宏、韩康伯的《辩谦论》、韩康伯的《系辞注》等。从东晋玄学发展过程看，东晋初期玄风南渡，为恢复期；永和前后为玄学清谈的高潮，但不重理论创建；永和之后，尽管清谈风气似乎没有永和时代那样炽烈，但永和名士的子弟们却在哲学理论方面有所发展，以解决东晋中后期玄学所面临的历史课题。

东晋前期，玄学已成为士族社会的思想主流，名教与自然的玄学理论，已成为士人礼玄双修的实践，深入到社会生活的各个层面，成为东晋文化背景的基础色调。但是，玄学的理论发展亦因其学术主题的基本解决而陷入相对停滞，咸康～永和之际的清谈热潮中，尽管玄学名士非常活跃，清谈的规模超过已往，而没有重大的学术创建，只是在一些枝节问题上表现谈锋机捷敏锐与思想水平高超，而没有对东晋时期新

---

① 《晋书》卷七十五《范宁传》，第1988～1989页。

的历史课题——个人的生死解脱问题作出适合时代的回答。在这个宗教擅长的领域,佛教与道教迅速发展起来。佛教在充分吸收玄学理论精华基础上,开始了"般若"学理的本土化过程,出现了"六家七宗";道教中注重义理的"重玄学"亦开始萌芽。士族精英们对宗教表现出极大的热情,倾向以此安置生命的终极关怀问题。永和十年,"殷中军被废,徙东阳,大读佛经,皆精解"。① 永和十一年,王羲之辞官,在父母墓前发誓永不入仕,"与道士许迈共修服食,采药石不远千里"。② 在永和之后的升平～太元二十多年的时间中,佛教、道教的影响迅速扩大,尤其是大量的青年士族名士成为佛教信仰者,撰写论文阐发佛法,如孙绰的《道贤论》、郗超的《奉法要》。显然,哲学领域,佛教开始取代玄学所在的学术前沿位置。不仅如此,吸收了玄学因素而"义理化"的道教与儒学,同样压缩着玄学的生存空间。

如何回答关于"生死解脱"这个时代课题,在儒释道三教之外,保持自家的影响力,是玄学流派面临的历史任务。要解决这个问题,需要新的哲学理论进行系统阐述。问题在于,前辈玄学大师留下的理论并不相同。例如,关于万物产生与变化的终极动因,有何晏、王弼的贵"无"论,嵇康、阮籍的"元气"论,裴頠的崇"有"论,郭象的"独化"论。又如,关于生命是否可以通过服食延长?神仙是否存在?特异功能是否存在?命运是否可以预测?玄学前辈同样莫衷一是,甚至针锋相对。解决这些问题,才能创造适合时代需要的玄学理论,回应其它学派的挑战。张湛试图完成这个历史任务,他选定了家传道家经典《列子》作为再创作的文本。通过注释该书,将何晏王弼的贵"无"论、嵇康阮籍的"元气"说和郭象的"独化"论融为一体,构建了一个看起来芜杂,却适合东晋士人思维水平的新的玄学理论体系,使玄学在宗教氛围浓重的东晋南朝时期与儒释道三教继续并存,他本人亦作为魏晋玄学的殿军载入史册。(原载《东岳论丛》2004年第6期)

---

① 《世说新语·文学》,第240页。

② 《晋书》卷八十《王羲之传》,第2101页。

四、主要参考书目

（一）古籍文献

陈寿:《三国志》,中华书局,1982 年
卢弼:《三国志集解》,中华书局,1982 年
房玄龄等:《晋书》,中华书局,1974 年
汤球辑,杨朝明校补:《九家旧晋书辑补》,中州古籍出版社,1991 年
乔治忠校注:《众家编年体晋史》,天津古籍出版社,1989 年
郦道元:《水经注》,巴蜀书社,1985 年
李昉等:《太平御览》,中华书局,1960 年
欧阳询:《艺文类聚》,上海古籍出版社,1982 年
郭庆藩:《庄子集释》,中华书局,1961 年
杨伯峻:《列子集释》,中华书局,1979 年
萧统编:《文选》,中华书局,1977 年
严可均:《全上古三代秦汉三国六朝文》,中华书局,1985 年
马国翰:《玉函山房辑佚书》,上海古籍出版社 ,1990 年
逯钦立辑:《先秦汉魏晋南北朝诗》,中华书局,1995 年
葛洪著,杨明照撰:《抱朴子外篇校笺》,中华书局,1997 年
安世高译:《佛说大安般守意经》,日本《大正新修大藏经》,1934 年
支娄迦谶译:《道行经》,日本《大正新修大藏经》,1934 年
支谦译:《大明度无极经》,日本《大正新修大藏经》,1934 年
竺叔兰、无叉罗译:《放光般若经》,日本《大正新修大藏经》,1934 年

慧皎撰,汤用彤校注:《高僧传》,中华书局,1992 年
僧佑:《出三藏记集》,中华书局,1995 年
僧佑:《弘明集》,商务印书馆《缩印四部丛刊初编》,1936 年
道宣:《广弘明集》,商务印书馆《缩印四部丛刊初编》,1936 年
楼宇烈:《王弼集校释》,中华书局,1980 年
李志钧等校点:《阮籍集》,上海古籍出版社,1978 年
陈伯君:《阮籍集校注》,中华书局,1987 年
戴明扬:《嵇康集校注》,人民出版社,1962 年

(二)现代论著

王国维,《观堂集林》,中华书局,1959 年
陈寅恪:《寒柳堂集》,上海古籍出版社,1980 年
《金明馆丛稿初编》,上海古籍出版社,1982 年
《陈寅恪史学论文选集》,上海古籍出版社,1992 年
唐长孺:《魏晋南北朝史论丛》,三联书店,1955 年
王仲荦:《魏晋南北朝史》,上海人民出版社,1980 年
刘汝霖:《汉晋学术编年》,中华书局,1987 年
林校生:《"八王之乱"丛稿》,福建人民出版社,2003 年
王叔岷:《郭象庄子注校记》,台湾:商务印书馆,1950 年
《庄学管窥》,台北:艺文印书馆,1978 年
陈鼓应:《老庄新论》,上海古籍出版社,1992 年
刘笑敢:《庄子哲学及其演变》,中国社会科学出版社,1987 年
汤用彤:《魏晋玄学论稿》,人民出版社,1957 年
《汉魏两晋南北朝佛教史》,中华书局,1983 年
牟宗三:《才性与玄理》,台湾:学生书局,1985 年
许抗生等:《魏晋玄学史》,陕西师范大学出版社,1989 年
余敦康:《魏晋玄学史》,北京大学出版社,2004 年

孔繁:《魏晋玄谈》,辽宁教育出版社,1991年
唐翼明:《魏晋清谈》,东大图书公司,1992年
马良怀:《崩溃与重建中的困惑——魏晋风度研究》,中国社会科学出版社,1993年
康中乾:《有无之辨——魏晋玄学本体思想再解读》,人民出版社,2003年
何启民:《竹林七贤研究》,台湾:商务印书馆,1966年
高晨阳:《阮籍评传》,南京大学出版社,1994年
张节末:《嵇康美学》,浙江人民出版社,1994年
曾春海:《竹林玄学的典范——嵇康》,辅仁大学出版社,1994年
汤一介:《郭象与魏晋玄学》,湖北人民出版社,1983年
卢国龙:《郭象评传》,广西教育出版社,1996年
庄耀郎:《郭象玄学》,台湾:里仁书局,1999年
景蜀慧:《魏晋诗人与政治》,台湾:文津出版社,1991年
陈明:《儒学的历史文化功能》,台湾:学林出版社,1997年
张蓓蓓:《中古学术论略》,大安出版社,1991年
侯外庐:《中国思想通史》,人民出版社,1957年
冯友兰:《中国哲学史新编》,人民出版社,1986年
任继愈主编:《中国哲学发展史·魏晋南北朝》,人民出版社,1988年
余敦康:《中国哲学论集》,辽宁大学出版社,1998年
汤用彤:《汉魏两晋南北朝佛教史》,中华书局,1983年
任继愈主编:《中国佛教史》,中国社会科学出版社,1985年
日本学者集体编纂:《大藏经索引》,吉林文史出版社,1987年
卢国龙:《中国重玄学》,人民中国出版社,1993年
强昱:《从魏晋玄学初唐重玄学》,上海文化出版社,2002年
徐高阮:《山涛论》,台湾《中央研究院史语所集刊》,第四十一本,第一分册

索引

人名索引

C

D

X

Y

文献索引

H

J

K

L

词语索引

X

后记

我与南京大学的缘分特好，所撰两本最重要的书，都是这里出版的。

这个善缘，始于我大学本科的班主任潘群——他由山东大学调入南京大学中国思想家研究中心，在其引荐下，我承担了《王弼评传》的撰写任务，并与中心诸贤相识。

1996年《王弼评传（附何晏评传）》问世，如果在魏晋玄学领域继续探索，下一个无法绕开的学术重镇，自然是向秀、郭象的《庄子注》。蒙蒋广学教授厚爱，《郭象评传（附向秀评传）》由我撰写。这对我来说，无异于及时雨。但是，我生性疏懒，所有出版的书，没有一本是主动写的，或是学位论文，或是结题项目，或是约稿。更糟糕的是，有严重的违约习惯，于是这本书的出版便步入了蒋教授催、我拖延的“遥遥”之路，掐指一算，延期三年之久。

说良心话，这期间我并没有中止对向秀、郭象的研究。之所以不能如约，是因为在这个学术领域，我所敬仰的前辈学者已经留下了有相当分量的著作，如汤一介先生的专著《郭象与魏晋玄学》、余敦康先生的论文《从〈庄子〉到郭象〈庄子注〉》等等。另立新说，谈何容易！况且一旦沉入魏晋历史中，尤其是进入那时的精神世界，等于落入了古代思想家"人民战争"的汪洋大海。

这本即将付梓的作品，其实是一本没有写完的书，许多问题没有展开讨论，其中最重要的有两点：一是向秀、郭象《庄子注》与《庄子》的关系，二是郭象玄学对东晋南朝儒释道发展的影响。如果再有几年时间，也许会理出些眉目，但是，200部丛书最后出版的大限已到，兵临城下，不得不"缴械"了。

遗憾之余，忽然想到《庄子》的一句话："有成与亏，故昭氏之鼓琴也；无成与亏，故昭氏之不鼓琴也。"看来所有完成的作品，都是有遗憾的，于是释然，自己解放了自己。但是，仍感到愧对"中心"诸教授组稿、催稿的辛苦，往事如烟，无法忘怀：陪蒋广学教授大雪中步行穿越清华园，与周群教授在荷清苑简易教工食堂就餐，迎童强教授于酷暑中的济南，与洪修平教授漫步西安作"玄佛之辨"。

从事魏晋玄学研究二十多年，从少年到白头。虽然成果寥寥，无法向那些将我扶上学术舞台的前辈交代，但还是想借出版之际，将这本书献给山东大学的业师丁冠之、郑佩欣教授，北京大学的汤一介教授，中国社会科学院宗教所的余敦康教授，《哲学研究》的王生平先生。是他们的鼓励和支持，使我坚持走到了今天。更重要的是，在他们身上，我看到了应当如何对待后起的青年学者。

王晓毅

2006年6月于清华大学荷清苑

图书在版编目(CIP)数据

郭象评传 / 王晓毅著.—南京：南京大学出版社，2006.8(2007.11重印)
(中国思想家评传丛书/匡亚明主编)
ISBN 978-7-305-04700-8

Ⅰ.郭... Ⅱ.王... Ⅲ.郭象(252～312)—评传 Ⅳ.B235.65

中国版本图书馆CIP数据核字(2006)第021229号

中国思想家评传丛书
郭象评传(附向秀评传)
王晓毅 著

南京大学出版社出版发行
社址:南京市汉口路22号 邮编:210093
电话:025-83596923 025-83592317 传真:025-83328362
网址:http://press.nju.edu.cn
电子邮件:nupress1@public1.ptt.js.cn
sales@press.nju.edu.cn(销售部)
南京爱德发展有限公司印刷
开本850×1168 1/32 印张15.5 字数348千
2006年8月第1版 2007年11月第2次印刷
印 数 2501—4000
ISBN 978-7-305-04700-8

定价:39.00元